Therapieplanung

Therapieplanung

von

Dietmar Schulte

Hogrefe · Verlag für Psychologie
Göttingen · Bern · Toronto · Seattle

Prof. Dr. Dietmar Schulte, geb. 1944. 1964-68 Studium der Psychologie in Münster, danach wissenschaftlicher Assistent am Psychologischen Institut der Universität Münster. Seit 1974 Inhaber des Lehrstuhls Klinische Psychologie und Leiter des "Zentrums für Psychotherapie" sowie des weiterbildenden Studiengangs "Klinische Psychologie und Psychotherapie" der Fakultät für Psychologie der Ruhr-Universität Bochum.

Gefördert von der Deutschen Forschungsgemeinschaft (Schu 358/4)

Die Deutsche Bibliothek - CIP-Einheitsaufnahme

Schulte, Dietmar:
Therapieplanung / von Dietmar Schulte. - Göttingen ; Bern ;
Toronto ; Seattle : Hogrefe, Verl. für Psychologie, 1996
    ISBN 3-8017-0910-8

Umschlagbild: Edvard Munch, Allee im Schneegestöber 1906, Munch Museum Oslo.
Photo: Munch Museum / © VG Bild-Kunst, Bonn 1995
Gesamtherstellung: Dieterichsche Universitätsbuchdruckerei
W. Fr. Kaestner GmbH & Co. KG, D-37124 Rosdorf
Printed in Germany
Auf säurefreiem Papier gedruckt

ISBN 3-8017-0910-8

Inhaltsverzeichnis

Teil 1
Theoretische Grundlagen

Teil 2
Schema für Problemanalyse und Therapieplanung

Teil 3
Problemanalyse und Therapieplanung bei Angststörungen

Einleitung

Deskriptive und präskriptive Modelle
des diagnostisch-therapeutischen Prozesses

1. Therapieplanung und therapeutische Regeln

Die zentrale Frage, die sich einem Therapeuten oder einer Therapeutin bei einem neuen Patienten zunächst stellt, ist die nach der für diesen Patienten oder diese Patientin richtigen Therapie. Welche Methoden soll ich bei diesem Patienten anwenden? Kann der Patient sich auf dieses Vorgehen einlassen? Sind die Probleme, die er darstellt und deretwegen er die Behandlung aufsucht, tatsächlich die zentralen Probleme?

Im Verlauf der Therapie werden diese Fragen noch vielfältiger und differenzierter, vor allem dann, wenn die Therapie nicht so läuft, wie der Therapeut es sich erhofft: Soll ich bei dem gewählten Vorgehen bleiben oder lieber eine andere Methode einsetzen? Sollte vielleicht überhaupt erst ein anderes Problem angegangen werden? Möglicherweise ist der Patient nicht hinreichend motiviert oder zeigt aus anderen Gründen Widerstand gegen den therapeutischen Fortschritt. Sollte ich auf diesen Widerstand eingehen? Wenn ich meine therapeutische Strategie fortsetze, besteht möglicherweise die Gefahr, in einen Machtkampf mit den Patienten zu geraten. Wäre es eventuell notwendig, zunächst einmal die therapeutische Beziehung weiter zu klären? Stehen überhaupt die „eigentlichen" Probleme im Zentrum der Analyse?

Auf noch konkreterer Ebene werden die Fragen noch vielfältiger, z. B.: Soll ich mit meiner momentanen Erklärung fortfahren oder zunächst auf die Äußerung des Patienten eingehen? Welche der verschiedenen Aspekte, die der Patient soeben angesprochen hat, soll ich aufgreifen? Wie soll ich die Antwort formulieren? Oder soll ich die Äußerung ignorieren? Wie vielfältig die Entscheidungen eines Therapeuten auf dieser konkreten Gesprächsebene tatsächlich sind, hat Vogel (1994) in einer Mikroanalyse des Therapieprozesses gezeigt: Ein Verhaltenstherapeut verändert während der Therapie durchschnittlich öfter als alle zwei Minuten seine Intentionen und damit sein Vorgehen.

Erfahrene Therapeuten haben für viele dieser Fragen im Laufe ihres Berufslebens Routinen ausgebildet, doch diese Routinen sind nicht immer optimal. Sie bedürfen zumindest gelegentlich der Reflektion und Überprüfung. Für viele der angesprochenen Fragen ist ein bewußter Entscheidungsprozeß notwendig, und das gilt vor allem für Berufsanfänger.

Dieses Buch versucht, Antworten auf die vielfältigen Fragen zu geben, vor denen ein Therapeut zu Beginn der Therapie und in deren weiterem Verlauf steht. Genauer gesagt werden Wege aufgezeigt, wie der Therapeut im jeweiligen Einzelfall zu Antworten kommen kann.

Die Antworten liegen im Prinzip in Form von Regeln vor, die die verschiedenen Therapiesysteme oder Therapieschulen entwickelt haben. Gäbe es nur eine oder wenige therapeutische Regeln, dann stünde der Therapeut nicht unter fortlaufendem Entscheidungsdruck. Doch es gibt sehr unterschiedliche und vielfältige Regeln, und das gilt nicht zuletzt für den Bereich der Verhaltenstherapie, einschließlich kognitiver Therapieverfahren. Manche dieser Regeln sind global, gelten also generell für das Verhalten des Therapeuten, andere gelten nur unter bestimmten Bedingungen.

Die Regeln geben dem Therapeuten zwar im Prinzip Antwort auf viele seiner Fragen, wie er sich in der Therapie verhalten soll, doch der Therapeut muß wissen und entscheiden, welche der Regeln im gegebenen Moment relevant oder einschlägig ist oder bei konkurrierenden Regeln, welche den besten Erfolg verspricht. Der Therapeut greift also auf das Regelwissen zurück, aber er muß fortlaufend entscheiden, welche Regeln, welche Bestandteile seines Wissens für diesen Patienten in dieser Phase der Behandlung unter den momentanen Umständen relevant sind.

Die in den Therapietheorien formulierten und durch die empirische Forschung mehr oder weniger bestätigten Regeln lassen sich in zwei Bereiche einteilen:
1. **Methodenregeln**: Methodenregeln enthalten Handlungsanweisungen, **was** der Therapeut bei Vorliegen eines mehr oder minder spezifizierten psychischen Problems oder Teilproblems tun sollte, um einen Veränderungsprozeß bei dem Patienten einzuleiten oder herzustellen. Diese Regeln kennzeichnen die therapeutischen Techniken oder Methoden, z.B. „Interpretation unbewußten Materials", „Verbalisierung emotionaler Erlebnisinhalte" oder „Systematische Desensibilisierung".
2. **Beziehungsregeln**: In solchen Regeln wird angegeben, **wie** der Therapeut die Beziehung zum Patienten gestalten soll, wie er sich generell in der

therapeutischen Interaktion oder speziell bei bestimmten Interaktionproblemen verhalten soll, im wesentlichen, um den Patienten zur Therapie und zur Mitarbeit zu motivieren.

In den verschiedenen therapeutischen Schulen sind diese beiden Regelsysteme keineswegs gleichwertig. Rogers (1959) hat beispielsweise für die klientenzentrierte Gesprächspsychotherapie lediglich drei Beziehungsregeln als notwendig und hinreichend für den Therapieerfolg definiert. In der Verhaltenstherapie wurden hingegen Beziehungsregeln lange Zeit kaum thematisiert, zumindest in der Forschung; das Schwergewicht lag und liegt auf Methodenregeln.

2. Deskription und Präskription

Der Psychotherapie-Prozeßforschung geht es darum zu beschreiben und zu erklären, wie und warum Psychotherapie funktioniert, wie etwa der Therapeut durch seine Methoden in die Handlungsregulationsprozesse des Patienten eingreift und Veränderungen in Gang setzt. Dies ist die Ebene der Deskription. Dem Therapeuten geht es in der Praxis jedoch nicht um solche wissenschaftlichen, allgemeingültigen Beschreibungen und Erklärungen; sein Ziel ist nicht wissenschaftliche Analyse, sondern Veränderung. Er möchte bei seinem individuellen Patienten möglichst effektiv erwünschte Veränderungen des Erlebens und Verhaltens in Gang setzen. Dazu benötigt er – wie eingangs dargestellt – Regeln im Sinne von Handlungsanweisungen und außerdem Metaregeln, die ihm sagen, wann er auf welche therapeutische Regel zurückgreifen sollte. Regeln beschreiben nicht, **was ist**, sondern **was sein sollte**; es geht nicht um Deskription sondern um Präskription.

Auf der deskriptiven Ebene geht es beispielsweise um die tatsächlich bei einer Therapie ablaufenden Entscheidungs- und Planungsprozesse des Therapeuten und deren Resultate. Auf der präskriptiven Ebene werden hingegen Aussagen darüber gemacht, wie solche Entscheidungen getroffen und Planungen durchgeführt werden **sollten**.

Auch die präskriptive Ebene ist Gegenstand der Forschung. Während auf der deskriptiven Ebene versucht wird, das tatsächlich ablaufende Geschehen zu erkunden (Erforschung des therapeutischen Prozesses), geht es der Forschung auf der präskriptiven Ebene um die Frage, ob therapeutische Regeln, z.B. Methodenregeln, tatsächlich effektiv sind, also zu den erwünschten Effekten führen, und unter welchen Bedingungen das gilt (Effektivitätsforschung). Therapeutische Regeln, deren tatsächliche Wirksamkeit in solchen Forschungsprojekten nachgewiesen wurde, können als wissenschaftlich begründet gelten.

Gegenstand dieses Buches ist in erster Linie der Planungs- und Entscheidungsprozeß von Therapeutinnen und Therapeuten auf der präskriptiven Ebene: Es sollen Wege aufgezeichnet und Entscheidungskriterien genannt werden, die dem Therapeuten helfen, über den Einsatz der unterschiedlichen Methoden- und Beziehungsregeln zu entscheiden. Dazu werden Metaregeln aufgestellt, die diesen Such- und Entscheidungsprozeß zu steuern vermögen, dargestellt in dem Schema für Problemanalyse und Therapieplanung (Teil 2 dieses Buches).

Das Verhalten des Patienten, auch sein auffälliges, problematisches Verhalten, wird durch vielfältige Regulationsprozesse auf biologischer, psychologischer und sozialer Ebene gesteuert. Der Therapeut greift vornehmlich über den Weg der Kommunikation und Interaktion mit seinem Patienten in diese Regulationsprozesse ein und initiiert Veränderungen. Die therapeutischen Regeln sollen gewährleisten, daß diese Eingriffe in die Regulationsprozesse möglichst effektiv erfolgen. Das wird um so besser gelingen, je präziser die Kenntnisse über die ablaufenden Regulationsprozesse und ihre Störungen sowie über die Wirkungsweise der Interventionsmethoden sind. In den folgenden Kapiteln wird daher immer wieder auch deskriptives Wissen über Störungen (Störungswissen) und über die Wirkungsweise von Therapie (Änderungswissen) dargestellt werden.

Schemata für die Diagnostik, speziell für die Problemanalyse, sind in der Vergangenheit häufig kritisiert worden als zu komplex und differenziert oder umgekehrt als zu pauschal und zu wenig differenziert.

Zu vereinfachend seien die Schemata, weil sie den tatsächlich ablaufenden komplizierten Problemlösungs- und Entscheidungsprozessen nicht gerecht würden. Tatsächlich ist der von einem Therapeuten in einer Therapie zu bewältigende Prozeß äußerst komplex. Deskriptive Modelle dieses Prozesses finden sich u.a. bei Kaminski (1970), Leuzinger (1984), Sowarka (1991) oder bei Vogel und Schulte (1991). Die tatsächlich ablaufenden psychologischen Prozesse sollen zwar – wie erwähnt – bei der Entwicklung und Begründung therapeutischer (Meta-)Regeln berücksichtigt werden, jedoch nicht Gegenstand der präskriptiven Modelle sein. Präskriptive Modelle würden unanwendbar, wären sie so komplex wie die Realität, die sie steuern sollen; einfache Regeln sind vielfach die wirksamsten.

Als zu differenziert werden Problemanalyseschemata vorwiegend von praktisch tätigen Therapeuten kritisiert. In der alltäglichen Praxis sei nicht die Zeit, um solch aufwendige Analysen durchführen zu können. Tatsächlich soll das hier vorgestellte Schema auch nicht für die alltägliche Aktenführung gelten. Es dient vielmehr primär dem **Erlernen** der relevanten Analyse- und Planungsschritte. Wie in anderen Lebensbereichen auch, muß das Training differenziert und in Einzelschritten gegliedert erfolgen, um später die entsprechenden Fertigkeiten zu beherrschen und in verkürzter Form anwenden zu können. Ziel des Lernprozesses ist es, daß der Therapeut bereits im Verlauf der Exploration die Analyse durchführt, also entsprechende Hypothesen entwickelt und überprüft. In der Akte wird dann lediglich das Ergebnis festgehalten.

Der hier dargestellte Ansatz spricht dem Therapeuten eine große Verantwortung zu. Er ist derjenige, der letztendlich darüber entscheidet, wie dem Patienten am besten geholfen werden kann. Das impliziert zumindest teilweise auch die Frage, in welchen Bereichen sich ein Patient ändern sollte oder welche Ziele anzustreben sind. Auf die ethische Verantwortung, die dies impliziert, wird noch eingegangen werden.

Es gibt Therapierichtungen, die zumindest die Ziele oder die Inhalte, die einer Veränderung unterzogen werden sollen, der Entscheidung des Patienten zuordnen – das gilt etwa für die Gesprächspsychotherapie (Sachse, 1992) –, und es gibt Ansätze, die dem Patienten auch die Entscheidung über den Weg einer Veränderung übertragen möchten – z. B. in der systemischen, lösungsorientierten Kurztherapie (Walter & Peller, 1994).

Sicherlich ist es ein fundamentales Grundprinzip von Psychotherapie, den Patienten in den Planungs- und Entscheidungsprozeß einzubeziehen, ihn möglichst selbst Lösungen finden und zu Entscheidungen kommen zu lassen. Die in der Gesprächspsychotherapie oder der systemischen Therapie vorgeschlagenen Strategien können dabei äußerst hilfreich sein; andere Vorschläge sind im Rahmen der Verhaltenstherapie unter dem Stichwort der Selbstkontrolle und des Selbstmanagements entwickelt worden (Kanfer, Reinecker & Schmelzer, 1990). Doch bereits die Entscheidung, den Patienten selbst entscheiden zu lassen, ist eine Vorentscheidung des Therapeuten. Wenn der Patient von sich aus Lösungswege gefunden hat, ist es wiederum eine implizite oder explizite Entscheidung des Therapeuten, den Patienten diesen Weg weiter gehen zu lassen oder ihn „anzustoßen", um ihn noch andere Lösungen finden zu lassen.

Der Therapeut kann sich demnach nicht aus seiner Verantwortung stehlen, über das Vorgehen in der Therapie zu entscheiden, selbst wenn er die Selbstbestimmung des Patienten zu seinem methodischen Prinzip erhebt. Es wäre ethisch nicht zu rechtfertigen, wenn der Therapeut den Patienten einen Weg gehen läßt, von dem er vorhersehen kann, daß er nicht zu einer Lösung führt, ja sogar, wenn es sich nur um einen weniger erfolgversprechenden Weg handelt als ein anderer, von dem der Therapeut Kenntnis hat. Auch von einem Arzt erwartet der Patient mit Recht, daß dieser ihm nicht irgendeine erfolgversprechende Behandlung verordnet, sondern diejenige, die nach dem Erkenntnisstand der Medizin als beste, als erfolgversprechendste anzusehen ist. Nicht anders ist die Erwartung eines Patienten, der einen Psychotherapeuten aufsucht; dies ist Gegenstand des unausgesprochenen Therapievertrages zwischen Patient und Therapeut.

3. Therapieforschung und Therapiepraxis

Für den Therapeuten ergibt sich daraus nicht zuletzt die Verpflichtung, sein Vorgehen am aktuellen Stand der Therapieforschung zu orientieren. In den letzten 20 Jahren hat sich die Psychotherapieforschung in erstaunlicher Weise quantitativ und qualitativ weiterentwickelt und in Teilen erhebliche Fortschritte erzielt. Die Zeiten sind vorbei, in denen ein praktisch tätiger Therapeut mit ruhigem Gewissen ein vor Jahren gelerntes therapeutisches Vorgehen Jahr für Jahr weiterhin anwenden konnte, modifiziert bestenfalls aufgrund des eigenen Erfahrungszuwachses. Auch die Postulate und Glaubenssätze von Therapieschulen und ihren Gründern können angesichts des rasanten Forschungsfortschritts nicht mehr als konstante Leitlinien therapeutischen Handelns gelten. Der Therapeut ist zur Fortbildung verpflichtet, und entsprechend sind die Wissenschaftler verpflichtet, Forschungsfortschritte nicht nur in wissenschaftlichen Zeitschriften zu publizieren, sondern auch den praktisch tätigen Kolleginnen und Kollegen zugänglich zu machen. Angewandte Forschung verfehlt ihren Zweck, wenn sie keinen Einfluß auf die Anwendung nimmt.

Es sind vor allem zwei Bereiche, in denen Forschungsfortschritte erzielt wurden: Zum einen die Entwicklung **störungsspezifischer** Methoden oder Behandlungsprogramme (ein Bereich der Effektivitätsforschung) und zum anderen die Erforschung allgemeiner, **störungsübergreifender** und weitgehend auch methodenübergreifender Wirkfaktoren des psychotherapeutischen Prozesses (ein Bereich der Prozeßforschung).

Beide Wissensbereiche sind für die Planung von Psychotherapien und ihre Durchführung wichtig. Der Therapeut muß zum einen Entscheidungen treffen, welche Methoden (Methodenregeln) bei seinem Patienten erfolgversprechend einzusetzen sind, und er muß zum anderen dafür sorgen, daß eine tragfähige therapeutische Beziehung entsteht und daß der Patient motiviert ist, kurz gesagt: daß die Voraussetzungen für die Durchführung spezieller Methoden gegeben sind.

4. Überblick

Diese beiden Aufgaben des Therapeuten – Methodenanwendung und Schaffung der dafür erforderlichen Voraussetzungen – sind der Kern des dualen Psychotherapiemodells, das im ersten Teil des Buches entwickelt wird. Es liefert den Rahmen, um die vielfältigen Aufgaben und Entscheidungen, vor denen ein Psychotherapeut zu Beginn und im Verlauf der Therapie steht, zu kennzeichnen.

Der Therapeut muß gewissermaßen aus den Problemen des Patienten seine Probleme, seine Aufgabenstellung machen. Das Problem des Patienten und das des Therapeuten entsprechen sich inhaltlich, sind aber nicht identisch. Der Therapeut ist nicht betroffen; für ihn ist es – trotz Engagement und Empathie – eine mit gewisser Distanz zu bearbeitende fachliche Aufgabe. Und entsprechend sind die Lösungswege nicht identisch. Der Therapeut muß – in Abstimmung mit dem Patienten – einen Weg finden und beschreiten, auf dem bei seinem Patienten und in dessen Umwelt erforderliche Veränderungen in Gang gesetzt werden können. Er muß analysieren, planen und therapeutisch tätig sein. Der Patient hingegen muß sich oder seine Umwelt verändern; das ist der Weg des Patienten zur Lösung seines Problems.

Um die Aufgabenstellung des Therapeuten zu kennzeichnen, wird zunächst seine Stellung und Funktion innerhalb des Versorgungssystems dargestellt (Kapitel 1). In den folgenden Kapiteln wird die Aufgabenstellung durch eine genauere Beschreibung der notwendigen Entscheidungsprozesse eines Psychotherapeuten weiter präzisiert. Das Ergebnis ist ein präskriptives Modell des Analyse- und Planungsprozesses von Therapeuten, das angibt, in welcher Reihenfolge Therapeuten welche Analyseschritte durchführen und welche Entscheidungen sie in Abhängigkeit von welchen Informationen treffen sollten.

Im zweiten Teil des Buches wird dieses Strukturmodell konkretisiert und übersetzt in eine Folge von Vorschlägen oder Handlungsregeln (Metaregeln) für das konkrete Vorgehen des Therapeuten: Ein Leitfaden für die Problemanalyse und Therapieplanung wird vorgestellt. Er dient in erster Linie dem Erlernen des erforderlichen Analyse- und Planungsprozesses. Darüber hinaus gibt er auch Hinweise, wie Fallberichte schriftlich dargestellt werden sollten.

In dem Analyseschema wird dem Therapeuten vorgeschlagen,
– wie er zum einen die Probleme des Patienten, zum anderen die sich aus dem Therapieverlauf ergebenden Probleme strukturieren und als Teilprobleme beschreiben sollte (**Problemstrukturierung**),
– wie er nach Ursachen bzw. aufrechterhaltenden Bedingungen dieser Teilprobleme suchen kann (**Bedingungsanalysen** zur **Störungsanalyse** und zur **Prozeßanalyse**),
– welche Schlußfolgerungen er daraus für die Planung und die Gestaltung der Therapie ziehen kann, d. h. welche Methodenregeln (Therapieverfahren) und welche Beziehungsregeln er anwenden sollte (**Therapieplanung**)
– und wie er während der Therapie Informationen erheben sollte, nicht zuletzt um die Therapie hinsichtlich der erzielten Veränderungen und hinsichtlich des ablaufenden Prozesses zu evaluieren (**therapiebegleitende Diagnostik**).

Bei dieser Analyse muß der Therapeut auf sein theoretisches Wissen zurückgreifen, auf Bedingungs- und Änderungswissen. Solches Wissen wird zum einen von den verschiedenen Therapieschulen in Form störungsübergreifender Theorien über die Entstehung und Aufrechterhaltung von psychischen Störungen und deren Veränderung angeboten, z. B. lernpsychologische oder kognitionspsychologische Erklärungsmodelle. Inzwischen gibt es jedoch in zunehmendem Maße eine zweite Quelle für Bedingungs- und Änderungswissen. In den letzten Jahren sind von der Klinischen Psychologie und ihren Nachbardisziplinen für zumindest einige der psychischen Störungen spezifische psychologische Modelle und Behandlungsansätze entwickelt worden. Der Therapeut ist nicht mehr nur auf allgemeines Wissen der Therapieschulen angewiesen; er hat die Möglichkeit, bei seinen Analysen und Planungen im jeweiligen Einzelfall auf störungsspezifische Modelle zurückzugreifen. Die Wahrscheinlichkeit, für seinen Patienten eine möglichst zutreffende Analyse durchzuführen und eine möglichst optimale Therapie zu planen, wird durch den Rückgriff auf solch spezifisches, wissenschaftlich überprüftes Störungswissen wachsen. Im dritten Teil des Buches werden exemplarisch für die Angststörungen diese spezifischen Modelle und die speziell für diese Störungen entwickelten und überprüften Therapiemethoden dargestellt.

Während die ersten beiden Teile des Buches den Charakter eines Lehrbuches haben, hat der dritte Teil über störungsspezifische Modelle und Therapieverfahren vorwiegend die Funktion eines Handbuches oder Nachschlagewerkes für den Praktiker, allerdings zunächst begrenzt auf einen Störungsbereich. Durch nachfolgende Bände, eventuell in Form einer Reihe, soll dieser Bereich Schritt für Schritt erweitert werden.

Mehr als 20 Jahre nach dem ersten Erscheinen des Buches über „Diagnostik in der Verhaltenstherapie" (Schulte, 1974) liegt nun ein neuer Vorschlag vor, wie vor allem Novicen der Psychotherapie ihr Vorgehen systematisieren, planen und kontrollieren können. Aus der klinisch-psychologischen Forschung hat sich inzwischen mehr und mehr eine allgemeine psychologische Therapie entwickelt. Therapieschulen definieren sich in erster Linie durch ein bestimmtes theoretisch-methodisches Paradigma (etwa die Lernpsychologie), das dann auf die Analyse und Behandlung aller Menschen mit psychischen Problemen – versuchsweise – angewendet wird. Die Forschung der letzten Jahre hat sich mehr und mehr von solchen einengenden Vorgaben gelöst und sich intensiv einzelnen Störungen zugewandt, um diese erklären und behandeln zu können, gleichgültig woher die Anregungen für diese Forschung kommen. Dieser Entwicklung versucht das Buch Rechnung zu tragen. Trotzdem bleibt die Verhaltenstherapie, einschließlich ihrer kognitiven Weiterentwicklungen, in vielen Bereichen der wichtigste Bezugspunkt, nicht zuletzt deshalb, weil hier die intensivste Forschung betrieben wurde. Sowohl das vorgeschlagene duale Modell der Psychotherapie als auch das Schema für Problemanalyse und Therapieplanung sind jedoch nicht auf die Verhaltenstherapie beschränkt sondern versuchen ausdrücklich, deskriptive und präskriptive Modelle für Psychotherapie schlechthin zu sein.

Der Deutschen Forschungsgemeinschaft möchte ich danken, daß sie mir durch die Gewährung eines Forschungsfreijahres ermöglicht hat, mich auf diese Arbeit zu konzentrieren, und allen Mitgliedern der Arbeitseinheit Klinische Psychologie der Fakultät für Psychologie der Ruhr-Universität Bochum dafür, daß sie während einer langen Zeitspanne durch eigenen Einsatz die Voraussetzungen dafür geschaffen und mich bei diesen Konzentrationsbemühungen so tatkräftig unterstützt haben. Johanna Hartung, Ulrike Willutzki und Georg Vogel danke ich für ihre kritischen Rückmeldungen zu einer Vorfassung dieses Textes; sie waren Anlaß für mich, einiges mit großem Aufwand grundsätzlich zu verändern – und es war gut so! Johannes Michalak und Joachim Kosfelder haben mir bei Berechnungen und Textteilen geholfen, Monika Schieck hat manche Teile in den Computer eingegeben, Georg Laaks, Frank Meyer und Karin Ardelt haben die Abbildungen erstellt oder Korrektur gelesen – ihnen allen sei herzlich gedankt. Besonderer Dank gilt Burgi Schulte. Sie hat als geduldige, kritische und bestätigende Diskussionspartnerin wesentlich für einen Brückenschlag zwischen Forschung und Therapiepraxis gesorgt und vorschnelle Lösungen verhindert.

Teil 1

Theoretische Grundlagen

Kapitel 1

Der Weg des Patienten
zum Psychotherapeuten

Voraussetzung dafür, daß ein Therapeut tätig werden kann, ist zunächst, daß der Patient überhaupt zu ihm gelangt. Das ist keinesfalls selbstverständlich. Nur wenige Patienten suchen direkt einen Psychotherapeuten auf. Tatsächlich dauert es derzeit durchschnittlich sieben Jahre, bis ein Patient mit neurotischen oder psychosomatischen Erkrankungen erstmals psychotherapeutisch behandelt wird (Meyer, Richter, Grawe, v. d. Schulenburg & Schulte, 1991).

Ein Teil der Personen mit psychischen Störungen gelangt überhaupt nicht in eine Einrichtung der medizinischen oder psychosozialen Versorgung, weder zum Psychotherapeuten oder Psychiater noch zum Allgemeinarzt. In Großbritannien mit seiner umfassenden Primärversorgung gilt das nach Untersuchungen von Goldberg und Huxley (1980) für 9 % der Behandlungsbedürftigen, in den USA nach einer Schätzung von Regier, Goldberg und Taube (1978) sogar für 21 %.

Hat ein Betroffener eine Einrichtung aufgesucht, so wird der weitere Behandlungsgang wesentlich von den Institutionen und den dort Tätigen bestimmt, und es ist keineswegs selbstverständlich, daß ein Patient mit psychischen oder psychosomatischen Störungen am Ende tatsächlich eine psychotherapeutische Behandlung erhält.

1.1 Die Stufen des Versorgungsnetzes

Tatsächlich gibt es auf dem Weg zu einer psychotherapeutischen oder auch schon zu einer medizinischen Behandlung in der Regel verschiedene Vorstufen innerhalb des Versorgungsnetzes. Die erste Stufe ist der Patient selbst. Er muß zu dem Entschluß kommen, daß bei ihm ein Problem vorliegt, das er selbst nicht zu lösen in der Lage ist, sondern professioneller Hilfe bedarf (vgl. Kapitel 2).

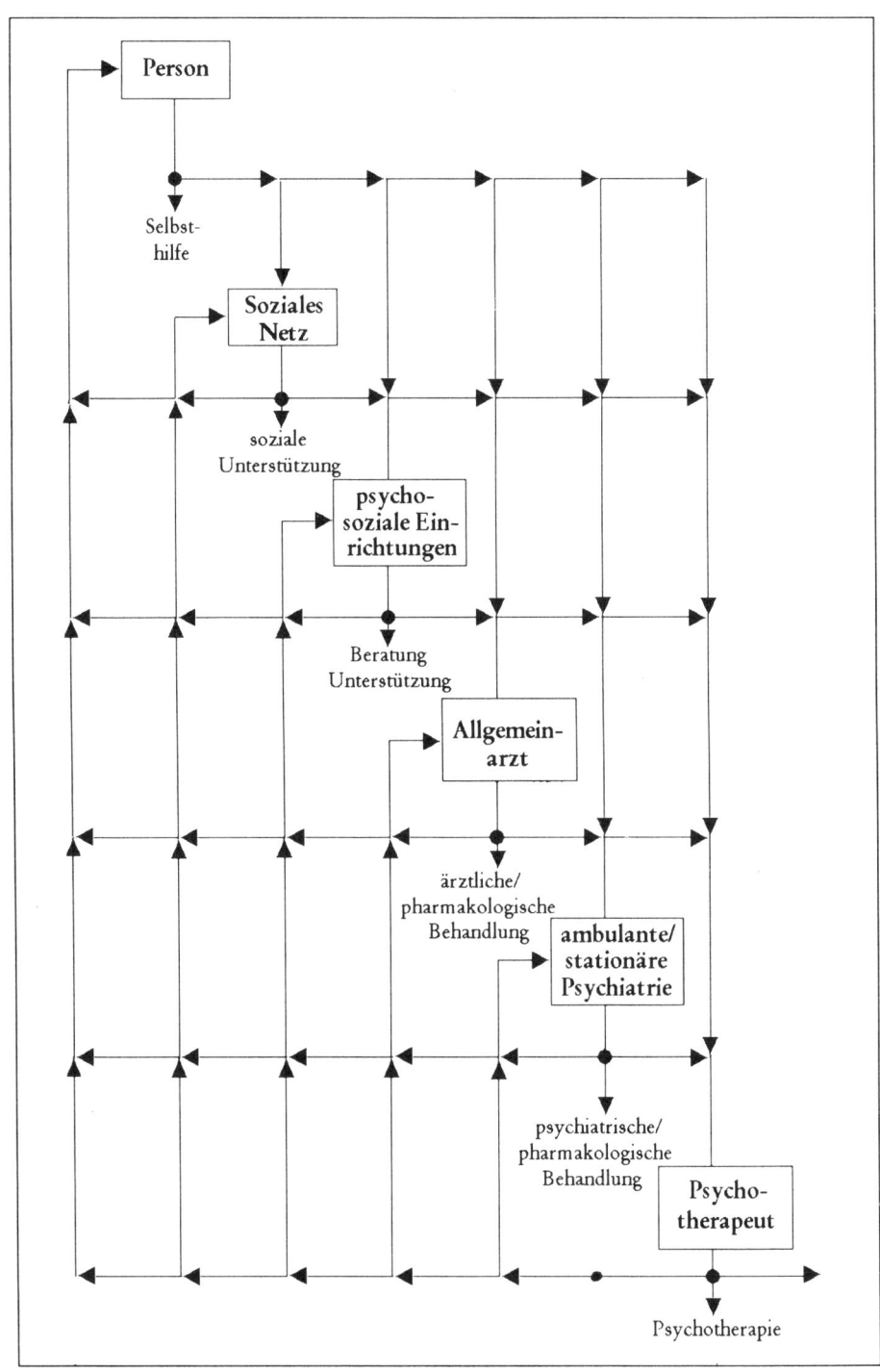

Abb. 1.1: Das Netz der psychosozialen Versorgung

Gerade bei psychischen Auffälligkeiten wenden sich die Betroffenen häufig zunächst an Einrichtungen und Personen im Vorfeld der medizinischen Versorgung, vor allem an Gemeindeschwestern oder Pfarrer, an Selbsthilfegruppen oder eventuell auch an Lehrer oder Juristen. Ist dies nicht erfolgreich, werden sie eine Einrichtung der psychosozialen oder medizinischen Versorgung mit ihren spezialisierten Beratungsdiensten aufsuchen.

Die wichtigste Zwischenstufe auf dem Weg zum Psychotherapeuten ist in der Regel der Allgemeinarzt oder Hausarzt. Die Enquete-Kommission zur Lage der Psychiatrie in der Bundesrepublik Deutschland (Deutscher Bundestag, 1975) hatte geschätzt, daß in einem Jahr 14 % der Bevölkerung wegen psychischer Störungen einen Hausarzt konsultiert, hingegen nur 1 % einen niedergelassenen Psychiater und 0,35 % ein psychiatrisches Krankenhaus. Zwanzig bis über 30 % der Patienten von Allgemeinärzten und Internisten leiden tatsächlich unter einer neurotischen oder psychosomatischen Erkrankung (Meyer et al., 1991). Das gleiche gilt für 28 % bis 42 % der stationär behandelten Patienten in nichtpsychiatrischen Kliniken (Stuhr & Haag, 1989; Künsebeck, Lempa & Freyberger, 1984).

Die verschiedenen potentiellen Zwischenstufen eines Patienten auf dem Weg zu einem Psychotherapeuten sind in Abbildung 1.1 dargestellt. Weitere Differenzierungen wären möglich, etwa unterschiedliche Fachärzte oder verschiedenen Einrichtungen der psychosozialen Versorgung und des Vorfeldes halbprofessioneller Dienste.

Je nach Versorgungssystem einer Region sind in Abbildung 1.1 bestimmte Verbindungslinien möglich, andere nicht. Entscheidend ist, welche Institutionen es in der Region überhaupt gibt, wie ihre Aufgabenbereiche definiert und abgegrenzt sind, welche „Rekrutierungswege" diese Institutionen haben, wie ihre Vernetzung hinsichtlich der Weitervermittlung oder Überweisung von Patienten ist, welche Maßnahmen von welchen Institutionen und Personen durchgeführt werden dürfen, welche Maßnahmen unter welchen Voraussetzungen von Krankenkassen oder Rentenversicherungen bezahlt werden und welches therapeutische Personal mit welcher Ausbildung und Qualifikation de facto in den Einrichtungen tätig ist.

1.2 Die Aufgaben der Institutionen

Jede der Stufen des Netzes hat prinzipiell eine Verteilungsfunktion: Die entsprechende Person oder Einrichtung kann selbst Maßnahmen ergreifen, oder sie kann überweisen an eine spezialisiertere Institution oder „zurücküberweisen" an eine allgemeinere, weniger spezialisierte und eventuell weniger professionelle Einrichtung. Grundlage dieser Verteilungsfunktion sind Indikationsentscheidungen der dort Tätigen auf der Basis von Diagnosestellungen. Je nach Ausgang dieser Entscheidung wird der Ratsuchende beraten. Diagnose, Indikation, Beratung und Intervention sind demnach die zentralen Aufgaben aller Institutionen des Versorgungsnetzes. Sie sollen im folgenden etwas genauer betrachtet werden.

Der erste Schritt ist eine **Diagnosestellung**. Nur wenn das Vorliegen einer psychischen Störung erkannt wurde, kann es zu entsprechenden Indikationsentscheidungen kommen. Goldberg und Huxley (1980) berichten auf Grundlage ihrer epidemiologischen Untersuchungen in Manchester, daß von 230 Personen, die im Laufe eines Jahres wegen psychischer Erkrankungen einen Arzt für Allgemeinmedizin aufsuchen, lediglich 140 (das sind etwa 60 %) eine psychiatrische Diagnose erhalten, 90 jedoch nicht. Nach einer Untersuchung in der Bundesrepublik von Schach, Schwartz und Kerek-Bodden (1989) werden sogar nur etwa 12 % der nach Expertenmeinung psychisch kranken Patienten von Allgemeinärzten als solche erkannt.

Nach der Diagnosestellung ist ein weiterer „Filter" auf dem Weg zur Psychotherapie die Bereitschaft zur Überweisung. In der genannten englischen Untersuchung von Goldberg und Huxley (1980) werden nur 12 % der vom Allgemeinarzt als psychisch krank diagnostizierten Patienten zu einer psychiatrischen oder psychotherapeutischen Behandlung weiter überwiesen, das sind lediglich 7 % aller psychisch Kranken in diesen Allgemeinpraxen.

Die Überweisung eines Patienten zur Behandlung an eine andere, spezialisiertere Einrichtung setzt eine Entscheidung über angemessene, indizierte Behandlungsmöglichkeiten voraus. Die eigenen Möglichkeiten oder die eigene Kompetenz für die Behandlung dieses Patienten mit dieser Störung muß als vergleichsweise nicht optimal oder zumindest als ergänzungsbedürftig beurteilt werden. Offensichtlich schätzen Hausärzte ihre Kompetenz zur Behandlung psychischer Störungen tatsächlich als hinreichend gut ein, und das dürfte in erster Linie auf die psychopharmakologischen Behandlungsmöglichkeiten zurückzuführen sein.

Überweisung kann als Spezialfall einer **Indikationsstellung** gesehen werden. Mit jeder Indikationsentscheidung wird eine Selektion vorgenommen. Dabei kann mit Baumann und von Wedel (1981; vgl. auch Zielke, 1981) unterschieden werden zwischen der Selektion von Maßnahmen, die bei einem Patienten zur Anwendung kommen könnten – diese Art der Entscheidung soll als **methodenselektive Indikation** (Indikation im engeren Sinn) bezeichnet werden –, und der Auswahl von für die eigene Institution oder Vorgehensweise geeigneten Patienten (und der Weitervermittlung nicht geeigneter Patienten) – die **personselektive Indikation** oder **Überweisung**.

Oft reicht eine Überweisung des Patienten an einen Psychotherapeuten nicht aus, damit er nun auch wirklich eine Psychotherapie aufnimmt. Nach einer Untersuchung von Franz et al. (1990) nehmen lediglich 35 % der als behandlungsbedürftig eingeschätzten Patienten von Allgemeinärzten tatsächlich ein

16

ambulantes Psychotherapieangebot an. Damit stellt sich professionellen Helfern eine weitere Aufgabe: durch Beratung und **Motivierung** der Patienten die Voraussetzungen für die als notwendig erachtete Behandlung oder Überweisung zu schaffen. In der Regel wird hier Aufklärung ausreichen. Doch gelegentlich ist ein Patient mit psychischen, vor allem mit psychosomatischen Störungen nicht ohne weiteres bereit, eine psychische Verursachung oder Mitverursachung seiner Probleme und damit eine Psychotherapie zu akzeptieren (Gerhards, 1988; Schneider, 1990).

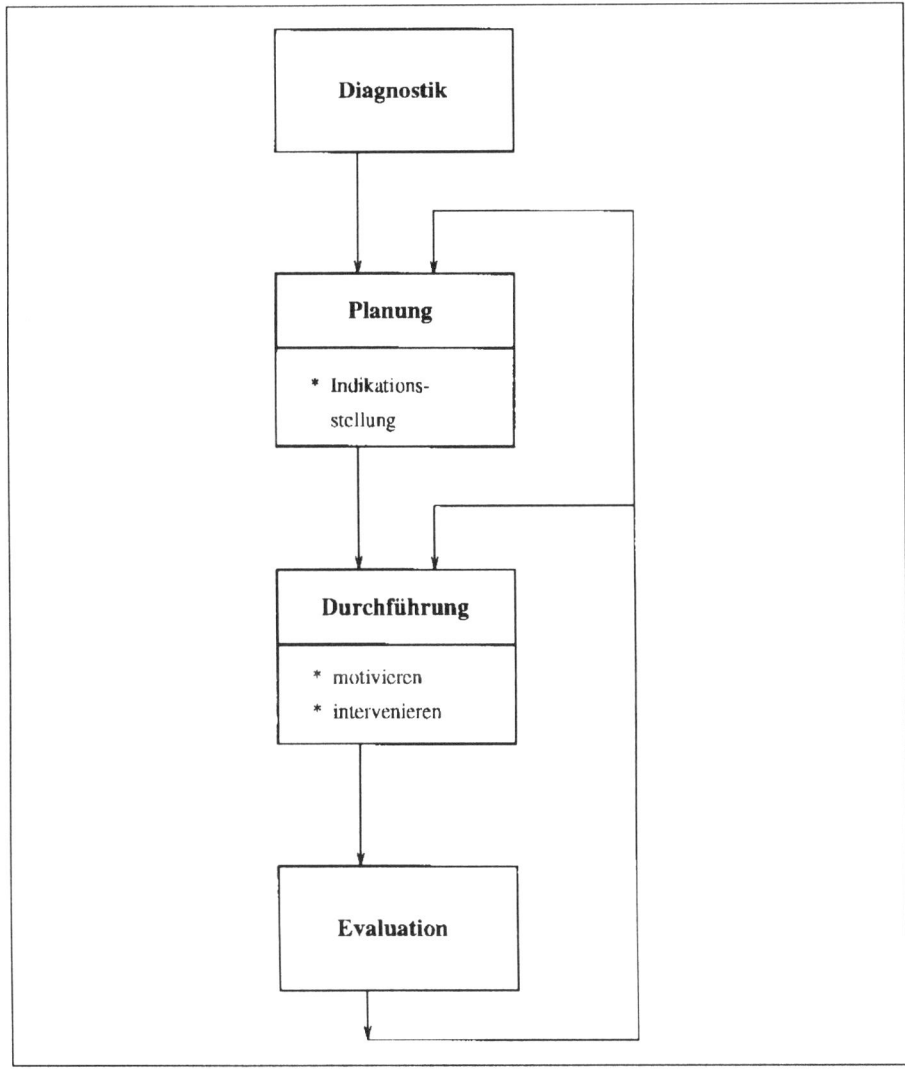

Abb. 1.2:
Aufgaben der Institutionen – Stufen des diagnostisch-therapeutischen Prozesses

Mit dem Aufsuchen des Psychotherapeuten und mit Beginn der Psychotherapie ist der Entscheidungsprozeß des Patienten und des Therapeuten noch nicht beendet. Der Therapeut kann gegebenenfalls die Therapie vorzeitig beenden und eine Überweisung vornehmen, oder der Patient kann schon nach dem ersten Kontakt, nach einigen wenigen Therapiesitzungen oder später im Verlauf der Therapie die Behandlung wieder abbrechen, um eventuell von sich aus eine andere Institution aufzusuchen (Baekeland & Lundwall, 1975). Die Prozesse von Indikationsstellung bzw. Planung einer Maßnahme, deren Durchführung und ihre Evaluation wiederholen sich gegebenenfalls mehrfach: Selbstbehandlung, soziale Unterstützung und schließlich eventuell mehrere Formen professioneller Hilfe.

Die Aufgaben und Entscheidungsstufen der Institutionen des Versorgungsnetzes sind formal gesehen weitgehend gleich; sie gelten auch für den Planungs- und Entscheidungsprozeß eines Psychotherapeuten. Vier Hauptstufen dieses Prozesses lassen sich unterscheiden (vgl. Abbildung 1.2): 1. Diagnostik, 2. Planung (Indikationsstellung), 3. Durchführung (Intervention, Motivierung) und 4. Überwachung (Evaluation). Diese Prozeßstufen werden in den folgenden Kapiteln Schritt für Schritt genauer betrachtet und weiter differenziert.

Zusammenfassung

Entscheidend für die Frage, ob ein Patient zu einem Psychotherapeuten kommt, ist nicht zuletzt, welche Institutionen der psychosozialen und medizinischen Versorgung es überhaupt in der Region gibt und wie sie vernetzt sind. Auf jeder Stufe des Netzes erfolgt eine Diagnosestellung und anschließend eine Indikationsstellung bzw. Überweisung (allgemeiner: eine Therapieplanung). Weitere Aufgaben sind die Beratung, um den Betroffenen für die Maßnahmen zu motivieren oder allgemeiner, um die Voraussetzungen für die Intervention oder Überweisung zu schaffen, und gegebenenfalls die Durchführung der Intervention sowie deren Evaluation.

Kapitel 2

Weswegen kommt der Patient zur Therapie?

2.1 Psychische Störungen

2.1.1 Die Klagen des Patienten

Die Schwierigkeiten, über die Patienten einem Therapeuten normalerweise berichten, wenn sie das erste Mal zur Therapie kommen, betreffen irgendwelche **Veränderungen**, die sie bei sich festgestellt haben. Manchmal sind die Veränderungen auch zunächst nur anderen Personen aus der Umgebung aufgefallen. Die Veränderungen können eine plötzliche neue Erfahrung betreffen, z.B. das Erleben einer Angstattacke oder das Versagen in einer öffentlichen Leistungssituation, die bislang immer gemeistert wurde. Oder die Person bemerkt bei sich schleichende Veränderungen, z.B. ein zunehmendes Nachlassen der Leistungsfähigkeit oder die Zunahme von Phasen depressiver Verstimmung. Eventuell hat der Patient die Veränderungen auch gar nicht bei sich, sondern im Verhalten der anderen bemerkt: Sie ziehen sich zurück oder behandeln ihn kritischer.

Bei Kindern ist oft keine Veränderung, sondern das Ausbleiben von Veränderungen, von Reifung und Entwicklung, Anlaß zur Sorge. Das Kind entwickelt sich nicht so wie die anderen Kinders seines Alters.

In all diesen Fällen ist das „anders sein" – anders als zuvor oder anders als vergleichbare andere – der unmittelbare Anlaß, therapeutische Hilfe zu suchen.

19

Doch was als anders, als **abweichend** auffällt und worüber die Patienten klagen, kann recht unterschiedliche Sachverhalte betreffen.

2.1.2 Das Krankheitsparadigma der Medizin

Die Situation ist nicht grundsätzlich anders als die beim Besuch eines Arztes. Auch hier werden vom Patienten unterschiedliche Abweichungen oder Auffälligkeiten vorgetragen. Manche von ihnen wertet der Arzt als unmittelbare Symptome einer vermuteten Krankheit, andere als indirekte Folgen.

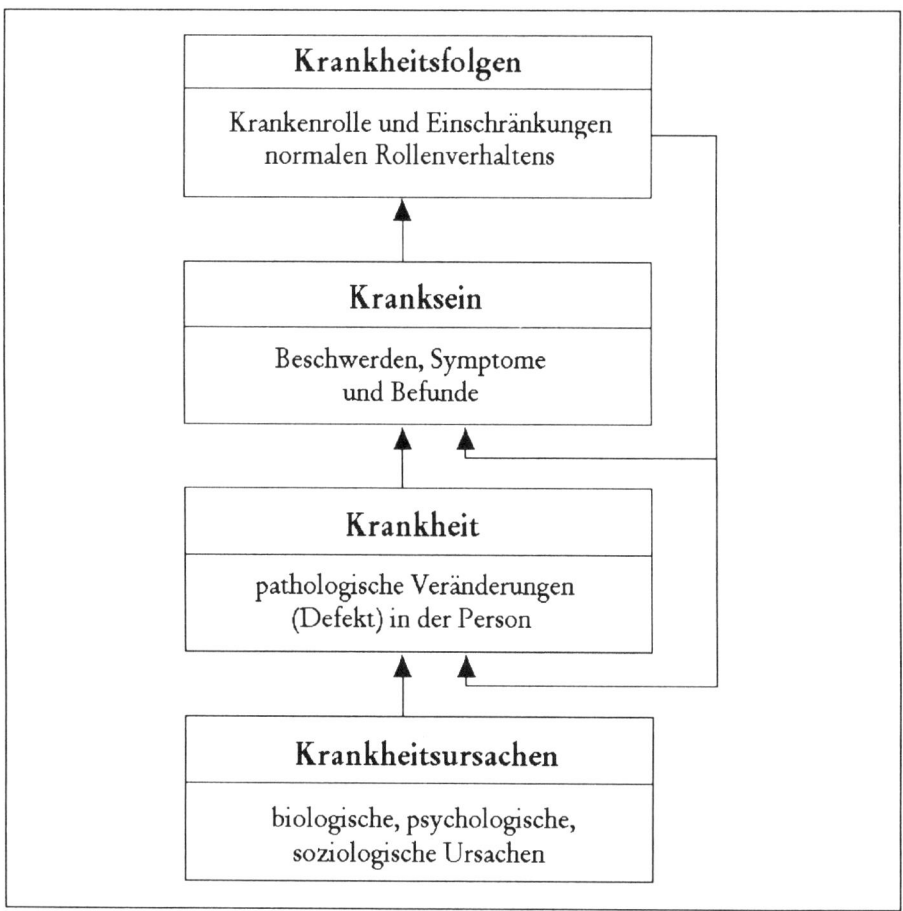

Abb. 2.1: Stufen des Krankheitsparadigmas

Grundlage für diese Unterscheidung ist das allgemeine Krankheitsparadigma der Medizin (Schulte, 1990). Der Begriff Krankheit kennzeichnet ein allgemeines Denkmodell, das dazu dient, ansonsten unerklärliche Veränderungen bei einem Menschen zu erklären, indem sie zurückgeführt werden auf eine

20

Störung oder einen Defekt im Körper oder allgemeiner: in der Person. Es wird also unterschieden zwischen der Ebene der Symptome, Beschwerden und Auffälligkeiten, dem Kranksein, und der Ebene der eigentlichen Krankheit, dem „Defekt in der Person" (vgl. Abb. 2.1). Die Krankheit ist wiederum zurückzuführen auf eine oder mehrere Ursachen biologischer, psychischer oder sozialer Art. Das Kranksein ist wahrnehmbar und damit ein sozialer Sachverhalt, auf den die Umwelt und die Person selbst mit entsprechend veränderten Erwartungen reagiert: Die Person wird als krank betrachtet und als krank behandelt. Parsons (1967) hat diese veränderten Erwartungen als Krankenrolle bezeichnet. Die Person kommt ihren normalen Rollenerwartungen nicht oder nur eingeschränkt nach, so daß ihr die besondere Rolle des Kranken zugeschrieben wird.

Dieser allgemeine Krankheitsbegriff mit der Verursachungskette: Ursachen – Defekt (Krankheit) – Erscheinungsbild (Kranksein) – Folgen (Krankenrolle) und deren Rückwirkungen wiederum auf die Krankheit und das Kranksein ist das grundlegende Paradigma der Medizin. Es dient der medizinischen Forschung als Leitfigur für die Hypothesenbildung und steuert in der Praxis den Prozeß der Diagnosestellung und vor allem der Indikationsstellung (mehr dazu in Kapitel 5).

Die Psychiatrie hat um die Jahrhundertwende dieses Krankheitsparadigma auch auf psychische Störungen übertragen, doch dies ist bis heute umstritten (Keupp, 1972, 1979). Dabei geht es im Kern um die Frage, ob auch bei psychischen Störungen ein „Defekt in der Person" anzunehmen ist. Die Psychiatrie postuliert einen solchen Defekt, entweder körperlicher Art oder in der psychopathologischen Tradition Jaspers als einen Defekt des Erlebens (Schulte, 1990). Auch tiefenpsychologische Theorien gehen von einem psychischen Defekt aus, so daß für sie klinische Diagnosen wie (Übertragungs-)Neurose oder Borderline-Störung für die Indikationsstellung grundsätzlich relevant sein können (Heigl, 1981). Andere Ansätze, vor allem die Verhaltenstherapie, aber auch sozialpsychiatrische, interpersonale und familientherapeutische Ansätze lehnen hingegen die Annahme eines „Defekts in der Person" des Patienten grundsätzlich ab. Die Symptome, die auffälligen Veränderungen werden direkt, ohne den Umweg über die Annahme eines Persondefektes, auf Ursachen in der Person oder vor allem in der (sozialen) Umwelt zurückgeführt.

Allerdings ist auch das Verständnis von Ursache bei den verschiedenen Richtungen höchst unterschiedlich: Kausalursache im historisch-genetischen Sinn, etwa bei der Psychoanalyse, den gegenwärtigen Zustand aufrechterhaltende Bedingungen bei der Verhaltenstherapie oder rückwirkende Systembedingungen in der systemischen Familientherapie. Im einzelnen benennen die Therapietheorien spezifische Ursachen, machen also Aussagen über (wechselseitige) Zusammenhänge zwischen psychischen Störungen und (antezendenten) Bedingungen. Diese theoretischen Aussagen sind allerdings nicht immer empirisch auf ihren Wahrheitsgehalt überprüft.

2.1.3 Ein allgemeines Störungsparadigma

Die unterschiedlichen Schulmeinungen lassen sich vermeiden, wenn ein allgemeineres Störungsmodell zugrunde gelegt wird, bei dem auf die Annahme eines Defektes verzichtet wird (Abb. 2.2). Im Zentrum stehen die wahrnehmbaren **Abweichungen** bei der Person des Patienten. Sie können Veränderungen unterschiedlicher Art betreffen: **körperliche** Veränderungen (z. B. häufiger Schwindel, Herzrasen, Gewichtsverlust, Ausbleiben der Regel oder Schmerzen), Veränderungen in seinem **Erleben** (z. B. zunehmende Niedergeschlagenheit oder Ängste) oder – besonders häufig – Veränderungen in seinem **Verhalten,** einschließlich des unmittelbaren Resultats des Verhaltens (z. B. Schüchternheit, Stottern, Zwangsrituale, Einnässen oder ein Leistungsabfall).

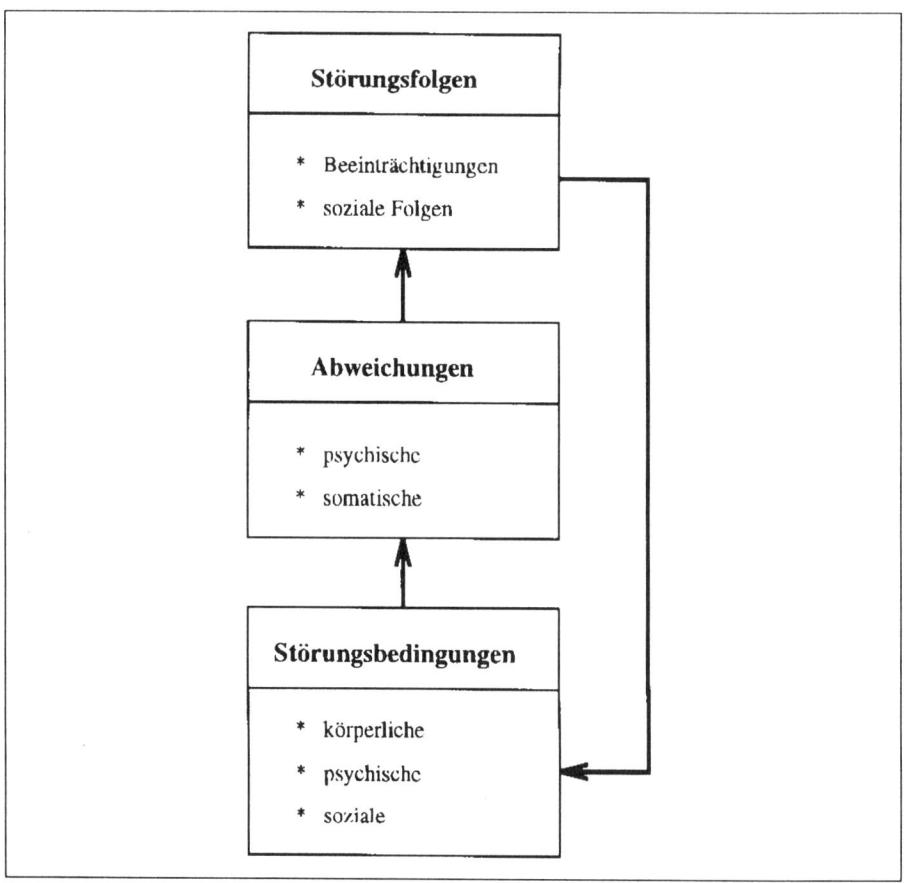

Abb. 2.2: Basismodell psychischer Störungen

Für diese Abweichungen gilt das gleiche wie für die wahrnehmbaren Symptome einer Krankheit: Sie haben **Folgen** unterschiedlicher Art, da sie unmittelbar die Person im Vollzug ihrer alltäglichen Handlungen beeinflussen, vor allem beeinträchtigen. Im Einklang mit dem Klassifikationssystem psychischer Störungen der American Psychiatric Association, dem Diagnostischen und Statistischen Manual Psychischer Störungen (DSM, ab der dritten Fassung, 1980) lassen sich drei Bereiche der Beeinträchtigung von Person-Umwelt-Interaktionen unterscheiden: Arbeit und Leistung (z. B. Klagen über Schulversagen), (soziale) Aktivitäten (z. B. „Ich sitze nur noch zu Hause rum; früher habe ich wenigstens noch Sport machen können!") und soziale Beziehungen (z. B. „Ich bin isoliert und finde keinen Anschluß!"; „Wir verstehen uns nicht mehr!").

Die Abweichungen können auch die Umwelt zu verändertem Verhalten dem Patienten gegenüber veranlassen. Die „labeling-Theorie" (Keupp, 1976) hat deutlich gemacht, daß primäre Abweichungen bei einem Patienten zu einem veränderten Rollenverhalten seiner Umwelt führen. Die Personen der Umwelt ziehen sich zurück, reagieren nicht mehr wie sonst, haben kaum Verständnis und lehnen den Patienten mehr oder weniger ab.

Die Abweichungen selbst werden von allen Theorierichtungen als Folge irgendwelcher antezedenter **Bedingungen** erklärt, und das gilt auch für die naiven Theorien des Patienten und seiner Umgebung. Hat der Patient eine Veränderung oder Abweichung bei sich beobachtet, so wird er nach einer Erklärung suchen. Läßt sich die Abweichung „natürlich" erklären und auf ein spezielles Ereignis (z. B. durchwachte Nacht oder Tod eines nahen Angehörigen) attribuieren, so wird er von einem nur vorübergehenden Zustand ausgehen, so daß keine gesonderten Maßnahmen ergriffen werden müssen. Ist jedoch keine „natürliche" Erklärung zu finden und wird angenommen, daß die Abweichung länger anhalten wird (zeitliche Persistenz), so wird in Analogie zum Krankheitsparadigma eine Erklärung als pathologisch, also als Folge einer Krankheit oder „Störung der Person" in Betracht gezogen.

Diese Diagnosestellung oder Interpretation versucht die Person zu validieren (Goldberg & Huxley, 1980): Die Person sucht Rat bei Angehörigen und guten Freunden, die gegebenenfalls die Diagnose bestätigen. Auch die darauf folgenden Überlegungen, Bewertungen und Entscheidungen des Patienten werden in der Regel mit Vertrauten und Freunden besprochen; Selbstanalyse und soziale Validierung laufen weitgehend parallel.

Aus Sicht des Therapeuten sind bei verschiedenen Störungen durchaus unterschiedliche Verursachungen anzunehmen, und verschiedene Therapietheorien bevorzugen unterschiedliche Erklärungsmodelle, die in Analogie zum Computer beschrieben werden können (Schulte, 1990). Manche psychischen oder somatischen Abweichungen können tatsächlich Folgen eines körperlichen Defektes sein, etwa Störungen der Sinnesorgane oder des Stoffwechsels; es handelt sich um Symptome einer (allgemeinen) körperlichen Krankheit. Andere sind Folge eines Defektes des Nervensystems, also Symptome einer neurologischen Erkrankung. In anderen Fällen ist davon auszugehen, daß nicht die „hardware" gestört ist, sondern die „software", daß also „Programmfehler" vorliegen. Die meisten psychologischen Pathologietheorien sind hier einzuordnen. Schließlich sind Abweichungen auch ohne Defekte und ohne Programmfehler möglich, wenn nämlich ein durchaus an bestimmte Subgruppen angepaßtes Verhalten vorliegt (angepaßt z. B. an Jugendbanden, extreme Sekten oder massiv gestörte Familien), das jedoch von der weiteren sozialen Umwelt als abnorm beurteilt wird. Gestört wäre hier nicht die Person, sondern – im übertragenen Sinn – die Umwelt.

2.1.4 Einsatzmöglichkeiten von Psychotherapie

Nicht alle Personen, die sich an einen Psychotherapeuten wenden, klagen über psychische oder somatische Abweichungen, die sie oder andere bei sich selbst festgestellt haben. Anlaß der Therapienachfrage können auch Veränderungen oder Unzufriedenheiten auf der Ebene der Folgen sein. Patienten klagen über ein diffuses Leiden, oder sie nennen globale Ziele auf der Ebene der Folgen, entweder im Sinne einer Beseitigung aversiver Folgen, z. B. ,,Ich möchte nicht überall abgelehnt werden!", oder als positiv formuliertes Verhaltensziel, z. B. ,,Ich möchte einen Partner kennenlernen!", oder ,,Ich möchte mich ,selbstverwirklichen'!". Auch in solchen Fällen ist psychotherapeutische Hilfe prinzipiell möglich. Durch den Therapeuten ist allerdings zunächst zu klären, ob die aversiven Zustände bzw. das Ausbleiben erwünschter Zustände nicht doch Folgen einer Veränderung des Verhaltens oder Erlebens des Patienten sind. Möglicherweise erkennt der Patient dies nicht, und es ist dann eine zusätzliche Aufgabe des Therapeuten zu klären, warum der Patient selbst diese Zusammenhänge nicht sieht oder berichtet.

Es kann aber auch sein, daß die Anlässe für das Aufsuchen des Therapeuten grundsätzlich anders sind als bislang besprochen, daß also bei einem Klienten tatsächlich keine psychische oder psychosomatische (psychisch bedingte somatische) Abweichung vorliegt. Er ist nicht psychisch krank im juristischen Sinn.

Psychotherapie kann tatsächlich nicht nur bei Personen mit ernsthaften psychischen Störungen erfolgreich eingesetzt werden, sondern z. B. auch zur Verbesserung allgemeiner Lebensqualität. Einige humanistische Therapierichtungen haben dies ausdrücklich zu ihrer Zielsetzung gemacht. Sie gehen nicht – wie die Verhaltenstherapie und die Psychoanalyse (oder die Medizin) – von einem Störungs- oder **Devianzmodell** aus, bei dem das grundsätzliche Ziel therapeutischer Maßnahmen die Veränderung von psychischen oder somatischen Abweichungen ist. Ihre Grundlage ist ein **Kompetenzmodell**, bei dem es primär darum geht, (weitere) Kompetenzen zu fördern. Dies ist auch für die Pädagogik kennzeichnend (vgl. die Unterscheidung zwischen ,,compensation" vs. ,,capitalization" von Cronbach & Snow, 1977).[1]

---

1 Das Ziel ist dabei bereits von der Therapietheorie allgemeingültig vorgegeben, etwa als Förderung von Reifung und Selbstverwirklichung bei humanistischen Therapieverfahren (oder durch Lernziele oder Lehrpläne beim Unterricht). In solch einem Fall

Ähnliches gilt für (verhaltensmedizinische) Therapiemaßnahmen bei körperlich Kranken, vor allem bei chronischen Krankheiten und Behinderungen. Bei solchen Patienten können die Folgen der körperlichen Krankheit, die Beeinträchtigungen und das Leiden, zum unmittelbaren Gegenstand der Behandlung werden und der Aufbau von Bewältigungsmöglichkeiten (coping) im Zentrum stehen (Basler & Florin, 1985; Miltner, Birbaumer & Gerber, 1986). Dies kann auch für psychisch Kranke gelten, wenn die psychischen oder psychosomatischen Abweichungen nicht oder nicht hinreichend reduziert werden können, etwa bei chronisch kranken Schizophrenen. Auch zur Prävention von körperlichen und psychischen Krankheiten können psychotherapeutische Maßnahmen ergriffen werden (Brandstädter & Eye, 1982; Perrez, 1991; Schröder & Reschke, 1992).

Nicht nur Psychische Störungen sind demnach Ansatzpunkte für eine Psychotherapie. Dieses Buch ist allerdings in erster Linie auf die Planung der Behandlung von psychisch kranken Patienten ausgerichtet, in zweiter Linie auf die unterstützende Psychotherapie bei körperlich Kranken. Es wird daher davon ausgegangen, daß bei dem Ratsuchenden irgendwelche psychischen oder somatischen Abweichungen (Devianzen) vorliegen – auf der Symptomebene, nicht zu verstehen als ursächliche pathologische Veränderungen (Defekte) in der Person.

Trotzdem kann die Betonung und Förderung von Kompetenzen eine wichtige Methode oder Strategie der Behandlung sein. Darüber hinaus ist die Nutzung und Stärkung vorhandener **Ressourcen** ein wichtiges Mittel, um die Therapiemotivation des Patienten zu stärken. Die Beschreibung des Istzustandes des Patienten sollte daher nicht auf seine Defizite und Abweichungen beschränkt sein, sondern auch seine Stärken und Kompetenzen einschließen.

2.2 Therapiemotivation

2.2.1 Therapieanlässe

Eine Person wird in der Regel nicht bei der ersten Beobachtung von Veränderungen oder Auffälligkeiten im Erleben oder Verhalten einen Psychotherapeuten oder überhaupt fachliche Hilfe aufsuchen. Schwankungen und Veränderungen der Stimmung, des Verhaltens, des Wohlbefindens oder der Leistungsfähigkeit sind normal. Erst am Ende eines komplexen und längerdauernden Bewertungs- und Entscheidungsprozesses steht gegebenenfalls der Gang zu einer Einrichtung des psychosozialen und medizinischen Versorgungssystems.

---

erscheint eine Analyse der individuellen Probleme des Einzelfalls als entbehrlich; es steht von vornherein fest, daß die entsprechenden Kompetenzen zu fördern sind. Lediglich aus „technischen" oder motivationalen Gründen ist der gegenwärtige Zustand des Patienten zu bestimmen, um ihn „dort abzuholen, wo er sich gegenwärtig befindet".

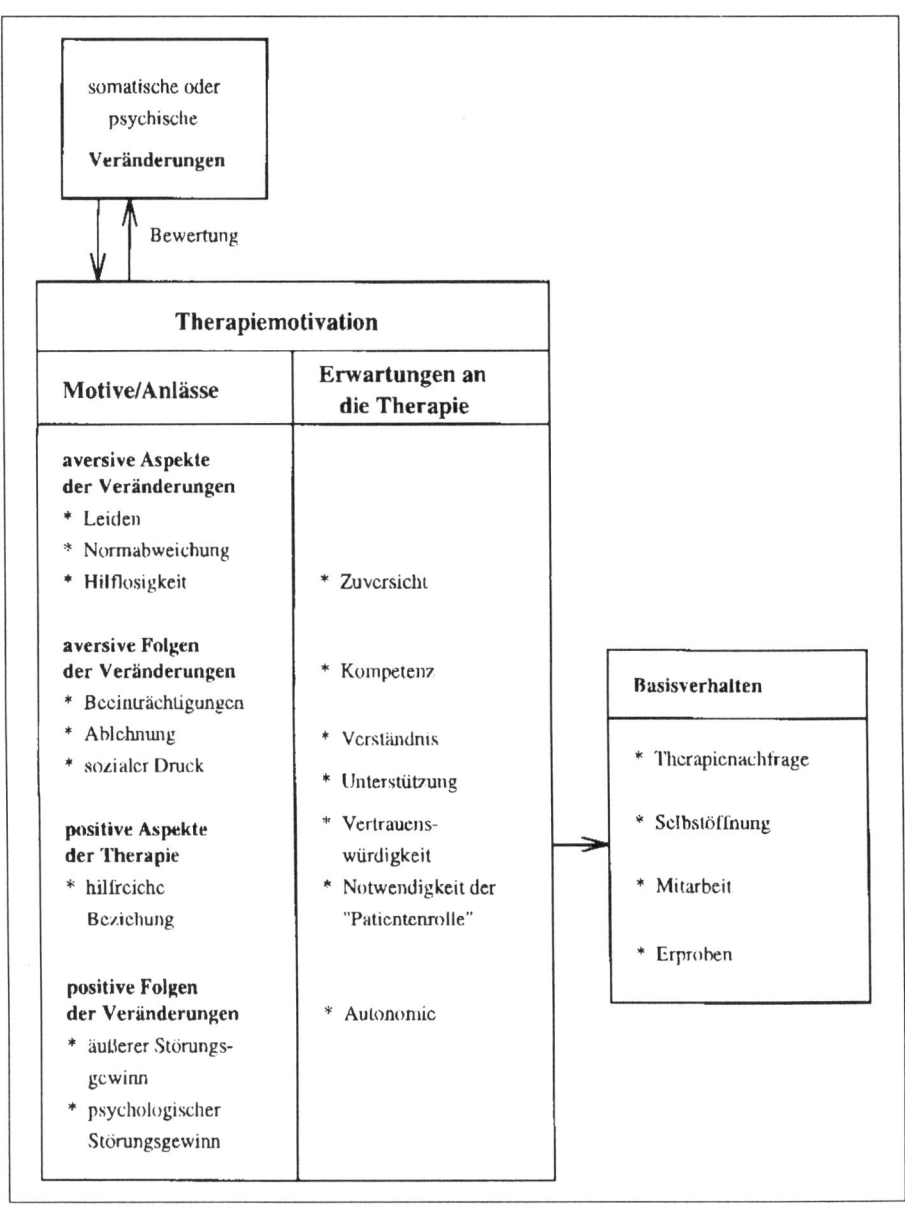

Abb. 2.3: Komponenten der Therapiemotivation des Patienten

Zu einem Anlaß, Therapie aufzusuchen, werden nur solche Veränderungen, die negativ bewertet werden, die eine negative Valenz haben. Aus lernpsychologischer Sicht sind die Veränderungen für den Betroffenen ein aversiver Sachverhalt oder negativer Verstärker, und die Person wird Flucht- oder Vermeidungsverhalten entwickeln, um diese negativen Verstärker zu reduzieren, letztlich durch das Aufsuchen eines Therapeuten. Da die motivationspsychologische Theorienbildung in diesem Zusammenhang differenzierter ist, sollen die Gründe für das Aufsuchen eines Therapeuten aus diesem Blickwinkel beschrieben werden (vgl. Abb. 2.3).

Situationsgegebenheiten wie die beobachteten Veränderungen werden dann negativ bewertet und stellen einen (negativen) Anreiz dar, wenn sie die Befriedigung von Motiven erschweren oder verhindern.[2] Solche Beeinträchtigungen können unmittelbar durch die Veränderungen beziehungsweise durch das subjektive, affektive Erleben dieser Beeinträchtigungen oder mittelbar durch aversive Folgen der Veränderungen bewirkt werden.

Auf der Ebene der Abweichungen sind mindestens drei Erfahrungen zu nennen, die Anlaß zum Aufsuchen eines Therapeuten bieten können. Die erste Erfahrung betrifft das affektive Erleben der Abweichung: Sie kann unmittelbar Schmerzen bewirken, Angst auslösen, beunruhigen oder andere aversive Emotionen auslösen. Oft sind diese Emotionen selbst die Abweichung oder ein Teil von ihr. Die gemeinsame Komponente dieser mit den Abweichungen direkt verbundenen negativen emotionalen Zustände kann als **Leiden** bezeichnet werden.

Ein weiterer subjektiver Aspekt von Abweichungen, der Anlaß geben kann, Hilfe zu suchen, ist die Bewertung der Abweichungen – durch andere oder durch den Betroffenen selbst – als nicht normal. ,,Normal sein‘‘, ,,so wie die anderen sein‘‘ ist für die meisten Menschen ein erstrebenswerter Zustand. Eine als anormal beurteilte Veränderung, eine **(Norm-)Abweichung**, kann bereits ein Grund für subjektives Leiden und Anlaß für das Aufsuchen einer Psychotherapie sein (Künzel, 1979).

Ist ein abweichender Zustand festgestellt, wird die Person allerdings zunächst selbst Veränderungen planen und erproben, also Maßnahmen der Selbstmodifikation durchführen, z. B. ,,es etwas langsamer gehen lassen‘‘ oder eine belastende Situation meiden. Das Ergebnis wird sie kritisch registrieren (evaluieren). Helfen ihre Bewältigungsversuche nicht, so erfährt sie sich als hilflos.

Als nächstes wird sie vielleicht Hilfe von Angehörigen und Freunden suchen und erhalten. In der Tat gibt es viele Parallelen zwischen sozialer Unterstützung und Psychotherapie (Winefield, 1987). Hilft auch das nicht und steigt folglich die Hilflosigkeit weiter an, so wird die betroffene Person sich entschließen, Fremdhilfe von Fachleuten in Anspruch zu nehmen.[3] Kontrolle zu

---

2 Nach Heckhausen (1980) ist die Anregung oder – nach der hier bevorzugten Terminologie – der Anlaß für ein zielgerichtetes Verhalten eine Wechselwirkung zwischen bestimmten Situationsgegebenheiten (dem Anreiz) und individuellen Besonderheiten der Person, den Motiven. In der Praxis ist allerdings eine Trennung zwischen Anreiz und Motiv nicht immer möglich, so daß hier die Begriffe nicht scharf getrennt werden.

3 Eine Vielzahl möglicher Einflußfaktoren und Prädiktoren dieser Entscheidung, Fremdhilfe zu suchen, sind untersucht worden, neben den bereits genannten vor allem der sozioökonomische Status und andere soziodemografische Merkmale (Fischer & Cohen,

haben, ist ein weiterer erstrebenswerter Zustand, und **Hilflosigkeit** ein Motiv oder Anlaß, therapeutische Hilfe zu suchen (Künzel, 1979; Veith, 1995).

Nicht jede ungewöhnliche und unkontrollierbare Veränderung muß notwendigerweise Anlaß für Gegenmaßnahmen sein. Auch viele körperliche Veränderungen, z. B. leichte Erkältungserscheinungen, werden toleriert. Der Eindruck oder die Bewertung, daß diese anormale und unkontrollierbare Veränderung tatsächlich **änderungsbedürftig** ist, setzt voraus, daß die Person irgendwelche Nachteile im weitesten Sinn aufgrund dieser Abweichung hat.

Damit ist der zweite Bereich angesprochen: die Folgen von Veränderungen. Die Valenz einer Handlung resultiert vor allem aus den Folgen, die die Handlung oder das Handlungsergebnis haben (Heckhausen, 1980), in diesem Fall also aus den Beeinträchtigungen bei den alltäglichen Tätigkeiten. Die Person wird an der Befriedigung unterschiedlicher Motive behindert. Je größer diese **Beeinträchtigungen**, desto größer der Wunsch, eine Veränderung herbeizuführen (DePaulo, 1982; Goldberg & Huxley, 1980; Künzel, 1979; Veith, 1995). Freud (1975, Original 1913) bezeichnete die negativen Folgen, die die Störung oder Krankheit des Patienten hat, summarisch als Leidensdruck des Patienten; er galt Freud als „Motor der Therapie" (Schneider, 1990).

Wie erwähnt haben psychische Abweichungen in der Regel auch soziale Folgen in Form von **Ablehnung** und Rückzug. Die Überwindung dieser oft als schmerzlich erfahrenen Ablehnung oder doch zumindest Distanzierung und Verständnislosigkeit der Umwelt ist ein weiterer potentieller Anlaß für das Aufsuchen therapeutischer Hilfe. Allerdings kann diese Erfahrung den Patienten zunächst auch davon abhalten, psychotherapeutische Hilfe zu suchen, denn durch den Gang zum Psychotherapeuten wird gewissermaßen offenkundig und offiziell bestätigt, daß er psychisch krank ist. Doch wenn der Patient einmal den Schritt getan und eine Therapeuten aufgesucht hat, ist die soziale Ablehnung ein weiterer Anlaß für die Aufrechterhaltung der Therapienachfrage.

Auch die Angehörigen und Freunde können Nachteile und Beeinträchtigungen durch die Störung des Patienten erleiden: Ihr Verhaltensspielraum kann eingeengt werden, sie müssen eventuell zusätzliche Pflichten übernehmen, und das Verhalten des Patienten kann verunsichern oder einfach nur lästig sein. Eltern sind vor allem dann bereit, wegen Auffälligkeiten ihrer Kinder eine Beratungsstelle aufzusuchen, wenn sie selbst durch diese Auffälligkeiten gestört werden (Westphalen, 1986). Selbst wenn die Angehörigen oder Freunde nicht darüber sprechen, wird der Patient in den meisten Fällen die Beeinträchtigung, die er für seine Umwelt bewirkt, wahrnehmen, so daß ein **sozialer Druck** entsteht, eine Behandlung aufzunehmen. Dies wäre ein weiterer Anlaß für Therapienachfrage.

1972; Ingham & Miller, 1983; Johnson, 1988; Lin, Inui, Kleinman & Womack, 1982). Nach diesen Untersuchungen ist eine Person, die professionelle Hilfe sucht, mit größerer Wahrscheinlichkeit eine Frau, wenig religiös, höher gebildet und jung.

Die somatischen und psychischen Veränderungen eines Patienten müssen aber nicht nur negative Auswirkungen zur Folge haben, die zum Aufsuchen eines Therapeuten motivieren; sie können durchaus auch positive Konsequenzen haben. Es kann beispielsweise sein, daß ein Patient aufgrund seiner Verhaltensabweichungen mit einer besonderen Aufmerksamkeit und Zuwendung bedacht wird, geschont wird und vielleicht nicht mehr arbeiten muß. Solche Folgen hat Freud als äußeren Krankheitsgewinn bezeichnet. Dieser Krankheitsgewinn steht gewissermaßen als Kraft gegen eine Veränderung durch Therapie; der Patient möchte unterschwellig diese Vorteile letztlich nicht verlieren.

Freud sah darüber hinaus noch eine weitere Kraft gegen die negativen Folgen einer Störung oder Abweichung (den Leidensdruck) antreten: den primären Krankheitsgewinn. Darunter verstand er das gegenwärtige, wenn auch keineswegs optimale Arrangement, das die verschiedenen Instanzen (Es, Ich und Überich) durch die Symptombildung erreicht haben. Auch ohne diesen spezifischen theoretischen Hintergrund übernehmen zu müssen, ist der Verweis auf einen über äußere Vorteile hinausgehenden psychologischen Krankheitsgewinn von Bedeutung. Durch die Symptomatik kann es dem Patienten möglich sein, bestimmte Wünsche oder Bedürfnisse zu befriedigen, Ziele zu erreichen oder (vermeintlich) schlimme Entwicklungen zu verhindern, was anderweitig vielleicht nicht zu erreichen wäre oder für ihn anderweitig unerreichbar erscheint. Vor allem kann die Symptomatik nach außen hin eine Entschuldigung liefern, daß erwünschte oder notwendige Verhaltensweisen nicht gezeigt werden können, obwohl die Person aus anderen Gründen – z. B. wegen mangelnder Kompetenz oder Anstrengungsbereitschaft – dieses Verhalten sowieso nicht zeigen würde. Die Symptome bewirken somit einen Schutz des eigenen Selbstbildes.

Diese gegen die Aufnahme und Durchführung einer Therapie gerichteten Folgen sollen – um eine Abgrenzung vom psychoanalytischen Theoriehintergrund vorzunehmen und den Begriff Krankheit zu vermeiden – mit den Begriffen „**äußerer Störungsgewinn**" und „**psychologischer Störungsgewinn**" bezeichnet werden.

Zu diesen primären Anlässen, eine Therapie aufzunehmen (Leiden, Normabweichung, Hilflosigkeit, Beeinträchtigungen, Ablehnung und sozialer Druck) beziehungsweise gerade nicht aufzunehmen (äußerer und psychologischer Störungsgewinn), kommt mit Beginn der Behandlung noch ein weiterer, sekundärer Anlaß oder ein sekundäres Motiv durch die Behandlung selbst hinzu: die **Aufrechterhaltung der therapeutischen Beziehung**. Dieses Motiv wird sich entwickeln, wenn der Patient Zuversicht gewinnt, daß er bei diesem Therapeuten vermutlich Hilfe erhält und daß seine Abweichungen und die damit verbundenen Beeinträchtigungen zurückgehen werden. Der Kontakt zu dem Therapeuten wird damit für den Patienten höchst erstrebenswert, und er wird weiterhin zur Therapie gehen und das in der Therapie von ihm erwartete Verhalten – das weiter unten besprochen wird – zeigen, um den Kontakt nicht zu gefährden.

Möglicherweise ist dieser sekundäre Anlaß sogar auf die Dauer entscheidend für die Therapienachfrage. Patienten, die nicht in der Lage sind, eine therapeutische Beziehung aufzubauen, gelten in der Psychoanalyse als nicht behandelbar (s. Kapitel 4.4). Wie stark dieses Motiv sein kann, zeigt nicht zuletzt die Notwendigkeit, am Ende der Therapie die „Ablösung" des Patienten vom Therapeuten vorbereiten und unterstützen zu müssen.

Insgesamt lassen sich demnach mindestens neun Anlässe oder Motive für oder gegen das Aufsuchen einer Psychotherapie ausmachen: sieben positiv motivierende (Leiden, Normabweichung, Hilflosigkeit, Beeinträchtigungen, Ablehnung, sozialer Druck und Aufrechterhaltung der Therapiebeziehung) und zwei komplexe, negativ motivierende Anlässe (äußerer und psychologischer Störungsgewinn). Die einzelnen Anlässe sind verschiedenen Personen unterschiedlich wichtig, und im Einzelfall können durchaus weitere Anlässe oder Motive hinzukommen, etwa der Haß auf einen Angehörigen, der durch die Symptomatik und ihre Folgen bestraft wird, oder das Verliebtsein in den Therapeuten. Außerdem wird sich die relative Bedeutung der verschiedenen Anlässe im Verlauf der Therapie mit unterschiedlicher Geschwindigkeit verändern. Inwieweit gerade das Zusammenspiel von Fremd- und Selbstmotivation, von positiven und negativen Motiven und Anlässen letztlich für die Therapienachfrage des Patienten maßgeblich ist, bedarf der weiteren empirischen Klärung.

2.2.2 Therapieerwartungen

Anlässe und Motive werden dann für ein Verhalten relevant und motivieren zu diesem Verhalten, wenn die Person die Erwartung entwickelt, daß gerade durch dieses Verhalten die Anlässe beseitigt oder die Motive befriedigt werden können. Der Patient muß also die Erwartung ausbilden, daß ihm das Aufsuchen dieser speziellen Therapieinstitution helfen wird, die Zustände zu erreichen, für die er motiviert ist: Daß seine Störung und damit Leiden, Normabweichung, Beeinträchtigungen, Hilflosigkeit, Ablehnung und sozialer Druck verschwinden, ohne daß nach Möglichkeit anderweitige persönliche Nachteile und soziale Diskriminierungen resultieren (Krause, 1966; s. weiterhin Abbildung 2.3).

Entscheidend für die Ausbildung einer solchen Erwartung und damit für die Wahl einer bestimmten Institution ist das Vorwissen des Betroffenen bezüglich der dort durchgeführten Behandlungen. In einer Untersuchung an Eltern von Kindern mit psychischen Problemen (Vollmer, 1986) konnte gezeigt werden, daß die Eltern sich für diejenige Einrichtung entscheiden, die hinsichtlich der vermuteten Zuständigkeit und der vermutlich durchgeführten Maßnahmen am ehesten zu ihrer eigenen Ansicht über die Störung ihres Kindes – den vermuteten Ursachen und den vermutlich angemessenen Maßnahmen – paßt. Passung von Störung und Behandlung – subjektiv vermutet oder objektiv festgestellt

– ist demnach das entscheidende Indikationskriterium, und das gilt nicht nur für die Selbstindikation, sondern – wie noch zu zeigen sein wird – auch für die fachliche Indikationsstellung professioneller Helfer.

Auch hier kommen soziale Vermittlungsprozesse innerhalb des sozialen Netzwerkes hinzu (Goodman, Sewell & Jampol, 1984; Gourash, 1978; Linn & McGranahan, 1980): Freunde und Angehörige spielen eine große Rolle bei der Ausbildung von Erwartungen und bei der Beratung, Vorselektion und Vermittlung von professioneller Hilfe.

In erster Linie erwartet oder erhofft sich der Patient, daß in dieser Institution beziehungsweise bei diesem Therapeuten (nun endlich) sein Ziel erreicht wird, daß die Veränderungen oder Abweichungen, die Anlaß zum Hilfesuchen sind, verschwinden (Zuversicht). Nach der Systematik von Heckhausen (1980) handelt es sich um eine Handlungs-Ergebnis-Erwartung, also die Erwartung, daß eine bestimmte Handlung – das Aufsuchen des Therapeuten – zu einem bestimmten Ergebnis führen wird. Die Erwartung dieses Handlungsergebnisses motiviert ihn zur Therapienachfrage.

Die Erwartungen des Patienten richten sich außerdem auf das vermutliche **therapeutische** *Procedere*, was also in etwa mit welcher Zielsetzung in der Therapie passieren wird. Das betrifft zunächst das Verhalten des Therapeuten. Von ihm erwartet der Patient in der Regel, daß er sich so ähnlich wie ein Arzt verhält und daß er **kompetent** die notwendigen Maßnahmen durchführen kann. Angesichts des sozialen Drucks und der erfahrenen Ablehnung oder zumindest des Rückzugs anderer Menschen infolge seiner Störungen erhofft und wünscht sich der Patient außerdem, zumindest von seinem Therapeuten nicht abgelehnt zu werden, sondern bei ihm **Unterstützung** und **Verständnis** zu finden und ihm **vertrauen** zu können.

Andererseits hofft der Patient aber auch, daß er selbst mitbestimmen kann, was in der Therapie geschieht, zumindest was zum Gegenstand der Behandlung wird und welche Ziele verfolgt werden, damit die Therapie nicht gegen seine Vorstellungen verläuft, nicht zuletzt im Hinblick auf den äußeren und psychologischen Störungsgewinn. Der Patient erwartet also, daß ihm der Therapeut Freiheiten läßt, ihm **Autonomie gewährt**.

Die genannten Erwartungen korrelieren positiv mit dem Therapieerfolg (Überblick bei Orlinsky, Grawe & Parks, 1994). Allerdings sind die Zusammenhänge zwischen Erwartungen und tatsächlichem Erfolg vermutlich nicht linear (Garfield, 1994): Nicht nur sehr geringe Erwartungen, sondern auch überhöhte oder unrealistische Erwartungen können einen ungünstigen Verlauf bewirken. Der Patient wird leichter enttäuscht, folglich weniger aktiv mitarbeiten und eventuell sogar die Therapie vorzeitig beenden (Karzmark, Greenfield & Cross, 1983; Tinsley, Bowman & Barich, 1993).

Auch zu dem Verhalten, das von ihm selbst erwartet wird, hat der Patient aufgrund von Vorinformationen schon vor Beginn der Therapie erste Erwartungen entwickelt (**Rollenerwartungen**), doch konkretere Vorstellungen werden erst zu Beginn der Therapie, gewissermaßen als Antwort auf das Therpeutenverhalten, ausgebildet.

2.3 Basisverhalten des Patienten

Um eine Therapie – gleichgültig welcher Ausrichtung – erfolgversprechend durchführen zu können, sind gewisse grundlegende Verhaltensweisen des Patienten erforderlich. Dazu gehört selbstverständlich zunächst, daß der Patient zur Therapie kommt und dabei bleibt (**Therapienachfrage**; s. weiterhin Abbildung 2.3).

Von Bedeutung für den Therapieerfolg ist außerdem eine gewisse **Mitarbeit** des Patienten. In ihrem Sammelreferat verweisen Orlinsky, Grawe und Parks (1994) auf fast 50 Studien, von denen 70 % einen Zusammenhang von Mitarbeit und Therapieerfolg nachweisen.

Mitarbeit ist mehr als „compliance", als das Befolgen von Anweisungen eines Arztes oder Therapeuten, etwa bezüglich der Einnahme von Medikamenten (zur compliance s. zusammenfassend Basler, 1985). Anders als eine pharmakologische Behandlung bedarf zumindest die Verhaltenstherapie einer aktiven Mitwirkung des Patienten. Patienten, die erwarten, in der Therapie auch selbst aktiv sein zu müssen, brechen die Behandlung seltener vorzeitig ab (Heine & Trosman, 1960).

Ein drittes, notwendiges Verhalten (neben Therapienachfrage und Mitarbeit) ist die **Selbstöffnung** des Patienten. Für die Durchführung der Therapie ist es erforderlich, daß der Patient Auskunft gibt über sehr persönliche, auch intime Aspekte seines Lebens, seiner Vergangenheit, seines Verhaltens und seiner Umwelt. Patienten fällt es mehr oder weniger schwer, über manche Sachverhalte freimütig zu reden. Sie schämen sich ihres Verhaltens oder ihrer Wünsche und Bedürfnisse, sie verschweigen lieber ihre subjektive Sichtweise, sie haben Schuldgefühle wegen ihres Verhaltens anderen gegenüber und fürchten, von anderen, auch vom Therapeuten, deswegen abgelehnt zu werden (Sachse, 1987). Gerade die Kenntnis solcher subjektiven Bewertungen ist für eine psychotherapeutische Behandlung, für verschiedene Therapierichtungen in unterschiedlichem Ausmaß, von besonderer Bedeutung, um das Problem verstehen und definieren zu können, aber auch, um die Motivation des Patienten und damit Quellen für möglichen Widerstand berücksichtigen zu können.

Besonders für die Verhaltenstherapie ist noch eine vierte Verhaltensweise zu nennen, die für eine erfolgreiche Therapiedurchführung maßgeblich ist: das **Erproben** neuer, bislang nicht ausgeführter oder vermiedener Verhaltensweisen in der Therapiesitzung, vor allem aber außerhalb der Therapie im Rahmen von „Hausaufgaben" oder Selbstkontrollprogrammen.

Diese, für die Durchführung einer Therapie weitgehend notwendigen Verhaltensweisen – Therapienachfrage (vs. Therapieabbruch), Mitarbeit (vs. Widerstand), Selbstöffnung (vs sich Verschließen) und Erproben (vs. Verweigerung) – sollen als **Basisverhalten des Patienten** bezeichnet werden.

Die Erwartungen des Patienten, eine erfolgversprechende Behandlung, Kompetenz, Unterstützung, Verständnis und Vertrauenswürdigkeit bei seinem Therapeuten zu finden, sind zunächst Situations-Erwartungen, d. h. der Patient erwartet, daß der Therapeut sich auf jeden Fall in der Therapie so verhalten wird, unabhängig von seinem eigenen Verhalten. Im Verlauf der Behandlung, und zwar möglichst frühzeitig, wird sich allerdings für den Patienten zeigen – zumindest sollte das so sein –, daß diese Verhaltensweisen des Therapeuten an ein bestimmtes Verhalten seinerseits gebunden sind, eben an sein Basisverhalten. Aus den Situations-Erwartungen werden Handlungs-Ergebnis-Erwartungen. Damit sind nicht nur die Therapienachfrage, sondern auch die anderen Basisverhaltensweisen des Patienten unmittelbar abhängig von seiner Therapiemotivation. Dies macht deutlich, daß das Verhalten des Therapeuten in der Interaktion mit dem Patienten – die therapeutische Beziehung – für die Therapiemotivation von großer Bedeutung ist; darauf wird im übernächsten Kapitel näher eingegangen.

Ein besonders enger Zusammenhang besteht zwischen der Erwartung der Vertrauenswürdigkeit des Therapeuten und der Bereitschaft des Patienten zur Selbstöffnung. Der Patient wird nur dann Auskunft über sehr persönliche Inhalte geben, wenn er erwarten kann, daß die Offenbarung vertraulicher und persönlicher Angelegenheiten beim Therapeuten in guten Händen ist, von diesem nicht mißbraucht wird und daß der Therapeut trotz dieser vertraulichen Mitteilungen den Patienten weiterhin akzeptiert und schätzt und nicht etwa ablehnt (Garfield, 1980; Sachse, 1987). In einer Analogiestudie von Bierhoff und Kliem (zitiert nach Bierhoff, 1992) korreliert Vertrauenswürdigkeit mit Selbstöffnung bezüglich wenig intimer Inhalte mit $r = .45$ und mit Selbstöffnung bezüglich Inhalte mittlerer und hoher Intimität mit $r = .76$.

Primäre Aufgabe des Therapeuten ist es, die psychischen und psychosomatischen Abweichungen des Patienten zu behandeln. Doch der Therapeut hat noch eine zweite Aufgabe. Er muß, falls erforderlich, die Voraussetzungen schaffen, um überhaupt seine Therapiemethoden durchführen zu können; das heißt, er muß das Basisverhalten des Patienten fördern und stabilisieren (Kanfer & Grimm, 1981). In den meisten Fällen wird zwar der Patient von sich aus motiviert sein, das erforderliche Basisverhalten zu zeigen. Doch das gilt nicht für alle Patienten und vor allem nicht für den gesamten Verlauf der Therapie.

Probleme können sich schon zu Beginn der Behandlung bei solchen Patienten ergeben, die eher mit einer gewissen Skepsis oder sogar unfreiwillig in die Therapie kommen. Wenn der Patient gerne zur Therapie kommt und aktiv mitarbeitet, ist vielfach der wichtigste Teil der Therapie bereits geschafft.

Im weiteren Verlauf wird es auch für den anfangs motivierten Patienten zunehmend wichtig zu sehen, daß sich tatsächlich Veränderungen einstellen. Vielleicht ist er enttäuscht, weil alles so langsam geht oder doch anders abläuft als erwartet, und die Motivation kann zurückgehen. Der Patient kann sich sogar direkt oder indirekt gegen Maßnahmen des Therapeuten wenden (Widerstand) oder nicht mehr einverstanden sein, von ihm „belehrt" zu werden. Für den Therapeuten stellt dies eine besondere Herausforderung dar. Er muß solche Veränderungen im Basisverhalten des Patienten möglichst frühzeitig registrieren, nach Ursachen für diese Veränderungen, auch bei sich und dem eigenen Verhalten, suchen und gegebenenfalls die „eigentliche" Therapie zurückstellen, um zunächst diese motivationalen und interaktiven Probleme anzugehen.

In der Schlußphase der Therapie stellt sich die Situation wieder anders dar. Nun geht es darum, mehr und mehr die Selbständigkeit des Patienten zu fördern und die Abhängigkeit vom Therapeuten (das Motiv der Aufrechterhaltung der therapeutischen Beziehung) zu reduzieren. Dazu kann es sinnvoll sein, sich nunmehr weniger therapeutisch zu verhalten, vielleicht auch selbst mehr Selbstöffnung zu zeigen, um aus der Therapeutenrolle herauszukommen, und den Patienten als einen gleichberechtigten Experten für die Lösung seiner Probleme zu behandeln.

Die Diagnostik des Therapeuten umfaßt also zweierlei: die **Störungsanalyse** zur Diagnose der Abweichungen der Person und die **Motivationsanalyse** zur Diagnose der Gründe für die negative Bewertung dieser Abweichungen. Beide ergänzen sich bei dem Bemühen, die Gründe oder Anlässe für das Aufsuchen des Therapeuten und die Therapieziele zu erfassen und auf dieser Grundlage die Therapie zu planen.

Zusammenfassung

Ausgangspunkt für das Hilfesuchen eines Patienten ist in der Regel die Feststellung von psychischen oder somatischen Veränderungen, die nicht „natürlich" zu erklären sind, die als nicht normal gewertet werden können und die der Patient weder alleine noch mit Hilfe von Angehörigen und Freunden zu kontrollieren vermag. Nach dem allgemeinen Paradigma psychischer Störungen lassen sich Abweichungen je nach theoretischer Vorstellung als Folge körperlicher, psychischer oder sozialer antezendenter Bedingungen erklären. Sie haben außerdem vorwiegend negative Folgen für das alltägliche Handeln des Patienten und vorwiegend negative soziale Folgen, die für die negative Valenz der Abweichungen und damit für die Motivation, therapeutische Hilfe zu suchen, maßgeblich sind.

Mindestens sieben positiv motivierende (Leiden, Normabweichung, Beeinträchtigungen, Ablehnung, sozialer Druck, Hilflosigkeit und Aufrechterhaltung der Therapiebeziehung) und zwei komplexe, negativ motivierende Anlässe (äußerer und psychologischer Störungsgewinn) lassen sich unterscheiden. Der Patient erwartet, daß die Therapie ihm hilft und daß sein Therapeut die notwendigen Maßnahmen kompetent durchführen kann, daß er bei ihm Unterstützung und Verständnis finden wird und daß er ihm vertrauen kann. Dies motiviert ihn nicht nur zur Therapienachfrage (vs. Abbruch), sondern auch zu dem weiteren erforderlichen Basisverhalten: Mitarbeit (vs. Widerstand), Selbstöffnung (vs. sich Verschließen) und Erproben neuer Verhaltensweisen (vs. Verweigerung). Aufgabe des Therapeuten ist es, falls erforderlich dieses Basisverhalten herzustellen oder zu stabilisieren. Dazu ist gegebenenfalls eine Analyse der Therapiemotivation des Patienten erforderlich.

Kapitel 3

Vom Wissen zum Handeln
des Psychotherapeuten

3.1 Therapeutische Regeln

Während seiner Ausbildung erwirbt ein Therapeut Wissen über therapeutische Methoden, das er prinzipiell bei der Behandlung von Patienten einsetzen kann. Dieses „Änderungswissen" (Kaminski, 1970) ergänzt er später während seiner Berufstätigkeit durch Fortbildung und eigene Erfahrung.

Formal gesehen hat dieses Wissen über Methoden die Form von technologischen Regeln oder **Methodenregeln** (Perrez, 1989). Solche Methodenregeln nennen Aktionen oder **Maßnahmen**, die unter bestimmten **Ausgangsbedingungen** in der Lage sind, ein definiertes **Ziel** – mit einer bestimmten Wahrscheinlichkeit – zu erreichen. Sie umfassen also im Prinzip drei Bestimmungsstücke: Ausgangsbedingung, Maßnahme und Ziel, z.B. „Wenn bei dem Patienten unangemessene Angstreaktionen auf an sich harmlose Stimuli vorliegen (Ausgangsbedingung), dann führe eine Systematische Desensibilisierung durch (Maßnahme, die noch genauer beschrieben ist), um die Angst zu reduzieren (Ziel)".

Zum Änderungswissen gehört neben den Methodenregeln noch ein weiterer Bereich: **Therapietheorien** (technologische Theorien), die die Wirkungsweise der Methoden erklären. Eine theoretische Erklärungen der Wirkungsweise der Systematischen Desensibilisierung ist z.B.: Die funktionale, respondente Verknüpfung von angstauslösendem Stimulus und Angstreaktion wird unterbrochen.

Will ein Psychotherapeut bei einem Patienten eine Therapie durchführen, dann greift er auf dieses Wissen zurück und wendet gegebenenfalls eine oder auch mehrere der Therapieregeln bei seinem Patienten an. Das bedeutet, daß der Therapeut versucht, sich entsprechend dieser therapeutischen Regel zu verhalten. Durch die Regel wird sein Verhalten bis zu einem gewissen Grad festgelegt. Das betrifft zum einen die durchzuführende Maßnahme, die in der Methodenregel mehr oder weniger genau beschrieben wird. Das gilt außerdem für die Entscheidung über den Einsatz dieser Maßnahme, denn die Regelangaben zu den Ausgangsbedingungen und zu dem erreichbaren Ziel oder dem Effekt geben Hinweise, bei welchen Patienten diese Maßnahme – mit einer gewissen Wahrscheinlichkeit – erfolgreich eingesetzt werden kann.

Methodenregeln werden im Rahmen empirischer Effektivitätsforschung auf ihre Gültigkeit überprüft, d. h. es wird durch geeignete Meßverfahren bei wiederholter Messung festgestellt, ob tatsächlich die angegebene Maßnahme (unter den genannten Bedingungen) zum angegebenen Ziel führt, also erfolgreich oder effektiv ist – verglichen mit Patienten, die nicht mit dieser Methode bzw. mit einem anderen Verfahren behandelt wurden. Sofern die Effektivität einer Methodenregel in kontrollierten Studien empirisch belegt ist, handelt es sich um eine **wissenschaftlich begründete Regel** oder Methode (Perrez, 1989).

Das Ausmaß der mit der Methode zu erzielenden Veränderungen (auf irgendwelchen, für den Therapieerfolg relevanten Dimensionen; vgl. Schulte, 1993b) kann für alle Verfahren einheitlich durch die Effektstärke angegeben werden; das ist gewissermaßen die Korrelation der Methode mit den Veränderungen auf der jeweiligen Dimension (Rosenthal, 1984).

Psychotherapie ist insofern als ein regelgesteuerter Prozeß der Einflußnahme zu verstehen. Es gibt allerdings Einschränkungen. Nicht für alle Probleme, die sich einem Therapeuten bei seinen Patienten stellen, stehen elaborierte Regeln zur Verfügung, und nicht alle Methoden bzw. Methodenregeln sind in empirischen Effektivitätsstudien auf ihre tatsächliche Wirksamkeit überprüft worden.

Eine weitere Einschränkung ergibt sich aus der Ungenauigkeit vieler Regeln. Bei manchen Methoden werden genaue Handlungsanweisungen angegeben, etwa bei einem Entspannungstraining oder dem Klingelapparat zur Behandlung von Enuresis. Doch manchmal ist die Beschreibung einer Maßnahme, also des erforderlichen therapeutischen Vorgehens, recht unpräzise und abstrakt. Beispielsweise wird bei der ,,operanten Löschung" das Vorgehen lediglich als allgemeines Prinzip (,,Entferne die Verstärkung!") beschrieben. Um solche Methoden anwenden bzw. schon um sie in einen Therapieplan aufnehmen zu können, bedarf es der Konkretisierung. Für das Prinzip ,,operante Löschung" muß beispielsweise angegeben werden, welches Verhalten gelöscht werden soll und welches die Verstärker sind, die nicht mehr reaktionskontingent auf das Verhalten folgen sollen. Bei der praktischen Anwendung ist noch genauer zu fragen, wer diese Verstärker ,,kontrolliert" und wie diese Person gegebenenfalls dazu zu bringen ist, nicht mehr zu verstärken.

Je abstrakter die Beschreibung einer Methode ist, desto mehr Konkretisierung ist im jeweiligen Einzelfall erforderlich. Damit sinkt die Sicherheit, daß die Methode bei der einzelnen Anwendung mit gleicher Wahrscheinlichkeit zum Erfolg führt wie in wissenschaftlichen Untersuchungen gefunden. Denn jede, erst im Einzelfall nachträglich vorzunehmende Konkretisierung kann dazu beitragen, daß die dann tatsächlich durchgeführte Maßnahme sich mehr und mehr von dem Vorgehen unterscheidet, das im Rahmen der wissenschaftlichen Untersuchung durchgeführt wurde. Dies ist ein wesentlicher Grund dafür, daß in den letzten Jahren in der Forschung zunehmend mit detaillierten Therapiemanualen gearbeitet und deren Einhaltung außerdem überprüft wird. Nur so sind die Forschungsergebnisse mit hinreichender Sicherheit auf die Praxis übertragbar – sofern sich der Therapeut in der Praxis ebenfalls an die Regeln hält.

Der Begriff „therapeutische Regel" oder „Methode" meint also nicht nur konkrete Techniken, sondern auch einerseits allgemeinere (Handlungs-)Prinzipien und andererseits sehr komplexe und differenzierte Therapieprogramme oder Behandlungspläne.

Therapeuten haben und nutzen auch Wissen über Methodenregeln, die (noch) nicht wissenschaftlich auf ihre Effektivität überprüft sind; diese Regeln haben damit – vorerst – hypothetischen Charakter. Manchmal bleibt einem Therapeuten nichts anderes übrig, als auf solche Methoden zurückzugreifen, die lediglich von ihm durch eigene, subjektive Erfahrung geprüft sind. Westmeyer (1984) hat vorgeschlagen, einen Rückgriff auf solche „privat" evaluierten Methoden auch als rationale Entscheidung zu akzeptieren, allerdings nur unter der Voraussetzung, daß für die Behandlung dieses bestimmten Problems unter den gegebenen Bedingungen nicht auf eine andere, empirisch bereits überprüfte Methode zurückgegriffen werden kann.

Oftmals kommen Therapeutinnen oder Therapeuten in Situationen, in denen sie überhaupt nicht auf – geprüftes oder ungeprüftes – methodisches Regelwissen zurückgreifen können. Für das sich ihnen stellende Teilproblem gibt es keine „vorgefertigten" Lösungswege oder Methoden. Trotzdem kann dem Therapeuten sein Änderungswissen von Nutzen sein. Denn das Änderungswissen enthält nicht nur Methodenwissen in Form von technologischen Regeln und technologische Theorien, die die Wirkung der Methoden erklären, sondern außerdem noch Heuristiken (heuristische Regeln). Heuristiken sind Suchstrategien. Sie geben nicht – wie Methodenregeln – direkt an, was getan werden muß, um ein Ziel wahrscheinlich zu erreichen, sondern was mit gewisser Erfolgswahrscheinlichkeit getan werden sollte, um überhaupt erst einen konkreten Weg für die Zielerreichung – eine Methode – zu (er)finden. Insofern sind Heuristiken – wie Perrez (1982) feststellt – als Metaregeln zu verstehen.

Falls ein Therapeut nicht auf wissenschaftlich überprüfte Methodenregeln zurückgreifen kann, muß er selbst überprüfen, ob sein Vorgehen erfolgreich ist; die objektive Überprüfung der tatsächlich erzielten Ergebnisse im jeweiligen Einzelfall – die Ergebnisevaluation – wird unter diesen Bedingungen besonders wichtig. „Je weniger sich ein Praktiker bei seinen Entscheidungen auf empirisch in ihrer Effektivität gesicherte therapeutische Handlungsregeln stützen kann oder will, desto entschiedener hat er sich zur Notwendigkeit einer kontrollierten Praxis im Einzelfall zu bekennen und die daraus resultierenden Konsequenzen in seinem praktischen Handeln umzusetzen." (Westmeyer, 1984, S. 98)

3.2 Prüfung der Anwendbarkeit von Methodenregeln

3.2.1 Indikationsprüfung

Im Einzelfall muß der Therapeut entscheiden, welche Methoden bei seinem Patienten zur Anwendung kommen sollten. Dabei wird er solche Methoden in Betracht ziehen und in seinen Therapieplan aufnehmen, die bei diesem Patienten Erfolg erwarten lassen, die also für Probleme der Art, wie sie bei dem Patienten vorliegen, angezeigt oder „indiziert" sind.

Die Indikationsfrage stellt sich in unterschiedlicher Form, je nachdem, wie konkret oder abstrakt die zur Wahl stehenden methodischen Alternativen gefaßt werden.

Lange Zeit hat sich für Psychotherapeuten die Indikationsfrage bestenfalls als grundsätzliche Frage nach der **„Indikation zur Psychotherapie"** (Bastine, 1981) gestellt, also ob Psychotherapie überhaupt indiziert ist. Psychotherapie erscheint grundsätzlich bei psychischen und psychosomatischen Störungen erfolgversprechend. Dabei ist entscheidend, daß dasjenige, was verändert werden soll – die Abweichung, Folgen oder Bedingungen – psychologische Sachverhalte sind, also Erleben oder Verhalten des Patienten oder anderer Personen betreffen.

Dieser allgemeine, sehr weite Indikationsbereich wurde (und wird vielfach auch heute noch) von fast allen Therapieschulen geltend gemacht. Die theoretisch postulierten Indikationsbereiche der verschiedenen Therapieschulen und der psychiatrisch-psychopharmakologischen Behandlung überlappen sich fast vollständig. Mit der Ausbildung übernimmt der Therapeut diesen Anspruch; die eigene Therapierichtung wird gewissermaßen zur Psychotherapie schlechthin.

Kiesler hat 1966 diese Haltung als Uniformitätsmythos kritisiert (vgl. auch Goldstein & Stein, 1976). Der Annahme, daß „die" Psychotherapie bei allen Patienten mit psychischen Störungen gleichermaßen erfolgreich sei, stellte er sein Paradigma einer differentiellen Psychotherapieforschung entgegen: Es gibt nicht nur eine Therapiemethode, und nicht jede Therapie ist bei jedem Patienten und jeder Störung gleich gut. Es ist Aufgabe der Forschung zu prüfen, welche der verschiedenen Methoden bei welchen Patienten (zu welchem

40

Zeitpunkt) wie erfolgreich ist. „Methode" wird in der Literatur vielfach gleichgesetzt mit „Schule" (obwohl Kiesler selbst diese Gleichsetzung nicht macht), so daß sich die Indikationsfrage nunmehr etwas differenzierter im Sinne einer **„schulspezifischen Indikation"** (Bastine, 1981) stellt: als ein Abwägen, ob Methoden anderer Schulen eventuell erfolgversprechender sein könnten und · aus diesem Grund eine Überweisung angezeigt sein könnte.

Die Verhaltenstherapie hat von Beginn an verschiedene Methoden für verschiedene Probleme entwickelt; der Begriff „Verhaltenstherapie" oder „behaviour therapy" wurde von Eysenck (Eysenck & Rachman, 1967) explizit als ein Sammelbegriff verstanden. Von daher ist die Frage, welche Methode im jeweiligen Einzelfall zur Anwendung kommen sollte bzw. welche Methode indiziert ist, für Verhaltenstherapeuten von Beginn an selbstverständlich, allerdings im Sinne einer Wahl zwischen verschiedenen verhaltenstherapeutischen Methoden. Dies könnte als **innerschulische Indikationsstellung** bezeichnet werden.

Bei anderen Therapieformen gibt es oft nur eine Standardmethode, die in dieser Form bei allen Patienten mit (fast) allen Störungen eingesetzt wird, z. B. bei der klassischen Gesprächspsychotherapie. Nur die inhaltlich-thematische Ausgestaltung ist von Moment zu Moment anders – wie bei jeder Therapie, auch der Verhaltenstherapie. Ähnliches gilt für die klassische Psychoanalyse, wenn man einmal von dem unterschiedlichen Format (Einzel-, Gruppen-, Familien- oder Paartherapie) und unterschiedlicher Intensität (Dauer und Häufigkeit) absieht. (Zu anderen Therapieformen vgl. Schulte & Wittchen, 1988.)

Lazarus regte schon sehr früh (1967) an, nicht nur die verschiedenen verhaltenstherapeutischen Verfahren bei der Therapieplanung zu berücksichtigen, sondern auch Methoden anderer Schulrichtungen. Dieser Vorschlag eines **methodischen Eklektizismus** wurde vielfach bereitwillig aufgegriffen; ein Überblick über verschiedene eklektische Ansätze findet sich bei Norcross (1986).

Wenn verschiedene Methoden zur Wahl stehen, dann braucht der Therapeut Kriterien, um entscheiden zu können, wann welches Verfahren angemessen bzw. erfolgversprechend ist: wann es indiziert ist (vgl. Kapitel 4). Das gilt gleichermaßen für die Wahl zwischen Methoden einer Schule wie zwischen Methoden verschiedener Schulen. Auch in eklektischen Ansätzen sind demnach Kriterien für die Entscheidung zwischen diesen Verfahren zu nennen. (Insoweit können eklektische Ansätze wie neue Therapieschulen verstanden werden.)

Der Begriff Indikationsstellung meint in allen Fällen (der Indikation zur Psychotherapie, der schulspezifischen und der innerschulischen Indikation) die **prinzipielle** (prinzipiell mögliche) **Zuordnung von therapeutischen Methoden** im weitesten Sinne – pharmakologisch-medizinische Methoden, soziale oder (spezielle) psychologisch-therapeutische Verfahren – **zu Problemen des Patienten.**

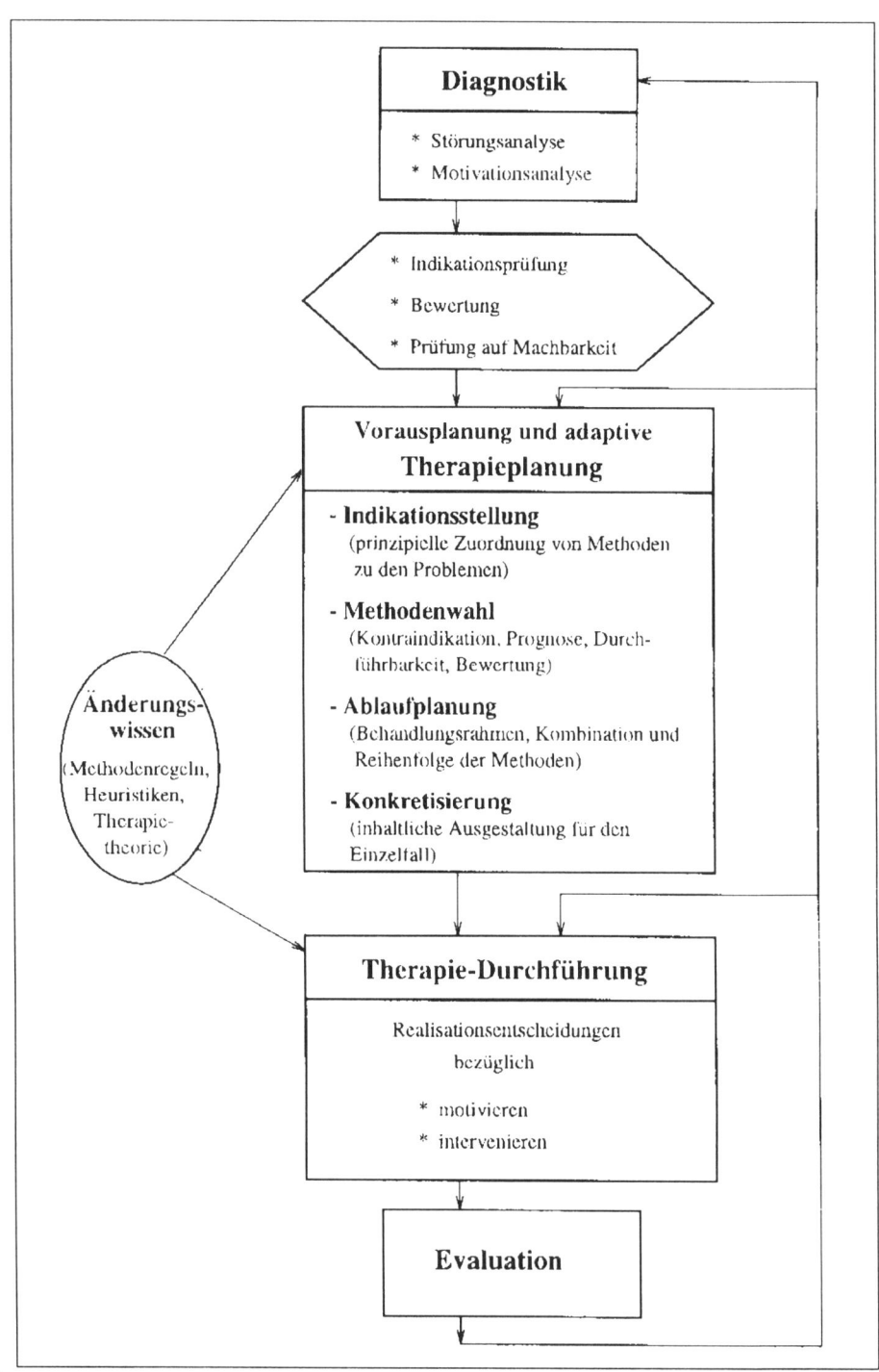

Abb. 3.1: Stufen des diagnostisch-therapeutischen Prozesses – erste Differenzierungen

3.2.2 Prüfung auf Machbarkeit

Nicht jede Methode, die prinzipiell indiziert ist, also zur Lösung des Patientenproblems in Frage käme, kann im Einzelfall auch praktisch durchgeführt werden. Die Voraussetzungen für die Durchführung therapeutischer Methoden betreffen zum einen das Basisverhalten des Patienten, wie im letzten Kapitel gezeigt wurde (vgl. auch Kapitel 4). Zusätzlich ist zu überprüfen, ob erforderliche **überdauernde Rahmenbedingungen** gegeben sind (vgl. Abb. 3.1).

Die überdauernden Rahmenbedingungen umfassen zum einen überdauernde Merkmale der Person des Therapeuten, etwa seine Kompetenz bezüglich dieser Methode oder sein Geschlecht und Alter im Vergleich zum jeweiligen Patienten. Auch überdauernde Merkmale der Person des Patienten, beispielsweise seine Intelligenz oder andere Persönlichkeitsmerkmale, und Aspekte seiner sozialen, materiellen und geographischen Lebenssituation können notwendige oder zumindest förderliche Rahmenbedingungen für die Durchführung bestimmter Methoden sein. Auch die institutionellen Bedingungen der Therapieeinrichtung können der Durchführung einer Methode entgegenstehen.

Die Prüfung auf Machbarkeit folgt normalerweise der Indikationsprüfung; sie erfolgt in der Regel ohne einen expliziten Abwägungsprozeß. Unter Umständen kann die Prüfung auf Machbarkeit jedoch die primäre heuristische Strategie sein, um für einen Patienten überhaupt einen durchführbaren Weg zu finden. Eventuell muß zunächst mit dem begonnen werden, was unter den gegebenen Umständen überhaupt machbar ist; zunächst müssen die Rahmenbedingungen für die Durchführung problemangemessener Methoden geschaffen werden.

3.2.3 Bewertung

Ob eine Methode instrumentell für die Erreichung des Therapieziels ist, wird im Rahmen der Indikationsprüfung entschieden, ob sie auch durchführbar ist, im Rahmen der „Prüfung auf Machbarkeit". Zusätzlich stellt sich Therapeutinnen und Therapeuten die Frage, ob die mit der Methode erzielbaren Effekte und auch mögliche Nebenwirkungen und längerfristigen Folgen im Einzelfall erwünscht oder vertretbar sind. Diese Frage impliziert zunächst eine Beurteilung, ob die Methodeneffekte den Zuständen entsprechen, die der Patient wünscht und die implizit oder explizit als Therapieziele formuliert wurden (Kapitel 2). Die Frage erfordert darüber hinaus ein Werturteil (Perrez, 1989). Werturteile oder normative Aussagen sind nicht wahr oder falsch (wie Gesetzesaussagen) und auch nicht effektiv oder ineffektiv (wie Regeln), sondern gültig oder ungültig. Ihre Gültigkeit hängt davon ab, ob sie aus übergeordneten Werten oder Normen abgeleitet oder legitimiert werden kann. Indikationsprüfung und Bewertung sind zwei parallele Prozesse zur Entscheidung der Frage, welches Vorgehen im Einzelfall (a) fachlich angemessen und (b) ethisch vertretbar ist.

Als eine allgemeingültige Norm heilkundlicher Tätigkeit gilt, dem Patienten zu nutzen, vor allem aber, ihm, aber auch anderen, nicht zu schaden (*prima nihil nocere*). Diese Norm wird vielfach gleichgesetzt mit Heilung oder Besserung der Krankheit oder Linderung von Beschwerden und Schmerzen. Bei psychischen Störungen ist diese Gleichsetzung nur begrenzt möglich. Nur wenn das Problem des Patienten als eine bestimmte psychische Krankheit oder Störung kategorisiert wird, ist auch eine allgemein akzeptierte, für diese Störung gültige Zielangabe vorgegeben, nämlich die Reduktion der Merkmale, die für die Diagnose dieser Störung konstituierend sind.

Neben solchen störungsspezifischen Zielen werden von manchen Therapien schulspezifische Ziele als wünschenswert vorgegeben, etwa Selbstverwirklichung oder Ich-Stärkung, die ein Therapeut übernehmen könnte. Ansonsten bedarf der aus fachlicher Sicht vielleicht erwünschte Zielzustand im jeweiligen Einzelfall zusätzlich einer expliziten Bewertung.

Thomasma (1986) weist darauf hin, daß Heilung oder Besserung des Zustandes auch in der (somatischen) Medizin nicht die einzige Norm ist, an der ein Behandlungsplan zu bewerten ist. Auch der Wunsch des Patienten stellt einen zu berücksichtigenden Wert dar. Die vom Patienten oder gegebenenfalls seinen Angehörigen gewünschte Behandlung kann im Gegensatz zu der wissenschaftlich indizierten Behandlungsmethode stehen. Damit ergibt sich ein Konflikt zwischen zwei Normen: der Norm „bestmögliche Behandlung zur Besserung des Zustandes" und der Norm „Selbstbestimmungsrecht des Individuums". Solche Konflikte sind denkbar etwa bei der Frage der Fortsetzung von Maßnahmen zur künstlichen Lebenserhaltung oder bei der Risikoabwägung bei gefährlichen Operationen, aber auch bei der Entscheidung über die Behandlung psychisch Kranker, etwa bei stationärer oder medikamentöser Behandlung gegen den Willen des Patienten oder bei der Anwendung bestimmter bewährter Therapiemethoden bei Angehörigen einiger Glaubensgemeinschaften.

In diesem Zusammenhang wird ein dritter Wert relevant, nämlich die Lebensqualität des Patienten, unabhängig von seiner gesundheitlichen Verfassung. Auch bei psychotherapeutischen Maßnahmen können unerwünschte Veränderungen der Lebensbedingungen relevant werden, etwa wenn eine erfolgreiche Angstbehandlung eine Belastung der Partnerbeziehung zur Folge hat. Das in der Gesundheitsdefinition der WHO (1947) angesprochene Kriterium des Wohlbefindens der Person deckt sich weitgehend mit dem Kriterium der Lebensqualität.

Die Entscheidung für oder gegen eine Methode erfordert also neben dem fachlichen auch ein moralisches Abwägen, wobei in der Psychotherapie weitgehend das ethische Prinzip vertreten wird, diese Entscheidung zusammen mit dem Patienten vorzunehmen, solange dadurch die Erfolgsaussichten nicht beeinträchtigt werden (Bastine, 1992).

Die Begründung und Bewertung der Effekte therapeutischer Methoden und damit die Suche nach dem Therapieziel, zumal im Dialog mit Patient oder

Patientin, können selbst wieder eine heuristische Strategie im Rahmen der Therapieplanung sein. In einigen Therapierichtungen ist die Auseinandersetzung mit Lebenszielen sogar eine therapeutische Methode, etwa in der Individualpsychologie Adlers (Dreikurs, 1969) oder in der Logotherapie von Frankl (1978).

3.3 Therapieplanung und Therapiedurchführung

Nach der Entscheidung, welche Methoden prinzipiell bei dem vorliegenden Problem in Frage kommen, durchführbar und auch moralisch zu vertreten wären (Indikationsstellung), ist zu entscheiden, welche der eventuell zur Wahl stehenden Methoden tatsächlich zur Anwendung kommen sollten (Methodenwahl) und gegebenenfalls in welcher Reihenfolge (Ablaufplanung; siehe weiterhin Abbildung 3.1). Außerdem ist eine Konkretisierung der therapeutischen Methoden im Hinblick auf die Erfordernisse und Gegebenheiten des Einzelfalls erforderlich. Indikationsstellung, Methodenwahl, Ablaufplanung und Konkretisierung bilden zusammen die Therapieplanung.

In dem Therapieplan legt sich der Therapeut gewissermaßen passende Methodenregeln für die verschiedenen Teilprobleme zurecht: Was ist bei diesem Patienten später in den Therapiesitzungen unter welchen Bedingungen (in welcher Reihenfolge) zu welchem Zweck zu tun?

Die in den Plan aufgenommenen Methodenregeln können verstanden werden als gespeicherte **Absichten** (Intentionen). Aus Sicht von Theorien der Handlungsregulation steuern Intentionen oder Absichten das aktuelle Handeln von Personen, so auch das Handeln des Therapeuten in der aktuellen Therapiesitzung (Vogel & Schulte, 1991). Dörner (1988) unterscheidet verschiedene Komponenten von Absichten. Die in diesem Zusammenhang wichtigsten sind das Ziel, das angestrebt wird, der momentane Ausgangspunkt oder Zustand und die Operation oder Maßnahme, die zur Zielerreichung durchzuführen ist. Insoweit entspricht die Struktur individueller Absichten der Struktur therapeutischer Regeln.

Der Therapeut hat solche potentiellen Absichten als Methodenregeln in seinem Änderungswissen allgemein gespeichert. Bei der Erstellung eines speziellen Therapieplans für einen Patienten werden nun geeignete (indizierte, durchführbare und ethisch vertretbare) Methoden als Absichten oder Intentionen für zukünftige, im Verlauf der Therapie sich ergebende Anlässe in dem Plan geordnet abgelegt. In der aktuellen Therapiesituation schließlich können dann diese Absichten aktiviert oder aufgerufen werden: Für eine in der Planung bereitgestellte Intention bietet sich gegebenenfalls in der aktuellen Therapiesituation eine Realisierungsmöglichkeit.

Das Verhalten des Therapeuten ist durch die geplanten Absichten allerdings nicht festgelegt. Der Therapeut muß nicht nur bei der zukunftsbezogenen Planung, sondern auch in der aktuellen Therapiesituation eine Vielzahl von Entscheidungen treffen: Er muß zwischen konkurrierenden, bereitgestellten Absichten wählen, gewählte Absichten aktivieren und auch wieder deaktivieren, er muß gegebenenfalls Absichten aufgrund der aktuellen Gegebenheiten modifizieren oder zumindest konkretisieren (Modulation von Absichten) oder, wenn keine der vorbereiteten (geplanten) Absichten „paßt", neue Absichten generieren. Denn Absichten erwachsen nicht nur aus Plänen; neue Absichten können auch spontan aus der aktuellen Situation heraus geboren werden.

Diese Entscheidungen in der aktuellen Therapiesituation und bezogen auf das aktuelle Handeln, die keineswegs immer bewußt getroffen werden müssen, sollen als **Realisationsentscheidungen** bezeichnet werden. Dies ist eine zweite, konkretere Entscheidungsebene als die Ebene der zukunftsbezogenen Planungen. Die Bedeutung solcher Realisationsentscheidungen wird, wie bereits in der Einleitung erwähnt, durch Ergebnisse einer Untersuchung von Vogel (1994; Vogel & Schulte, im Druck) dokumentiert: Danach wechselt oder verändert ein Therapeut während einer Sitzung häufiger als alle zwei Minuten seine Absichten.

3.4 Adaptive Therapieplanung und Evaluation

In der Therapiesituation können auch Entscheidungen getroffen werden, die nicht das aktuelle Handeln, sondern das spätere Vorgehen betreffen. Es wird also der zukunftsbezogene Plan verändert. Die Therapieplanung muß normalerweise im Verlauf der Therapie verändert und fortlaufend dem aktuellen Problemstand angepaßt werden. Zu unterscheiden ist demnach zwischen der **Vorausplanung** zu Beginn der Therapie und den **Verlaufsanpassungen** der Therapieplanung im Verlauf der Therapie. Verlaufsanpassungen von Indikationsentscheidungen sind als adaptive Indikation (Baumann & von Wedel, 1981) bezeichnet worden. Entsprechend kann allgemein von **adaptiver Therapieplanung** gesprochen werden.

Ergebnisse der Bochumer Angsttherapiestudie haben gezeigt, daß solche adaptive Veränderungen im Therapieverlauf nicht unbedingt zu einer Verbesserung der Therapie führen; in der genannten Studie korrelierten sie sogar negativ mit dem Therapieerfolg (Schulte et al., 1991; Schulte-Bahrenberg & Schulte, 1991, 1993).

Die Gründe für solche Verlaufsanpassungen können vielfältig sein, etwa neue Informationen über die Störungen, Probleme im Therapieablauf oder in der Beziehung zum Patienten oder die bislang im Verlauf der Behandlung erzielten Veränderungen des Patienten.

Gerade die Veränderungen, genaugenommen die erhofften, aber (noch) nicht erreichten Veränderungen, also ein bislang ungünstiger Therapieverlauf, veranlassen Therapeuten zu einem Wechsel ihrer Absichten und damit zu einer Veränderung des Therapieplans. Anlaß für den Wechsel ist in diesen Fällen zunächst die (subjektive) Information, daß das Resultat der bisherigen Vorgehensweise bislang unbefriedigend ist. Hinzu kommt ein zweiter Aspekt: Der Therapeut prognostiziert, daß das bislang gewählte Vorgehen auch in Zukunft nicht zu besseren Resultaten führen wird.

Grund für den Wechsel der Intentionen oder Planung ist also gewissermaßen eine subjektive Abwertung der bisherigen Absicht. Durchsetzen wird sich jetzt unter den verschiedenen, bereitstehenden Absichten diejenige mit der zweitbesten Realisierungschance, ohne daß allerdings neue Informationen vorliegen würden, die die Erfolgsaussichten dieser zweitbesten Methode tatsächlich als höher erscheinen lassen würden.

Die Güte oder der Nutzen einer solchen Entscheidung steht und fällt mit der Prognose des Therapieerfolgs durch den Therapeuten, mit seiner Zuversicht oder seinem Pessimismus. Tatsächlich scheint jedoch die Fähigkeit von Therapeuten, den Therapieerfolg richtig vorauszusehen, nicht sehr gut zu sein. Im Rahmen der Bochumer Angsttherapiestudie wurde nach jeder Therapiesitzung die Zuversicht des Therapeuten erfragt. Sie korreliert nur äußerst gering mit dem tatsächlichen späteren Therapieerfolg: zwischen .20 und .35 (damit sind 4–12 % der Varianz erklärt); selbst gegen Ende der Therapie steigt die Korrelation auf maximal .50 (25 % aufgeklärte Varianz). Kein Testverfahren würde mit solchen Werten als valide gelten können.

Von daher erscheint es als äußerst wichtig, daß der Therapeut sich bei der Einschätzung des Verlaufs der Therapie nicht nur auf seinen subjektiven Eindruck verläßt, sondern möglichst objektive Wege wählt und objektive Testverfahren einsetzt, um bereits während des Therapieverlaufs die jeweils erreichten Veränderungen der Symptomatik oder Probleme zu erfassen. Entsprechende Methoden zur therapiebegleitenden Ergebnisevaluation sind zu Behandlungsbeginn zu planen.

Zusammenfassung

Das Wissen eines Therapeuten über Therapiemethoden (Methodenwissen) ist in Form therapeutischer Regeln gespeichert; diese nennen neben der durchzuführenden Maßnahme die Voraussetzungen für ihre Durchführung und die erzielbaren Effekte. Für manche Problemstellungen gibt es allerdings (bislang) keine wissenschaftlich überprüften Regeln, so daß auf subjektives Erfahrungswissen zurückzugreifen ist.

Im Rahmen der Therapieplanung hat der Therapeut unterschiedliche, sich ergänzende Aufgaben: Er muß zunächst entscheiden, welche Methoden bei den Problemen seines Patienten grundsätzlich erfolgversprechend wären (Indikationsprüfung), unter den gegebenen Bedingungen auch durchführbar und im Hinblick auf Effekte, Folgen und Nebenwirkungen ethisch zu vertreten sind. Erfüllen mehrere Methoden diese Kriterien, hat der Therapeut zu entscheiden, welche ausgewählt werden sollten (Methodenwahl), wann sie einzusetzen, wie sie zu kombinieren (Ablaufplanung) und wie sie im Hinblick auf die Besonderheiten des Einzelfalls auszugestalten sind (Konkretisierung).

In die Planung aufgenommene Methodenregeln haben die Funktion von bereitgestellten Absichten (Intentionen), die in der konkreten Therapiesituation gegebenenfalls aufgerufen werden können. Der Therapeut muß entscheiden, wann welche der bereits geplanten Intentionen verwirklicht werden sollen, ob sie an die aktuellen Gegebenheiten anzupassen sind oder ob sogar in der Therapiesituation neue Absichten generiert werden müssen. Auch während der Therapiedurchführung muß der Therapeut demnach vielfältige Entscheidungen treffen (Realisationsentscheidungen).

Der Therapieplan ist im Verlauf der Therapie gegebenenfalls zu verändern und anzupassen. Um solche Veränderungen nicht voreilig vorzunehmen, ist eine kontinuierliche Evaluation der Veränderungen der Symptomatik mittels objektiver Verfahren erforderlich.

Kapitel 4

Die Interaktion von Patient und Therapeut

4.1 Therapiemethode und therapeutische Beziehung

Therapie ist nicht nur Anwendung therapeutischer Methoden. Manchen Therapeuten erscheint dies sogar vergleichsweise unwichtig zu sein; für sie ist Therapie in erster Linie eine besondere Art von Beziehung oder Interaktion. In der Gesprächspsychotherapie gilt die therapeutische Beziehung als das eigentliche therapeutische *agens*, und in der Psychoanalyse steht die Bearbeitung der Beziehung zwischen Therapeut und Patient im Mittelpunkt des Geschehens. Auch in der Verhaltenstherapie wird die Therapiebeziehung grundsätzlich als wichtig erachtet, und zwar als Voraussetzung oder Grundlage für die Durchführung spezieller therapeutischer Methoden (Schindler, 1991), ohne daß allerdings dieser Zusammenhang in der Regel weiter reflektiert wird. Dies soll im folgenden versucht werden.

Die Bedeutung der therapeutischen Beziehung – so die zentrale Hypothese dieses Kapitels – ergibt sich aus ihrem Zusammenhang mit der Therapiemotivation, speziell den Therapieerwartungen. Die Erwartungen des Patienten sind nicht konstant. Mit Beginn der Therapie, mit dem ersten Kontakt zum Therapeuten werden die Erwartungen an die Therapie und den Therapeuten mit der wahrgenommenen Realität verglichen und gegebenenfalls angepaßt. Umgekehrt beeinflussen die Erwartungen wesentlich die Wahrnehmung. Der Patient nimmt das Verhalten seines Therapeuten aus dem Blickwinkel seiner Erwartungen wahr: Er achtet besonders darauf, ob sein Therapeut kompetent, unterstützend, verständnisvoll und vertrauenswürdig ist. Diese Aspekte des Therapeutenverhaltens kennzeichnen die Beziehung zwischen Patient und Therapeut. Die therapeutische Beziehung wird damit zur wichtigsten und einflußreichsten Determinante der Therapiemotivation und für den Therapeuten zum wichtigsten Mittel, die Therapiemotivation und damit das Basisverhalten des Patienten zu beeinflussen.

Die Unterscheidung zwischen „therapeutischer Beziehung" einerseits und „therapeutischen Methoden oder Techniken" andererseits wird allerdings vielfach in Frage gestellt (Zimmer & Zimmer, 1992; Tscheulin, 1992). Reinecker (1986, S. 55) bezeichnet diese Trennung als einen „kategorialen Fehler": „Die Qualität einer Beziehung zeigt sich nur *in* der Umsetzung und konkreten therapeutischen Arbeit." Eine genauere Klärung, was denn eigentlich unter „therapeutischer Beziehung" zu verstehen ist, erscheint angesichts einer höchst widersprüchlichen und unscharfen Verwendung dieses und ähnlicher Begriffe erforderlich.

4.1.1 Therapeutenverhalten aus der Perspektive des Patienten

Tatsächlich muß der Therapeut bei der Anwendung einer Methodenregel diese gewissermaßen in sein eigenes Verhalten übersetzen und in den ablaufenden Interaktionsprozeß einbringen. Die Frage, wie er im einzelnen eine Instruktion formuliert, zu welchem Zeitpunkt er das macht, ob er beispielsweise zunächst den Patienten noch etwas weiter über die belastenden Ereignisse der letzten Woche berichten läßt oder unterbricht, um mit seiner Intervention zu beginnen, sind Entscheidungen – im Sinne von Realisationsentscheidungen –, die meistens nicht mehr durch die jeweilige Methodenregel gesteuert werden.

Das gilt nicht zuletzt für die Art und Weise, wie der Therapeut die entsprechenden Inhalte vermittelt. Instruiert er den Patienten „belehrend" oder läßt er den Patienten durch gezieltes Fragen zumindest teilweise selbst den intendierten Weg finden (sokratischer Dialog)? Inwieweit erklärt er das Vorgehen unter Rückgriff auf Vorstellungen und Überzeugungen des Patienten? Erfolgt die „Anwendung der Regel" massiert oder in kleinen Schritten, je nach Aufnahmebereitschaft des Patienten?

Durch Sprache und durch non-verbale Kommunikationssignale werden vielfältige Informationen vermittelt. Schon Bühler (1934) wies darauf hin, daß jede Kommunikation neben der **Darstellungsfunktion** von bestimmten Inhalten weitere Funktionen hat: Eine **Ausdrucksfunktion** – die Kommunikation enthält auch Informationen über den Sender – und eine **Appellfunktion** – Informationen an den Empfänger, um dessen Verhalten zu steuern.

Watzlawick, Beavin und Jackson (1969) unterschieden zwischen dem **Inhalt** der Kommunikation (vergleichbar mit Bühlers Darstellungsfunktion) und dem **Beziehungsaspekt**, der Informationen über den Sender und seine Sichtweise des Empfängers sowie eine emotionale Bewertung des Inhalts umfaßt. Die Kommunikation auf der Inhaltsebene bedient sich vorwiegend verbaler, digitaler Informationen, auf der Beziehungsebene hingegen vorwiegend analoger Informationen, vor allem paralinguistischer und nonverbaler Aspekte, z. B. Tonhöhe, Betonung, aber auch Gestik und Mimik, Distanz oder Körperhaltung. (Von Kommunikationstheoretikern, Sprachpsychologen, Linguisten und Sprachphilosophen sind noch weitere Kommunikationsdimensionen unterschieden worden, siehe dazu van der Geest, 1982.)

Der Empfänger einer Botschaft, in unserem Fall der Patient, kann demnach aus den Äußerungen des Therapeuten zunächst einen bestimmten Inhalt entnehmen. Er schließt aus der Mitteilung zurück auf die Intentionen des Therapeuten (Was will er, das ich tun oder überlegen soll?). Der Inhaltsaspekt der Äußerungen eines Therapeuten betrifft demnach die therapeutischen Methoden: Der Therapeut gibt bestimmte Informationen oder äußert Anweisungen oder Vorschläge, was der Patient tun oder überlegen soll.

Darüber hinaus entnimmt der Patient der Äußerung des Therapeuten Informationen darüber, wie der Therapeut ihn, den Patienten, sieht oder gerne sehen möchte, welche Einstellung der Therapeut vermutlich zu ihm hat und wie er die Beziehung definiert, z. B. „Er ist mir freundlich gesonnen!";,, Er fühlt sich mir gegenüber überlegen!".

Aus Sicht des Patienten (oder aus Sicht eines instruierten Beobachters) kann demnach unterschieden werden zwischen dem Inhaltsaspekt des therapeutischen Kommunikationsverhaltens, der vornehmlich auf Methoden ausgerichtet ist, und dem Beziehungsaspekt. Diese Unterscheidung ist nicht willkürlich und subjektiv, sondern relativ übereinstimmend von verschiedenen Personen wahrnehmbar und mit standardisierten Beobachtungsmethoden objektiv registrierbar (Schulte, Elke, Hartung & Künzel, 1994).

Sie gilt im übrigen auch für das Verhalten des Patienten: Besonderheiten des Patientenverhaltens (oder auch des Therapeutenverhaltens) auf der Beziehungsebene können zu Schwierigkeiten in der Kommunikation von Therapeut und Patient führen. In solchen Fällen wird gegebenenfalls der Beziehungsaspekt der Interaktion von Patient und Therapeut zum **Inhalt** der Kommunikation: Kommunikation über Kommunikation oder „Metakommunikation" (Kiesler & van Denburg, 1993; s. dazu ausführlicher unter 4.3).

4.1.2 Unterscheidung von Beziehung und Technik aus Sicht des Therapeuten und aus der Sicht von Therapietheorien

Die Unterscheidung zwischen therapeutischen Methoden und therapeutischer Beziehung ist auch aus der Sicht des Therapeuten sinnvoll und nützlich. Die Intentionen oder Absichten des Therapeuten können im einen Fall darauf gerichtet sein, dem Patienten bestimmte Erfahrungen zu vermitteln, ihn bestimmte Verhaltensweisen ausführen zu lassen oder ihm Informationen zu geben. Solche Intentionen werden dem Therapeuten durch therapeutische **Methodenregeln** nahegelegt und dem Patienten durch den **Inhalt der Kommunikation** vermittelt.

Es gibt jedoch auch therapeutische Regeln, die dem Therapeuten nicht sagen, **was** er tun oder sagen soll, sondern **wie** er das tun soll; sie betreffen nicht den Inhalt, sondern den **Beziehungsaspekt** der zu vermittelnden Botschaft. Solche therapeutischen Regeln können als „**Beziehungsregeln**" bezeichnet werden. Die Unterscheidung zwischen therapeutischen Methoden und therapeutischer Beziehung spiegelt sich also auch in dem formalisierten Wissen der Therapietheorien, in Methodenregeln und Beziehungsregeln, und damit auch in den Intentionen des Therapeuten wider.

Für die Unterscheidung der beiden Arten therapeutischer Regeln ist die Komponente „Operation" oder Handlungsanweisung entscheidend: Methodenregeln steuern den Inhalt, sie geben an, **was** der Therapeut tun oder sagen soll, und Beziehungsregeln steuern den Beziehungsaspekt, sie geben an, **wie** der Therapeut etwas tun oder sagen soll. Die klassischen Regeln der Gesprächspsychotherapie, die Regel des „bedingungslosen Akzeptierens" und die der „Echtheit und Kongruenz", sind Beziehungsregeln: Sie geben an, wie der Therapeut seine Aussagen formulieren soll, damit der Patient einen bestimmten Eindruck vom Therapeuten und seiner Beziehung zu ihm erhält.

Die Trennung zwischen Methoden- und Beziehungsregeln ist idealtypisch. Regeln können beide Komponenten enthalten. Das gilt beispielsweise für die Regel (Variable) „Empathie". In der von Tausch (1960) vorgenommenen Konkretisierung als „Verbalisierung emotionaler Erlebnisinhalte" gibt sie z. B. an, was der Therapeut tun soll, welche Inhalte er aufgreifen und wie er sie an den Patienten zurückmelden soll, um bei ihm bestimmte Einsichtsprozesse in Gang zu setzen. Entsprechendes gilt auch für die von Sachse (1992) vorgenommene Konkretisierung als „Explizierung". Außerdem enthält die Regel den Hinweis, sich so zu verhalten, daß der Patient den Eindruck gewinnt, der Therapeut bemüht sich um Verständnis für den Patienten. Demnach werden sowohl der Inhalt als auch der Beziehungsaspekt „geregelt".

52

Sowohl Methodenregeln als auch Beziehungsregeln sind Gegenstand der Forschung. Effektivitätsforschung zum Nachweis der Wirksamkeit von therapeutischen Regeln gibt es nicht nur für Methodenregeln, sondern auch für Beziehungsregeln, z. B. in der Gesprächspsychotherapie-Forschung. Das gleiche gilt für die Psychotherapie-Prozeßforschung. Dabei wird überprüft, **wie** es zu therapeutischen Veränderungen kommt, welche Aspekte des therapeutischen Interaktionsgeschehens für Veränderungen auf seiten des Patienten maßgeblich sind. Das kann sowohl Beziehungsaspekte als auch Inhaltsaspekte der Kommunikation betreffen, operationalisiert durch entsprechende Beobachtungssysteme.

Inzwischen ist in einer Vielzahl von Prozeßstudien nachgewiesen worden, daß tatsächlich sowohl die Methoden als auch die Beziehung einen Einfluß auf das therapeutische Geschehen und auf das Therapieergebnis haben (zusammenfassend Orlinsky, Grawe & Parks, 1994). Allerdings ist ihr Einfluß oder ihre Funktion in der Therapie unterschiedlich, auch aus psychoanalytischer Sicht (Bordin, 1980, zitiert nach Horvath & Luborsky, 1993) – ein weiterer Grund, der eine Trennung zwischen therapeutischen Methoden und therapeutischer Beziehung nahelegt.

4.2 Komponenten der therapeutischen Beziehung

In der Literatur sind verschiedene Aspekte der therapeutischen Beziehung diskutiert und empirisch untersucht worden. Einige wichtige werden im folgenden aus Sicht des Patienten, also als wahrnehmbare **Beziehungsaspekte des Therapeutenverhaltens** in Relation zu den **Erwartungen des Patienten** beschrieben. Außerdem werden therapeutische **Beziehungsregeln** für die entsprechenden Beziehungsaspekte dargestellt (vgl. Abbildung 4.1). Die Unterscheidung zwischen Erwartungen, Beziehungsaspekt (wahrgenommene Beziehung) und Beziehungsregeln wird in der Literatur bislang wenig berücksichtigt, so daß vielfach gleiche Begriffe für unterschiedliche Sachverhalte verwendet werden. Soweit möglich soll das im folgenden vermieden werden, ohne allerdings den Bezug zur vorliegenden Forschung zu gefährden.

4.2.1 Professionalität

Das erste, zentrale Merkmal des Therapeutenverhaltens ist seine Professionalität. Auch im Alltag helfen sich Menschen gegenseitig bei psychischen Problemen. Doch diese alltäglichen hilfreichen Beziehungen unterscheiden sich wesentlich von der Beziehung oder Interaktion in einer Psychotherapie, egal welcher Richtung. Kanfer und Goldstein (1977; Kanfer, Reinecker & Schmelzer, 1990) nennen vier Merkmale, hinsichtlich derer sich eine professionelle helfende Beziehung von sonstigen hilfreichen Interaktionen unterscheidet: Die therapeutische Beziehung ist einseitig, systematisch, formal und zeitlich begrenzt. Der gleiche Sachverhalt der Professionalität wird gelegentlich auch dadurch gekennzeichnet, daß die Beteiligten – zumeist nur implizit – einen **Therapievertrag** abschließen.

Therapeutische Beziehung	
Beziehungsaspekt	Beziehungsregeln
✳ Professionalität	✳ Rollenkonformität
✳ Expertenstatus	✳ Abstinenz
	✳ Sicherheit
✳ Empathie	✳ empathisches Verstehen
✳ Wertschätzung	✳ emotionale Unterstützung
✳ Vertrauenswürdigkeit	✳ positive Wertschätzung (Parteilichkeit)
✳ Konsens	✳ „Joining“
✳ Autonomie gewährend	✳ nondirektive Steuerung
✳ Bestätigung	✳ Komplementarität

Therapiemotivation	
Motive/Anlässe	Erwartungen
	✳ Patientenrolle
✳ Therapie-Motive	✳ Kompetenz
	✳ Zuversicht
	✳ Verständnis
	✳ Unterstützung
	✳ Vertrauenswürdigkeit
	✳ Autonomie
Interaktionsstil	
unterschwellige soziale Motive	Interaktionserwartungen

Abb. 4.1: Zusammenhänge von Therapiemotivation des Patienten, Beziehungsaspekten des Therapeutenverhaltens und Beziehungsregeln

Einseitigkeit betrifft die Beziehungsstruktur oder die Rollenverteilung in einer Therapie: Die eine Person ist der Patient, um dessen Schwierigkeiten es geht, und die andere Person ist der Therapeut, der Experte für psychische Störungen und ihre Behandlung. Dieses Verhältnis ist nicht umkehrbar[1]; es geht nicht um die Schwierigkeiten des Therapeuten.

Die professionelle Intervention ist **systematisch**, sie ist auf ein Ziel ausgerichtet, auf das sich die Beteiligten verständigen, und dieses Ziel wird schrittweise und in der Regel geplant verfolgt.

Außerdem ist die Beziehung **formal**. Sie bleibt normalerweise auf einen bestimmten Ort – den Therapieraum – und eine bestimmte Zeit – die Behandlungsstunden – beschränkt. Selbst wenn einmal die Therapie am Arbeitsplatz, in der Familie oder in der Schule durchgeführt wird, handelt es sich nicht um einen Freundschaftsbesuch, sondern es bleibt bei dem formalen Ziel, der psychotherapeutischen Intervention.

Die therapeutische Beziehung ist außerdem **zeitlich begrenzt**. Sie wird beendet, sobald die vereinbarten Ziele erreicht sind.

All diese Merkmale gelten nicht für Freundschaftsbeziehungen. Daß es sich dabei nicht lediglich um äußerliche Merkmale, möglicherweise zum Schutz des Therapeuten handelt, haben die Arbeiten im Zusammenhang mit der „Theorie der sozialen Einflußnahme" (Strong, 1968; Strong & Claiburn, 1982; Strong & Matross, 1973; vgl. auch Schindler, 1991) deutlich gemacht. Einseitigkeit, Zweckgebundenheit und zeitliche Begrenzung machen die therapeutische Beziehung zu einem labilen Gebilde. Das ist wichtig, denn nun müssen sich beide Partner „vertragsgemäß" verhalten, um diese zweckgebundene Beziehung überhaupt aufrecht zu erhalten; andernfalls würde sie beendet.

Für den Patienten bedeutet dies, entsprechend der Zielsetzung an dem „Veränderungsprogramm" mitarbeiten und insoweit dem Therapeuten folgen zu müssen. Täte er dies nicht, würde er also das Basisverhalten nicht zeigen, so würde der Therapeut über kurz oder lang die Therapie beenden. Ist ihm die Beziehung zum Therapeuten jedoch wichtig und möchte er sie beibehalten (sekundäres Therapiemotiv; vgl. Kapitel 2), so wird er sich auf dieses Verhalten einlassen müssen. Daß der Therapeut hilft und sich verständnisvoll verhält, wird damit vom eigenen Verhalten abhängig.

Die Bedeutung des Merkmals „Professionalität" soll an einem von Hoffmann (1992) geschilderten Problem verdeutlicht werden. Der Patient hat gegebenenfalls die Tendenz, die professionelle, formale Beziehung zu verändern oder zu erweitern. Wenn er in seinem Therapeuten schon einen so verständnisvollen und kompetenten Gesprächspartner gefunden hat, so kann ihm der wohl auch

---

1 Jean-Paul Sartre (1972) hat in einem Essay sehr anschaulich geschildert, was passiert, wenn ein Patient von sich aus diese Rollendefinition umkehrt. Der hilflose Therapeut ruft am Ende die Polizei.

bei verschiedenen Alltagsproblemen helfen. Der Therapeut wird damit in die Rolle eines „Lebensbegleiters auf Zeit", wie Hoffmann dies nennt, gedrängt. Für die Bewältigung der vielfältigen Alltagsprobleme und Sorgen des Patienten müßte der Therapeut auf seinen „gesunden Menschenverstand, sein Taktgefühl und seine Lebenserfahrung" (Hoffmann, 1992, S. 45) zurückgreifen; Therapietheorien bieten dafür sicherlich keine Regeln an.

In der Tat würde ein Therapeut, der sich in die Rolle des „Lebensbegleiters auf Zeit" drängen läßt, die Grenzen einer professionellen psychotherapeutischen Beziehung überschreiten. Die Beziehung ist nicht mehr durch die Arbeit an den psychischen Problemen des Patienten definiert. Die Folge wäre gewissermaßen eine Entlastung oder Demotivierung des Patienten, an den „eigentlichen" Problemen arbeiten zu müssen.

Dies bedeutet nicht, daß der Therapeut Fragen und Bitten des Patienten um Unterstützung bei Alltagsproblemen zurückweisen sollte. Doch er muß auch in solchen Situationen in der Rolle des Therapeuten bleiben, der sein Handwerkszeug, sein Wissen und seine Fertigkeiten auch auf diese Situation anwendet. Er muß sich fragen, wieso sich der Patient mit diesen Alltagsproblemen an ihn wendet. Ist der Patient selbst nicht in der Lage, die Probleme zu lösen? Oder versucht er, den Therapeuten tatsächlich in die Rolle eines „Lebensbegleiters" zu ziehen? Hat der Patient möglicherweise keine anderen Freunde oder Verwandte, an die er sich mit alltäglichen Problemen und Sorgen wenden kann? Mit anderen Worten: Liegen hier Verhaltensprobleme vor, die möglicherweise bislang in der Analyse und Therapie übersehen wurden?

Der Therapeut wird also auch auf solche Ansprüche des Patienten reagieren und sie nicht etwa übergehen, er wird auch freundlich und empathisch reagieren, aber er wird weiterhin als Therapeut reagieren und nicht als Lebensbegleiter und somit für den Patienten die Notwendigkeit bestehen lassen, das Basisverhalten zu zeigen, falls er die Beziehung zum Therapeuten aufrecht erhalten will. Dies ist eine der grundlegenden Beziehungsregeln, die sicher nicht nur für Verhaltenstherapeuten gilt.

4.2.2 Experten-Status

Ein weiterer, für die therapeutische Beziehung wichtiger (Beziehungs-)Aspekt des Therapeutenverhaltens ist sein Status als ein kompetenter Experte. Die durch Rollenstereotype geprägte Vorerwartung des Patienten, daß der von ihm aufgesuchte Therapeut kompetent, also in der Lage sei, die notwendige Behandlung qualifiziert durchzuführen, muß durch den Therapeuten in der Therapie bestätigt werden (zusammenfassend Corrigan, Dell, Lewis & Schmidt, 1980). Dazu trägt bereits das äußere Erscheinungsbild des Therapeuten, seine Attraktivität, und das äußere Erscheinungsbild der Institution, in der er tätig ist, bei. Besonders wichtig – vor allem im weiteren Verlauf der Therapie – ist das Verhalten des Therapeuten, und zwar seine **Sicherheit**. Zeichen von Unsicherheit über das angezeigte Vorgehen, Schwankungen und Unentschlossenheit signalisieren dem Patienten mangelnde Kompetenz.

Je überzeugter der Patient ist, daß sein Therapeut ein Experte seines Fachs ist, desto mehr wird er gerade von diesem Therapeuten Hilfe erwarten und folglich diesen Therapeuten aufsuchen und das erforderliche Basisverhalten in der Therapie zeigen.

4.2.3 Wertschätzung, Empathie und Vertrauen

Nach dem „interpersonalen Kreismodell" von Leary (1957) lassen sich Interaktionen anhand von zwei orthogonalen Dimensionen beschreiben: Anschluß (Affiliation; freundlich vs. feindlich) und Status oder Kontrolle (dominant vs. submissiv; dazu unter 4.2.5). In einer Vielzahl von Untersuchungen hat sich die Relevanz dieser beiden Beziehungsdimensionen für die Psychotherapie nachweisen lassen (zusammenfassend Orlinsky, Grawe & Parks, 1994).

Zunächst zur Dimension „Anschluß". Nach der von Rogers (1951) aufgestellten Beziehungsregel muß der Therapeut dem Patienten gegenüber seine **Wertschätzung** zum Ausdruck bringen, und zwar „unbedingt", also auch oder trotz der Symptomatik oder anderer negativer Merkmale des Patienten, über die der Therapeut Kenntnis erlangt (**Parteilichkeit**). Angesichts der sozialen Ablehnung, die der Patient aufgrund seiner Auffälligkeiten mehr oder weniger erfahren hat, ist die bedingungslose Wertschätzung eine wesentliche Voraussetzung dafür, daß der Patient die therapeutische Beziehung aufrechterhalten möchte.

Verbunden mit Wertschätzung ist die (emotionale) **Unterstützung** des Patienten durch den Therapeuten mittels Zuspruch, Bestätigung und positiver Verstärkung. Sie fördert den Eindruck des Patienten, verstanden und gemocht zu werden (Elliott, 1979).

Die Erwartung, dem Therapeuten vertrauen zu können, seine **Vertrauenswürdigkeit**, hängt nur zu einem geringen Grad von der generellen Neigung des Patienten ab, anderen zu vertrauen. Wichtiger als überdauernde Personmerkmale sind auch hier Merkmale der aktuellen Interaktion bzw. das Verhalten des Therapeuten, und zwar vor allem die positive Wertschätzung durch den Therapeuten. Sie fördert die Vertrauenswürdigkeit, die der Therapeut bei seinem Patienten genießt, und damit vor allem die Selbstöffnung des Patienten.

Auch die **Empathie**, das Bemühen des Therapeuten um Verstehen des Patienten – oder Verständnis für den Patienten und seine Situation –, das Bemühen, die Welt aus der Perspektive des Patienten zu sehen, ist für eine erfolgreiche Therapie wichtig, und das gilt auch für die Verhaltenstherapie (Schindler, 1991). Auch für diese Beziehungsvariable ist anzunehmen, daß sie die Motivation des Patienten für die Therapienachfrage und die anderen Basisverhaltensweisen fördert. Insoweit Empathie des Therapeuten neue Sichtweisen oder

Erkenntnisse beim Patienten bewirkt, kann Empathie darüber hinaus auch als therapeutische Methode verstanden werden, die direkt auf Steuerungsprozesse der Symptomatik Einfluß nimmt.

4.2.4 Konsens

In der psychoanalytisch geprägten Psychotherapieforschung spielt die „therapeutische Arbeitsbeziehung" (working alliance) eine prominente Rolle (Horvath & Luborsky, 1993). Damit ist die nicht-neurotische Komponente der Therapeut-Patient-Beziehung gemeint (Greenson, 1965, 1975); die angenommenen Übertragungs- und Gegenübertragungs-Phänomene sind ausgeklammert (vgl. 4.3).

Nach Bordin (1980) werden drei Komponenten der „working alliance" unterschieden: neben dem **therapeutischen Bündnis** (bond, Netzwerk der positiven persönlichen Verbindungen zwischen Patient und Therapeut: trust, acceptance and confidence) die **Übereinstimmung** von Patient und Therapeut hinsichtlich der **Ziele** der Intervention (goals) und hinsichtlich des **Vorgehens** (tasks). Um erfolgreich zu sein, müssen Patient und Therapeut nicht notwendigerweise tatsächlich die völlig gleichen Ziele verfolgen (Schulte-Bahrenberg, 1990), doch der Patient sollte den Eindruck haben, daß diese Übereinstimmung besteht[2] (Orlinsky, Grawe & Parks, 1994). Dieser Eindruck wird ebenfalls den Patienten in seiner Erwartung bestärken, die richtige, angemessene Behandlung und den richtigen Therapeuten gewählt zu haben (Claiborn, Ward & Strong, 1981). Er wird außerdem – vielleicht nur unterschwelligen – Befürchtungen entgegenwirken, daß in der Therapie Veränderungen in Gang kommen könnten, die der Patient gar nicht wünscht. [Ein entsprechender eigenständiger Faktor „Angst vor Veränderungen" ließ sich bei einem in Entwicklung befindlichen Motivationsfragebogen (MOFRA) isolieren.]

Dieser anfänglichen Angst des Patienten, daß die Behandlung möglicherweise nicht von ihm beeinflußt werden kann, so daß es auch zu ungewollten Veränderungen und Beeinflussungen kommen könnte, kann und muß der Therapeut außerdem in der Anfangsphase der Therapie durch ein gezieltes „**joining**" entgegentreten: Er bestimmt nicht selbst den Weg bzw. den Ausgangspunkt des Weges, sondern er begleitet den Patienten auf dessen Weg, „holt den Patienten ab, wo er gerade ist". In der Theorie sozialer Kontrolle ist dies von zentraler Bedeutung für den Eindruck, verstanden zu werden, und damit für den Aufbau des sekundären Motivs der Aufrechterhaltung der therapeutischen Beziehung (Strong & Claiborn, 1982). In der Hauptphase der Therapie muß

---

2 Da sich Therapieziele sowohl beim Patienten als auch beim Therapeuten im Verlauf der Behandlung verändern und da die Ziele des Therapeuten auch methodische Zwischenziele betreffen können, ist eine vollständige objektive Übereinstimmung vermutlich nicht möglich. Das bedeutet aber keineswegs einen Dissens in den wesentlichen Therapiezielen, deretwegen der Patient den Therapeuten aufgesucht hat.

nach dieser Theorie der Therapeut das joining jedoch zurücknehmen und schrittweise Dissonanz induzieren (pacing incongruence), um beim Patienten die Motivation zur Reduktion von Dissonanz und damit zu Veränderungen zu veranlassen.

4.2.5 Kontrolle

Mit dem Faktor Konsens eng verbunden ist der Faktor Kontrolle. Für Verhaltenstherapeuten, aber auch für tiefenpsychologisch orientierte oder für Familientherapeuten ist unstrittig, daß der Therapeut das therapeutische Geschehen steuern muß. Haley (1963) hat dies als ein allgemeines Merkmal von Psychotherapie bezeichnet. Dagegen steht – scheinbar – die Forderung von Rogers (1951) nach Nicht-Direktivität. (Näheres zu unterschiedlichen Kontrollbegriffen bei Schulte, 1992.)

Doch Rogers spricht mit non-Direktivität einen Beziehungsaspekt des Therapeutenverhaltens an: Der Patient muß den Eindruck gewinnen, daß ihm der Therapeut Freiheiten läßt, ihm **Autonomie gewährt**, und dies ist sicherlich wichtig zur Bestätigung der Erwartung, daß die Therapie nicht gegen die Vorstellungen und Ziele des Patienten verläuft.

Nur zu Anfang der Therapie hängt dieser Eindruck des Patienten von der eigenen Autonomie vom tatsächlichen Kontrollgeschehen ab, und zwar davon, inwieweit Therapeut und Patient **gleich häufig** direktives Verhalten zeigen und im gleichen Umfang neue Themen ansprechen. Im weiteren Verlauf der Therapie ist der Autonomie-Eindruck nur noch eng mit dem Gesamteindruck des Patienten vom Verlauf der Therapie verbunden: Je zuversichtlicher der Patient ist und je positiver er die Beziehung zu seinem Therapeuten beschreibt, desto eher hat er den Eindruck, auch selbst auf das Therapiegeschehen Einfluß nehmen zu können (Schulte, 1992).

Vom subjektiven Eindruck, Einfluß nehmen zu können (Autonomie zu haben), unabhängig ist ein anderer Aspekt von Kontrolle: das objektiv beobachtbare Ausmaß **direktiven Verhaltens** des Therapeuten wie direkte Aufforderungen oder Anordnungen, Kritik und geschlossene Fragen. Solches Verhalten hat sich als ungünstig erwiesen (Schulte & Künzel, 1995). Steuerung des therapeutischen Geschehens durch den Therapeuten ist unproblematisch, sogar erforderlich, doch es muß in einer nicht-direktiven Form geschehen.

Um es noch einmal zusammenzufassen: Professionalität, Expertenstatus, Wertschätzung, Empathie, Vertrauenswürdigkeit, Konsensbemühen und Nicht-Direktivität sind Merkmale, die der Patient bei seinem Therapeuten feststellen sollte. Damit wird seine Erwartung, in dieser Therapie richtig aufgehoben zu sein, bestätigt. Gleichzeitig wird ihm deutlich gemacht, daß er auch selbst mitarbeiten muß, wenn er diese Beziehung aufrechterhalten will. Beziehungsgestaltung ist damit eine wichtige Aufgabe des Therapeuten.

4.3 Interferierende Interaktionsstile

4.3.1 Soziale Motive, interaktive Schemata und Übertragung

Der Therapeut hat in der Interaktion mit seinem Patienten zwei zentrale Anliegen: Zum einen möchte er bestimmte therapeutische Methoden durchführen, zum anderen muß er auf den Patienten, seine Motivation und Mitarbeit – sein Basisverhalten – achten. Diese beiden Anliegen von Therapeuten haben sich sowohl im Erleben als auch in den Intentionen von Therapeuten nachweisen lassen (Schulte & Künzel, 1989; Vogel & Schulte, 1995).

Das wichtigste Instrument zur Förderung von Motivation und Basisverhalten ist für den Therapeuten – wie gezeigt – die Gestaltung der Beziehung oder Interaktion mit dem Patienten in der geschilderten Art und Weise. Doch Interaktion ist eine zweiseitige Angelegenheit; sie hängt nicht nur von den Intentionen des Therapeuten ab. Das Interaktionsverhalten des Therapeuten wird wesentlich mitbestimmt durch das Verhalten des Patienten. Wenn der Patient beispielsweise auf Äußerungen von Verständnis und Unterstützung eher kritisch oder verschlossen reagiert, wird der Therapeut darauf reagieren müssen, und manchmal sind alle Bemühungen, die Interaktion in der gewünschten Art und Weise zu gestalten, vergeblich.

Die tatsächlich ablaufende Interaktion von Patient und Therapeut – und damit die Möglichkeit des Therapeuten, Beziehungsregeln zu verwirklichen – ist durch die Anliegen beider Beteiligter geprägt, also auch die des Patienten. Neben dem Anliegen, bei diesem Therapeuten Hilfe zu finden, können – bei verschiedenen Patienten in unterschiedlichem Ausmaß – auch andere, allgemeinere, situationsübergreifende soziale Anliegen oder Motive des Patienten relevant werden. Wenn beispielsweise für einen Patienten Dominanz und Überlegenheit ein wichtiges Motiv sind, dann wird er allgemein in Interaktionen – weitgehend unabhängig vom jeweiligen Inhalt, auch in der Interaktion mit seinem Therapeuten –, nach Möglichkeit dominierend auftreten. Im Laufe der Zeit wird er die Erfahrung gemacht haben, daß seine Interaktionspartner zumeist in einer bestimmten Art und Weise darauf reagieren, z. B. mit Reaktanz und Abwehr gegen die Dominanzansprüche und mit dem Versuch, sich ihrerseits ihrem Gesprächspartner gegenüber durchzusetzen. Es kommt mit großer Wahrscheinlichkeit zu einem Machtkampf, und der Patient sieht sich in seinem Anliegen, sich stets um Dominanz bemühen zu müssen, bestärkt.

Die Beziehung zwischen Therapeut und Patient kann in unterschiedlichem Ausmaß durch solche sozialen, interaktiven Motive und Erwartungen und damit verbundenen typischen Interaktionsmuster des Patienten (und auch des Therapeuten) geprägt sein, die aus dem Alltag auch auf die Beziehung in der Therapie übertragen werden. Das gilt vor allem dann, wenn diese generalisierten Interaktionsmuster auffällig oder gestört sind, wie dies vor allem für Personen mit Persönlichkeitsstörungen typisch ist (Fiedler, 1994 a).

In der Psychoanalyse spielt diese Beeinträchtigung der Patient-Therapeut-Interaktion eine besonderer Rolle. Freud (1966) beschreibt in der 27. seiner Vorlesungen zur Einführung in die Psychoanalyse dieses von ihm als „Übertragung" bezeichnete Phänomen als ein „Schlingern der Gefühle" des Patienten. Die gefühlsmäßigen Äußerungen des Patienten (der Beziehungsaspekt seines Interaktionsverhaltens) sind nicht mehr nur aus der Situation heraus erklärbar, müssen also durch Besonderheiten der Person des Patienten bedingt sein. Entsprechende Phänomene auf seiten des Therapeuten werden als Gegenübertragung bezeichnet. In der Psychoanalyse wird angenommen, daß die Ursachen für diese Übertragung (internalisierte Beziehungskonflikte) auch die Ursachen für die Symptomatik sind oder zumindest mit ihr zusammenhängen. Von daher rückt die Bearbeitung dieser Übertragungsphänomene in das Zentrum der analytischen Therapie.

Grawe (1992; Grawe et al., im Druck) spricht von überdauernden interaktiven Zielen oder Schemata, die das Verhalten des Patienten im Umgang mit dem Therapeuten prägen und die therapeutische Interaktion erheblich beeinträchtigen können. Der im oben gewählten Beispiel um Dominanz und Überlegenheit bemühte Patient wird sich kaum auf eine Mitarbeit in der Therapie einlassen können, zumal dann nicht, wenn der Therapeut in direktiver Form auftritt. Die Gedanken des Patienten werden sich – zumindest unterschwellig – mehr um die Auseinandersetzung mit dem Therapeuten drehen als um das therapeutische Anliegen.

Wie der Therapeut darauf reagieren sollte, wird im übernächsten Abschnitt besprochen. Zuvor wird in einem Exkurs ein Modell vorgestellt, das die Interferenzen verschiedener Absichten und damit die Beeinträchtigungen des therapeutischen Geschehens zu erklären versucht.

4.3.2 Ein volitionales Modell interferierender Interaktionsstile

Wie überdauernde Interaktionsstile zu einer Beeinträchtigung der therapeutischen Interaktion oder Beziehung und damit des Basisverhaltens des Patienten führen können, läßt sich mit Hilfe einer handlungstheoretischen Betrachtungsweise (z. B. Ajzen & Fishbein, 1980; Dörner, 1988; Kuhl, 1987) deutlich machen. Die sozialen Motive veranlassen die Person zu bestimmten Absichten (z. B. sich durchzusetzen), die sie allgemein in sozialen Situationen zu realisieren trachtet. In der Therapiesituation trifft diese Absicht gewissermaßen auf eine zweite, „offizielle" Absicht, nämlich sich den Erfordernissen einer Psychotherapie entsprechend zu verhalten, um hier (endlich) Hilfe zu finden. In dem gewählten Beispiel wären diese beiden Absichten widersprüchlich und kaum gleichzeitig zu realisieren.

Zu einem gegebenen Zeitpunkt verfolgen Menschen in der Regel mehrere Absichten. Diese konkurrieren miteinander und tragen so etwas wie einen Verdrängungswettbewerb aus. Welche Absicht sich letztlich durchsetzt, hängt von unterschiedlichen Prozessen und Gesichtspunkten ab: außer vom motivationalen Druck der beteiligten Absichten z. B. von ihrer Elaboriertheit, der Anzahl der zu einem Zeitpunkt konkurrierenden Absichten, der Äquivalenz zwischen der Absicht und der gegenwärtigen, aktuellen Lage und dem bisherigen Erfolg der gegenwärtig verfolgten Absicht (Vogel & Schulte, 1991).

Die Person hat die Möglichkeit, aktiv in diesen Wettbewerb mittels verschiedener Selbststeuerungsstrategien einzugreifen, indem sie z. B. die Aufmerksamkeit auf bestimmte Anreizmomente oder Ziele lenkt und dadurch die Motivation für ein bestimmtes Verhalten stärkt oder durch ,,Nachregulierung" der Stimmung die Zielerreichung erleichtert (Kuhl, 1994).

Eine Person kann allerdings aktuell (vielleicht auch häufiger als andere) in einem Zustand sein, in dem eine solche Selbststeuerung nur schlecht gelingt, die ,,volitionale Kompetenz" zur Selbststeuerung aktuell geschwächt ist. Kuhl bezeichnet diesen Zustand als Lageorientierung. Er ist dadurch gekennzeichnet, daß die Person auf eine in der Regel mißliche Lage fixiert ist, verbunden mit grüblerischen Gedanken und lähmenden Gefühlen. Zu einem solchen Zustand kommt es vor allem durch das sich Aufdrängen eines nicht bewußt gewollten Handlungsziels oder einer Direktive, die ,,nicht mit dem bewußt gewollten Handlungsziel übereinstimmt, sondern aus einem ,Ich-fernen' Subsystem kommt (z. B. einem unbewußten Affekt): Man kann sich z. B. nicht auf die inhaltliche Diskussion mit einem Geschäftspartner (oder den Therapeuten; D. S.) konzentrieren, wenn sich ständig ,irrelevante' Gefühle oder Gedanken aufdrängen." (Kuhl, 1994, S. 5)

Die genannten sozialen Motive, sich in der Interaktion mit anderen gewissermaßen bewähren zu müssen, sind Beispiele für solche unterschwelligen überdauernden Absichten. Normalerweise werden Absichten deaktiviert, wenn sie realisiert wurden. Doch die genannten interaktiven Absichten lassen sich praktisch nie vollständig realisieren, nicht zuletzt, weil sie – wie erwähnt – auf den Widerstand des Interaktionspartners stoßen. Sie sind stets ,,im Hintergrund" präsent und interferieren mit dem ,,offiziellen" Anliegen, z. B. in einer Therapie.[3]

Für manche Phasen einer Therapie und für manche Therapiemethoden wird ein Zustand der Lageorientierung vermutlich von Vorteil sein (Braun & Grawe, 1993); das Basisverhalten ,,Selbstöffnung" wird dadurch vermutlich nicht beeinträchtigt, gelingt vielleicht unter dieser Bedingung sogar leichter. Doch zu-

---

3 Ein Zustand der Lageorientierung, also reduzierter Selbststeuerung, kann nicht nur durch unterschwellige soziale, interaktive Anliegen bewirkt sein, sondern auch durch andere unterschwellige Anliegen. Das gilt vor allem für den Störungsgewinn, also solche Motive oder Anliegen, die gerade durch die bestehenden Abweichungen und Probleme – gewissermaßen ,,inoffiziell" – realisiert werden. Mittels kognitiver Therapieverfahren können solche persistierenden Absichten und die dysfunktionale Form ihrer Realisierung aufgedeckt werden, so daß der Patient sie nunmehr bewußt und gezielt realisiert oder aber endgültig – weil unrealisierbar – aufgibt.

mindest für „Mitarbeit" und vor allem für das „Erproben neuer Verhaltensweisen" ist es erforderlich, daß der Patient das erwünschte Verhalten gegen bestehende, eingefahrene Verhaltenstendenzen durchsetzen muß. Zumindest für diese Basisverhaltensweisen ist ein Zustand der Handlungsorientierung förderlich.

4.3.3 Methoden zur Modifikation interferierender Interaktionsstile

Grawe schlägt als „Gegenmaßnahme" eine bestimmte Form der Beziehungsgestaltung vor[4]: Der Therapeut soll sich in der Interaktion nicht so verhalten wie andere, sondern den Patienten mit all seinen Bedürfnissen und Besonderheiten im Kontaktverhalten akzeptieren und sich so verhalten, daß besonders wichtige interaktive Ziele (soziale Absichten) des Patienten bestätigt und befriedigt werden. Der Patient sieht sich dadurch in seiner Eigenart angenommen und verstanden und mit seinem Anliegen aufgehoben und unterstützt (**Bestätigung**). Der Therapeut steht auf seiner Seite, und er hilft ihm so zu werden, wie er gerne sein möchte (Grawe et al., 1994). Durch diese Maßnahmen erreicht der Therapeut nach der hier vorgeschlagenen Theorie, daß unterschwellige soziale Absichten realisiert und damit zumindest für den Augenblick erst einmal aufgegeben werden können, so daß sich der Patient handlungsorientiert dem eigentlichen therapeutischen Anliegen zuwenden kann: Er kann Mitarbeiten und Neues Erproben.

Zur Vermittlung dieses Eindrucks der Bestätigung schlägt Grawe sowohl bestimmte Beziehungsregeln als auch Methodenregeln vor; sie werden in Kapitel 13 dargestellt.

Die Handlungsorientierung des Patienten kann auch direkt durch Strategien der Aufmerksamkeitslenkung durch den Therapeuten gefördert werden (Hartung, 1990; Schulte, Hartung und Wilke, in Vorbereitung). Ähnliche Strategien werden von der „lösungsorientierten Kurztherapie" (Walter & Peller, 1994) vorgeschlagen, wenn auch aus anderer theoretischer Sicht.

Darüber hinaus gibt es in verschiedenen Therapierichtungen Methodenregeln, wie Interaktionsstile oder Besonderheiten der sozialen Interaktion generell verändert werden können. Beispiele sind das Selbstsicherheitstraining in der Verhaltenstherapie, die kognitive Therapie nach Beck (Beck & Freeman, 1990) oder die Interpersonale Psychotherapie (Klerman, Weissman & Rounsaville, 1984). Diese Methoden sind nicht primär auf die therapeutische Beziehung ausgerichtet, doch die Patient-Therapeut-Interaktion kann im Rahmen solcher

---

4 Grawe spricht von „komplementärer Beziehungsgestaltung". Da dieser Begriff jedoch vielfach zur Beschreibung bestimmter Interaktions- oder Reaktionsmuster des Therapeuten mit Hilfe des „interpersonalen Zirkels" von Leary (1957) benutzt wird (Kiesler & Watkins, 1989), soll hier von Bestätigung gesprochen werden.

Trainings durchaus als ein prototypischer Fall von Interaktion gelten und damit zum Gegenstand der Behandlung werden.

4.4 Duales Basismodell des therapeutischen Prozesses

Die in den vorausgegangenen Abschnitten geschilderten Aspekte des therapeutischen Geschehens betreffen eine in der Verhaltenstherapie weitgehend vernachlässigte Aufgabe des Therapeuten: die besondere Gestaltung der therapeutischen Beziehung, um den Patienten für das Basisverhalten zu motivieren und um damit die Voraussetzungen auf seiten des Patienten für die – nach herkömmlichem Verständnis – ,,eigentliche'' Therapie herzustellen und zu stabilisieren. Damit ist die ,,zweite'' Aufgabe des Therapeuten angesprochen: die Durchführung spezieller therapeutischer Methoden zur Modifikation der Probleme oder Verhaltensauffälligkeiten des Patienten. Beide Aufgaben – **Förderung des Basisverhaltens** und **Modifikation der Verhaltensauffälligkeiten** – sind für die Durchführung einer erfolgreichen Therapie notwendig und insofern gleichberechtigt; sie bilden die zwei Stränge des dualen Basismodells der Psychotherapie (vgl. Abb 4.2).

Dieses Modell umfaßt im Grunde die drei Grundelemente der Psychotherapie nach Strupp (1973): therapeutische Techniken, therapeutische Beziehung und Klienteneigenschaften, die hier als Motivation spezifiziert werden. Auch Kanfer hat die wesentlichen Elemente dieses Modells beschrieben (Kanfer & Grimm, 1981). Sie finden sich außerdem in dem ,,generic model of psychotherapy'' von Orlinsky und Howard (1986). Diese Modelle sind allerdings deskriptiv. In dem dualen Basismodell werden hingegen die Zusammenhänge zwischen den verschiedenen Komponenten expliziert; diese Zusammenhänge begründen die Auswahl der Variablen und ihre Struktur. Es handelt sich nicht um ein deskriptives, sondern um ein explikatives Modell (Herrmann, 1979).

Anwendung therapeutischer Methoden bedeutet grundsätzlich die Herstellung von äußeren und inneren Bedingungen, die beim Patienten Veränderungen steuern und damit Lernprozesse initiieren, z. B. das Erlernen neuer Verhaltensweisen, kognitive Umstrukturierungen, die Veränderung emotionaler und motivationaler Schemata. Dies geschieht dadurch, daß mehr oder minder gezielt auf die äußeren und inneren Ursachen oder Bedingungen Einfluß genommen wird, die gegenwärtig das Problemverhalten (die Symptome) aufrechterhalten. Die Forschung der letzten drei Jahrzehnte hat eine Vielzahl von Erkenntnissen über die spezifischen Bedingungen verschiedener psychischer Störungen erbracht, und vor allem in der Tradition verhaltenstherapeutischer Forschung wurden spezielle Therapiemethoden für einzelne Störungen entwickelt, die auf diese spezifischen Störungsbedingungen ausgerichtet sind. Darauf wird in Kapitel 6 noch ausführlich eingegangen.

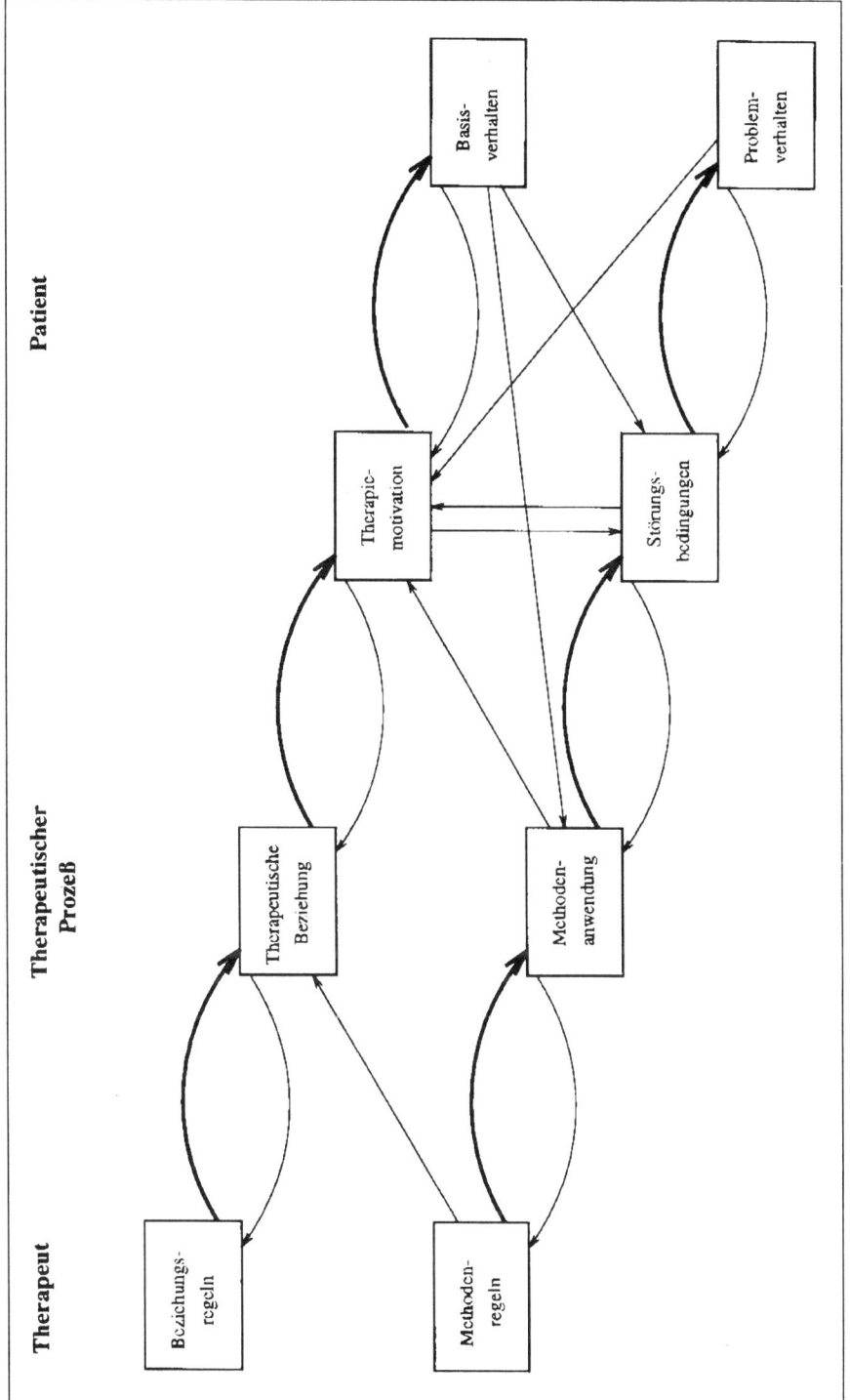

Abb. 4.2: Duales Basismodell der Psychotherapie

Soweit nicht gegeben, muß der Therapeut jedoch zunächst die Rahmenbedingungen auf seiten des Patienten für die Durchführung der Methoden schaffen, d. h. das erforderliche Basisverhalten fördern. Wie gezeigt, hat er dazu zwei Möglichkeiten: eine indirekte durch entsprechende Gestaltung der therapeutischen Beziehung und eine direkte durch spezielle Methoden zur Verbesserung der Motivation des Patienten.

Diese Aufgabe und die dafür einzusetzenden Strategien sind im doppelten Sinn **unspezifisch**. Unspezifisch zunächst im Hinblick auf die verschiedenen psychischen Störungen: Die erforderlichen Voraussetzungen sind für die psychotherapeutische Behandlung aller psychischen und psychosomatischen Störungen zu schaffen. Allerdings wird das bei manchen Störungen schwieriger sein als bei anderen. Bei Patienten, die nicht freiwillig zur Therapie kommen, und vor allem bei Patienten mit (zusätzlichen) Persönlichkeitsstörungen, die gerade durch besondere Auffälligkeiten in der sozialen Interaktion gekennzeichnet sind (Fiedler, 1994 a), kann die Aufgabe der Förderung des Basisverhaltens zur zentralen Aufgabe werden.

Unspezifisch sind diese Aufgaben der Beziehungsgestaltung und Motivationsförderung auch insofern, als sie für alle Psychotherapierichtungen gelten. Für Einzelaspekte dieses Aufgabenbereichs ist das in der Literatur bereits ausführlich diskutiert worden (Barker, Funk & Houston, 1988; Bowers & Clum, 1988; Butler & Strupp, 1986; Frank, 1971, 1981; Horvath, 1988; Roberts, Kewmann, Mercier & Hovell, 1993; Shepherg & Sartorius, 1989; Tschuschke, 1990; Wills, 1982).

Die beiden Aufgabenbereiche und die bei ihrer Realisierung ablaufenden Prozesse sind nicht unabhängig voneinander, wie die vielfältigen Verbindungslinien zwischen den beiden Haupsträngen der Abbildung 4.2 veranschaulichen. Sie sollen kurz genannt werden. Die Ausprägung des Basisverhaltens bestimmt, inwieweit und mit welcher Erfolgsaussicht Methoden angewendet werden können. Umgekehrt beeinflußt das Ausmaß des Problemverhaltens und dessen Veränderung die Therapiemotivation, speziell den Leidensdruck, und damit das Basisverhalten.

Komponenten der Therapiemotivation und des Basisverhaltens können außerdem (Teil-)Bedingungen der Störung, der Verhaltensauffälligkeiten sein, so daß Veränderungen der Motivation, etwa mittels Beziehungsgestaltung, bereits die erwünschte Veränderung des Problemverhaltens teilweise oder auch vollständig bewirken können. Die Motivation, sich zu ändern, kann bereits ausreichen, um Selbstregulationsprozesse in Gang zu setzen, ohne daß besondere Methodenanwendungen nötig sind. Möglicherweise ist die „Placebowirkung" bei weitgehend unbehandelten Kontrollgruppen, in denen lediglich ein therapeutisches Bündnis hergestellt wird (und damit Änderungsmotivation gefördert wird), auf diesen Effekt zurückzuführen.

Die Psychoanalyse (und auch die Gesprächspsychotherapie) legt ihr Augenmerk vor allem auf diesen Teilprozeß der Psychotherapie und hat dafür ela-

66

borierte Strategien entwickelt, vernachlässigt jedoch störungsspezifische Maßnahmen – vielleicht ein Grund dafür, daß die Behandlungen im Durchschnitt
länger dauern und weniger effektiv sind (Grawe, Donati & Bernauer, 1994).
Umgekehrt ist zu vermuten, daß die Verhaltenstherapie durch eine systemati-
schere Berücksichtigung der Förderung des Basisverhaltens ihre Effektivität
steigern, z. B. manche vorzeitigen Therapieabbrüche vermeiden kann. Verhaltenstherapie, Psychoanalyse und Gesprächspsychotherapie können demnach
voneinander lernen. Insofern kann das duale Basismodell der Psychotherapie
als ein Beitrag zur Frage der Methodenintegration verstanden werden.

4.5 Prozeßanalyse und Prozeßevaluation

Auf dem Hintergrund des deskriptiven (bzw. explikativen) dualen Basismodells der Psychotherapie muß das präskriptive Modell des diagnostisch-therapeutischen Prozesses erweitert werden (Abbildung 4.3).

Der Therapeut muß nicht nur die Probleme „bearbeiten", die durch die Störungen oder Verhaltensauffälligkeiten des Patienten gegeben sind, sondern
auch Teilprobleme, die sich aus dem Therapieverlauf ergeben: Probleme im
Hinblick auf die Beziehung zwischen ihm und dem Patienten und im Hinblick
auf die Motivation oder Änderungsbereitschaft des Patienten. Dazu ist eine
fortlaufende Registrierung des Basisverhaltens des Patienten erforderlich; die
Evaluation der bereits erzielten Veränderungen (Ergebnisevaluation) ist um
eine **Prozeßevaluation** zu erweitern.

Kommt es zu Störungen des therapeutischen Prozesses, zu Beeinträchtigungen
des Basisverhaltens, so ist eine genauere **Prozeßanalyse** vorzunehmen, um
einerseits die Motive und Erwartungen des Patienten (**Motivationsanalyse**)
und andererseits die therapeutische Interaktion (**Beziehungsanalyse**) auf Stör-
quellen zu untersuchen.

Therapeuten generieren vielfach spontan während der Therapie Absichten, auf
die Motivation oder die therapeutische Beziehung einzugehen. Die fortlaufende Analyse der therapeutischen Beziehung und das Befolgen von Beziehungsregeln ist bei erfahrenen Therapeuten weitgehend „automatisiert"; es bedarf
dann keiner bewußten Entscheidungsprozesse. Doch das ist nicht immer gün-
stig. Die Gestaltung der therapeutischen Beziehung und die Motivation des
Patienten sollten auch Gegenstand von bewußten Realisationsentscheidungen
und (adaptiven) Therapieplanungen und damit Gegenstand systematischer
Analysen sein.

Zu Beginn der Therapie steht in der Regel die methodische Planung aufgrund
der Verhaltensprobleme des Patienten im Vordergrund, doch mit Beginn der
Behandlung gewinnt die Analyse der therapeutischen Beziehung und der Mo-

tivation des Patienten zunehmend an Bedeutung für die Planung der Therapiemaßnahmen.

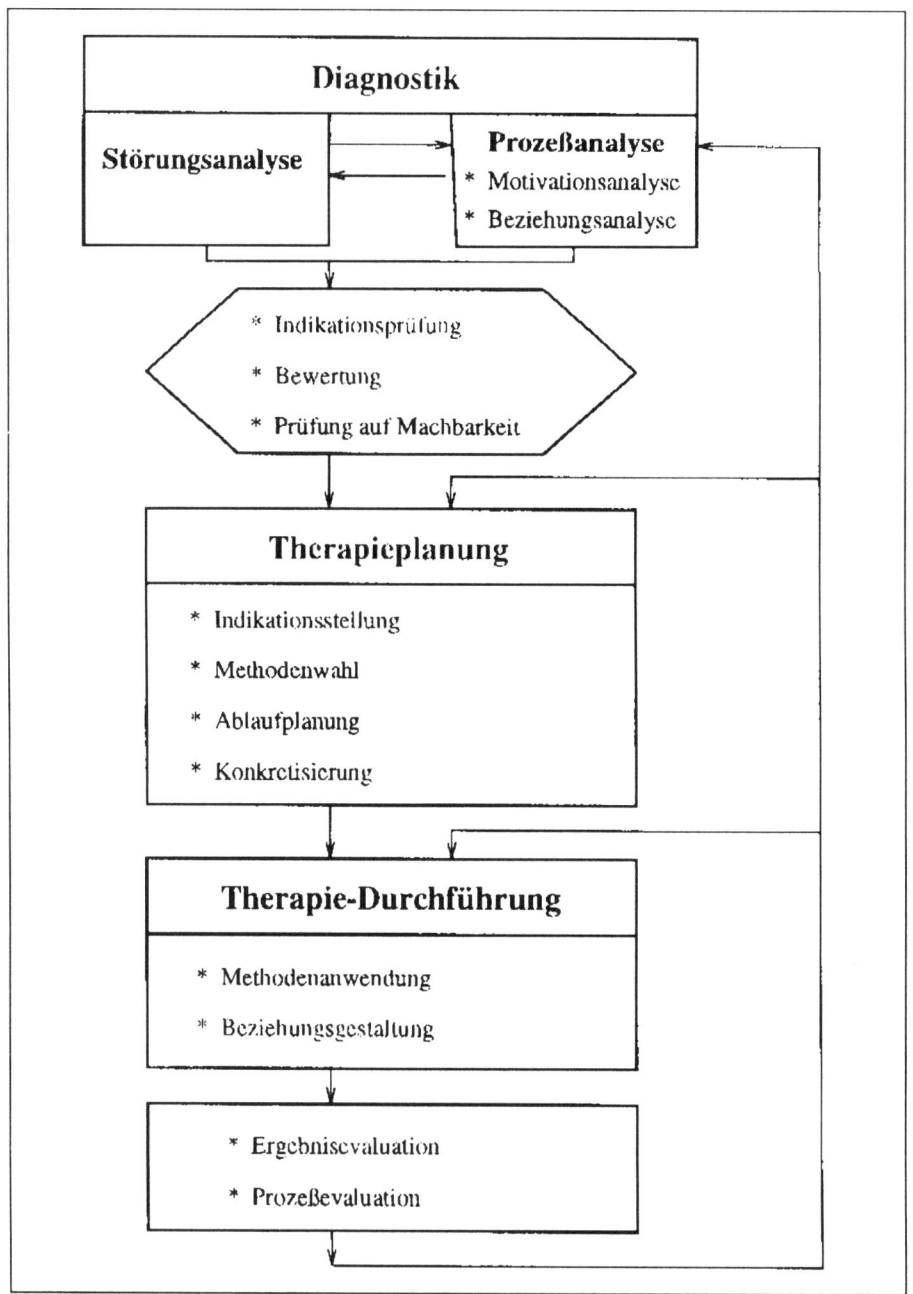

Abb. 4.3: Stufen des diagnostisch-therapeutischen Prozesses – zweite Differenzierung

Zusammenfassung

Der Therapeut muß nicht nur Methoden planen und anwenden, die für die Behandlung der Probleme des Patienten erfolgverspechend (indiziert) sind; er muß auch die Voraussetzungen dafür schaffen, und das bedeutet vor allem, daß sich der Therapeut in der Interaktion mit dem Patienten den (erwünschten) Therapierwartungen des Patienten entsprechend verhält, zumindest so, daß der Patient das Therapeutenverhalten (den Beziehungsaspekt) entsprechend wahrnimmt. Acht Merkmale (Beziehungsaspekte) wurden genannt, die der Patient am Verhalten seines Therapeuten entdecken sollte. Der Therapeut soll für den Patienten (1.) ein kompetenter Experte sein (Experten-Status), er soll (2.) ihn, den Patienten, mögen (unbedingte Wertschätzung) und (3.) verständnisvoll (Empathie) und (4.) vertrauenswürdig sein. Er soll dem Patienten in der Therapie (5.) Freiheiten lassen (Autonomie) und mit ihm (6.) hinsichtlich der Ziele und des Vorgehens einer Meinung sein, zumindest offen sein für Gespräche darüber (Konsens). Trotzdem (7.) wahrt der Therapeut eine gewisse Distanz; er bleibt stets Therapeut und fördert damit das Rollenverhalten seines Gegenüber als Patient (Professionalität). Außerdem (8.) akzeptiert und bestätigt er den Patienten erforderlichenfalls in seinen interaktionellen Besonderheiten (Bestätigung).

Verschiedene Beziehungsregeln sagen dem Therapeuten, wie er das machen soll. Darüber hinaus gibt es spezielle Methoden, um die therapeutische Beziehung und das Sozialverhalten des Patienten erforderlichenfalls zu verändern.

Durch die Beziehungsgestaltung beeinflußt der Therapeut demnach die Motivation und damit das Basisverhalten des Patienten. Dies ist die Voraussetzung für die Anwendung spezieller Therapiemethoden zur Modifikation der Bedingungen, die für die Störungen des Patienten verantwortlich sind – die zweite Aufgabe des Therapeuten. Eventuell können Beziehungsgestaltung und Motivationsförderung bereits ausreichen, um weitergehende Selbstregulationsprozesse und damit gewünschte Veränderungen der Störung in Gang zu setzte. Umgekehrt wird durch schnelle und überzeugende Veränderungen der Symptomatik die Therapiemotivation entscheidend verbessert.

Für beide Aufgaben im Sinne des dualen Therapiemodells ist Diagnostik notwendig: die Störungsanalyse für den Einsatz spezifischer Methoden und die Prozeßanalyse für unspezifische (für alle Störungen und für alle Therapien gleichermaßen relevante) Maßnahmen der Beziehungsgestaltung und für die Entscheidung über Maßnahmen zur Motivationsförderung.

Kapitel 5

Vom Problem zur Methode

5.1 Entscheidungskriterien

Für die Entscheidung, welche Methoden bei einem Patienten indiziert sein könnten, benötigt der Therapeut Entscheidungskriterien. Im folgenden wird zunächst untersucht, welche Kriterien im Bereich der Psychotherapie für Indikationsentscheidungen empfohlen werden. Was gibt an, wann eine bestimmte Vorgehensweise Erfolg verspricht, also angezeigt oder indiziert ist, und was kennzeichnet gegebenenfalls eine Gegenanzeige, die Kontraindikation?

Die Zahl der in der Literatur vorgeschlagenen Variablen, die zum Zweck der Indikationsstellung oder Therapieplanung diagnostiziert werden sollten, ist fast unbegrenzt (für die Verhaltenstherapie s. Tabelle 6.1 in Kapitel 6). Sie lassen sich jedoch zu Variablengruppen zusammenfassen und ordnen.

5.1.1 Das medizinische Indikationsmodell

In der Medizin gibt es Behandlungsmethoden, die – etwa beim Fieber – an der Symptomatik ansetzen und diese reduzieren, ohne die eigentliche Krankheit zu heilen oder zu bessern (*indicatio symptomatica* laut Pschyrembel, 1985) oder die in einem akuten Stadium zunächst zur Lebenserhaltung einzusetzen sind (*indicatio vitalis*). Grundsätzlich bemüht sich die Medizin jedoch, Behandlungsmethoden für einzelne Krankheiten zu finden und diesen zuzuordnen. Solche Methoden sind dann indiziert, wenn im Einzelfall diese Krankheit vorliegt (*indicatio morbi*).

Grundlage dieses Indikationsmodells mit Krankheit als entscheidendem Indikationskriterium ist das allgemeine Krankheitsparadigma der Medizin, das in Kapitel 2 dargestellt wurde. Es dient nicht nur der medizinischen Forschung, sondern steuert auch in der Praxis den Prozeß der Diagnosestellung und vor allem der Indikationsstellung. Der behandelnde Arzt muß mittels der diagnostischen Methoden die Auffälligkeiten eines Patienten einer (oder mehreren) Krankheitsklassen (Diagnosen), definiert auf der Ebene der „Defekte", zuordnen. Sobald diese Zuordnung erfolgt ist, kann er all das Wissen über Ursachen, Verlauf und vor allem über Behandlungsmöglichkeiten, die die Forschung für diese Krankheit zusammengetragen hat, auf seinen Patienten übertragen. Indikationskriterium ist also die Krankheit (der „Defekt" in der Person), und damit verbunden die typischen Ursachen und die typischen Symptome dieser Krankheit.

Dieses Indikationsmodell ist sehr ökonomisch. Es erlaubt, wissenschaftliche Erkenntnisse direkt für die Praxis zu nutzen. Von der Psychiatrie wurde dieses Modell auch auf psychische Störungen oder Krankheiten übertragen. Für globalere, personselektive Indikationsentscheidungen (Überweisungen) und vor allem für Entscheidungen über das Behandlungssetting (ambulant oder stationär; Beutler & Clarkin, 1990) gilt es allgemein als angemessen. Für die (methodenselektive) Indikation von Psychopharmaka wird ebenfalls die diagnostizierte Krankheit als Indikationskriterium genutzt. Doch dieses Kriterium reicht meistens nicht; die spezielle Symptomatik ist vielfach das ausschlaggebende Kriterium für die Wahl eines speziellen Medikaments (Helmchen & Linden, 1986).

5.1.2 Krankheitsursache als Indikationskriterium

Für die Indikation psychotherapeutischer Verfahren wird das Kriterium „Krankheitsdiagnose" bislang weitgehend abgelehnt, vor allem deshalb, weil dasjenige, was für Therapieentscheidungen wirklich relevant sei, durch eine Krankheitsdiagnose nicht berücksichtigt werde. Relevant sind in erster Linie die Ursachen oder die aufrechterhaltenden Bedingungen der Störung oder aber der Defekt, denn diese müssen durch die Therapie beseitigt oder verändert werden.

Bei der Entwicklung der dritten Fassung des Diagnostischen und Statistischen Manuals Psychischer Störungen (DSM III) der American Psychiatric Association (1980) und in seiner Folge bei neueren Fassungen des DSM und bei der Internationalen Klassifikation psychischer Störungen, ICD-10 der WHO (Dilling et al., 1991), wurde ausdrücklich auf die Berücksichtigung von – theoretisch postulierten – Defekten und ursächlichen Faktoren verzichtet. Für die Unterscheidung der verschiedenen Störungskategorien wurden lediglich Merkmale der Symptomatik und des Verlaufs berücksichtigt. Dies erfolgte gegen den massiven Widerstand von Vertretern der Psychoanalyse.

Deskriptiv begründete klinische Diagnosen in Psychiatrie und Klinischer Psychologie im Sinne des DSM III haben demnach einen anderen Charakter als nosologisch begründete Krankheitsdiagnosen in der Medizin. Bei Verwendung einer DSM- oder ICD-10-Diagnose als Indikationskriterium werden *de facto* lediglich der Ausgangszustand (und der bisherige Störungsverlauf) des Patienten berücksichtigt, nicht jedoch die ansonsten in der Medizin mit einer Krankheitsdiagnose verbundenen Aspekte, vor allem nicht die krankheitstypischen Ursachen; es handelt sich nicht um eine *indicatio morbi*, sondern lediglich um eine *indicatio symptomatica*.

Von Psychoanalytikern wird daher den Nutzen solcher deskriptiver klinischer DSM-Diagnosen für die Indikationsstellung weitgehend verneint (Auerbach & Childress, 1987; Schneider & Freyberger, 1990). Für Menninger (1974, S. 29) sind klassifikatorische Diagnosen für die Formulierung eines Behandlungsprogramms sogar „nicht nur nutzlos, sondern hemmend und hinderlich".

Verhaltenstherapeuten halten ihren Nutzen für begrenzt. Bei Patienten mit gleicher Diagnose sind verschiedene Unterkategorien mit unterschiedlichen „Ursachen" („functionally distinct subtypes of patients"; Hayes, Nelson & Jarrett, 1987) unterscheidbar. Insofern können die klinischen Diagnosen für eine erste, grobe Vorselektion benutzt werden. Doch darüber hinausgehend ist eine genaue **funktionale Analyse**, also eine Identifikation der für die Aufrechterhaltung der Störung relevanten Variablen (der „Ursachen") erforderlich (Eifert, Evans & McKendrick, 1990; Haynes, 1978; Hersen, 1988; Nelson, 1987; Schulte, 1989).

Eine an den Ursachen ansetzende Indikation, eine *indicatio causalis*, wird auch von anderen Therapierichtungen für notwendig erachtet, etwa von Familientherapeuten (Frances, Clarkin & Perry, 1984; Stierlin, Rücker-Embden, Wetzel & Wirsching, 1980), nur daß die Ursachen in diesem Fall nicht allgemein in der Umgebung oder in der Person, sondern speziell im System Familie gesehen werden. Bei einer Befragung von Familientherapeuten nach der Wichtigkeit von verschiedenen vorgegebenen Indikationskriterien fanden Bommert, Henning und Wälte (1990) fünf Faktoren. Neben der „vorgestellten Symptomatik" umfaßten zwei Faktoren solche familiendynamischen Ursachen: Zusammenhalt und Anpassungsfähigkeit der Familie.

5.1.3 Zielbezogene Indikationskriterien

Duncan, Parks und Rusk (1990) haben aus Sicht der systemischen Familientherapie eine andere, zielorientierte Perspektive für Indikationsentscheidungen vorgeschlagen. Ziel einer Therapie müsse es sein, die bisherigen vergeblichen Versuche, das Problem zu lösen, also den bisherigen interaktiven Problemlösungsprozeß, zu unterbrechen oder zu verändern. Die entscheidende Frage für den Einsatz irgendeiner therapeutischen Methode ist demnach das formale

Therapieziel: Führt die Methode zu einer Unterbrechung interaktiver Bewältigungsversuche?

Ein durch das Therapieziel bestimmtes Indikationskriterium wurde auch von Nelson (1988) für die Verhaltenstherapie vorgeschlagen. Neben der „funktionalen Analyse" zur Identifikation aufrechterhaltender Bedingungen (*i. causalis*) und einer „diagnostischen Strategie" mit den klinischen (DSM III-) Diagnosen als Kriterium (*i. symptomatica*) beschreibt sie als drittes eine als „keystone target behavior strategy" bezeichnete Vorgehensweise, nach der primär dasjenige Verhaltensproblem behandelt werden sollte, dessen Veränderung am ehesten eine (Reaktions-)Generalisierung erwarten lassen könne. Einen Vorschlag in dieser Richtung haben auch Schulte (1974), Nelson und Hayes (1979) und Evans (1985) gemacht.

In Ergänzung der im Pschyrembel genannten „Heilanzeigen" wäre danach eine *indicatio finalis* zu formulieren. Die *indicatio vitalis* ist dann ein Spezialfall dieser *indicatio finalis*.

5.1.4 Therapievoraussetzungen als Entscheidungskriterium und als therapeutische Aufgabe

Die bislang genannten Indikationskriterien geben an, welche Störung mit einer Methode prinzipiell behandelt werden könnte; sie kennzeichnen das Erscheinungsbild des Patienten, die Ursachen der Störung, das erwünschte Therapie(teil)ziel oder alles zusammen in der Angabe der Krankheit. Neben diesen **störungsbezogenen Indikationskriterien** gibt es auch solche, die die notwendigen oder förderlichen **Voraussetzungen** auf seiten des Patienten für die Durchführung der Methode kennzeichnen.

Psychoanalytisch orientierte Therapeuten fordern vielfach, die Eingangsdiagnostik nicht auf die Störung des Patienten auszurichten, sondern auf die Person des Patienten und auf die Interaktion zwischen Patient und Therapeut (Schneider & Freyberger, 1990). Entscheidend für die Indikation zur Psychoanalyse seien vor allem die Introspektionsfähigkeit, die Psychotherapiemotivation und die Beziehungsfähigkeit für eine wenig strukturierte Begegnung (Hoffmann, 1986; Schuster, 1985). Indikationskriterium ist (nach Greenson, 1975, S. 67) in erster Linie die „Begabung der Patienten in bezug auf die spezifischen Erfordernisse der psychoanalytischen Therapie".

Bei diesen Kriterien geht es um die **Durchführbarkeit** einer analytischen Behandlung, die beeinträchtigt sein kann durch Persönlichkeitsmerkmale des Patienten („mangelnde Begabung"), durch mangelnden Leidensdruck bzw. Therapiemotivation und auch durch eine hinderliche äußere Lebenssituation des Patienten (Greenson, 1975). Die entscheidende diagnostische Strategie zur Feststellung dieser Kriterien ist eine Probetherapie, die Probeanalyse, die entweder mehrere Wochen dauert oder in Form eines Erstinterviews durchgeführt wird.

Bei der Gesprächspsychotherapie hat sich das Ausmaß der Selbstexploration des Patienten zu Therapiebeginn, also die in der Gesprächspsychotherapie erwünschte Form der Reaktion des Klienten auf die Äußerungen des Therapeuten, als ein Prädiktor des Therapieerfolgs herausgestellt (Tausch & Tausch, 1981). Lanyon und Lanyon (1976) nennen die ,,willingness to permit control" als Kriterium für die erfolgversprechende Durchführung einer Verhaltenstherapie. Bommert, Henning und Wälte (1990) fanden bei ihrer Umfrage bei Familientherapeuten einen Faktor ,,Bereitschaft zum therapeutischen Kontrakt". Auch dies sind Kriterien der Durchführbarkeit der Therapie.

Solche Kriterien, die nicht das Problem, sondern die für die Anwendung einer Methode notwendigen oder förderlichen Voraussetzungen kennzeichnen, sind für die Methodenentscheidung nachgeordnet – oder sollten es zumindest sein. Die Tatsache, daß eine bestimmte Methode bei einem Patienten gut durchführbar ist, ist kein hinreichender Grund, diesen Patienten auch – grundsätzlich oder speziell mit dieser Methode – zu behandeln. Für die als Indikationsstellung bezeichnete Entscheidung, welche Methoden prinzipiell in Frage kämen, sind die problembezogenen Kriterien relevant, und nur diese sind als Indikationskriterien zu bezeichnen. Kriterien, die personale oder situative Voraussetzungen kennzeichnen, sind hingegen für die Beurteilung der Durchführbarkeit relevant; sie können gegebenenfalls eine Gegenanzeige (**Kontraindikation**) nahelegen.

Allerdings sind diese Voraussetzungen, die Merkmale der Person des Patienten, seine Motivation und die Interaktion oder Beziehung zwischen Therapeut und Patient nicht als invariant anzusehen. Der Therapeut muß vielmehr versuchen, falls notwendig die für die Durchführung ,,seiner" Therapie oder für die Durchführung bestimmter Methoden erforderlichen Bedingungen herzustellen. Er sollte also versuchen, eine konstruktive Therapiebeziehung zu fördern und damit den Patienten zu motivieren, wie im letzten Kapitel beschrieben.

5.2 Das Prinzip der Indikationsentscheidung

Neben der Feststellung, ob überhaupt eine behandlungsbedürftige Störung vorliegt, stellt sich der Diagnostik als weitere Aufgabe zu prüfen, welche der Indikationskriterien im Einzelfall vorliegen. Als entscheidende, die Störung kennzeichnende Indikationskriterien waren genannt worden:
1. das Erscheinungsbild, also der gegenwärtige Zustand des Patienten,
2. die Ursachen oder aufrechterhaltenden Bedingungen und
3. das erwünschte (Teil-)Ziel.

Woher weiß nun der Therapeut, nach welchem Erscheinungsbild, nach welchen Ursachen und nach welchen Zielvorstellungen er bei seinem Patienten suchen muß, damit gegebenenfalls eine bestimmte Methode – nehmen wir als Beispiel die Systematische Desensibilisierung – als prinzipiell indiziert gelten kann? Die konkreten Angaben liefert ihm die Methodenregel; die Komponenten der Methodenregel müssen zu den Komponenten der Problembeschreibung „passen" (Abb. 5.1):

– Welcher **Ausgangszustand** als Voraussetzung für die Anwendung der Systematischen Desensibilisierung bei seinem Patienten zu diagnostizieren sein sollte, ist den Angaben zu den **Ausgangsvoraussetzungen** der Methode zu entnehmen: eine unangemessene Angstreaktion, ausgelöst durch einen an sich harmlosen Stimulus.

– Die Methodenregel nennt außerdem den spezifischen **Effekt**, der mit dieser Methode erzielbar ist. Ist dieser Effekt – in unserem Beispiel die Abschwächung der Angstreaktion und damit des Vermeidungsverhaltens – ein erwünschtes **Ziel** oder Teilziel für unseren Patienten?

– Die Therapietheorie der Systematischen Desensibilisierung nennt schließlich als **Wirkprinzip** der Methode die Auflösung oder Schwächung (Löschung oder Habituation) der respondenten, reflexartigen Verbindung zwischen Angststimulus und Angstreaktion oder – in einer anderen Theorien der Systematischen Desensibilisierung – das Ersetzen dysfunktionaler (z. B. katastrophisierender) durch funktionale Kognitionen. Entsprechend muß der Therapeut nun prüfen, ob bei seinem Patienten eine reflexartige S-R-Verbindung oder dysfunktionale Kognitionen als Barrieren oder **aufrechterhaltende Bedingungen** festzustellen sind.

Therapiemethode:	Ausgangs-bedingung	Operation/Wirkprinzip	Effekt
	⇑ ? ⇓	⇑ ? ⇓	⇑ ? ⇓
Problemstellung:	Ausgangs-zustand	Barrieren/Bedingungen	(Teil-)Ziel

Abb. 5.1: Das Prinzip der Indikationsprüfung

Allgemein formuliert gilt für die Indikationsprüfung: Eine solche Methode kann als indiziert gelten, deren Indikationskriterien für das zu lösende Problem als zutreffend oder gültig nachgewiesen sind. Die Methode kann (1.) dann für diesen Patienten als prinzipiell indiziert gelten, wenn das Erscheinungsbild seiner Störung den in der Methodenregel genannten Ausgangsbedingungen entspricht (*i. symptomatica*). Die Methode kann (2.) dann als prinzipiell indiziert gelten, wenn der – laut Methodenregel – durch diese Methode erzielbare Effekt dem bei diesem Patienten erwünschten Zielzustand oder zumindest einem Teil- oder Zwischenziel entspricht (*i. finalis*) und wenn (3.) durch diese Maßnahme die Barrieren oder Ursachen – zumindest teilweise – beseitigt werden können (*i. causalis*; Schulte, 1993 a).

Bei einer vollständigen Prüfung auf prinzipielle Anwendbarkeit einer Methode sind also die drei das Problem beschreibenden Merkmale – Ausgangszustand, Barriere/Ursache, Ziel – mit den drei Merkmalen der Methode – Ausgangs- bedingungen, Operation (Wirkungsweise der Methode), erzielbarer Effekt – zu vergleichen. Allerdings werden in der Regel nicht immer alle drei Äqui- valenzüberprüfungen vorgenommen, wie zuvor beschrieben. Die in der soma- tischen Medizin angestrebte *indicatio morbis* ist nicht zuletzt deswegen er- strebenswert, weil dabei implizit alle drei Kriterien gleichzeitig berücksichtigt werden.

Die in den therapeutischen Regeln und den Therapietheorien genannten Indi- kationskriterien steuern also den diagnostischen Suchprozeß des Therapeuten: **Die Therapie(theorie) bestimmt die Diagnostik**; sie entscheidet darüber, wie der „Fall" zu konzipieren ist.

5.3 Begründung von Indikationskriterien

Auch die Indikationskriterien bedürfen der empirischen Überprüfung. Das gilt zunächst für den Nachweis, daß tatsächlich durch die jeweilige Maßnahme der spezifische Effekt und damit ein bestimmtes Ziel erreicht wird. Dazu sind in der Forschung Instrumente einzusetzen, die erlauben, die jeweiligen spezi- fischen Effekte zu messen – zusätzlich zu allgemeineren Instrumenten zum Nachweis genereller „Heilungseffekte" (Schulte, 1993 b).

Nachzuweisen ist weiterhin, daß nur bei Vorliegen der in der Regel genannten Ausgangsbedingungen (oder zumindest deutlicher als ohne Vorliegen dieser Voraussetzungen) der Effekt zu erreichen ist. Eine Überprüfung der Gültigkeit der Ausgangsvoraussetzungen einer Regel kann in vergleichenden Therapie- studien erfolgen, wobei in den meisten Fällen die Art der Störung als Aus- gangsbedingung überprüft wird (*i. symptomatica*). In solchen Studien wird die Effektivität verschiedener Therapieverfahren bei Patienten mit verschiedenen Störungen verglichen (Grawe, 1978). Den verglichenen Methoden können auf- grund des nachgewiesenen Erfolgs – für jede Störung getrennt – Effektivitäts- werte, etwa in Form von Effektstärken, zugeordnet werden. Sofern die Effekt- stärke einer Methode bei verschiedenen Störungen unterschiedlich ist, kann die Art der Störung als Indikationskriterium dienen. Bislang sind allerdings solche Untersuchungen selten; es werden eher verschiedene Methoden bei einer Störung verglichen.

Außer in solchen experimentellen Studien werden Entscheidungskriterien in korrelationsstatistischen Prognosestudien – oft nicht theoriegeleitet, sondern *ex post facto* – gesucht: Erfolgswerte werden mit vor Therapiebeginn gemessenen Persönlichkeitsvariablen, situativen Faktoren oder Lebensereignissen in Beziehung gesetzt und gegebenenfalls zur Prognose des Therapieerfolgs empfohlen. Das Prognosemerkmal kennzeichnet eine der Voraussetzungen, unter denen die Methode wahrscheinlich (nicht) erfolgreich ist. Die mittels solcher Prognosevariablen vorhergesagte Erfolgsvarianz ist allerdings in den meisten Fällen sehr gering.

Eine Vielzahl therapeutischer Regeln oder Methoden sind inzwischen empirisch auf ihre Wirksamkeit überprüft; ein umfassender Ergebnisüberblick findet sich bei Grawe, Donati und Bernauer (1994). Doch die spezifischen Voraussetzungen für die Anwendung der Methoden wurden in den meisten Fällen nicht oder bestenfalls nur implizit mit überprüft, und auch die Therapieeffekte werden meist nur in Hinblick auf den allgemeinen Therapieerfolg ausgewertet. Die Angaben zu den Ausgangbedingungen und den spezifischen Effekten sind daher vielfach lediglich durch die Therapietheorien oder durch Erfahrungswissen des Praktikers begründet; empirisch gesicherte Indikationskriterien sind bis heute eher die Ausnahme als die Regel.

Das gilt auch für das dritte Indikationskriterium, ob die Methode die aufrechterhaltenden Bedingungen der jeweiligen Störung zu beeinflussen vermag (*i. causalis*). Die Wirkungsweise einer Methode wird in Untersuchungen zur Prozeßforschung überprüft und die „Ursachen" von Störungen in Forschungsprogrammen zur Ätiologie. Für beide Bereiche ist festzustellen, das es viele, oft auch widersprüchliche Hypothesen und Theorien gibt, aber nur vergleichsweise wenig eindeutige Ergebnisse. Das liegt vermutlich nicht zuletzt daran, daß für die Wirkung einer Methode tatsächlich nicht nur ein, sondern mehrere Wirkprinzipien verantwortlich sind, jedes einzelne gewissermaßen ein wenig. Entsprechendes gilt für die Verursachung von Störungen: Störungen hängen in der Regel von vielfältigen Bedingungen ab, und möglicherweise kommen bei verschiedenen Personen jeweils unterschiedliche Bedingungen zusammen. Von daher ist der Rückgriff auf bislang nur teilweise empirisch bestätigte Theorien gerade in diesem Bereich unvermeidbar.

In den genannten Forschungsstrategien wird die Gültigkeit der postulierten Zusammenhänge (z. B. zwischen Methode und nachgewiesener Veränderung) überprüft. Ob die so gefundenen Variablen dann tatsächlich in der Praxis als Indikationskriterien nützlich sind, bedürfte genaugenommen einer weiteren, direkten Überprüfung. In einem experimentellen Design wäre festzustellen, ob die Anwendung einer diagnostischen Entscheidungsstrategie unter Nutzung des jeweiligen Kriteriums und damit die Durchführung einer bestimmten Diagnostik im Durchschnitt zu besserem Therapieerfolg führt als eine andere Strategie ohne Berücksichtigung dieses Kriteriums (z. B. Schulte, Künzel, Pepping und Schulte-Bahrenberg, 1991, 1992). Mit anderen Worten: Für ein zu diagnostizierendes Indikationskriterium muß „Treatment-Validität" bzw. „Treatment-Nützlichkeit" (Hayes et al., 1987) nachgewiesen sein.

Zusammenfassung

Die zu behandelnde Störung oder einzelne ihrer Merkmale – der Zustand des Patienten, die Störungsursachen oder die anzustrebenden Ziele – sind die maßgeblichen Indikationskriterien. Die für die Durchführung der Methode förderlichen bzw. hinderlichen „Voraussetzungen" wie Personmerkmale und Therapiemotivation des Patienten und die Art der therapeutischen Beziehung können Kriterien für eine Kontraindikation sein, wenn dem Therapeuten nicht im Rahmen der Therapie eine Verbesserung dieser Bedingungen gelingt. Der Therapeut muß im Einzelfall das Vorliegen dieser Kriterien, die in den jeweiligen Methodenregeln und Therapietheorien spezifiziert werden, überprüfen. Auch die diagnostischen Regeln, diese Indikationskriterien zu diagnostizieren und für die Methodenselektion anzuwenden, bedürfen des empirischen Nachweises ihres Nutzens für das Therapieresultat, damit Diagnostik nicht zum Selbstzweck wird.

Kapitel 6

Auf dem Wege zur Standardisierung des diagnostisch-therapeutischen Prozesses

6.1 Problemanalyse: Suche nach handhabbaren Fallkonzeptionen

Die entscheidende Aufgabe des Therapeuten ist es, die Schwierigkeiten des Patienten in einer solchen Form darzustellen, daß er handlungsfähig wird, d. h. daß Indikationsentscheidungen möglich werden. Wie im letzten Kapitel dargestellt, geben die therapeutischen Regeln und die Theorien über die Wirkungsweise der Methoden Hinweise, wie das geschehen kann: Der Therapeut muß im Einzelfall prüfen, ob (1.) der derzeitige Zustand des Patienten (und seiner Umgebung) im Sinne der Ausgangsbedingungen für den Einsatz einer oder mehrerer Methoden zu beschreiben ist, ob (2.) die Ziele oder zumindest Teilziele, die bei diesem Patient angestrebt werden, den mit den Methoden erzielbaren Effekten entsprechen und ob (3.) die aufrechterhaltenden Bedingungen der vorliegenden Störung durch die Methoden zu verändern sind.

Ist ein Therapeut von vornherein auf eine Methode festgelegt, wird er lediglich versuchen, das Problem seines Patienten im Lichte der entsprechenden Theorie zu formulieren. Wenn es das Anliegen des Therapeuten ist, die Einsatzmöglichkeit verschiedener Methoden zu prüfen beziehungsweise nach der besten Methode zu suchen, wird die Suche nach einer zutreffenden Problemformulierung komplizierter. Denn für die verschiedenen therapeutischen Methoden, die bei dem Patienten vielleicht in Frage kämen, sind zumeist unterschiedliche Indikationskriterien angegeben. Der Therapeut muß also seinen Fall nach den unterschiedlichsten Gesichtspunkten betrachten, wenn er die Chance haben will, über den Einsatz dieser verschiedenen Methoden rational zu entscheiden.

Das gilt nicht nur für Regeln aus unterschiedlichen Therapieschulen, sondern sogar für Methodenregeln aus der gleichen Schule, z. B. der (kognitiven) Verhaltenstherapie. Ausgangsbedingung für den Einsatz der Systematischen Desensibilisierung ist das Vorliegen einer unangemessenen Angstreaktion (oder einer anderen unerwünschten emotionalen Reaktion) – hier wird also ein spezifisches Symptom angegeben. Ausgangbedingung für den Einsatz des Prinzips der operanten Löschung ist das Vorliegen eines unerwünschten operanten Annäherungsverhaltens, und Ausgangbedingung für den Einsatz des Selbstverbalisationstrainings im Sinne Meichenbaums ist das Vorliegen dysfunktionaler Kognitionen (zu den Methoden s. Fliegel et al., 1994). Falls eine unangemessene Angstreaktion als operantes Annäherungsverhalten beschrieben werden kann, wäre demnach (auch oder stattdessen?) eine Löschung indiziert, und wenn der Ausgangszustand auch durch das Vorliegen dysfunktionaler Kognitionen zu kennzeichnen ist, wäre außerdem (auch oder stattdessen?) ein Selbstverbalisationstraining indiziert.

Der Therapeut wird im Einzelfall probeweise für verschiedene Methoden gedanklich überprüfen, inwieweit sein Fall entsprechend ihrer Indikationskriterien zu formulieren ist. Gelingt ihm das nicht, findet er also keine konkreten Methodenregeln für die von ihm formulierten (Teil-)Probleme, so wird er eventuell auf allgemeinere therapeutische Strategien mit weniger präzisen Indikationsvorgaben zurückgreifen oder Adaptationen für den Einzelfall vornehmen (Vogel & Schulte, 1991).

Der Therapeut wird auch den umgekehrten Weg versuchen und nicht von den ihm zur Verfügung stehenden Methoden ausgehen, sondern von dem vorliegenden Problem. Er wird die vom Patienten genannten Schwierigkeiten und Auffälligkeiten strukturieren und aus seiner theoretischen Sicht, also durch Rückgriff auf sein Bedingungswissen, als Problem formulieren, um dann gedanklich zu überprüfen, ob er für ein solches Problem über Änderungswissen, eine therapeutische Regel, verfügt. Falls nicht, wird er das Problem gegebenenfalls umstrukturieren, nach Teilproblemen oder nach zugrundeliegenden Bedingungen suchen und damit das Problem „anders aufrollen", um so doch noch Anwendungsmöglichkeiten für ihm bekannte Methoden zu finden. Oder er kann den angestrebten Zielzustand genauer betrachten, Zwischenziele formulieren und für diese nach Lösungswegen suchen.

Die genaue Betrachtung dieses häufig wechselnden Prozesses der Umstrukturierung und Umformulierung der Schwierigkeiten des Patienten mit dem Ziel, erfolgversprechende Methoden zu finden, macht deutlich, daß das Problem des Patienten – oder besser: seine Schwierigkeiten – und das Problem des Therapeuten – oder besser: seine Aufgabenstellung – nicht identisch sind. Der Therapeut muß die Schwierigkeiten des Patienten in einer solchen Form beschreiben oder den Fall so konzipieren, daß für ihn Lösungswege sichtbar werden. Der Therapeut definiert also seine konkrete Aufgabenstellung. Dieser Prozeß der Analyse der Schwierigkeiten des Patienten und der Definition der vom Therapeuten zu lösenden Probleme wird als **Problemanalyse** bezeichnet. Er umfaßt zwei Teilprozesse:

1. **Problemstrukturierung** zur Formulierung und Beschreibung der verschiedenen, von ihm zu lösenden Teilprobleme durch Angabe des jeweiligen Ist- und Sollzustandes und

2. **Bedingungsanalyse** zur Identifikation der Ursachen oder Bedingungen des gegenwärtigen, unerwünschten Istzustandes beziehungsweise der für die Zielerreichung erforderlichen Bedingungen.

6.2 Standardisierung der Diagnostik

6.2.1 Standardisierung des Entscheidungsprozesses

Ein Therapeut kann in der Praxis nicht alle denkbaren Problembeschreibungen für seinen Einzelfall überprüfen. Angesichts der Vielzahl von Möglichkeiten wird er vielmehr diesen Prüfprozeß vorzeitig, vermutlich nach dem ersten erfolgreichen Versuch, abbrechen, z. B. sobald dysfunktionale Kognitionen aufgespürt wurden, so daß andere Therapieregeln, die erfordern würden, etwa nach ungünstigen Verstärkungsbedingungen zu suchen, gar nicht die Chance haben, zur Anwendung zu kommen. Der Therapeut bestätigt vor allem seine bevorzugten Hypothesen – und sieht sich in seinen Vorannahmen bestätigt. Der geschilderte wechselnde Prozeß des Abwägens, Prüfens und Umstrukturierens birgt demnach die Gefahr eines subjektiven, wenig systematischen, vielleicht auch voreiligen und nicht immer rationalen Vorgehens.

Hay et al. (1979) und Wilson und Evans (1983) wiesen für den Bereich der Verhaltenstherapie nach, daß Objektivität und Reliabilität der Auswahl und Formulierung von Teilproblemen (der targets) in der Praxis unzureichend sind. Auch die Validität der benutzten Entscheidungskriterien ist fraglich. Kritisiert wird, daß die ausgewählten Teilprobleme nicht immer den Problemen des Patienten entsprechen (Kazdin, 1985; Mash, 1985) oder unvollständig sind (Mash, 1985) und daß die ausgewählten Verhaltensprobleme häufig zu isoliert voneinander gesehen werden und ihre Zusammenhänge beziehungsweise ihre Kovarianz nicht hinreichend berücksichtigt werden (Kazdin, 1982, 1985; Evans, 1985).

Entscheidungskriterien sind oftmals lediglich das Wissen und die Kompetenz des einzelnen Therapeuten (Fensterheim, 1983; Wilson & Evans, 1983; Mash, 1985), beziehungsweise die praktische Machbarkeit (Bellack & Schwartz, 1976): Therapiert wird, was möglich ist. Oft können auch die subjektiven Klagen des Patienten ein für die Entscheidung zu großes Gewicht gewinnen (Wilson & Evans, 1983; Kanfer, 1985), zumal die Änderungswünsche des

Patienten sich im Verlauf der Behandlung ändern (Sorenson et al., 1985; Schulte-Bahrenberg, 1990).

Systematischer, rationaler und damit objektiver kann dieser Prozeß durch Regeln werden, die vorgeben, welche Problemformulierungen von einem Therapeuten versucht und mittels welcher diagnostischer Strategien sie überprüft werden sollten. Solche diagnostischen (Meta-)Regeln, die Hinweise geben, welche Analyse- und Prüfschritte in welcher Reihenfolge unter welchen Voraussetzungen vorgenommen werden sollten, werden in diagnostischen Problemanalyseschemata genannt. Sie sorgen für eine gewisse Standardisierung des diagnostischen Prüf- und Entscheidungsprozesses.

Die Standardisierung muß zwei Bereiche umfassen: den Ablauf und den Inhalt des Analyseprozesses, einschließlich der Darstellung der Ergebnisse. Als Grundlage für eine Strukturierung des formalen Ablaufs wurden in den vorausgegangenen Kapiteln einzelne Stufen des Prüf- und Entscheidungsprozesses unterschieden. Für die einzelnen Stufen werden im zweiten Teil des Buches allgemeine Regeln formuliert, wie der Therapeut bei der jeweiligen Teilaufgabe vorgehen sollte. Die Frage der inhaltlichen Gestaltung, also welche Variablen überprüft oder auf welche Konstrukte und Theorien zurückgegriffen werden sollte, wird dabei bei den Bedingungsanalysen zunächst ausgeklammert; es handelt sich gewissermaßen um formale Module. Die inhaltliche Ausgestaltung der Module wird im folgenden besprochen.

6.2.2 Standardisierung der Entscheidungskriterien

Diagnostik ist kein Selbstzweck. Auch äußerst differenzierte und zutreffende Beschreibungen und Erklärungen eines Problems sind nutzlos und insoweit unvalide, solange sie nicht dem Therapeuten helfen zu entscheiden, welche therapeutischen Vorgehensweisen oder Methoden das Problem lösen könnten. Nur Beschreibungen, die Indikationskriterien verwenden, sind prinzipiell brauchbar. Von daher wird die Diagnostik – wie dargestellt – wesentlich durch das Wissen des Therapeuten über Therapiemethoden, durch sein **Änderungswissen**, bestimmt.

Änderungswissen wird weitgehend im Rahmen von Therapieschulen entwickelt, und der einzelne Therapeut erwirbt es im Verlauf seiner – schulbezogenen – Ausbildung. Daß ein Therapeut praktisch nur Behandlungen im Sinne seiner Schulrichtung durchführt, liegt nicht unbedingt daran, daß er andere Methoden nicht beherrscht, sondern daß er jeden Fall aus der Sicht seiner Therapietheorie konzipiert. So erscheinen „seine" Therapiemethoden (gegebenenfalls) als indiziert – und Methoden anderer Richtungen nicht. Wird z.B. eine Zwangsstörung als Regression auf die anale Phase konzipiert, so wird damit die Durchführung eines verhaltenstherapeutischen Konfrontationsverfahrens mit Reaktionsverhinderung nicht nahegelegt.[1]

Wie geschildert greift der Therapeut jedoch auch auf **Bedingungswissen** zurück. Das ist zunächst deswegen hilfreich, weil damit eine Differenzierung der Probleme und folglich eine Strukturierung der Problemstellungen des Therapeuten möglich wird. Eine vom Patienten geschilderte Schwierigkeit kann als Folge bestimmter antezedenter Bedingungen erklärt werden. Diese Bedingungen kann der Therapeut selbst wieder probeweise als Problem formulieren. Für diese „neuen" Probleme findet er in seinem Änderungswissen nun vielleicht Lösungen. Beispielsweise kann die soziale Angst eines Patient als Folge mangelnder sozialer Fertigkeiten erklärt werden, und für den Aufbau sozialer Fertigkeiten verfügt der Therapeut in seinem Änderungswissen über eine Methodenregel: Training sozialer Kompetenz oder Selbstsicherheitstraining.

Problemstrukturierungen und Beschreibungen mit Hilfe von Bedingungswissen führen aber nur dann auf die Spur einer erfolgversprechenden Methode, wenn bei Bedingungswissen und Änderungswissen das gleiche Vokabular benutzt wird, also im Prinzip gleiche Variablen und Konstrukte zur Beschreibung und Erklärung der Methoden und zur Beschreibung und Erklärung der Störungen herangezogen werden. Nur innerhalb einer Therapieschule gibt es in der Regel eine einheitliche Sprache für die Beschreibung der Störungen und die Beschreibung der Therapiemethoden. Der Rückgriff auf eine schulspezifische Pathologietheorie führt zu einer Problembeschreibung, die einer oder mehreren Methodenregeln dieser Schule entspricht. Der Therapeut ist daher auch in diesem Fall dazu „verurteilt", zu dem Ergebnis zu kommen, daß die Methoden seiner Schule angemessen sind. Nur wenn er Problembeschreibungen aus einer anderen theoretischen Sichtweise vornehmen würde, erhielte er die Chance, eine völlig andere Methode als indiziert beurteilen zu können. Tatsächlich wechseln eklektisch arbeitende Therapeuten die Perspektive, aber wann? Gibt es Kriterien für diesen Wechsel, oder erfolgt er unsystematisch, vielleicht aus einer augenblicklichen Unzufriedenheit mit dem Fortschreiten der Therapie heraus?

Die Unterschiedlichkeit der theoretischen Begriffe von Bedingungs- und Änderungswissen führt nicht nur dazu, daß der Therapeut Methoden anderer Richtungen nicht berücksichtigt, sondern daß er auch ätiologische Forschung zu psychischen Störungen, die nicht an Theorie und Forschungsmethodik einer bestimmten Therapieschule orientiert ist, *de facto* nicht berücksichtigt. Die schulspezifischen Sprachen schotten die Therapieschulen und ihre Vertreter gegen wissenschaftliche Entwicklungen ab, außer gegen solche innerhalb der eigenen Schule.

---

1 Es sei denn, der Therapeut orientiert sich an der Diagnose „Zwangsstörung" und greift auf das Konfrontationsverfahren als ein Verfahren zurück, das genau für diese Störung als indiziert gilt. Der Fall wird damit aber entscheidend durch die klinische Diagnose und nicht durch die „Regression auf die anale Phase" beschrieben.

Eine weitergehende Standardisierung des diagnostisch-therapeutischen Prozesses ließe sich erreichen, wenn es eine einheitliche, für Forschung und Praxis verbindliche und auch tatsächlich brauchbare (valide) Beschreibung von potentiellen Therapieproblemen gäbe. Dazu ist ein definiertes Begriffs- oder Kategoriensystem notwendig. In den Regeln der einzelnen Therapiemethoden sind dann die Ausgangsbedingungen für die Anwendung der jeweiligen Methode durch die Angabe einer oder mehrerer dieser Kategorien zu kennzeichnen. Dies wäre Aufgabe der Forschung. In der Praxis wäre vom Therapeuten das gleiche Kategoriensystem zu benutzen, um die Probleme seines einzelnen Patienten zu kennzeichnen. Zur Diagnosestellung (Merkmal des Patienten) und als Indikationskriterium (Merkmal der Methode) werden also die gleichen Kategorien verwandt, so daß der Vergleich, ob Problem und Methode passen, unmittelbar vorgenommen werden kann. Dabei ist zunächst gleichgültig, nach welchen Gesichtspunkten die einzelnen Kategorien gebildet werden, z. B. nach Persönlichkeitsmerkmalen oder Störungsmerkmalen; die Kategorien müssen sich „lediglich" als brauchbar für Indikationsentscheidungen erweisen.

Zu den beiden genannten Bedingungen für eine Standardisierung der Diagnostik und Indikationsstellung [1. ein allgemeines System von Kategorien zur Beschreibung der Probleme von Patienten, 2. Verwendung dieser Kategorien sowohl in der Forschung (als Indikationskriterien) als auch in der Praxis (zur Diagnosestellung)] kommt noch eine dritte Bedingung hinzu: definierte und überprüfte diagnostische Instrumente zur Feststellung dieser Kategorien.

Das medizinische Indikationsmodell stellt eine solche **standardisierte Analyse** dar. Für die Problembeschreibung (die Diagnosestellung) und für die Methodenbeschreibung (als Indikationskriterien) werden die gleichen Kategorien verwendet, nämlich die Krankheitsdiagnosen (*i. morbi*). Die Diagnosen umfassen zudem idealiter alle drei Bestimmungsstücke der Problembeschreibung: Symptomatik, Ursache/Defekt und zumindest implizit auch das Therapieziel. Außerdem sind in der Medizin die diagnostischen Verfahren für die Feststellung einer Krankheit weitgehend definiert, und diese Verfahren werden sowohl in der Forschung bei der Definition einer Krankheit als Indikationskriterium als auch in der Praxis bei der Diagnose dieser Krankheit benutzt.

Auch für den Bereich der Psychiatrie und Klinischen Psychologie gibt es inzwischen mit dem DSM (inzwischen Version IV) und ICD (Version 10) umfassende Kategoriensysteme zur einheitlichen Beschreibung psychischer Störungen, die im wesentlichen Störungsmerkmale (Symptome und Verlaufsmerkmale) als Unterscheidungskriterien benutzen. Außerdem gibt es für die Feststellung dieser Kategorien (für die Diagnosestellung) standardisierte und weitgehend objektive und reliable Diagnosemethoden (Wittchen et al., 1988).

Doch – wie oben erwähnt – sind die psychischen Störungen, anders als die meisten körperlichen Krankheiten, im ICD und DSM lediglich durch die Symptomatik und nicht durch ihre Ursachen definiert. Ursachen oder aufrechterhaltende Bedingungen sind jedoch ein wichtiges Indikationskriterium, so daß die Krankheitskategorien nicht ohne weiteres für Indikationsentscheidungen benutzt werden können.

6.2.3 Nutzung störungsspezifischen Wissens

In den Leitfäden für die Problemanalyse wird daher gegenwärtig nicht auf die Störungskategorien, sondern auf in der Regel störungsunspezifisches oder störungsübergreifendes Bedingungswissen der Therapieschulen zurückgegriffen, also auf Wissen über potentielle Störungsbedingungen, das von der jeweiligen Schule grundsätzlich für alle oder zumindest mehrere psychische Störungen als gültig postuliert wird, z. B. auf allgemeine Lerngesetze oder kognitive Störungstheorien.

Die Forschung innerhalb von Therapieschulen erfolgt in der Regel im Sinne einer fortschreitenden Paradigmen-Anwendung (Herrmann, 1976). Dabei wird eine „quasiparadigmatische Theoriekonzeption" (S. 29) auf immer weitere Probleme oder Tatbestände angewandt. Freud entwickelte zusammen mit Breuer einen Erklärungsansatz für die Hysterie, den er dann Schritt für Schritt – nur leicht modifiziert – auf andere Störungen ausdehnte. Ähnliches war in den Anfangsjahren der Verhaltenstherapie zu beobachten. Immer neue Störungen oder Probleme wurden mit Hilfe des Paradigmas des operanten Lernens erklärt, und Wolpe erklärte immer mehr Störungen als Folge unangemessener konditionierter Angstreaktionen. Ähnliches ist auch heute noch zu beobachten: Beck und Kollegen stellten 1979 (dt. 1981) einen höchst effektiven kognitiven Ansatz zur Beschreibung und Behandlung von Depressionen vor. 1981 beschrieb er – zusammen mit Emery – seine kognitive Theorie und Therapie als Methode zur Erklärung und Behandlung von Angststörungen und 1990 – zusammen mit Freeman – als Methode zur Beschreibung und Behandlung von Persönlichkeitsstörungen.

In der empirisch-experimentellen klinisch-psychologischen Forschung hat in den letzten zwanzig Jahren zunehmend ein anderer Typ von Forschungsprogrammen Fuß gefaßt, den Herrmann als „Domain-Erforschung" bezeichnet. Danach wird ein bestimmtes empirisches Problem (ein „Domain") mit unterschiedlichen Theorien und Forschungsparadigmen bearbeitet. Als Domain oder Gegenstandsbereich werden dabei jeweils einzelne psychische Störungen gewählt. Sie werden aus unterschiedlicher theoretischer Sicht und mit unterschiedlichen empirisch-experimentellen Methoden auf ihre Bedingungen (ätiologische Forschung) und auf ihre Veränderbarkeit (Therapieforschung) untersucht.

Inzwischen hat diese Forschung für viele klinische Diagnosen spezifische psychologische Störungsmodelle erarbeitet und empirisch überprüft (störungsspezifisches Bedingungswissen). Vielfach gibt es auch bereits effektive Therapiemethoden speziell für die jeweilige Störung (störungsspezifisches Änderungswissen). Anders als beim schulspezifischen Bedingungswissen ist die Gültigkeit dieser Theorien begrenzt auf Patienten mit der jeweiligen Diagnose (Tuschen, 1992).

Oft werden diese Entwicklungen der Verhaltenstherapie zugerechnet, unter anderem deshalb, weil die Verhaltenstherapie sich schon seit Beginn an Forschungsparadigmen der psychologischen Grundlagenforschung orientiert und die empirische Forschung zu ihrem Programm erhoben hat. Doch genaugenommen ist eine neue Art psychologischer Therapie entstanden, für die ein wesentliches Merkmal von Therapieschulen nicht mehr gilt: eine (relativ) einheitliche theoretische Orientierung. Zur Erforschung einer Störung und zur Entwicklung von Therapieprogrammen können und werden die unterschiedlichsten Theorien herangezogen: aus der psychologischen Grundlagenforschung, ihren Nachbardisziplinen, aber auch aus der schulorientierten Therapieforschung.

Um auf dieses spezifischere Wissen zurückgreifen zu können, muß der Therapeut zunächst feststellen, welche Diagnosen auf seinen Patienten zutreffen. Dazu kann er die Diagnosesysteme rein pragmatisch nutzen zur Klassifikation typischer Problemstellungen, mit denen Klinische Psychologen und Psychiater in der Praxis konfrontiert werden. Die Diagnosen dienen lediglich der systematischen Organisation und Bereitstellung von wissenschaftlich erarbeitetem Wissen. Darüber hinausgehende, mit dem Krankheitsparadigma verbundene Konzeptualisierungen der Störungen als „Krankheiten" im Sinne des medizinischen Krankheitsparadigmas muß der Therapeut nicht übernehmen.

Das für eine Diagnose vorliegende Wissen kann der Therapeut dann probeweise zur Beschreibung des Ausgangszustandes, erwünschter Zielzustände und vor allem der vermutlichen Ursachen oder Störungsbedingungen – also der möglichen Indikationskriterien – bei seinem Patienten nutzen. Er spart sich damit den mühsamen Suchprozeß zur Hypothesenbildung im Rahmen der Problemanalyse. Doch der zweite Teil des Prozesses, die diagnostische Überprüfung, ob diese Bedingungen tatsächlich bei diesem Patienten vorliegen beziehungsweise diese Hypothesen für den Einzelfall gültig sind, ist nach wie vor in jedem Fall notwendig. Auch der Arzt muß überprüfen, ob z. B. bei Verdacht auf einen endzündlichen Prozeß (Diagnose) tatsächlich die Anzahl der Lymphozyten erhöht ist.

Der Therapeut kann bei diesem Vorgehen bedeutend spezifischeres, wissenschaftlich überprüftes Wissen nutzen. Durch die Heranziehung störungsspezifischen anstelle störungsübergreifenden, aber schulspezifischen Wissens wird außerdem der Prozeß der Hypothesenbildung im Einzelfall strukturierter und weniger anfällig für subjektive Vorlieben des Therapeuten. Nicht nur die Validität beziehungsweise die Nützlichkeit, sondern auch Objektivität und Reliabilität der Problemanalyse lassen sich auf diesem Wege vermutlich verbessern.

Für die Gruppe der Angststörungen wird im Teil drei des Buches exemplarisch störungsspezifisches Bedingungs- und Änderungswissen zur inhaltlichen Ausgestaltung der Bedingungsanalyse zum Aufspüren der Ursachen oder aufrechterhaltenden Bedingungen dargestellt.

Nicht für alle psychischen Störungen liegen bereits elaborierte und empirisch hinreichend überprüfte psychologische Theorien vor. Wo solche Modelle fehlen, kann der Therapeut noch nicht auf „vorgefertigte", gewissermaßen wissenschaftlich empfohlene Hypothesen für die Bedingungsanalyse zurückgreifen. Er ist in diesem Fall auf die Hypothesenbildung anhand allgemeiner Störungstheorien und allgemeingültigen Änderungswissens der Therapieschulen angewiesen. Auch dafür werden Vorschläge aus verhaltenstherapeutischer Sicht gemacht, auf die bei Fehlen störungsspezifischer Angaben zurückgegriffen werden kann.

6.3 Standardisierung der Therapie

Um neben dem Entscheidungs- und Planungsprozeß auch das tatsächliche therapeutische Vorgehen zu standardisieren, ist es erforderlich, daß die therapeutische Vorgehensweise möglichst konkret beschrieben wird.

In der Verhaltenstherapie sind von Beginn an unterschiedliche Therapiemethoden entwickelt worden. Einige Methoden bestanden genaugenommen lediglich aus einer Transformation der Lerngesetze in die Form einer Regel. Das gilt in erster Linie für die operanten Methoden. Aus der Gesetzesaussage „Wenn auf die Ausführung eines (operanten) Verhaltens reaktionskontingent ein positiver Verstärker dargeboten wird, dann erhöht sich (oder stabilisiert sich) die Reaktionsrate dieses Verhaltens!" wird die Methodenregel „Wenn ein (operantes) Verhalten zu selten auftritt (Ausgangsbedingung), dann nimm eine reaktionskontingente positive Verstärkung vor (Maßnahme), um die Reaktionsrate zu erhöhen (Effekt oder Ziel)!"(Schulte, 1976).

Solche Regeln sind sehr allgemein gehalten. Das gilt nicht zuletzt für die Komponente „Maßnahme". Für die Anwendung dieser Regel sind vielfältige Schritte der Konkretisierung im Hinblick auf den jeweiligen Einzelfall erforderlich. Die Durchführung der Therapiemethode wird durch die Regel nur in einem sehr geringen Ausmaß genormt oder standardisiert; vielfältige Varianten des tatsächlichen Therapeutenverhaltens können als Beispiel oder Fall dieser Regel verstanden werden.

Andere verhaltenstherapeutische Methoden wurden von vornherein für spezielle Symptome oder Syndrome – z. B. Wolpes Systematische Desensibilisierung zur Reduktion von unangemessenen Ängsten – oder für spezielle Diagnosen – z. B.: Maurers Klingelmatte zur Behandlung von Enuresis – entwickelt. Die Forschung hat inzwischen – wie bereits erwähnt – für viele Symptome, Syndrome oder Störungen (Diagnosen) spezielle therapeutische Programme entwickelt und überprüft. Dabei sind diese Methoden immer spezifischer – also auf eng umrissene Störungen ausgerichtet – und außerdem immer konkreter geworden. In vielen Fällen sind die Verfahrensvorschriften inzwischen so genau, daß ein **Therapiemanual** vorgelegt wird, das den genauen Ablauf über mehrere Sitzungen hinweg regelt – ein weiterer Schritt auf dem Weg zur Standardisierung des diagnostisch-therapeutischen Prozesses.

6.4 Sinn und Grenzen von Standardisierung

Standardisierung ist demnach in unterschiedlichem Ausmaß bereits heute machbar, aber ist sie auch wünschenswert?

Standardisierung reduziert das Ausmaß individueller Gestaltungsmöglichkeiten durch den einzelnen Therapeuten. Damit wird grundsätzlich die Objektivität und damit die Prozeßqualität von Therapie erhöht.

Prozeß- oder Behandlungsqualität ist (nach Donabedian, 1966; zit. nach Selbmann, 1990) neben Strukturqualität und Ergebnisqualität ein Aspekt der gesetzlich vorgeschriebenen Qualitätssicherung von Heilbehandlungen in der alltäglichen Praxis. Prozeßqualität bezieht sich auf die Qualität der Maßnahmen: Welche diagnostischen und therapeutischen Maßnahmen werden durchgeführt, und erfolgt die Durchführung *lege artis*? Durch weitgehende Standardisierung kann erreicht werden, daß Diagnostik und Therapie in der Form durchgeführt werden, die sich wissenschaftlich nicht nur als tatsächlich effektiv, sondern als am effektivsten erwiesen hat – bezogen auf das gesellschaftlich wichtige Anliegen der Besserung oder „Heilung" von (psychischen) Krankheiten (Schulte, 1993 b).

Dieses gesellschaftliche Anliegen konfligiert eventuell mit dem individuellen Anliegen der Psychotherapeuten, nicht durch Standardisierung (in einem „unvertretbaren" und „unangemessenen" Ausmaß) in ihren Handlungsmöglichkeiten eingeschränkt zu werden (Lieb, 1993). Nach dem ethischen Prinzip bestmöglicher Hilfe für den Patienten läßt sich der Konflikt zwischen einerseits möglichst optimalem Nutzen einer Behandlung und andererseits einer Einengung des Entscheidungsspielraums des Therapeuten nur zu Gunsten des Patientennutzens entscheiden – sofern Standardisierung der Planung und Therapie tatsächlich zu besserem Therapieerfolg führen. Die ersten Untersuchungen zu dieser Frage (Emmelkamp, Bouman & Blaauw, 1994; Schulte et al., 1991) sprechen für standardisierte Analysen.

Caspar und Grawe (1994) haben die Ansicht vertreten, daß Psychotherapie grundsätzlich nicht als Anwendung von Standardmethoden verstanden werden kann, sondern Psychotherapie sei jeweils eine Neukonstruktion für den individuellen Einzelfall. Kaminski hat darauf bereits 1967 hingewiesen: Es gibt so viele Therapien wie es Patienten gibt.

Zwischen Standardisierung einerseits und Individualisierung oder Neukonstruktion andererseits besteht nur scheinbar ein Gegensatz. Die Standardisierung betrifft lediglich die Ebene der Planung. Aber selbst auf dieser Ebene ist eine Anpassung an den jeweiligen Einzelfall notwendig. Je abstrakter die Beschreibung einer Methode ist, desto mehr Konkretisierung ist im jeweiligen Einzelfall erforderlich. Ein gewisses Maß an Konkretisierung wird grundsätzlich notwendig sein, seien die Beschreibungen der Handlungsanweisung in der Methodenregel noch so genau.

Individualisierung oder ,,Neukonstruktion" wird vor allem auf der Ebene der Realisationsentscheidungen während der Therapiedurchführung erforderlich (vgl. Abb. 3.1 in Kapitel 3). Die Realisationsentscheidungen innerhalb der konkreten Therapiesituation dienen grundsätzlich der Anpassung an den Einzelfall; sie sind dafür verantwortlich, daß in der Tat jede Therapie eine Neukonstruktion ist – auf der Ebene der Realisierung, aber nicht auf der Ebene der Planung.

Das gilt im übrigen für andere Berufe genauso. Auch ein Chirurg muß bei der Ausführung einer Operation sehr genau die individuellen Gegebenheiten berücksichtigen, die Körpergröße, die spezielle Lage der einzelnen Organe, ihre Form, die jeweils individuellen pathologischen Veränderungen, den Verlauf der basalen Körperfunktionen unter Narkose und ähnliches mehr. Eine Vielzahl aktueller Realisationsentscheidungen ist zu treffen, denn kein Fall ist wie der andere. Trotzdem wird jeder Patient hoffen, daß sein Chirurg sich soweit wie eben möglich an die bewährten und überprüften Regeln seines Fachs hält und nicht im individuellen Fall eine vollständige Neukonstruktion seines Vorgehens vornimmt – selbst wenn dem Chirurgen persönlich das vielleicht lieber und weniger langweilig wäre.

Andererseits würde man sich aber auch kaum von einem Roboter operieren lassen, bei dem die **Ausführung** der Maßnahmen fest programmiert wäre, also nicht durch Sensoren und Feedbackschleifen auf die jeweiligen individuellen Gegebenheiten ausgerichtet würde.

Standardisierung findet auf der Ebene der Planung statt. Individualisierung gibt es auch bereits auf dieser Ebene, nämlich in Form der Konkretisierung, darüber hinaus jedoch notwendigerweise auf der Ebene der Realisierung. Es gibt grundsätzlich keine Standardisierung ohne Individualisierung. Aber es gibt Neukonstruktionen von Therapie ohne Standardisierung. Problematisch sind – aus Gründen der Qualitätssicherung – solche Neukonstruktionen dann, wenn tatsächlich auf ihre Effektivität und ihren Nutzen wissenschaftlich überprüfte Regeln vorliegen, diese aber nicht berücksichtigt werden.

Zusammenfassung

Der Therapeut analysiert die Schwierigkeiten seines Patienten aus verschiedenen theoretischen Blickwinkeln, um zu unterschiedlichen Problembeschreibungen zu kommen, für die ihm bekannte Therapiemethoden indiziert sein könnten. Bei der Vielzahl potentieller Indikationskriterien therapeutischer Regeln sind zur Verbesserung der Objektivität Problemanalyseschemata hilfreich, die die Analyse- und Entscheidungsschritte des Therapeuten strukturieren und damit standardisieren. Neben dieser formalen Standardisierung ist eine gewisse inhaltliche Standardisierung zu erreichen, wenn der Therapeut nicht (nur) auf allgemeines Bedingungs- und Änderungswissen zurückgreift, das die schulspezifischen Therapietheorien mehr oder minder für alle Störungen einheitlich bereitstellen, sondern auf störungsspezifisches Bedingungs- und Änderungswissen der empirisch-experimentellen Forschung (Wissen über die „typischen" Bedingungen der Störung und gegebenenfalls über spezielle, überprüfte Behandlungsprogramme). Dazu muß der Therapeut klinische Diagnosen stellen.

Durch Standardisierung wird der Entscheidungsspielraum des Therapeuten eingeengt, jedoch nur auf der Ebene der Planung und auch nur bis zu einem gewissen Grad; eine individuelle Ausgestaltung der jeweils einzelnen Therapie bleibt grundsätzlich erforderlich.

Teil 2

Schema für Problemanalyse
und Therapieplanung

Kapitel 7

Überblick

In den letzten Kapiteln wurde ein Modell der Stufen des Planungs- und Entscheidungsprozesses des Therapeuten entwickelt; es ist in Abbildung 7.1 zusammenfassend dargestellt.

Um die einzelnen Stufen dieses Prozesses – wie im letzten Kapitel besprochen – zumindest teilweise zu standardisieren, werden im folgenden Regeln aufgestellt, welche Schritte ein Therapeut in welcher Reihenfolge unternehmen und wie er bei den einzelnen Schritten vorgehen sollte.

Im Rahmen der Verhaltenstherapie sind schon frühzeitig Regeln oder Leitfäden für die Problemanalyse und Therapieplanung vorgeschlagen worden, da sich aufgrund der vielfältigen Methoden innerhalb der Verhaltenstherapie die Frage der (innerschulischen) Indikation stellte. Der hier vorgestellte Leitfaden wurde auf der Basis früherer, noch enger auf die Standardmethoden der Verhaltenstherapie ausgerichteter Analyseschemata (Schulte, 1974; verschiedene unveröffentlichte Weiterentwicklungen bis 1991) entwickelt.

Die im vorausgegangenen Kapitel diskutierte Standardisierung richtet sich auf zweierlei: auf die Vorgehensweise des Therapeuten und auf die Darstellung der Ergebnisse des Analyse- und Planungsprozesses.

7.1 Der diagnostisch-therapeutische Prozeß

Teilprobleme: Im Zentrum der diagnostischen und planerischen Tätigkeit des Therapeuten steht die Definition oder Formulierung von ,,Teilproblemen" (targets). Das sind die Sachverhalte, die **nach Meinung des Therapeuten** im Rahmen der Therapie verändert werden sollten.

Zunächst und im wesentlichen werden das die Schwierigkeiten beziehungsweise konkreter: die Verhaltensauffälligkeiten des Patienten sein (störungsbezogene Teilprobleme). Aber nicht alle Auffälligkeiten werden möglicherweise

95

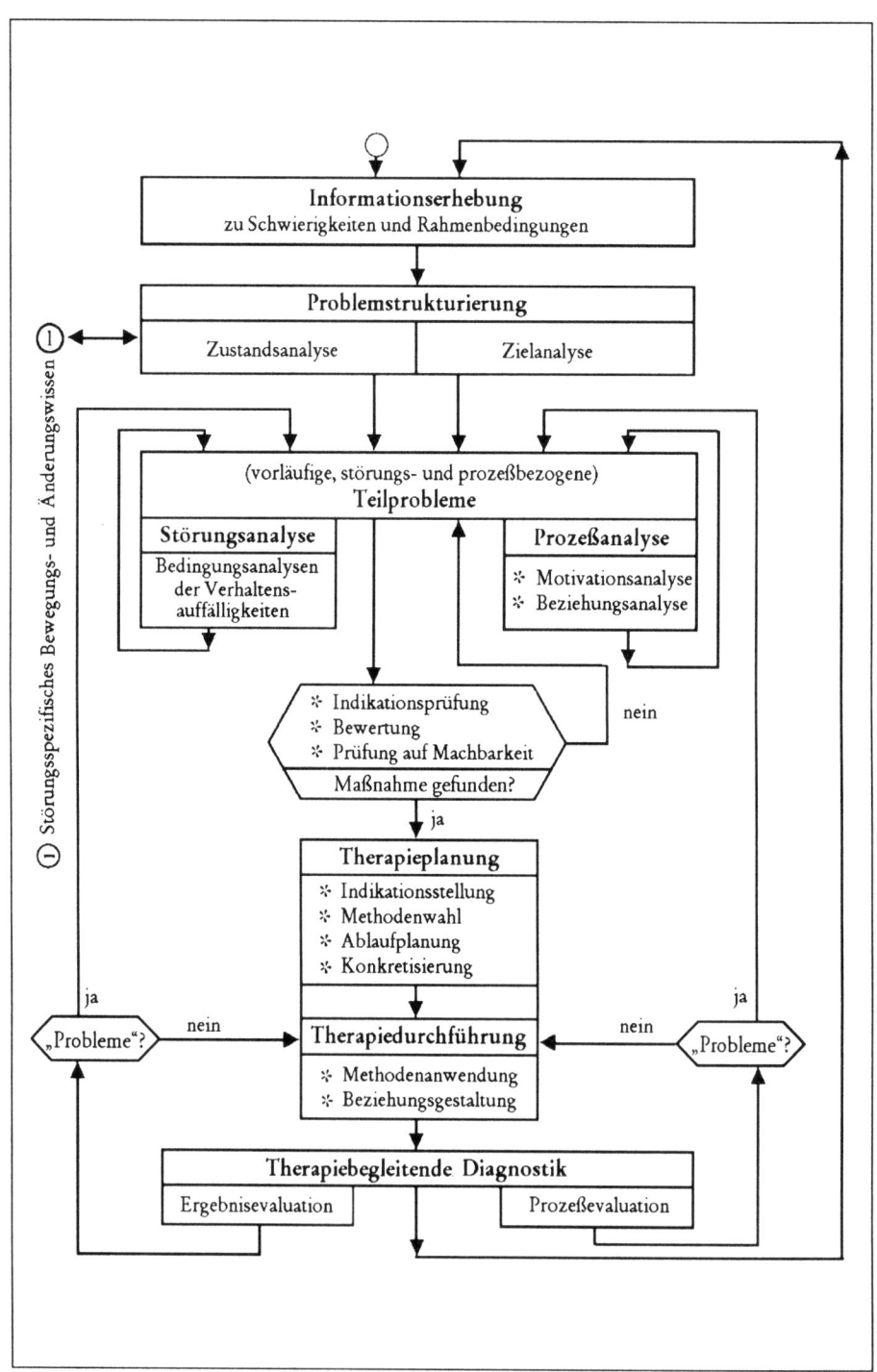

Abb. 7.1: Stufen des diagnostisch-therapeutischen Prozesses

vom Therapeuten als Teilprobleme formuliert, vielleicht weil sie sich nach seiner Vermutung als Folge anderer Veränderungen sowieso verändern werden.

Manche Teilprobleme ergeben sich primär aus den Zielsetzungen. So kann bei einem schizophrenen Patienten eventuell nicht die Symptomatik, sondern die erwünschte Steigerung der Kompetenz zur frühzeitigen Erkennung eines drohenden Schubs oder zur Abschirmung von Überforderungen zum Teilproblem werden. Auch die Förderung der Ressourcen kann als ein (zusätzliches) Teilproblem gewählt werden, um den Patient zu entlasten oder um ihn zu motivieren.

Weitere Teilprobleme kann der Therapeut aufgrund des Therapieverlaufs definieren, wenn das Basisverhalten des Patienten unzureichend ist und entweder die therapeutische Beziehung oder andere Bedingungen der Therapiemotivation verändert werden sollten (prozeßbezogene Teilprobleme).

Bedingungsanalysen: Für die einzelnen Teilprobleme – für Verhaltensauffälligkeiten wie für Probleme des Therapieprozesses – sollte der Therapeut nach den Barrieren, den aufrechterhaltenden bzw. zielverhindernden Bedingungen suchen. Die meisten Arbeitsschritte eines Therapeuten werden von den verschiedenen Schulen und für unterschiedliche Störungen oder Problemstellungen weitgehend gleich gesehen, wenn auch unterschiedlich gewichtet. Für die Bedingungsanalyse werden jedoch von den verschiedenen Therapieschulen und von der störungsorientierten psychologischen und psychiatrischen Forschung unterschiedliche Pathologietheorien propagiert. Daher beschränkt sich der Leitfaden bei der Bedingungsanalyse – wie bereits erwähnt – zunächst auf die Vorgabe eines formalen Ablaufplans. Die konkrete inhaltliche Ausgestaltung, also welche Informationen zu erheben und wie sie zu interpretieren sind, wird in entsprechenden therapiespezifischen und störungsspezifischen „Modulen" angegeben, die gewissermaßen in den Leitfaden einzusetzen sind.

Einige Bedingungsanalysen werden primär für die Verhaltensprobleme, derentwegen der Patient in die Therapie kommt, vorgeschlagen (**Störungsanalyse**), andere primär für die Analyse von Störungen des Therapieprozesses (**Motivationsanalyse und Beziehungsanalyse** als zwei Formen der **Prozeßanalyse**). Doch diese Zuordnung ist nicht zwingend. Das gilt vor allem dann, wenn sich die Verhaltensprobleme und die Probleme des Therapieprozesses überlappen oder sogar zusammenfallen: Beispielsweise können die interaktionellen Schwierigkeiten zwischen Patient und Therapeut „Beziehungsproblemen", die der Patient auch außerhalb der Therapie hat und derentwegen er explizit oder implizit zur Therapie kommt, entsprechen.

Eventuell veranlaßt das Ergebnis einer Bedingungsanalyse den Therapeuten dazu, ein Teilproblem umzuformulieren oder andere, neue Teilprobleme aufzunehmen, etwa dann, wenn das zunächst als Teilproblem definierte Problemverhalten des Patienten (z.B. Potenzstörung eines Mannes) als Folge eines anderen Verhaltens (z.B. Angst vor Versagen) zu erklären ist. „Angst vor Versagen" würde in dem Beispiel zum neuen Teilproblem.

Therapiebegleitende Diagnostik: Manche Informationen über Schwierigkeiten des Patienten wird der Therapeut erst im Verlauf der Therapie erhalten, etwa wenn sich wider Erwarten keine Veränderungen einstellen, und manche Ziele werden erst nach Erreichen erster Zwischenziele deutlich oder relevant oder vom Patienten angesprochen. Der Therapeut muß demnach fortlaufend **diagnostisch** tätig sein: Er muß die bereits erzielten Veränderungen registrieren (Ergebnisevaluation), er muß fortlaufend das Basisverhalten des Patienten überwachen (Prozeßevaluation) und er muß gegebenenfalls weitere, neue Informationen über die Schwierigkeiten und Auffälligkeiten des Patienten erheben und verarbeiten. All dies kann zu neuen oder veränderten Teilproblemen führen. Die Definition von Teilproblemen und deren Analyse ist ein Prozeß, der sich fortlaufend über die gesamte Therapie hinzieht.

Problemstrukturierung: Manche der Teilprobleme sind weniger zentral und umfassend, und ihre Bedingungen sind unmittelbar einsichtig, so daß keine langwierige Bedingungsanalyse durchzuführen ist. Anders zu Beginn einer Behandlung, wenn in der Regel die Schwierigkeiten des Patienten, derentwegen er die Therapie aufsucht, mittels **Ziel- und Zustandsanalyse** zu strukturieren und die zentralen störungsbezogenen Teilprobleme zu erarbeiten sind. In manchen Fällen, vor allem bei schwer gestörten oder wenig motivierten Patienten, können allerdings anfangs lediglich relativ periphere Teilprobleme analysiert und nur Teilziele verfolgt werden. Erst im Verlauf der Therapie ist es dann gegebenenfalls möglich, weitere Probleme des Patienten zu berücksichtigen.

Therapieplan: Welche Sachverhalte vom Therapeuten als Teilprobleme herausgegriffen und wie sie beschrieben werden, ist entscheidend für die Auswahl der in Frage kommenden (indizierten) Methoden. Mit jeder Veränderung oder Ergänzung der Teilprobleme ändern sich demnach der Therapieplan und die Absichten des Therapeuten, bestimmte Maßnahmen zu ergreifen. Dies kann zu häufigen Veränderungen des therapeutischen Vorgehens führen. In Untersuchungen am Beispiel phobischer Patienten hat sich gezeigt, daß ein strukturiertes Vorgehen, das soweit möglich einem ,,roten Faden" folgt, für die Therapie förderlich ist (Vogel, 1994). Daher sollte zu Beginn einer Behandlung ein möglichst ,,verbindlicher" Therapieplan aufgestellt werden. Veränderungen sollten nur vorgenommen werden, wenn sich der Therapeut sicher ist, daß das veränderte Vorgehen ,,besser" sein wird als das bisherige.

Zur Standardisierung der Vorgehensweise auf den einzelnen Prozeßstufen werden noch genauere Arbeitsschritte vorgeschlagen. Angegeben wird in der Regel, **welche Informationen** erhoben werden sollten, mittels **welcher Instrumente** (zusätzlich zur Exploration), wie diese Informationen zu **interpretieren** sind und schließlich welche **Schlußfolgerungen** für das weitere Vorgehen zu ziehen sind: für die Problemstrukturierung, die Indikationsstellung und die Beziehungsgestaltung.

Im Normalfall wird ein Therapeut diese verschiedenen Schritte der Informationserhebung, Hypothesenbildung und Hypothesenprüfung unmittelbar im

Verlauf des Gesprächs mit dem Patienten oder Dritten durchführen, so daß am Ende lediglich die Ergebnisse und Schlußfolgerungen festzuhalten sind. Zu Übungszwecken müssen die Schritte jedoch zwangsläufig getrennt und nacheinander ausgeführt werden. Die Interpretation erfolgt dann bei einer späteren Überarbeitung der Sitzungsergebnisse, und die Überprüfung der Hypothesen kann vielleicht erst in der nächsten Sitzung erfolgen.

7.2 Fallberichte und Aktenführung

Die schriftliche Berichterstattung über eine Therapie kann in drei Abschnitte gegliedert werden: Eingangsdiagnostik, Therapieverlauf und Therapieabschluß; Tabelle 7.1 enthält einen Überblick.

Tabelle 7.1:
Gliederungspunkte für die schriftliche Darstellung von Therapien (Fallberichte)

Eingangsdiagnostik	
1. Allgemeine Informationen (Kapitel 8)	1.1 Daten zur Person
	1.2 Schwierigkeiten und Auffälligkeiten
	1.3 Genese und Vorbehandlungen
	1.4 Auftreten und Interaktionsverhalten
2. Problemstrukturierung (Kapitel 9)	2.1 Zustandsanalyse: Diagnosen und Ressourcen
	2.2 Zielanalyse: Therapieziele
	2.3 Beschreibung der Teilprobleme (A bis Z)
	2.4 Verhaltensdiagnostik
3. Bedingungsanalysen **Störungsanalysen** (Kapitel 11)	I. Analyse äußerer Rahmenbedingungen
	II. Analyse körperlicher Rahmenbedingungen
	III. Verhaltensanalyse
	IV. Kognitionsanalyse
Prozeßanalysen I: **Motivationsanalyse** (Kapitel 12)	V. Analyse des subjektiven Störungsmodells
	VI. Analyse äußerer Folgen
	VII. Analyse psychologischer Folgen
Prozeßanalysen II: **Beziehungsanalyse** (Kapitel 13)	VIII. Analyse des interaktiven Therapeutenverhaltens
	IX. Analyse des interaktiven Patientenverhaltens
Für jede Bedingungsanalyse:	3.1 Zusätzliche analysespezifische Informationen
	3.2 Interpretation/Bedingungsmodelle
	3.3 Strukturierung
	3.4 Therapiemethoden
	3.5 Beziehungsgestaltung
	3.6 Bedingungsmodelle zur Genese
4. Therapieplanung (Kapitel 14)	

Tabelle 7.1: Fortsetzung

Therapieverlauf
Für jede Sitzung oder für größere Therapieabschnitte:

5. Therapieablauf	
6. Therapiebegleitende	6.1 Prozeßevaluation
Diagnostik (Kapitel 15)	6.2 Ergebnisevaluation
gegebenenfalls:	
7. Zusätzliche Störungsanalyse	7.1 Beschreibung der Teilprobleme (vgl. 2.3)
oder Prozeßanalyse	7.2 Bedingungsanalyse der Teilprobleme (vgl. 3.)
	7.3 Adaptive Therapieplanung (vgl. 4.)

Therapieabschluß

8. Therapieabschluß	8.1 Dauer der Behandlung
	8.2 Abschlußdiagnosen
	8.3 Erfolgsbeurteilungen
	8.4 Prognose
	8.5 Kommentar

Der Umfang der schriftlichen Darstellung hängt von der Zielsetzung der Berichterstattung ab: Normale Aktenführung, Fallbericht zu Prüfungszwecken, Antragstellung bei der Krankenkasse oder eventuell auch Fallklausur im Rahmen der Diplomprüfung. Aktenführung und Fallbericht erstrecken sich auf die gesamte Therapie, Antragstellung und Fallklausur in der Regel nur auf die Ergebnisse der Eingangsdiagnostik.

Ein Kernelement der Darstellung der Eingangsdiagnostik und des Therapieverlaufs sind die einzelnen Teilprobleme und ihre Bedingungsanalyse. Die Darstellung kann für verschiedene Teilprobleme unterschiedlich ausführlich sein. Bei zentralen, die Verhaltensauffälligkeiten des Patienten betreffenden Teilproblemen wird sie in der Regel alle Punkte umfassen, sofern entsprechende Informationen vorliegen, bei Teilproblemen zu kleineren Zwischenzielen im Verlauf der Behandlung, z. B. den Wissensstand über die eigenen Berufschancen zu verbessern, reicht eventuell die kurze Beschreibung des Teilproblems und der ergriffenen Maßnahme (z. B. ,,Zur Beratung zum Arbeitsamt geschickt'').[1]

Bei Darstellungen zu Prüfungszwecken sind die Diagnosen oder Entscheidungen zusätzlich zu begründen; in solchen Fällen geht es gewissermaßen nicht primär um den Patienten, sondern um die Entscheidungen des Therapeuten.

---

1 Etwas anderes wäre es, wenn in dem Beispiel die Unkenntnis nicht auf einen reinen Informationsmangel zurückzuführen wäre, wie dies unterstellt wurde, sondern beispielsweise eine ,,systematische'' Vermeidung entsprechender Informationen vorläge. In solch einem Fall würde der Therapeut vermutlich diese Vermeidung zum Teilproblem gemacht und seine Bedingungen hinterfragt haben.

100

In den folgenden Kapiteln werden die einzelnen Stufen des diagnostisch-therapeutischen Prozesses genauer dargestellt. Aufgeführt werden in der Regel:
1. soweit erforderlich und noch nicht geschehen die spezifischen theoretischen Grundlagen des jeweiligen Analyseschritts und
2. eine Beschreibung des empfohlenen Vorgehens (der Arbeitsschritte). Eine Kurzfassung des Schemas findet sich in Kapitel 16.

Kapitel 8

Informationserhebung

Ausgangspunkt der Analyse des Therapeuten sind die „Schwierigkeiten" des Patienten, seine Ziele und seine Lebensbedingungen. Der Therapeut erhebt die grundlegenden Informationen in der Regel mittels der Exploration, dem Gespräch mit dem Patienten oder Angehörigen, ergänzt durch eigene Beobachtungen während des Gesprächs oder in speziellen Situationen. Zusätzlich kann er Tests und vor allem Fragebögen einsetzen, z. B. Fragebögen zur Erhebung der Vorgeschichte.

Die vom Therapeuten im Gespräch erhobenen Informationen sind aufgrund der von ihm gestellten (und der gerade nicht gestellten) Fragen bereits bis zu einem gewissen Grad durch die Sichtweise des Therapeuten oder Diagnostikers geprägt. Nicht anders ist die Situation bei Informationen aus eigenen, subjektiven Beobachtungen. Trotz dieser grundsätzlichen Einschränkungen sollte sich der Therapeut zunächst um eine möglichst objektive Beschreibung der subjektiven Klagen des Patienten und eventuell weitere objektivierbare Befunde über Abweichungen und Veränderungen bemühen.

1. Daten zur Person

Aufzuführen sind Angaben zum Alter, Geschlecht, Beruf, Ausbildung, Familienstand, Angaben zu den wichtigsten Bezugspersonen oder Angehörigen, den Wohnverhältnissen und zu den finanziellen Verhältnissen.

Die Beurteilung von „Veränderungen" einer Person, einer möglichen Verhaltensabweichung, aber auch die Beurteilung von Ursachen oder Störungsbedingungen ist davon abhängig, was für diese Person und ihre Umgebung als „normal" zu erwarten ist. „Angst vor Fremden" ist bei einem etwa Einjährigen anders zu bewerten als bei einem Sechsjährigen, Schlaflosigkeit bei einer Siebzigjährigen anders als bei einer Zwanzigjährigen, Konzentrationsprobleme eines Jungen einer kinderreichen Familie mit äußerst beengten Wohnverhältnissen anders als bei einem Schüler mit eigenem Zimmer.

2. Schwierigkeiten und Auffälligkeiten (klinischer Befund)

Die vom Patienten oder seinen Angehörigen berichteten Schwierigkeiten sowie die vom Therapeuten beobachteten oder mit anderen diagnostischen Verfahren festgestellten Auffälligkeiten (der „klinische Befund") sind zunächst allgemein zu beschreiben. Spezifische Informationen, die für spezielle Bedingungsanalysen benötigt werden, sind jeweils zu Beginn der einzelnen Analysen zu ergänzen. Zusätzlich sind die benutzten Informationsquellen bzw. diagnostischen Verfahren zu nennen.

3. Genese und Vorbehandlungen

Zu beschreiben sind soweit möglich die Entstehung der Schwierigkeiten, also die Umstände ihres **ersten Auftretens**, sowie wichtige **Veränderungen** der Symptomatik im bisherigen Verlauf und deren Bedingungen. Zusätzlich sind etwaige **Vorbehandlungen** und Selbstbehandlungsversuche des Patienten und deren Ergebnisse aufzuführen.

Neben dieser „Problemgenese" sollten auch wichtige Stationen des bisherigen Lebensweges sowie für den Patienten bedeutsame **lebensverändernde Ereignisse** wie Schulwechsel, Heirat, Umzug, schwere Krankheit, Stellenwechsel und ähnliches aufgeführt werden. Beides zusammen läßt sich übersichtlich in einer „Zeittafel" (lifechart), einer chronologisch geordneten, tabellenförmigen Auflistung aller Lebensereignisse und Problemveränderungen darstellen. In der ersten Zeile dieser Auflistung ist das Geburtsdatum des Patienten einzutragen, in der letzten das Datum des Behandlungsbeginns.

Es ist zu empfehlen, daß der Therapeut diese Liste bereits während der Exploration und für den Patienten sichtbar erstellt, also jedesmal eine Eintragung vornimmt, wenn eine Problemveränderung oder ein wichtiges Lebensereignis angesprochen wird. Der Patient kann dann gegebenenfalls sofort korrigieren. Manchmal eröffnet diese tabellarische Zusammenstellung dem Patienten bereits neue Einsichten in Zusammenhänge zwischen Lebensereignissen und Problemveränderungen. Ein weiterer Vorteil dieses Vorgehens ist, daß der Therapeut bereits am Ende der Sitzung über eine fertige Auflistung verfügt.

4. Auftreten und Interaktionsverhalten

Zu beschreiben sind – bereits nach der ersten diagnostischen Sitzung – das Erscheinungsbild des Patienten, seine Kleidung und sein Auftreten.

Außerdem sollte der Therapeut das Basisverhaltens des Patienten einschätzen:
1. Therapienachfrage vs. Abbruch,
2. Mitarbeit vs. Widerstand,
3. Selbstöffnung vs. sich Verschließen und
4. Erproben neuer Verhaltensweisen vs. Verweigerung.

Zeigen sich hier Auffälligkeiten oder Probleme, so kann dies von Beginn an zu einem zusätzlichen Teilproblem werden. Nähere Einzelheiten finden sich im Kapitel 15 (6.1 Prozeßevaluation).

.

Kapitel 9

Problemstrukturierung

Der erste Auswertungsschritt des Therapeuten betrifft die **Strukturierung** der eventuell unterschiedlichen und manchmal vagen Klagen und Wünsche des Patienten bezüglich seiner Auffälligkeiten. Dazu dienen zunächst zwei **parallel** durchzuführende Strategien, die Zustandsanalyse, die am gegenwärtigen, beklagten Zustand des Patienten ansetzt, und die Zielanalyse, die an den Wünschen und Zielen ansetzt, mit denen der Patient in die Therapie kommt.

9.1 Zustandsanalyse

Im Vordergrund der Beschreibung des aktuellen Zustandes des Patienten stehen bei Patienten mit klinisch relevanten Problemen die Verhaltensauffälligkeiten oder Verhaltensabweichungen, die in der Regel mittels der Psychotherapie modifiziert werden sollen. Ergänzend sind jedoch auch besondere Stärken, Interessen und Fähigkeiten des Patienten – seine Ressourcen – aufzuführen, die der Therapeut bei der Therapieplanung berücksichtigen sollte.

9.1.1 Diagnosen

Für eine erste Differenzierung und Beschreibung des gegenwärtigen Zustandes des Patienten bieten sich die Kategoriensysteme zur Beschreibung psychischer Störungen, das DSM oder die ICD, an. Der Therapeut sollte also – soweit möglich – **klinische Diagnosen** erstellen. Dadurch wird dem Therapeuten außerdem der Rückgriff auf störungsspezifisches Wissen ermöglicht.

Psychische Störungen: In den meisten Fällen schildert der Patient bereits von sich aus – wie in Kapitel 2 dargestellt – körperliche oder psychische Veränderungen oder Abweichungen, die er und seine Umgebung an ihm festgestellt haben. Der Therapeut kann auf dieser Grundlage eine oder mehrere psychische Störungen (einschließlich psychosomatischer Störungen) nach den Kriterien der ICD oder des DSM diagnostizieren.

Körperliche Krankheiten: Psychische Abweichungen können jedoch auch Symptome einer körperlichen Krankheit oder Behinderung sein. Bei Verdacht ist eine ärztliche Abklärung erforderlich. (Als einführende Literatur für Psychologen ist zu empfehlen: Pritz & Sonneck, 1990.) Gegebenenfalls ist eine medizinische Behandlung indiziert, wobei das nicht bedeuten muß, daß eine – zusätzliche – Psychotherapie dann kontraindiziert wäre; s. dazu unten unter „Bewältigungsprobleme".

Bei manchen Patienten richten sich die Klagen nicht primär auf eigene Verhaltensabweichungen, sondern auf Beeinträchtigungen seiner alltäglichen Tätigkeiten (Ebene der Folgen). Falls die beklagten Beeinträchtigungen tatsächlich Folgen psychischer oder psychosomatischer Abweichungen sind, sollte der Therapeut nicht die sekundären Beeinträchtigungen, sondern die Abweichungen in den Vordergrund rücken und diese psychischen Störungen mittels Diagnosestellung klassifizieren.

Doch nicht alle Beeinträchtigungen und Auffälligkeiten in der Auseinandersetzung mit der Umwelt müssen Folge individueller Abweichungen bzw. psychischer Störungen des Individuums sein. Trotzdem können Person wegen solcher Beeinträchtigungen oder mit anderen Zielsetzungen Rat und Hilfe von Psychotherapeuten suchen, und in vielen Fällen sind psychotherapeutische Methoden auch hilfreich einsetzbar. Dazu sind einige Zusatzkategorien einzuführen (dazu Schulte, 1990; Fiedler, 1994 b).

Soziale Abweichungen: Beeinträchtigungen und Auffälligkeiten können zum Beispiel auch Folge von Gegebenheiten der spezifischen Umwelt und ihrer Anforderungen sein, wenn diese selbst außergewöhnlich, anormal oder abweichend sind. Beispiele wären ein angepaßtes Sozialverhalten an die Normen einer extremen sozialen Subgruppe (etwa Sekten oder Jugendbanden) oder ein angepaßtes Reagieren auf extreme Verstärkungskontingenzen (Mangel oder Überfluß), z. B. Hospitalisierungserscheinungen oder soziale Isolation. Solche Verhaltensauffälligkeiten stellen keine Störung (keine „Fehlprogrammierung") auf seiten des Individuums dar; die Reaktionen der Person sind zwar auf dem Hintergrund von Mittelstandsnormen auffällig, aber bezogen auf die gegebenen Bedingungen durchaus normal. Insofern ist in solch einem Fall auch keine klassische Psychotherapie des Individuums indiziert, sondern eher soziotherapeutische (und sozialpolitische) Maßnahmen. Eine stützende Psychotherapie könnte jedoch zusätzlich erforderlich sein.

Lebensprobleme: Patienten können professionelle Hilfe suchen, weil sie in einer Situation sind, die sie ohne fachliche Hilfe nicht bewältigen können oder das zumindest glauben, ohne daß unbedingt eine psychische Störung vorliegt. Beispiele wären eine akute Partnerschaftskrise, Arbeitslosigkeit, Verunsicherungen über die schulische oder berufliche Laufbahn, wirtschaftlicher Ruin oder Schwangerschaftskonflikte. Im DSM werden solche, durchaus „alltäglichen" Fragestellungen als „Zustände, die nicht einer psychischen Störung zuzuschreiben sind, aber Anlaß zur Beobachtung oder Behandlung geben" beschrieben und mit einer sogenannten „V-Kodierung" versehen. In solchen Fällen ist – eventuell zusätzlich zu einer Psychotherapie – die Hinzuziehung von Fachberatern oder speziellen Einrichtungen der psychosozialen Versorgung angemessen (Fiedler, 1994 b).

Rehabilitationsprobleme: Die einem Psychotherapeuten berichteten Beeinträchtigungen können auch Folge langwieriger und ernster körperlicher oder psychischer Krankheiten sein, die inzwischen behandelt wurden. Ziel psychotherapeutischer Maßnahmen ist in solchen Fällen die Wiedereingliederung.

Präventionsprobleme: Weitere Anwendungsbereiche für psychotherapeutische Maßnahmen ergeben sich aus der Zielsetzung, einer (körperlichen) Erkrankung, vor allem bei Risikopersonen, vorzubeugen, z. B. Gesundheitsverhalten zu fördern (etwa Sport zu treiben, um einem Herzinfarkt vorzubeugen) oder Copingverhalten zur Rückfallprävention aufzubauen.

Bewältigungsprobleme: Auch bei vielen körperlichen Krankheiten mit und ohne primäre psychische Symptomatik ist eine stützende Psychotherapie zur Krankheitsbewältigung, zur Veränderung des Krankheitsverhaltens und zur Unterstützung medizinischer Behandlungen indiziert (Basler & Florin, 1985; Miltner, Birbaumer & Gerber, 1986). Das gilt vor allem für längerdauernde (z. B. Aids) oder chronische Krankheiten (z. B. Diabetes), die medizinisch nicht zu heilen sind, sowie für körperliche, aber auch für körperlich oder genetisch bedingte geistige Behinderungen. In solchen Fällen kann es zu Beeinträchtigungen der Verhaltensmöglichkeiten und zu psychischen Belastungen kommen, die eine **längerdauernde** psychologische Stützung, ein Training von Verhaltenskompetenzen und die psychotherapeutische Bearbeitung aktueller Belastungen notwendig machen können. Eine solche unterstützende Behandlung kann auch erforderlich sein, um einer stationären Unterbringung in Klinik oder Heim vorzubeugen.

Manchmal können die Schwierigkeiten eines Patienten nicht vollständig durch die von den Diagnosesystemen angebotenen Kategorien beschrieben werden; selbst bei Verwendung mehrerer Diagnosekategorien, einschließlich der V-Kategorien und der hier vorgeschlagenen Zusatzkategorien, können „**Restprobleme**" bleiben. Sie sind zusätzlich zu den Diagnosen aufzuführen.

Für die Erstellung klinischer Diagnosen sind teilstandardisierte Interviews mit recht guter Objektivität und Reliabilität entwickelt worden: das „SKID –

Strukturiertes Klinisches Interview für DSM-III-R" (Wittchen et al., 1990) und das „DIPS – Diagnostisches Interview bei psychischen Störungen" (Margraf, Schneider & Ehlers, 1991). Im SKID werden die psychotischen Störungen, die Störungen durch psychotrope Substanzen sowie die Persönlichkeitsstörungen stärker berücksichtigt als im DIPS, im DIPS werden hingegen zusätzlich für die Therapieplanung brauchbare Informationen erhoben. Während der Ausbildung sollte der Studierende eines dieser Verfahren erlernen und anwenden, denn die teilstandardisierten Interviews erleichtern es, die Diagnosekriterien genauer kennen- und anwenden zu lernen. Zu berücksichtigen ist allerdings, daß die Interviews nur die wichtigsten Diagnosen abfragen. Der Therapeut muß daher darüber hinaus mögliche weitere Diagnosen überprüfen.

Bei der Darstellung der Ergebnisse sind die zutreffenden Diagnosen entsprechend der Diagnosekategorien der ICD (oder des DSM) anzugeben:
– Kennziffer,
– Bezeichnung der Diagnose und
– gegebenenfalls Zusatzangaben zu Schweregrad oder Verlauf sowie
– Beschreibung der zutreffenden Symptome.
– Bei Darstellungen zu Prüfungszwecken sollten zusätzlich Gründe für den Ausschluß von Alternativdiagnosen angegeben werden.

Das gilt nicht nur für psychische und psychosomatische Störungen im engeren Sinne (Achse I-Diagnosen nach dem DSM), sondern auch für Entwicklungs- und Persönlichkeitsstörungen (Achse II). Die diagnostischen Klassifikationssysteme sehen vor, daß der Therapeut bei einem Patienten auch mehrere Diagnosen stellt, so viele, wie zur Beschreibung der vorliegenden Problematik erforderlich sind.

9.1.2 Ressourcen

Zusätzlich zu den Abweichungen, Auffälligkeiten, Schwächen und Defiziten sollte der Therapeut auch besondere Stärken, Interessen und Fähigkeiten des Patienten aufführen. Aus mindestens zwei Gründen sind diese Ressourcen für die Therapieplanung von Bedeutung.

Zum einen kann es erforderlich oder hilfreich sein, die Ressourcen des Patienten noch weiter zu fördern, um eine Kompensation für seine Schwächen und Probleme zu schaffen. Das gilt im besonderen dann, wenn die Abweichungen oder Defizite selbst nicht oder nicht hinreichend modifiziert werden können. Durch die Betonung und Förderung besonderer Stärken und Kompetenzen kann ein Selbstwertverlust aufgrund der Defizite und Beeinträchtigungen ausgeglichen oder ihm vorgebeugt werden.

Ein zweiter, noch wichtigerer Grund für die Berücksichtigung auch der Stärken und Interessen des Patienten ergibt sich aus der „zweiten" Aufgabe des Therapeuten: den Patienten zu motivieren und die Voraussetzungen für die Durchführung spezifischer Therapiemethoden zu schaffen (Kapitel 2 und 4). Das gilt vor allem dann, wenn die Zuversicht und Änderungsbereitschaft des Patienten gering und entsprechend die Basisverhaltensweisen Mitarbeit, Erproben und eventuell auch Selbstöffnung reduziert sind oder wenn die Mitarbeit von vornherein gefördert werden soll.

Indem der Therapeut zunächst dasjenige aufgreift und fördert, was den Patienten besonders interessiert, was er vielleicht auch besonders kann, wird er zum einen eine erste Entlastung erreichen. Zum anderen kann er dem Patienten dadurch relativ leicht die Erfahrung vermitteln, daß Verhalten tatsächlich veränderbar ist. Die Zuversicht des Patienten, daß auch die zentralen Probleme gelöst werden können, wird wachsen. Außerdem kann die Bedeutung der zentralen Probleme relativiert werden, wenn sie nach der Stärkung von Ressourcen gewissermaßen nur noch als „Restprobleme" übrig bleiben.

Der Therapeut kann die Förderung von Ressourcen als ein (zusätzliches) Teilproblem formulieren, wenn dadurch eine Motivierung oder Entlastung für die Bearbeitung der anderen Teilprobleme erwartet werden kann. Oder der Therapeut versucht, bei der konkreten Therapieplanung zu anderen Teilproblemen die Maßnahmen konkret so zu gestalten, daß die Interessen und Stärken des Patienten genutzt werden; der Therapeut macht die Ressourcen seines Patienten gewissermaßen zu seinem Verbündeten. (Beispiel: Bei Übungen zum freien Vortragen im Rahmen eines Selbstsicherheitstrainings redet der Patient zunächst über sein Hobby.)

Bei der schriftlichen Darstellung sollten zusätzlich zu den Diagnosen die Ressourcen, also die besonderen Interessen, Stärken, Fähigkeiten oder Hobbys aufgelistet werden.

9.2 Zielanalyse

Gegenstand der Zielanalyse sind die vom Patienten geäußerten Therapieziele, nicht die eventuell vom Therapeuten aus „technischen" Gründen ergänzten Zielsetzungen. Diese werden als zusätzliche Teilprobleme (s. unten unter 9.3) behandelt.

Viele Patienten kennzeichnen die Ziele, die sie in der Therapie erreichen wollen, lediglich als Negation des momentanen Zustandes („Ich möchte diese Angst loswerden!"). Erst im Verlauf der Behandlung kommen eventuell weitere, positiv formulierte Wünsche hinzu. Andere Patienten formulieren ihr Anliegen hingegen primär durch Angabe eines Ziels, z.B. „Ich möchte gerne Freunde haben!".

Manche Patienten können nur sehr vage Angaben zu ihren Problemen oder Zielen machen. Sie klagen über eine diffuse Unzufriedenheit, oder sie nennen sehr globale Ziele, etwa daß es ihnen besser gehen soll oder daß sie mit dem Leben besser zurecht kommen möchten.

Es gibt auch Patienten, die nicht freiwillig und aus eigenem Anlaß zur Therapie kommen, sondern weil sie geschickt werden. Sie werden vermutlich weder explizite Ziele formulieren noch den aktuellen Zustand beklagen – außer vielleicht die Tatsache, daß sie zur Therapie geschickt wurden. Der Therapeut muß in solchen Fällen zunächst Maßnahmen ergreifen, um gegebenenfalls den Patienten überhaupt zur Therapie zu motivieren (vgl. Kapitel 12). „Motivierung des Patienten" wäre in solch einem Fall das erste, vom Therapeuten formulierte Teilproblem.

Die vom Patienten geäußerten Ziele sollte der Therapeut nach den folgenden Gesichtspunkten beurteilen:

1. Bewertung
Zunächst sollte der Therapeut eine Bewertung der vom Patienten erwünschten Zielzustände vornehmen (vgl. Kapitel 3) und entscheiden, ob die Ziele von ihm akzeptiert werden können und er bereit ist, dem Patienten bei der Erreichung dieser Ziele zu helfen.

Maßgeblich für diese Bewertung sind vor allem zwei ethische Prinzipien. Zum einen sollten die vom Patienten erwünschten Zielzustände nicht gesellschaftlichen oder juristischen Normen widersprechen. So etwas könnte vorkommen, wenn etwa ein Vater beklagt, daß sein Sohn sich in der Schule nicht „tatkräftig" gegen die Mitschüler, aber auch gegen die Lehrerin durchsetzt: „Wer nicht schlagen kann, der kann nichts!".

Das zweite ethische Prinzip, an dem sich der Therapeut orientieren sollte, ist das des bestmöglichen Nutzens für den Patienten und vor allem die Vermeidung von Schaden für den Patienten oder andere Personen (*Prima nihil nocere!*). Ein Beispiel dafür wären Eltern, die von einem Psychotherapeuten Hilfe erwarten, daß ihr eher wenig intelligentes, überfordertes Kind im Gymnasium sehr gute Noten erhält.

Die Beurteilung eines möglichen Schadens für den Betreffenden oder für andere setzt die Beurteilung der möglichen Folgen und „Nebenwirkungen" der erwünschten Zustände voraus.

Hat der Therapeut ethisch begründete Bedenken, so wird er in der Regel zunächst versuchen, die Zielsetzungen in Frage zu stellen, also überprüfen, wieso diese Zielsetzung eigentlich für den Patienten so wichtig ist. Daraus kann sich ein eigenständiges Teilproblem ergeben, das möglicherweise ganz in den Vordergrund rückt.

Beharrt der Patient trotz allem auf den Zielsetzungen, die nach Meinung des Therapeuten ethisch nicht vertretbar sind, muß er gegebenenfalls die Therapie verweigern. Dazu ist allerdings abzuschätzen, welche Folgen diese Verweigerung im ungünstigsten Fall haben könnte. Sie sind bei der Abwägung der Alternativen zu berücksichtigen.

2. Prüfung auf Realisierbarkeit

Im zweiten Schritt sollte der Therapeut überprüfen, ob die gewünschten Zielzustände realistisch sind, ob sie für diese Person unter den gegebenen Lebensumständen prinzipiell – eine effektive Therapie unterstellt – erreichbar sind. Beispiele für unrealistische Zielsetzungen wären etwa der Wunsch nach einer Partnerschaft, in der es grundsätzlich keine Streitigkeiten geben sollte oder eine allzeit zur Verfügung stehende sexuelle Potenz. Auch für solche Fälle gilt, daß gegebenenfalls die Zielsetzung selbst hinterfragt und zum Teilproblem werden muß.

3. Elaboriertheit der Zielsetzungen

Die Mitarbeit des Patienten wird nicht zuletzt davon abhängen, inwieweit die in der Therapie angestrebten Ziele konkret und für den Patienten durchschaubar sind. Auch der Therapeut braucht für seine Planungen konkrete Zielsetzungen. In der Regel sind für ihn sogar noch konkretere Zwischenziele und Teilziele zu formulieren als für den Patienten, um den Weg zur Zielerreichung zu strukturieren.

Eine Explizierung konkreter Ziele ist nicht zuletzt deswegen für den Therapieprozeß hilfreich, weil die Selbstverpflichtung des Patienten (und des Therapeuten), an der Erreichung dieser Ziele mitzuwirken, unter solchen Bedingungen eher gelingt.

Eine Möglichkeit, die Ziele zu explizieren und zu konkretisieren, bietet die „Zielerreichungsskalierung" (Goal Attainment Scaling; Kiresuk & Sherman, 1968; Cytrynbaum et al., 1979; Smith, 1981). Diese Methode ist primär ein Evaluationsverfahren, das in unterschiedlichen Praxisfeldern, nicht zuletzt für die Beurteilung des Erfolges von Psychotherapien unter alltäglichen Praxisbedingungen, leicht und ökonomisch eingesetzt werden kann. Es setzt voraus, daß zu Beginn der Behandlung Therapeut und Patient gemeinsam die Ziele, die mit der Therapie erreicht werden sollen, differenzieren und festlegen. Dies erfolgt in folgenden Schritten:

1. Zunächst werden im Diskurs die verschiedenen Ziele gesammelt, die der Patient erreichen möchte. Dabei kann der Therapeut Hilfestellung geben und durchaus auch weitere, ergänzende Ziele zur Sprache bringen. Falls der Patient vorgeschlagene Teilziele nicht übernehmen will, sie für den Therapeuten aber unabdingbar oder für die Beurteilung des Erfolgs erforderlich sind, kann der Therapeut sie für sich als zusätzliche Ziele beziehungsweise Teilprobleme formulieren.
2. Jedes Teilziel sollte vom Patienten auf einer zehnstufigen Skala nach seiner subjektiven Wichtigkeit bewertet werden.
3. Für jedes Teilziel ist im nächsten Schritt festzulegen, unter welchen Bedingungen dieses Ziel als erreicht gelten kann. Diese Operationalisierung sollte möglichst konkret sein und die Verhaltensweisen des Patienten, ihre Er-

scheinungsform und Auftretensbedingungen spezifizieren, die zur Zielerreichung notwendig sind.

4. Im vierten Schritt ist festzuhalten, wie gegenwärtig die Situation bzw. das Verhalten ist, vor allem im Hinblick auf die Merkmale, die für die Zielerreichung definiert wurden.
5. Im letzten Schritt wäre anzusprechen, was eigentlich eine Verschlechterung des gegenwärtigen Zustandes wäre.

Diese Operationalisierungen von Istzustand, Zielzustand und gegebenenfalls dem Zustand einer Verschlechterung bilden Pole einer Ratingskala. Sie könnte etwa die folgenden sechs Stufen umfassen:

-1: Verschlechterung
 0: Gegenwärtiger Zustand (keine Veränderung)
 1: Ziel zu 25 % erreicht
 2: Ziel zu 50 % erreicht
 3: Ziel zu 75 % erreicht
 4: Zielzustand erreicht.

Für jedes Teilziel – in der Regel zwei bis sechs Ziele – wird eine solche individuelle Skala konstruiert. Sie dient zunächst dazu, Zielsetzung und Aufgabenstellung des therapeutischen Prozesses zu konkretisieren. Darüber hinaus kann sie zur Evaluation genutzt werden: Am Ende der Therapie, auch in Zwischenphasen oder zu späteren katamnestischen Untersuchungen, können Therapeut und Patient unabhängig voneinander auf diesen Skalen einschätzen, inwieweit eine Veränderung stattgefunden hat. Gegebenenfalls können auch dritte Personen aus der Umgebung des Patienten dazu herangezogen werden (vgl. Kapitel 15).

Trotz aller Bemühungen können die vom Patienten vorgebrachten Klagen, Wünsche und Zielvorstellungen im Einzelfall zunächst vage bleiben. Stiles, Barkham, Shapiro und Firth-Conzens (1992) empfehlen in solchen Fällen zunächst (oder ausschließlich) eine „explorative" Therapie, etwa im Sinne der Gesprächspsychotherapie, bis eventuell eine genauere Problemanalyse möglich wird. Auch die Prinzipien der lösungsorientierten Kurzzeittherapie (Walter & Peller, 1994) könnten für die Zielexplikation genutzt werden.

Bei der schriftlichen Darstellung der Ergebnisse sollten die von Patient und Therapeut gemeinsam erarbeiteten Ziele aufgelistet werden, nach Möglichkeit zusammen mit einer Zielerreichungsskalierung. Sofern sich aus Sicht des Therapeuten hinsichtlich der ethischen Vertretbarkeit, der Realisierbarkeit oder der Elaboriertheit der vom Patienten gewünschten Ziele Probleme ergeben haben, sind diese bei Falldarstellungen zu Prüfungszwecken aufzuführen. Handelt es sich um gravierendere Probleme, so sind sie als potentielle Teilprobleme aufzuführen und im nächsten Abschnitt genauer zu beschreiben.

9.3 Teilprobleme

9.3.1 Unterscheidung von Teilproblemen

Die Klagen und die Wünsche des Patienten haben einen ersten Überblick über die Problemlage gegeben. Nun geht es darum, eine Strukturierung im Hinblick auf die Arbeitsschritte des Therapeuten vorzunehmen; es geht darum, **seine** Aufgabenstellungen zu definieren. Dazu werden verschiedene Teilprobleme formuliert, die der Therapeut parallel oder sukzessiv bearbeiten sollte. Teilprobleme sollten durch den jeweiligen Istzustand, der zu verändern ist, den Sollzustand, der erreicht werden soll (und später auch durch die Barrieren, die dies momentan verhindern) beschrieben werden. Unter Teilproblemen sollen im folgenden nur ,,psychologische" Problemstellungen verstanden werden, bei denen der unerwünschte Istzustand, der erwünschte Sollzustand oder die Barrieren durch Merkmale des Patienten oder einer anderen Person, ihres Erlebens und Verhaltens, beschrieben sind.

Wie im Überblick in Kapitel 7 bereits erwähnt, ergeben sich die zentralen, störungsbezogenen Aufgabenstellungen aus den Schwierigkeiten des Patienten. Durch die Diagnosen sind bereits auf einer relativ globalen Ebene Teilprobleme unterschieden worden. Andere störungsbezogene Teilprobleme ergeben sich aus den Zielen des Patienten. Auch die Rahmenbedingungen sind für die Formulierung von Teilproblemen relevant. Gelegentlich erlauben die institutionellen Rahmenbedingungen lediglich, begrenzte Teilziele zu verfolgen, etwa bei einer zeitlich befristeten stationären Psychotherapie (z.B. Training sozialer Kompetenz als Teilziel bei der stationären Behandlung eines Alkoholikers). Der Therapeut kann auch durch die Rahmenbedingungen auf seiten des Patienten veranlaßt werden, Zwischenziele und damit Teilprobleme zu formulieren, etwa zunächst die für die Durchführung einer bestimmten Therapiemethode notwendigen Voraussetzungen herzustellen (z.B. Umschulung eines überforderten Schülers als Voraussetzung für ein Aufmerksamkeitstraining).

Viele Teilprobleme ergeben sich erst im Verlauf der Therapie aus unterschiedlichen Anlässen. Eventuell erhält der Therapeut erst zu einem späteren Zeitpunkt, wenn etwa erste Zwischenziele erreicht sind, vom Patienten Informationen über weitere Ziele oder Probleme.

Die Notwendigkeit der Formulierung zusätzlicher Teilprobleme kann auch erst auf dem Weg zum Ziel deutlich werden. Ein Beispiel wäre das im Verlauf der Behandlung einer Hausfrau entwickelte Teilziel, nach längerer Unterbrechung wieder eine berufliche Betätigung aufzunehmen: ein Zwischenziel für das Teilziel ,,Förderung der Selbständigkeit". Aus diesem Zwischenziel kann ein konkretes Teilproblem werden, wenn sich etwa zeigt, daß die Patientin, seit neun Jahren nur noch Hausfrau und Mutter, der in diesem Fall sachlich nicht begründeten Überzeugung ist, den heutigen Anforderungen im Beruf keinesfalls gewachsen zu sein. Diese Überzeugung oder Unsicherheit der Patientin würde zum Teilproblem für den Therapeuten, und das Problemverhalten wäre (in)kompetentes und (un)sicheres Sozialverhalten.

Im Verlauf der Therapie können nicht zuletzt auch prozeßbezogene Teilprobleme hinzukommen, die sich aus dem Verhalten des Patienten in der Therapie selbst ergeben: Probleme in der Interaktion mit dem Therapeuten bzw. unzureichendes Basisverhalten.

Die auf den ersten Blick unterschiedenen Teilprobleme können sich bei näherer Prüfung als voneinander abhängig oder sogar identisch herausstellen, und umgekehrt kann es notwendig sein, ein Teilproblem in spezifischere Teilprobleme aufzuteilen.

Aus Sicht des Therapeuten liegen unabhängige Teilprobleme vor, wenn die Lösung eines Teilproblems nicht „automatisch" auch die anderen Teilprobleme löst. Kriterium für die Abgrenzung verschiedener Teilprobleme ist demnach deren **Unabhängigkeit**.

Die verschiedenen Symptome einer Störung können relativ unabhängig voneinander sein: Mit der Reduktion des Vermeidungsverhaltens eines Phobikers ist noch nicht unbedingt auch die Angst reduziert, die Reduktion eines motorischen Tics bei der Tourett-Störung geht nicht notwendigerweise mit einer entsprechenden Reduktion des vokalen Tics einher.

Entscheidend ist nicht, ob allgemein bei Personen mit entsprechender Diagnose solche Symptome in der Regel zusammen auftreten (das Auftreten korreliert über die Personen hinweg), sondern ob ein funktionaler Zusammenhang besteht. Das bedeutet, daß Veränderungen eines symptomatischen Verhaltens grundsätzlich mit Veränderungen eines zweiten symptomatischen Verhaltens einhergehen, daß also ihr Auftreten bei diesem einzelnen Patienten über die Situationen hinweg korreliert.

Folgende Regeln für die Abgrenzung von Teilproblemen lassen sich formulieren:

1. Teilprobleme, die generell auf **gleiche Bedingungen** zurückzuführen sind, sind trotz eventuell deutlich unterschiedlicher Erscheinungsform als Einheit zu behandeln und zu einem Teilproblem zusammenzufassen. Umgekehrt sind Problemverhaltensweisen, die durch unterschiedliche Bedingungen aufrecht erhalten werden, als unterschiedliche Teilprobleme zu behandeln, selbst wenn sie im Erleben des Patienten zusammengehören.

2. Zunächst getrennt aufgeführte Teilprobleme können sich im weiteren Verlauf der Analyse als **voneinander abhängig** erweisen: Ein Problemverhalten kann die Voraussetzungen dafür schaffen, daß ein zweites Problemverhalten mit größerer Wahrscheinlichkeit auftritt oder bestehen bleibt. (So kann beispielsweise die soziale Angst eines Kindes Folge einer *enuresis diurna* sein oder eine Kohabitationsstörung Folge von Partnerschaftsproblemen.) Solche Problemverhaltensweisen sollten ebenfalls in der Regel zu einem Teilproblem zusammengefaßt werden; zumindest sollte in der The-

rapie mit dem Problem begonnen werden, das weitere Auffälligkeiten bedingt.

3. Problemverhaltensweisen können **gleichen Ursprung** haben oder ein Problem kann sich aus einem anderen entwickelt haben, ohne daß allerdings heute noch ein funktionaler Zusammenhang besteht: Die „Symptome" haben sich verselbständigt. Solche Problembereiche sollten getrennt bleiben.

Für das Kriterium „funktionale (Un-)Abhängigkeit" ist demnach die Kenntnis der Problembedingungen oder Ursachen entscheidend. Die endgültige Unterscheidung unabhängiger Teilprobleme kann daher erst nach der Bedingungsanalyse erfolgen. Zu Beginn kann der Therapeut nur eine vorläufige Einteilung vornehmen.

Neben der funktionalen Unabhängigkeit ist noch ein weiteres Kriterium für die Beibehaltung eines Teilproblems als Aufgabe für den Therapeuten maßgeblich: seine „**Lösbarkeit**". Dem praktisch tätigen Therapeuten geht es nicht um Beschreibung, sondern um Veränderung, und auch die Unterscheidung verschiedener Teilprobleme dient letztlich dem Zweck, angemessene und erfolgversprechende Behandlungswege zu finden und zu kombinieren. Für jedes vorläufig unterschiedene Teilproblem muß der Therapeut durch Rückgriff auf sein Methodenwissen prüfen, ob für seine „Bearbeitung" eine (überprüfte) Therapiemethode existiert (Indikationsprüfung), die also voraussichtlich den Ist- in den Sollzustand überführen wird, von ihm und unter den gegebenen Bedingungen auch durchführbar (Prüfung auf Machbarkeit) und ihre Durchführung ethisch vertretbar wäre (Bewertung; vgl. Abbildung 7.1 in Kapitel 7).

Es gibt Methoden, die unmittelbar darauf abzielen, den Ausgangszustand des Patienten zu verändern (z. B. Medikamente, die nicht notwendigerweise die Ursachen oder Bedingungen verändern, oder Entspannungsverfahren zur allgemeinen Entspannung). Es gibt andere Methoden, die unmittelbar den Zielzustand fördern wollen, vor allem durch Aktivierung und Stärkung der Ressourcen. Die meisten Methoden erheben den Anspruch, an den Ursachen oder aufrechterhaltenden Bedingungen anzusetzen, z. B. Maßnahmen zur Überwindung von „Verdrängung", Maßnahmen zur Auflösung interaktioneller Machtstrukturen oder Maßnahmen zum Reduktion positiver Verstärkung bei operantem Verhalten. Der Therapeut setzt mit seinen Methoden also entweder an den Bedingungen, am Ausgangspunkt oder dem erwünschte Zielzustand an; Bedingungen, Ausgangspunkt oder Zielzustand werden zum unmittelbaren **Interventionspunkt**. Die Interventionspunkte entsprechen in der Regel den Indikationskriterien.

Ist für ein vorläufig formuliertes Teilproblem kein Lösungsweg zu finden, muß der Therapeut gegebenenfalls eine Umstrukturierung vornehmen und eine andere Aufteilung vornehmen oder ein Teilproblem probeweise umformulieren. Möglichkeiten dazu bieten sich dem Therapeuten, wenn er die Ursachen oder Bedingungen des Teilproblems aus einem anderen theoretischen Blickwinkel untersucht. Die gefundene Bedingung, die das Problem aufrechterhält, kann dann ihrerseits als Teilproblem formuliert werden. Seine „Lösung" würde dann auch zur Lösung des ursprünglichen, davon abhängigen Teilproblems führen.

Ein zweiter, paralleler Weg zur (Um-)Strukturierung der Teilprobleme ist über die Differenzierung der Ziele möglich. Die Therapieziele sind in der Regel zunächst im Sinne erwünschter Endziele formuliert. Der Therapeut wird in der Regel unter Rückgriff auf sein Störungs- und Änderungswissen diese globalen Endziele präzisieren und gegebenenfalls für bestimmte Behandlungsstrategien Zusatzziele und Zwischenziele formulieren. Therapietheorien nennen oftmals Zwischenziele im Sinne von instrumentellen Zielen („instrumental goals" nach Rosen & Proctor, 1981, z. B. Förderung der Selbstverwirklichung oder Einsicht in verdrängte Konflikte). Das sind – aus Sicht der jeweiligen Pathologietheorie – sich aus der Art der Störung ergebende Zwischenstufen auf dem Weg zum Endziel. Therapietheorien nennen außerdem methodisch bedingte Zwischenziele („intermediate goals", z. B. Beherrschen eines Entspannungsverfahrens als Voraussetzung für die Durchführung einer systematischen Desensibilisierung).

Die Formulierung von Teilproblemen ist demnach ein Prozeß, der sich fortlaufend über die gesamte Therapie hinzieht. Neue Teilprobleme kommen hinzu, alte werden aufgegeben oder umformuliert.

Hier geht es zunächst um den Beginn dieses Prozesses, um die vorläufige Formulierung erster Teilprobleme im Rahmen der Eingangsdiagnostik und die Beschreibung ihres Ist- und Sollzustandes. Für jedes Teilproblem prüft der Therapeut zum einen sein Änderungswissen, ob er Kenntnis über Methoden hat, die für dieses Problem indiziert wären. Zum anderen prüft er sein Bedingungswissen auf mögliche Erklärungsansätze.

Auch wenn diese Prüfungen zum Erfolg führen, sind im nächsten Schritt Bedingungsanalysen durchzuführen. Dabei ist zunächst die Gültigkeit des Bedingungsmodells für den Einzelfall zu prüfen. Auch die Indikationsentscheidung läßt sich dadurch absichern: In der Regel machen die den Methoden zugeordneten Therapietheorien Aussagen dazu, wie die Methode wirkt und wo sie „ansetzt" (Interventionspunkte). Dies sind zumindest implizit Angaben über Problembedingungen, deren Vorliegen im Einzelfall zu überprüfen wäre.

Lassen sich dem vorläufig unterschiedenen und noch unvollständig beschriebenem Teilproblem bereits Erklärungshypothesen und Methodenregeln zuordnen, so kann sich der Therapeut bei der Bedingungsanalyse auf die Überprüfung der Hypothesen beschränken; er muß sie nicht erst neu entwickeln wie in den Fällen, in denen sich dem Teilproblem noch keine Bedingungshypothesen und Methoden zuordnen ließen.

Bei der schriftlichen Darstellung ist jedes der Teilprobleme, konkret: ihr Ist- oder Sollzustand, zu beschreiben. Bedingungshypothesen zur Beschreibung der Barrieren und Indikationsaussagen werden im nächsten Abschnitt im Zusammenhang mit den Bedingunganalysen aufgeführt.

9.3.2 Beschreibung der Teilprobleme

Eine erste Beschreibung der störungsbezogenen Teilprobleme ist bereits durch die klinischen Diagnosen erfolgt. Doch diese Beschreibung ist für die Definition der einzelnen Aufgaben des Therapeuten in der Regel zu abstrakt. Für die meisten psychotherapeutischen Ansätze sollten die Teilprobleme, genauer: der Istzustand und entsprechend der Sollzustand, auf der Ebene der Symptome oder eng zusammanhängender Symptomclustern (Syndrome) formuliert werden.

Symptome sind in der Regel solche Merkmale einer Person, ihres Verhaltens und Erlebens, die als abweichend oder „andersartig" aufgefallen sind. Sie können unterschiedliche Bereiche betreffen: beispielsweise Verhaltensabweichungen, Einschränkungen der Leistungsfähigkeit, Veränderungen der Stimmungslage, kognitive Beeinträchtigungen, situationsinadäquate Emotionen, körperliche Beschwerden und Schmerzen, Veränderungen im Sozialverhalten und anderes mehr.

Um eine grundlegende, möglichst theoriefreie und damit schulübergreifende Beschreibungsform für solche Auffälligkeiten zu finden, ist zu fragen, was an den Veränderungen wahrnehmbar ist (und dann negativ bewertet wird), zunächst wahrnehmbar durch andere.

Beobachtbare Äußerungen einer Person werden mit dem Begriff **Verhalten** (im engeren Sinn) bezeichnet: motorische und sprachliche Äußerungen sowie Ausdrucksverhalten. Solche, durch Dritte unmittelbar wahrnehmbare (Re-)Aktionen stellen soziale Sachverhalte (soziale Stimuli) dar, auf die andere wiederum (bewertend) reagieren können.

Hinzu kommen Phänomene des **Erlebens**. Darunter sind Phänomene zu verstehen, die zwar nicht unmittelbar von außen, jedoch durch den Patienten selbst im Moment des Auftretens prinzipiell wahrnehmbar sind, die er selbst bewertet und über die er – zumindest ansatzweise – berichten kann. Insofern läßt sich auch von „Verhalten im weiteren Sinn" sprechen. Dazu gehören zum einen Gedanken und Vorstellungen (**Kognitionen**), zum anderen **emotionale Reaktionen** und subjektiv wahrnehmbare **körperliche Reaktionen** (z. B. „Herzrasen").

Der Ist- oder Sollzustand eines Teilproblems sollte grundsätzlich durch Angabe einer oder mehrerer **Problemverhaltensweisen**[1] (Verhalten im weiteren Sinn) beschrieben werden.

Verhalten (im weiteren Sinn) kann hinsichtlich unterschiedlicher Attribute auffällig werden: zunächst hinsichtlich seiner **Erscheinungsform**. Damit ist die

---

1 „Problemverhalten" (Verhalten im weiteren Sinn) wird dem Begriff „Symptom" vorgezogen, weil nicht jede zu behandelnde Auffälligkeit Ausdruck oder Folge einer „Krankheit" oder Störung sein muß. Der Begriff ist also allgemeiner; er schließt Symptome als Spezialfall mit ein.

Topographie des Verhaltens gemeint, aber auch sein unmittelbares Ergebnis. Zum anderen kann Verhalten durch seine **Auftretensform** auffallen: durch seine Auftretenshäufigkeit, Dauer oder Intensität und seine Situationsangemessenheit. Die oben genannten Auffälligkeiten lassen sich grundsätzlich als negativ bewertete Veränderungen dieser Verhaltensattribute beschreiben, beispielsweise eine reduzierte Leistungsfähigkeit als Reduktion von Häufigkeit, Dauer oder Intensität des für die Leistung erforderlichen Verhaltens und eine Verschlechterung seines Ergebnisses.

Eine Schwierigkeit kann daraus resultieren, daß ein Problemverhalten (Kognition, Emotion usw.) auftritt, das in dieser Erscheinungsform gänzlich unerwünscht ist (z. B. selbstzerstörerische Verhaltensweisen eines autistischen Kindes), oder das zu häufig bzw. zu intensiv auftritt (z. B. Händewaschen als Zwangsverhalten) oder unter den gegebenen Umständen nicht auftreten sollte (z. B. Angst bei Konfrontation mit einer harmlosen Spinne). Das Verhalten wird auffällig und zum Problemverhalten, weil ein (Verhaltens-)**Überschuß** besteht.

Die Schwierigkeiten können auch darin liegen, daß erwünschtes Verhalten oder Erleben (Kognitionen, physiologische oder emotionale Reaktionen) gänzlich fehlen (z. B. bei Anfragen nicht nein sagen können), zu selten oder zu schwach oder in ihrem Ergebnis ,,unzureichend" (z. B. unkonzentriertes Arbeitsverhalten) oder nicht unter den an sich angemessenen Bedingungen auftreten (z. B. keine sexuelle Erregung bei sexuellen Kontakten). Ein Verhalten kann auch aufgrund eines solchen (Verhaltens-)**Mangels** zum Problemverhalten werden.

Ein Teilproblem ist also zu beschreiben, indem der Istzustand und/oder der Sollzustand durch ein oder mehrere Problemverhaltensweisen (des Patienten oder anderer Personen) und deren Erscheinungs- und Auftretensform gekennzeichnet werden.

Das gilt auch für solche Teilprobleme, die nicht als psychische Störungen im engeren Sinn zu verstehen sind, also die sozialen Abweichungen, Lebensprobleme, Rehabilitations-, Präventions- oder Bewältigungsprobleme, und es gilt auch für Teilprobleme, die aus dem Ziel der Ressourcenförderung abzuleiten sind, sowie für Motivations- und Beziehungsprobleme in der Therapie. Auch solche Teilprobleme sollten durch eine zu verändernde Verhaltens- oder Erlebensweise, kurz durch ein Problemverhalten beschrieben werden.

Bei der schriftlichen Darstellung ist für jedes Teilproblem anzugeben:
- Benennung des Teilproblems;
- Beschreibung des Istzustandes und/oder des Sollzustandes durch (mindestens) ein Problemverhalten des Patienten oder einer dritten Person;
- Beschreibung dieses Problemverhaltens a) hinsichtlich seiner erwünschten bzw. unerwünschten **Erscheinungsform** (Topographie und gegebenenfalls unmittelbares Verhaltensergebnis) und b) seiner erwünschten bzw. unerwünschten **Auftretensform** (Verhaltensmangel oder Verhaltensüberschuß).

Bei Fallberichten zu Prüfungszwecken sollten auch vorläufig unterschiedene Teilprobleme erwähnt werden, die sich bei der Bedingungsanalyse als abhängige Folgeprobleme herausgestellt haben, zusammen mit einem Hinweis, mit welchem anderen Teilproblem sie zusammengefaßt wurden und warum.

9.4 Verhaltensdiagnostik

Die bisherigen Ausführungen haben gezeigt, daß die Auswahl von Teilproblemen und damit die Formulierung des Problems durch den Therapeuten eine bestimmte Funktion hat: Sie bestimmt die möglichen rational begründbaren Indikationsentscheidungen. Aufgrund dieser Funktion wird umgekehrt die Problem- oder Fallkonzeption weitgehend durch die Therapietheorien bestimmt.

Möglicherweise ist diese funktionale Einbindung der Problemanalyse ein Grund dafür, daß diagnostische Urteile von „Klinikern" nicht sonderlich valide sind (zusammenfassend Garb, 1989). Es geht ihnen primär um eine „brauchbare", handlungsrelevante Problemformulierung und weniger um ein genaues Abbild der Realität. Doch das birgt die Gefahr, stets die brauchbaren Vorannahmen bestätigt zu sehen. Die Problemkonzeption ist zwar notwendigerweise selektiv und unvollständig und kann insofern kein vollständiges Abbild der Schwierigkeiten des Patienten sein. Doch dasjenige, was beschrieben wird, muß mit der Realität, die beschrieben werden soll, übereinstimmen. Diagnostische Instrumente dienen dazu, eine solche realitätsangemessene Beschreibung zu liefern, und ihre Güte bestimmt sich daraus, inwieweit ihnen das gelingt.

Weil die Problembeschreibung interpretativ ist, ist die Überprüfung der Hypothesen der Problemkonzeption, ihre **Validierung**, eine weitere wichtige Aufgabe des Therapeuten.

Inwieweit die als zentral erachteten Merkmale oder Problemverhaltensweisen, die die Teilprobleme kennzeichnen oder konstituieren, tatsächlich beim Patienten vorliegen und in welcher Ausprägung, ist in vielen Fällen durch Tests überprüfbar. Das gilt nicht nur für relativ überdauernde Personmerkmale, sondern auch für Verhaltensmerkmale. Die **Verhaltensdiagnostik** (behavioral assessment) hat vor allem in den siebziger Jahren eine Vielzahl von Verfahren zur Beschreibung und Quantifizierung von Verhaltensabweichungen entwickelt (Ciminero, Calhoun & Adams, 1977; Cone & Hawkins, 1977; Haynes, 1978; Hersen & Bellack, 1976; Mash & Terdal, 1976).

Ein weiteres wichtiges diagnostisches Instrument ist die Verhaltensbeoachtung des Problemverhaltens, entweder durch den Therapeuten oder durch den Patienten selbst. Für die Selbstbeobachtung sollten dem Patienten vorbereitete Symptomtagebücher mitgegeben werden, in die er täglich das Auftreten (oder

Ausbleiben) des definierten Problemverhaltens, seine Intensität, Dauer und die Auftretensbedingungen eintragen soll (s. dazu Kapitel 15: Ergebnisevaluation).

Die Verfahren der Verhaltensdiagnostik sind im weiteren Verlauf für die Ergebnisevaluation zu nutzen. Bei der schriftlichen Berichterstattung sind an dieser Stelle die Methoden anzugeben, die zum Einsatz kommen sollen. Gegebenenfalls sind auch erste Testwerte mitzuteilen.

Kapitel 10

Bedingungsanalysen

10.1 Grundsätze der Bedingungsanalyse

Störungsbezogene Teilprobleme, die sich auf die Verhaltensauffälligkeiten des Patienten beziehen, werden im Rahmen der Störungsanalyse näher untersucht, prozeßbezogene Teilprobleme, die Probleme im therapeutischen Prozeß aufgreifen („Motivations- oder Beziehungsprobleme"), im Rahmen der Prozeßanalyse. Es kann jedoch Überlappungen geben, vor allem bei Persönlichkeitsstörungen oder anderen sozialen Auffälligkeiten.

In jedem Fall geht es darum, die potentiellen Bedingungen für das Auftreten des Istzustandes bzw. für das Ausbleiben des erwünschten Sollzustandes zu eruieren. Die für die Störungsanalyse vorgeschlagenen Bedingungsanalysen können grundsätzlich auch für die Bedingungsanalyse von Prozeßproblemen benutzt werden, teilweise auch umgekehrt.

10.1.1 Erstellen von Bedingungsmodellen

Ziel der Bedingungsanalyse ist es, die Ursachen oder aufrechterhaltenden Bedingungen[1] für die vorläufig definierten Teilprobleme aufzuspüren. Die Grundsätze solcher Bedingungsanalysen werden im folgenden primär für Verhaltensauffälligkeiten, also für störungsbezogene Teilprobleme besprochen; sie gelten jedoch gleichermaßen für die Bedingungsanalysen von Motivations- und Beziehungsproblemen, also prozeßbezogener Teilprobleme.

---

1 Unter „Störungsbedingungen" sollen im folgenden nicht nur Ursachen oder den Ist-Zustand aufrecherhaltende Bedingungen verstanden werden, sondern – aus einem finalen Blickwinkel betrachtet – auch die für die Erreichung des Sollzustandes erforderlichen oder zumindest förderlichen Bedingungen.

In der Tradition der sozialen Lerntheorie wird unterschieden zwischen ursächlichen Bedingungen bzw. Entstehungsbedingungen einerseits, die also für die Genese einer Störung und ihre etwaigen Veränderungen verantwortlich sind, und solchen Bedingungen, die dazu beitragen, daß das Problem auch heute aufrechterhalten bleibt, also nicht „spontan" verschwindet. Entstehungsbedingungen und aufrechterhaltende Bedingungen können, aber müssen nicht identisch sein.

Manche Therapietheorien sehen die Entstehungsbedingungen grundsätzlich auch für die gegenwärtige Situation als relevant an. In diesem Fall kann sich die Analyse auf die Entstehungsbedingungen beschränken. Andernfalls sollte die Bedingungsanalyse für jedes einzelne Teilproblem getrennt zunächst für die Gegenwart und ergänzend für die Genese durchgeführt werden.

Für die Indikation verhaltenstherapeutischer (aber auch vieler anderer, nicht-tiefenpsychologischer) Verfahren ist die Erklärung der Genese zwar von geringerer Bedeutung. Für die inhaltliche Ausgestaltung der Therapieverfahren, für ihre Konkretisierung, kann jedoch die Information, welche Bedingungen erstmals für das Auftreten der Störung relevant waren, hilfreich sein. Außerdem ist eine plausible Erklärung der Entstehung der Störung für die Motivierung des Patienten wichtig. Für seine Überzeugung, in dieser Therapie richtig aufgehoben zu sein und damit für das sekundäre Motiv der Aufrechterhaltung der therapeutischen Beziehung ist es wichtig zu verstehen, wie es zu den Problemen gekommen ist. Diese Erklärung muß dazu in erster Linie den Patienten subjektiv überzeugen (vgl. Kapitel 12). Eine „objektiv richtige" Erklärung der Genese kann gegebenenfalls für die Prävention von Rückfällen von Bedeutung sein.

Die Erklärung der Entstehung wie der Aufrechterhaltung eines Verhaltensproblems erfolgt nach dem gleichen Muster. Der Therapeut versucht, durch Rückgriff auf sein Bedingungswissen, auf Pathologietheorien, eine Verhaltensauffälligkeit zu erklären. Westmeyer (1990) formuliert die Frage, die sich der Therapeut stellen muß, wissenschaftstheoretisch exakt folgendermaßen: „Aufgrund von welchen **Ursachen** (Antezedensbedingungen) und welchen **Gesetzesannahmen** ist es der Fall, daß eine bestimmte psychische Störung entstanden ist, ausgelöst bzw. aufrechterhalten wird?" (S. 79; Hervorhebungen hinzugefügt).

Die Gesetzesannahmen einer Pathologietheorie nennen jeweils – allgemein oder für eine bestimmte Störung bzw. eine bestimmte Verhaltensauffälligkeit – potentielle, von dieser Theorie behauptete „Ursachen". Die erste Aufgabe des Therapeuten ist demnach, nach einer theoretischen Aussage zu der entsprechenden Verhaltensauffälligkeit zu suchen. Er wird sie voraussichtlich entweder bei dem störungsspezifischen Wissensbeständen oder bei den Therapietheorien finden (bzw. aufgrund seiner schulorientierten Ausbildung von vornherein „im Kopf haben").

Im zweiten Schritt muß der Therapeut nachprüfen, ob die von der theoretischen Gesetzesannahme postulierte Ursache oder, allgemeiner, Antezedensbedingung tatsächlich bei seinem Patienten vorliegt. Gelingt dies, so kann das Teilproblem als erklärt gelten: Die Antezedensbedingung ist die Ursache oder aufrechterhaltende Bedingung.

Dies zumindest ist der Idealfall einer deduktiv-nomologischen Erklärung (Groeben & Westmeyer, 1975). Im klinischen Alltag sind bestenfalls Annäherungen an diesen Idealfall möglich (Westmeyer, 1990). Das gilt schon deshalb, weil in der Psychologie grundsätzlich nur probabilistische Gesetzesaussagen vorliegen, also die Gültigkeit der gesetzmäßigen Zusammenhänge nur mit einer bestimmten Wahrscheinlichkeit postuliert wird. Hinzu kommt, daß für psychische Störungen in der Regel nicht nur eine, sondern mehrere Ursachen verantwortlich sind, und – „schlimmer" noch – daß bei verschiedenen Personen unterschiedliche Ursachen für den gleichen Sachverhalt verantwortlich sein können (Prinzip des „final common outcome"; Brody, 1981). Das bedeutet, daß die zu erklärende Verhaltensauffälligkeit im jeweiligen Einzelfall nicht mit Sicherheit auf die gefundene Antezedensbedingung zurückzuführen ist. Die Ergebnisse der Bedingungsanalyse sind folglich nur als Hypothesen zu verstehen: **Bedingungshypothesen** oder **hypothetische Bedingungsmodelle**.

Die gleichen Prinzipien gelten auch, wenn der Therapeut nicht nach den **existierenden** Bedingungen des gegenwärtigen, sondern nach den notwendigen, aber gegenwärtig, zumindest in der erforderlichen Form, **fehlenden** Bedingungen für den erwünschten Sollzustand sucht. Dies ist gewissermaßen die Erklärung eines noch nicht vorliegenden Sachverhalts, eine Prognose. Die Herstellung der in der Gesetzesannahme genannten Antezedensbedingungen würde vermutlich mit erhöhter Wahrscheinlichkeit den erwünschten Sollzustand herbeiführen.

Nicht in jedem Fall wird der erste Schritt des Therapeuten die Suche nach beziehungsweise der Rückgriff auf eine Theorie oder Gesetzesaussage sein. Vielfach erhält er unmittelbar vom Patienten oder durch eigene Beobachtungen einen Hinweis auf potentielle Antezedensbedingungen. Das gilt vor allem dann, wenn der Therapeut nicht nur erfragt oder beobachtet, unter welchen Bedingungen der interessierende Sachverhalt auftritt, sondern gerade auch, unter welchen Bedingungen er **nicht** auftritt. Gerade die Analyse solcher „Ausnahmen" kann entscheidende Hinweise auf relevante Bedingungen geben. Das gilt auch für die Frage, was eigentlich nach Erreichung des Sollzustandes alles anders wäre und was die Person dann anders machen würde.[2] Im zweiten

---

2 Nach systemischen Therapieansätzen, speziell dem der lösungs-orientierten Kurztherapie (Weakland, Fisch, Watzlawick & Bodin 1974; Walter & Peller, 1994), soll der Therapeut den Patienten direkt anhalten zu prüfen, was er tun könnte, um diese Ausnahme- oder Alternativbedingungen herzustellen. Es obliegt nicht dem Therapeuten zu prüfen, ob die genannten Bedingungen tatsächlich relevant sind; der Patient entscheidet selbst. Es ist jedoch davon auszugehen, daß der Therapeut zumindest implizit eine

Schritt sollte der Therapeut dann anhand seines Bedingungswissens die Relevanz dieser Variablen theoretisch überprüfen, ob sie also in irgendwelchen, möglichst empirisch bestätigten theoretischen Sätzen von Pathologietheorien oder Therapietheorien als Antezedensbedingung genannt werden. Nur dann kann das Vorgehen des Therapeuten als wissenschaftlich begründet gelten.

Die Bedingungsanalyse kann aus unterschiedlicher theoretischer Perspektive erfolgen, und das Ergebnis ist jeweils ein anderes Bedingungsmodell, eine andere hypothetische Erklärung des Teilproblems. Dieser Nachteil einer gewissen Beliebigkeit kann auch als Vorteil genutzt werden. Die verschiedenen Pathologie- und Therapietheorien sind für den Therapeuten Handwerkszeug; sie geben an, wonach zu suchen ist, wie der Sachverhalt zu interpretieren ist, also welche Hypothesen auf der Grundlage dieser Informationen aufgestellt werden sollten und unter welchen Voraussetzungen das möglich ist. Sie dienen gewissermaßen als „Brillen", mittels derer der Therapeut den ihn interessierenden Sachverhalt jeweils betrachtet.

10.1.2 Multiple Bedingungsanalysen

Es gibt unterschiedliche Therapie- oder Änderungstheorien, auf die der Therapeut bei der Bedingungsanalyse von prozeßbezogenen Teilproblemen zurückgreifen kann, und es gibt noch mehr unterschiedliche Pathologietheorien kleinerer oder größerer Reichweite, die zur Bedingungsanalyse von störungsbezogenen Teilproblemen genutzt werden können: allgemeine Theorien aus den verschiedenen Therapieschulen und spezifische Theorien der empirischen Forschung zu einzelnen Störungen. Allein das Spektrum der Variablen, die bislang in der Verhaltenstherapie zur Beschreibung und vor allem zur Erklärung von psychischen Störungen vorgeschlagen wurden, ist kaum überschaubar; die Auflistung in Tabelle 10.1 ist keineswegs erschöpfend.

Überprüfung vornimmt; unrealistische, moralisch nicht vertretbare oder offenkundig irrelevante Bedingungen wird der Therapeut kaum mit der Frage quittieren: „Und was könnten Sie tun, um diese Bedingungen herzustellen / zu fördern?". Der Unterschied zu dem hier vorgeschlagenen Vorgehen ist demnach kein prinzieller. Allerdings werden viele der Entscheidungs- und Analyseprozesse bei systemischen Therapieansätzen zunächst dem Patienten überlassen. Dies fördert sicherlich die Motivation und die Handlungsorientierung sowie die Selbstregulationskompetenz des Patienten und wird durchaus in manchen Fällen (in welchen?) für die Ingangsetzung einer Veränderung ausreichend sein. Doch der vom Patienten mit Unterstützung (und Steuerung) des Therapeuten gefundene Lösungsweg muß nicht notwendigerweise der beste oder effektivste sein. Bei dieser Bewertung wird allerdings ein allgemeines, nicht zuletzt auch vom einzelnen Patienten gewünschtes Oberziel vorausgesetzt: möglichst effektiv und effizient einen Zustand zu verändern, der im juristischen Sinn als Krankheit zu verstehen ist (Schulte, 1993 b).

Tabelle 10.1: Liste von Variablen oder Variablengruppen, die für die Bedingungsanalyse im Rahmen einer Verhaltensanalyse vorgeschlagen wurden. (Die meisten Variablen werden von verschiedenen Autoren genannt; im folgenden wird nur eine Quelle, möglichst die älteste angegeben.)

Organismus:	– Krankheiten, biologische Bedingungen (Kanfer & Saslow, 1969)
	– Medikamente (Lazarus, 1973)
	– Behinderungen, vorübergehende körperliche Zustände (Schulte, 1974)
	– Attraktivität (Goldstein & Stein, 1976)
	– Aktivierungsmuster (Krauß, 1993)
Umwelt:	– Verstärkungsmöglichkeiten (Lanyon & Lanyon, 1976)
	– Einschränkungen (Kanfer & Grim, 1977)
	– Stressoren (Schulte, 1981)
	– Kontext-Variablen (Dumas, 1989)
Soziale Bedingungen:	– Soziale Schicht, Milieu, Rasse, Geschlecht, Alter (als implizite Kriterien; Goldstein & Stein, 1976)
	– Modelle (Bandura, 1969)
	– Normen (Kanfer & Saslow, 1969)
	– Soziale Beziehungen (Lazarus, 1973)
	– Verhaltensspielraum anderer (Schulte, 1974)
	– System-Regeln (Bartling et al., 1980)
Defizite:	– Kognitive Defizite (Kanfer & Grim, 1977)
	– Soziale Defizite (Kanfer & Saslow, 1969)
	– Mangelnde Vorstellungsfähigkeit (Lanyon & Lanyon, 1976)
Persönlichkeit:	– Persönlichkeit (Eifert, Evans & McKendrick, 1990)
Emotionen:	– Affekte (Lazarus, 1973)
	– Konditionierte emotionale Reaktionen (Kanfer & Grim, 1977)
	– Autonome Reaktionen (Meyer & Turkat, 1979)
Selbst-regulation:	– des speziellen Verhaltens (Kanfer & Saslow, 1969)
	– allgemeine Kompetenz (Lanyon & Lanyon, 1976)
	– Selbstbeobachtung, Selbstverstärkung, Selbstkontrolle bei Konflikten, selbsterzeugte Stimuli, Selbregulation (Kanfer & Grim, 1977)
	– Standards (Bartling et al., 1980)
	– Selbstbewertung (Schulte, 1981)
Kognitionen:	– Einsicht (Bandura, 1969)
	– Vorstellungen (Lazarus, 1973)
	– Wahrnehmung, Interpretation, Bewertung (Bartling et al., 1980)
	– Selbstverbalisierungen (Meichenbaum, 1976)
	– Automatische Gedanken (Beck et al., 1981)
	– Irrationale Überzeugungen (Ellis, 1977)
	– Verdeckte/symbolische Aktivitäten, unangemessene Selbstbeschreibungen, Wissensmängel (Kanfer & Grim, 1977)
	– Attribuierungen (Sachse, 1979)
	– Erwartungen, Bewertungen (Fiedler, 1979)
	– Regeln, Pläne (Grawe & Dziwas, 1978)
	– Verhaltensziele (Schulte, 1981)
Therapie-motivation:	– „Willingness to permit control" (Lanyon & Lanyon, 1976)
	– Veränderungsbereitschaft (Fiedler, 1979)

Um dieser Vielfalt zumindest ansatzweise gerecht zu werden, wird in vielen Schemata zur Problemanalyse (z. B. Bartling et al., 1992, oder Krauß, 1993) implizit vorgeschlagen, bei der Analyse gleichzeitig Variablen aus verschiedenen Theorien als potentielle Bedingungen zu untersuchen. Dabei kommt es jedoch zu Schwierigkeiten. Denn die verschiedenen Variablen stehen nicht nur zu dem interessierenden Verhalten in Beziehung, sondern auch untereinander. Genaugenommen ist die Bedeutung einzelner Variablen ohne Berücksichtigung dieser Zusammenhänge nicht abzuschätzen. Hinzu kommt, daß sich in der Psychologie die unabhängigen Variablen aus unterschiedlichen Theorien teilweise überlappen; sie bezeichnen zum Teil gleiche Sachverhalte, nur von unterschiedlicher theoretischer Warte betrachtet.[3]

Eine bessere Möglichkeit, der Vielfalt potentieller Bedingungsvariablen gerecht zu werden, bestände darin, das Beziehungsgefüge der verschiedenen Variablen untereinander explizit zu berücksichtigen. Staats (1975) hat eine umfassende Theorie entwickelt, die verhaltenssteuernde Variablen sowohl aus Sicht der Lerntheorien als auch der Persönlichkeitspsychologie berücksichtigt. In den letzten Jahren ist diese Theorie in der Verhaltenstherapie als Grundlage für die Problemanalyse und als Rahmen für die parallele Berücksichtigung verschiedener Detailtheorien vorgeschlagen worden (Eifert & Evans, 1990; Eifert, Evans & McKendrick, 1990; Fernandez-Ballesteros & Staats, 1992). Doch auch mittels dieser Theorie lassen sich lediglich bestimmte Variablengruppen berücksichtigen. Eine allumfassende „Psychologie-Theorie" menschlichen Erlebens und Verhaltens gibt es nicht und wäre auf der Basis unseres heutigen, empirisch gesicherten Wissensstandes auch schwer zu rechtfertigen. Die psychologische Grundlagenforschung liefert verschiedene Teiltheorien zu begrenzten, sich überlappenden Gegenstandsbereichen.

Angesichts dieser Sachlage erscheint es angemessener, die verschiedenen Theorien bei der Bedingungsanalyse getrennt zu berücksichtigen (Schulte, 1983). Jede Theorie macht eine andere Suchstrategie für die Analyse des Einzelfalls erforderlich. Die Bedingungsanalyse sollte daher nacheinander aus jeweils einem anderen theoretischen Blickwinkel durchgeführt werden, wobei zum Teil neue, zusätzliche Sachverhalte in das Blickfeld geraten, zum Teil aber auch gleiche Sachverhalte aus unterschiedlicher theoretischer Sicht betrachtet werden. Jede dieser Analysen ist unabhängig von den anderen. Damit erlaubt dieser Verfahrensvorschlag grundsätzlich die Berücksichtigung von Theorien und Methoden auch unterschiedlicher Therapieschulen, also einen **technologischen Eklektizismus**.

Auch bei diesem sukzessiven Vorgehen ergibt sich am Ende die Frage der Integration: Wie können die Ergebnisse der verschiedenen Analysen anschlie-

---

3 Ein Beispiel: Die Variablen „Reaktions-Ergebnis-Erwartung" und zum Teil auch „Ergebnis-Folge-Erwartung" der Motivationstheorien bezeichnen aus einer kognitiven Sicht den gleichen Sachverhalt – wenn auch differenzierter – wie Skinners Konzept des diskriminativen Stimulus.

ßend zusammengebracht werden? Der Versuch, die verschiedenen Bedingungsvariablen zu einem einheitlichen Bedingungsmodell der Probleme des Patienten zusammenzufassen, würde erneut eine theoretische Integration erfordern, diesmal auf der Ebene eines singulären, nur eine Person betreffenden Modells – ein Unterfangen, das noch weniger zu begründen wäre und zu völlig beliebigen Analyseergebnissen führen würde, je nach subjektiven Vorlieben des einzelnen Therapeuten.

Angemessener ist es, die Ergebnisse jeder einzelnen Analyse für sich zu betrachten und zunächst die Schlußfolgerungen für das weitere Vorgehen zu ziehen, so als lägen nur die Ergebnisse dieser einen Bedingungsanalyse vor. Erst bei der Therapieplanung werden dann die verschiedenen Schlußfolgerungen zusammengetragen und zu einem Therapieplan zusammengestellt. Das betrifft alle Therapiemethoden, die für die verschiedenen Teilprobleme aufgrund jeweils unterschiedlicher Bedingungsanalysen prinzipiell indiziert wären, die unter den gegebenen Rahmenbedingungen auch durchführbar wären und deren Durchführung und zu erwartende Effekte erwünscht und ethisch vertretbar sind. Im Therapieplan ist dann festzulegen, welche Verfahren tatsächlich in welcher Reihenfolge zur Anwendung kommen sollen.

Bewertungskriterium für diese Integration ist jetzt nicht mehr die theoretische oder metatheoretische Vereinbarkeit, sondern das pragmatische Kriterium der praktischen Durchführbarkeit. Auch Methoden mit unterschiedlicher theoretischer Begründung können, sofern praktisch machbar, kombiniert werden. Statt einer theoretischen wird eine pragmatische Integration vorgenommen.

10.1.3 Überprüfung von Bedingungshypothesen

In der Forschung erfolgt die Überprüfung von Erklärungshypothesen in der Regel durch systematische, experimentelle Bedingungsvariation. Im Einzelfall ist das Vorliegen „ursächlicher" Beziehungen bedeutend schwerer zu überprüfen.

Um zunächst nachzuweisen, daß die Antezedensbedingung bei dem Patienten tatsächlich vorliegt, können im Falle von Persönlichkeitseigenschaften wie Introversion oder Ichschwäche gegebenenfalls Tests eingesetzt werden, im Falle situativer Bedingungen können Beobachtungen durchgeführt werden. Doch wie gezeigt, reicht das nicht aus. Es ist nicht nur erforderlich zu zeigen, daß die potentielle Antezedensbedingung vorliegt, sondern darüber hinaus sollte möglichst gezeigt werden, daß sie in diesem speziellen Einzelfall tatsächlich zumindest in irgendeiner funktionalen Beziehung zu dem zu erklärenden Sachverhalt, also der Verhaltensauffälligkeit, steht.

In Untersuchungen zur sozialen Wahrnehmung sind verschiedene Strategien der **Hypothesentestung im Alltagsgespräch** untersucht worden (z.B. Skov & Sherman, 1986; Snyder, 1981), die auch von Therapeuten im klinischen

Interview benutzt werden: die konfirmatorische, die neutrale und die diskonfirmatorische Strategie. Bei der **konfirmatorischen Strategie** werden lediglich Fragen formuliert, die die jeweilige Hypothese bestätigen können; man könnte auch von einer Verifizierungsstrategie sprechen. Dies ist eine im Alltag bevorzugte, jedoch nicht sehr valide Strategie. Psychotherapeuten benutzen häufiger eine unvoreingenommene, **neutrale Strategie** des Sammelns von Fakten (Hayden, 1987; Strohmer & Newman, 1983). Für die Hypothesenüberpüfung besonders effektiv ist allerdings die **diskonfirmatorische Strategie** (oder Falsifikationsstrategie). Bei dieser Strategie versucht die Person, die Hypothese zu widerlegen, indem geprüft wird, ob mit der Hypothese unvereinbare Sachverhalte vorliegen. (Z. B. kann die Zuwendung der Mutter nicht der entscheidende Verstärker für das kindliche Fehlverhalten sein, wenn dieses Verhalten genauso wahrscheinlich auch in Abwesenheit der Mutter auftritt; aufgrund des Unterscheidungslernens müßte das Verhalten bei Abwesenheit der Mutter gelöscht worden sein. Eine Falsifikationsfrage wäre also, ob das kritische Verhalten auch bei Abwesenheit der Mutter auftritt.) Die diskonfirmatorische Strategie kann gewissermaßen als Simulation eines Experiments angesehen werden: Die Bedingungsvariation wird nicht tatsächlich durchgeführt, sondern es wird nur erfragt, was jeweils unter verschiedenen Bedingungen passiert.

Psychologische Grundlage für Kausalurteile dieser Art oder für die Annahme einer funktionalen Beziehung zwischen zwei Sachverhalten ist die Feststellung oder der **Hinweis auf eine Kovariation** der beiden Sachverhalte: Sachverhalt A muß überzufällig unter Bedingung B und seltener unter Bedingung nicht-B auftreten; Veränderungen von A müssen mit Veränderungen von B einhergehen. Die Wahrnehmung solcher Kovariationen ist deutlich abhängig von entsprechenden Vorannahmen; sie ist also nicht sehr valide. Das gilt auch für die Kovarianzwahrnehmung der Psychotherapeuten (zusammenfassend Tabachnik & Alloy, in press). Es bedarf daher eines besonderen Trainings während der Ausbildung, um den Einfluß solcher Erwartungen einzugrenzen und Kovariationen zutreffend schätzen, allgemeiner, um funktionale Hypothesen im Einzelfall hinreichend valide überprüfen zu können.

10.2 Arbeitsschritte

Die Arbeitsschritte der Bedingungsanalyse sind für jedes (vorläufig definierte) Teilproblem und für jede gewählte theoretische Perspektive getrennt durchzuführen. Das gilt zunächst für die Erklärung der gegenwärtigen Situation, eventuell zusätzlich für die Erklärung der Genese (Entstehung und wesentliche Veränderungen der Verhaltensauffälligkeit).

1. **Zusätzliche analysespezifische Informationen:** Die erste Aufgabe des Therapeuten ist die Erhebung relevanter Informationen zu potentiellen Bedingungen. Welche Informationen der Therapeut erheben sollte, wird we-

sentlich von der Theorie bestimmt, auf deren Grundlage die Bedingungsanalyse durchgeführt wird.

2. **Interpretation/Bedingungsmodelle:** Im nächsten Schritt sind die Informationen durch Rückgriff auf die gewählte (störungsspezifische oder therapie-
   spezifische) Theorie zu interpretieren, und diese Interpretation ist nach
   Möglichkeit zu überprüfen (validieren). Interpretation und Informationserhebung sind zeitlich nicht scharf voneinander zu trennen: Der Therapeut
   erhält beispielsweise in der Exploration eine Information, die ihn zu einer
   bestimmten Interpretation veranlaßt. Durch eine unmittelbar anschließende
   Falsifikationsfrage versucht er, diese Interpretation zu prüfen. Widerspricht
   die Antwort den theoretischen Erwartungen, wird er seine Informationssu-
   che fortsetzen.

3. **Strukturierung:** Diagnostik ist kein Selbstzweck; der Therapeut muß aus
   den Ergebnissen der Bedingungsanalyse Schlußfolgerungen für das weitere
   Vorgehen ziehen. Das betrifft zunächst die Frage, ob das analysierte Teilproblem weiterhin als eigenständiges Teilproblem beibehalten oder verändert beziehungsweise durch ein anderes Teilproblem ergänzt oder ersetzt
   werden sollte. (Darauf ist im letzten Kapitel bereits ausführlich eingegangen
   worden.)

Eine Bedingungsanalyse kann zu dem Ergebnis führen, daß das analysierte
Problemverhalten Folge eines anderen Problemverhaltens ist. Wenn etwa ein
Patient selbst belastende oder das Symptom „auslösende" Bedingungen herstellt oder aufsucht, sollte dieses Verhalten als neues oder zusätzliches Teilproblem definiert und erneut eine Bedingungsanalyse für dieses neue Teilproblem durchgeführt werden.[4]

Ansonsten können die aufrechterhaltenden (beziehungsweise behindernden)
Bedingungen des Problemverhaltens als potentielle **Interventionspunkte** festgehalten werden.

4. **Therapiemethoden:** Mit der Angabe der Bedingungen oder Barrieren ist
   die Problembeschreibung des Teilproblems vollständig, und die Indikationsfrage ist (erneut) zu stellen: Gibt es Methoden, die in der Lage sind, das
   Problem zu lösen, beziehungsweise nun konkreter: die in der Lage sind,
   den Interventionspunkt „Problembedingungen" zu modifizieren. Auch indizierte Methoden zur Veränderung von Ist- oder Sollzustand sind aufzuführen; sie wurden bereits im Rahmen der Formulierung von Teilproblemen
   im vorausgehenden Kapitel besprochen.

---

4 Es sei nochmals daran erinnert, daß diese Analysen nach hinreichender Ausbildung
   fortlaufend **während** einer Exploration durchgeführt werden. In dem genannten Beispiel
   bedeutet das also, daß der Therapeut im Gespräch nun nach den Umständen des „auf-
   suchenden Verhaltens" sucht.

Für jeden Interventionspunkt sind die Methoden zu nennen, die prinzipiell indiziert wären, die unter den Rahmenbedingungen dieses Einzelfalls auch praktisch durchführbar wären und deren Durchführung ethisch vertretbar wäre.

5. **Beziehungsgestaltung:** Der Therapeut sollte im übrigen nicht nur nach Methodenregeln suchen, die für den vorliegenden Interventionspunkt indiziert wären, sondern auch nach Beziehungsregeln. Inzwischen sind nicht nur für die Anwendung bestimmter Therapiemethoden (im engeren Sinn), sondern auch für einzelne psychische Störungen besondere Empfehlungen für die Gestaltung der therapeutischen Beziehung erarbeitet worden (z. B. Hautzinger, 1992; Margraf & Schneider, 1992).

6. **Bedingungsmodelle zur Genese:** Falls erforderlich, sind zusätzlich Bedingungsmodelle für die relevanten Phasen der Problemgenese zu erarbeiten.

Im folgenden Kapitel werden zunächst die Bedingungsanalysen zur Störungsanalyse besprochen, die also zur Analyse störungsbezogener Teilprobleme geeignet sind. In den nachfolgenden Kapiteln 12 und 13 werden dann die Bedingungsanalysen für Prozeßprobleme behandelt: Motivationsanalyse und Beziehungsanalyse.

Kapitel 11

Störungsanalyse

Unterschieden wird zwischen **allgemeinen** Störungsanalysen, die von Psychotherapeuten grundsätzlich, unabhängig von ihrer therapietheoretischen Orientierung und unabhängig von den jeweiligen individuellen Problemen des Patienten durchgeführt werden sollten, und **spezifischen** – methodenspezifischen oder störungsspezifischen – Störungsanalysen. Methodenspezifische Störungsanalysen aus Sicht der (kognitiven) Verhaltenstherapie werden in diesem Kapitel dargestellt; Hinweise auf störungsspezifische Bedingungsanalysen für Angststörungen finden sich im Teil III des Buches.

11.1 Allgemeine Störungsanalysen

Auf der Grundlage sehr allgemeiner Theorien über die Mit-Verursachung von psychischen Störungen durch äußere und durch körperliche Bedingungen werden im folgenden zwei allgemeine Bedingungsanalysen vorgeschlagen, die in jedem Fall durchgeführt werden sollten. Mittels dieser Analysen sollte der Therapeut zunächst klären oder klären lassen, ob nicht körperliche oder äußere Bedingungen für die Verhaltensauffälligkeiten (mit-)verantwortlich sein könnten, bevor er nach speziellen psychologischen Bedingungen sucht.

11.1.1 (I) Analyse äußerer Rahmenbedingungen

Verhaltensauffälligkeiten des Patienten können durch besonders belastende Lebensbedingungen, etwa der Wohnverhältnisse, der beruflichen Anforderungen, der finanziellen Situation und vor allem der sozialen Lebensbedingungen mitbedingt sein. **Streß** ist für eine Vielzahl von psychischen Störungen von Bedeutung, aber er ist – außer vielleicht bei Krisenreaktionen oder Anpassungsstörungen – nicht alleine für das Auftreten der Störungen verantwortlich. Streß ist vielmehr ein Risikofaktor, der die Auftretenswahrscheinlichkeit vielfältiger Verhaltensauffälligkeiten erhöht.

Streß ist das Resultat einer Wechselwirkung von äußeren Belastungssituationen, den Stressoren, und personalen Bedingungen: der subjektiven Einschätzung der Situation als bedrohlich und der eigenen Bewältigungsmöglichkeiten als unzureichend (Lazarus, 1981). Situationen, die mit großer Wahrscheinlichkeit zu Streß führen, sind „lebensverändernde Ereignisse", die eine Veränderung von Verhaltensgewohnheiten erfordern, beispielsweise Heirat, Geburt eines Kindes, Tod eines nahen Angehörigen, Arbeitslosigkeit, Umzug oder schwere Krankheit. Neben solchen bedeutenden Veränderungen führt auch die Summation kleiner, alltäglicher Belastungen (daily hazzles) zu Streß: der Zeitdruck, die verpaßte U-Bahn, Überforderungen.

Als besonders wichtiger Spezialfall äußerer Kontextbedingungen sind die **sozialen** Lebensbedingungen zu nennen. Damit sind Merkmale des Zusammenlebens in der Familie, der Partnerschaft, gegebenenfalls auch in anderen, für die Person relevanten sozialen Gemeinschaften gemeint, z.B. Wohngemeinschaften, Kollegenkreis oder Jugendgruppe. Neben anderen können die folgenden Besonderheiten als mögliche Belastungsfaktoren genannt werden: häufige Streitigkeiten oder massiver Konkurrenzdruck in der Gruppe, Mangel an sozialer Geborgenheit und gegenseitiger Bestätigung in der Familie, Familienmitglieder mit schweren Krankheiten oder psychischen Störungen. Bei Kindern und Heranwachsenden kann das Fehlen eines Elternteils aufgrund von Trennung, Scheidung oder Tod Probleme begünstigen.

Streß ist nicht nur für die Genese von Verhaltensauffälligkeiten von Bedeutung, sondern auch für ihre Aufrechterhaltung. Die belastenden äußeren Lebensbedingungen verhindern oder erschweren möglicherweise die Zielerreichung beziehungsweise begünstigen die Schwierigkeiten. Beispielsweise können „Konzentrationsschwierigkeiten" eines neunjährigen Schülers wesentlich dadurch (mit-)bedingt sein, daß seine verwitwete Mutter mit ihren insgesamt fünf Kindern, davon eines geistig behindert, in einer sehr kleinen Wohnung lebt und der Junge seine Schularbeiten in dem einzigen Zimmer, das als Aufenthaltsraum für alle dient, machen muß.

134

Arbeitsschritte:

1. Zusätzliche analysespezifische Informationen:
Suche nach besonders belastenden äußeren und sozialen Lebensbedingungen (Stressoren).

2. Interpretation/Bedingungsmodelle:
Der Therapeut sollte sich die Frage stellen, ob sich unter diesen Umständen die Wahrscheinlichkeit für solche Schwierigkeiten, wie sie der Patient zeigt, für vergleichbare andere Personen (gleichen Alters, gleichen Geschlechts, ähnlichen Berufs usw.) auch entsprechend erhöhen würde. Falls ja, sind die **belastenden Umweltbedingungen** (Stressoren) als hypothetische Bedingungsdiagnose aufzuführen, selbst wenn eine spezielle funktionale Beziehung zu den jeweiligen Verhaltensauffälligkeiten nicht angegeben werden kann.

3. Strukturierung:
Im nächsten Schritt ist zu fragen, ob die Person diese Stressoren „aufsucht" oder durch ihr eigenes Verhalten wesentlich zu ihrem Auftreten beiträgt. In solch einem Fall wäre dieses Verhalten als zusätzliches oder alternatives Teilproblem zu definieren; im anderen Fall sind die Stressoren potentielle Interventionspunkte.

4. Therapiemethoden:
Indiziert sind prinzipiell Maßnahmen (in der Regel nicht im engeren Sinn psychotherapeutische Maßnahmen), die zu einer Reduktion der belastenden Umstände führen, oder – sekundär – Trainings zur Verbesserung von Copingstrategien (Streßbewältigungstraining).

(Äußere Bedingungen können auch als indirekte und längerfristige Auswirkungen oder **Folgen** der Verhaltensauffälligkeit relevant werden. Die Verhaltensauffälligkeiten können dazu beitragen, daß bestimmte Lebensumstände (weiterhin) gegeben oder gerade nicht gegeben sind. Die Analyse solcher äußerer Folgen erfolgt im Rahmen der Motivationsanalyse; s. Kapitel 12.

Sofern das Auftreten, das Verschwinden oder die Variation dieser Umgebungsbedingungen innerhalb von Verhaltensepisoden systematisch als „Auslöser" für das Auftreten oder die Ausprägung des Problemverhaltens (oder des Zielverhaltens) mitverantwortlich sind, sollten sie nicht hier, sondern besser als Situationsvariablen bei der Verhaltensanalyse (Abschnitt 11.3) berücksichtigt werden.)

11.1.2 (II) Analyse körperlicher Rahmenbedingungen

Verhaltensauffälligkeiten können unmittelbare Symptome einer somatischen Erkrankung oder Behinderung sein; dies ist auf jeden Fall durch geeignete medizinische Untersuchungen abzuklären. Verhaltensauffälligkeiten können aber auch indirekt durch körperliche Faktoren mitbedingt sein. Eine Krankheit kann aufgrund veränderter körperlicher Funktionen oder Prozesse, z.B. eingeschränkter Hörfähigkeit, oder mittelbar durch Beeinflussung der Lebensgewohnheiten oder Umstände, z. B. regelmäßige belastende medizinische Behandlungen, Verhaltensauffälligkeiten nach sich ziehen oder zumindest verstärken oder stabilisieren.

Das gilt nicht nur für Symptome von Krankheiten, sondern auch für Auswirkungen körperlicher oder schwerer geistiger Behinderungen oder für Auswirkungen nichtpathologischer körperlicher Auffälligkeiten, z. B. konstitutioneller Merkmale wie Übergewicht oder auffällige Narben.

Arbeitsschritte:

1. Zusätzliche analysespezifische Informationen:
Der Therapeut sollte daher Informationen über körperliche Krankheiten, Behinderungen und Auffälligkeiten erheben und – sofern noch nicht geschehen – den Patienten ärztlich untersuchen lassen.

2. Interpretation/Bedingungsmodelle:
Die körperlichen Bedingungen sind gegebenenfalls als Bedingungsvariablen aufzuführen.

3. Strukturierung:
Sind indirekt körperliche Besonderheiten relevant, die medizinisch nicht behandelbar sind, kann die Förderung des Umgehens mit den körperlichen Besonderheiten zu einem (zusätzlichen) Teilproblem werden.

4. Therapiemethoden:
Zu prüfen ist, ob – gegebenenfalls ergänzend zur Psychotherapie – eine somatische Behandlung der körperlichen Bedingungen hilfreich wäre, auch dann, wenn diese Behandlung nicht primär medizinisch indiziert wäre (etwa bei Schönheitsoperationen).

11.2 Grundlagen verhaltenstherapeutischer Bedingungsanalysen

In den nachfolgenden Teilen dieses Kapitels werden Bedingungsanalysen aus kognitiv-verhaltenstherapeutischer Sicht vorgestellt, um über den Einsatz kognitiv-verhaltenstherapeutischer Verfahren entscheiden zu können. Regeln für Bedingungsanalysen aus anderer therapietheoretischer Sicht zur Indikationsentscheidung über andere Therapiemethoden könnten prinzipiell nach dem gleichen Grundmuster ergänzt werden.

Die Verhaltenstherapie hat viele verschiedene Therapiemethoden entwickelt. Vor allem zu Beginn entstanden diese Methoden aus der Anwendung und Übertragung lernpsychologischer Forschungsergebnisse auf psychische Störungen. Mittels dieser Methoden wird im wesentlichen versucht, ,,unangemessenes" Verhalten durch Veränderung verhaltenssteuernder Stimuli und Kontingenzen (die Relation von Verhalten und Stimuli) zu modifizieren. Die Stimuli und Kontingenzen sind die Interventionspunkte und die Indikationskriterien für ihren Einsatz.

Für die Indikationsstellung oder Planung solcher Verfahren wurde von Autoren, die durch die Skinnersche Lerntheorie beeinflußt waren, die funktionale Verhaltensanalyse vorgeschlagen (Lindsley, 1964; Ferster, 1967; und vor allem Kanfer und Saslow, 1965, 1969, deutsch 1974). Da nach der Theorie Skinners die Modifikation des Verhaltens durch Modifikation der das Verhalten steuernden Stimuli erfolgt, ist es notwendig, im Einzelfall zunächst die Stimuli zu identifizieren, die momentan das Verhalten kontrollieren, also aufrechterhalten oder behindern. Für diese Analyse schlug Lindsley (1964) vor, das Verhalten R in Abhängigkeit von den vorausgehenden Stimuli S, den nachfolgenden, verstärkenden oder bestrafenden Konsequenzen C und der Kontingenz K, mit der diese Konsequenzen dem Verhalten folgen, zu betrachten. Kanfer und Saslow erweiterten diese Analyse noch um die Variable Organismus O, mit der biologische Bedingungen des Verhaltens gemeint waren. Diese sogenannte Verhaltensgleichung S-O-R-K-C hat die Verhaltensanalyse wesentlich geprägt.

Um bei einem Patienten die existierenden oder die erwünschten Kontingenzen von Reaktion und Stimuli zu untersuchen und folglich über die Indikation dieser „klassischen" verhaltenstherapeutischen Verfahren entscheiden zu können, ist eine solche **Verhaltensanalyse** aus lerntheoretischer Sicht durchzuführen.

Im Laufe der Zeit wurde viele Erweiterungen und Veränderungen der Verhaltensanalyse oder auch gänzlich andere Analyseschemata vorgeschlagen[1], um weitere oder andere potentielle Bedingungsvariablen zu berücksichtigen. Oft führt allerdings die Kenntnis dieser Variablen nicht zur Indikationsstellung anderer, weiterer Therapieverfahren, sondern „nur" zu einer umfassenderen (oder bevorzugteren) Erklärung der Verhaltensauffälligkeiten. Dies ist das primäre Anliegen des Forschers, aber nicht des praktisch tätigen Therapeuten. Er soll nicht erklären, sondern Veränderungen in Gang setzten – das wünscht sein

---

1 U.a. Acierno, Hersen, van Hasselt & Ammerman, 1994; Cautela & Upper, 1975; Dumas, 1989; Eifert, Evans & McKendrick, 1990; Evans & Wilson, 1983; Fensterheim, 1983; Fernandez-Ballesteros & Staats, 1992; Galassi & Perot, 1992; Goldfried & Sprafkin, 1974; Goldstein & Stein, 1976; Groden, 1989; Hawkins, 1986; Haynes & O'Brian, 1990; Jackson, 1982; Kanfer & Grimm, 1977; Kanfer & Nay, 1982; Kanfer & Saslow, 1965, 1969; Lanyon & Lanyon, 1976; Levine & Sandeen, 1985; Meyer & Evans, 1989; Meyer & Turkat, 1979; Nelson, 1988; Nurcombe, 1987; Nurcombe & Fitzhenry-Coor, 1987; Owens & Ashcroft, 1982; Owens & Jones, 1992; Peterson & Sobell, 1994; Samson & McDonnell, 1990; Stuart, 1970; Turkat, 1988; Turkat & Meyer, 1982; Wolpe, 1977; im deutschsprachigen Raum Bartling et al., 1980, 1992; Caspar, 1989; Fiedler, 1979; Grawe, 1980; Kolb & Hoffmann, 1987; Krauß, 1993; Sachse, 1979; Schmook et al., 1974; Schulte, 1974, 1981.

Patient, und dafür wird er bezahlt. Erklärung ist nur insoweit erforderlich und gerechtfertigt, als sie für die Therapieplanung und -durchführung hilfreich ist.

Die wichtigsten Weiterentwicklungen der Verhaltenstherapie resultierten aus dem Versuch, alleine oder zusätzlich zu den Stimuli und Kontingenzen auch Kognitionen als verhaltenssteuernde Variablen zu betrachten. Kognitiv-verhaltenstherapeutische Verfahren zielen auf die unmittelbare Modifikation von Kognitionen ab, und dysfunktionale Kognitionen unterschiedlicher Art sind das Indikationskriterium für diese Methoden. Die **Kognitionsanalyse** dient dazu, solche unangemessenen, dysfunktionalen kognitiven Variablen aufzuspüren.

Diagnostik hat in der Regel bereits Rückwirkungen auf den Patienten. Der Inhalt der gestellten Fragen und die damit beim Patienten ausgelösten Überlegungen können bereits therapeutische Auswirkungen haben. Das gilt in unterschiedlichem Ausmaß für verschiedene diagnostische Strategien. Besonders deutlich trifft das auf die Kognitionsanalyse zu: Das Erkennen bestimmter Kognitionen und ihrer Funktion („Einsicht") – allerdings durch den Patienten – ist bereits ein wesentliches Element kognitiver Therapieverfahren. Diagnostische Analyse und Therapie lassen sich demnach nicht scharf trennen.

Trotz vieler Unterschiede gibt es Gemeinsamkeiten der Theorienbildung innerhalb der Verhaltenstherapie und folglich der darauf fußenden Bedingungsanalysen; sie werden zunächst besprochen.

11.2.1 Funktionale Analyse

In der Tradition Skinners wird die Suche nach aufrechterhaltenden (beziehungsweise bei Verhaltensmängeln: behindernden) Bedingungen im Einzelfall als funktionale Analyse bezeichnet. Funktionale Analyse bedeutet in der Psychologie, daß die Relevanz einer unabhängigen Variablen lediglich bestimmt wird durch den Nachweis ihrer Funktion für eine andere abhängige Variable, hier das interessierende Verhalten. Variablen sind funktional relevant, wenn sich der Wert der abhängigen Variable mit dem Wert der unabhängigen Variable systematisch verändert. Durch eine funktionale Analyse können Relationen zwischen Variablen aus unterschiedlichen Bereichen, die auf den ersten Blick nichts miteinander zu tun haben, hergestellt werden. Eine weitergehende theoretische Erklärung dieser **funktionalen Relation** erfolgt nicht. Andere Theorien bleiben nicht bei dem Hinweis auf eine funktionale Relation stehen, sondern versuchen, diese Beziehung durch Einführung vermittelnder Variablen oder theoretischer Konstrukte näher zu erklären.

In der Praxis wird ein Therapeut eine Variable als vermutlich funktional relevant identifizieren können, wenn er eine systematische Kovariation zwischen Veränderungen dieses Sachverhalts einerseits und Auftreten, Dauer, Intensität oder Erscheinungsweise des interessierenden Verhaltens andererseits beobach-

138

tet. Er wird solche Kovariationen auch in der Exploration durch gezieltes Fragen erschließen.

In der Regel erfolgt dieses Suchen nach möglicherweise funktional relevanten Sachverhalten nicht nach dem Prinzip von Versuch und Irrtum, sondern durch theoretische Vorannahmen geleitet – darauf hat schon Ferster (1967) hingewiesen. Beispielsweise könnte aus Sicht der Skinnerschen Verhaltenstheorie die für das Trotzverhalten eines Kindes funktional relevante Variable das dem Verhalten regelmäßig unmittelbar nachfolgende Ereignis sein (erster Hinweis der Theorie auf die Antezedensbedingung). Tatsächlich stellt der Therapeut fest, daß ein bestimmtes Ereignis recht regelmäßig auf das Trotzverhalten folgt, nämlich die „Zuwendung der Mutter". Der zweite theoretische Hinweis betrifft die Art der funktionalen Beziehung zwischen dem Verhalten und diesem nachfolgenden Ereignis: Es könnte sich um eine positive Verstärkung handeln, die die Erhöhung oder Stabilisierung der Auftretenswahrscheinlichkeit dieses Verhaltens zur Folge hat. Wie dargestellt, muß der Therapeut versuchen, diese funktionalen Zusammenhänge im Einzelfall zu überprüfen.

11.2.2 Analyseebenen

Pathologietheorien lassen sich danach unterscheiden, ob sie den aktuellen Zustand (state) des Individuums beziehungsweise das aktuell auftretende Verhalten (Episoden- und Zustandsanalyse) oder vielmehr überdauernde Bedingungen, Zustände (traits) oder Vorgänge (Analyse überdauernder Bedingungen) thematisieren. Für die praktische Anwendung ist diese Unterscheidung wichtig, weil dadurch grundsätzlich andere Such- oder Analysestrategien erforderlich werden.

Bei der **Episoden- und Zustandsanalyse** wird nach den Variablen gesucht, die für das unmittelbare Auftreten des Verhaltens relevant sind. Das interessierende Problemverhalten tritt auf in raum-zeitlich lokalisierbaren Episoden von Geschehnissen. Zur Analyse kann der Therapeut gewissermaßen für jedes Auftreten des Problemverhaltens ein Zeitfenster öffnen, in dessen Mittelpunkt dieses Verhalten steht (oder ein Alternativverhalten zu dem an sich erwünschten Verhalten – z.B. „Ich habe wieder nicht gewagt, die Angelegenheit anzusprechen, sondern bin aus dem Raum gegangen!"). Dieses Verhalten sowie dasjenige, was regelmäßig unmittelbar vor diesem Verhalten passiert, der aktuelle psychische und körperliche Zustand sowie die unmittelbaren Ergebnisse oder Konsequenzen werden zum Gegenstand der Analyse solcher Verhaltensepisoden. Für die Verhaltensanalyse aus lerntheoretischer Sicht sind dabei die tatsächlich eintretenden oder ausbleibenden Konsequenzen von Interesse, für die Kognitionsanalyse vor allem die subjektiv erwarteten und die „übersehenen" Folgen.

Der Patient kann für solche Verhaltensepisoden in der Regel konkrete Beispiele erzählen, wann etwa das letzte Mal das Problemverhalten aufgetreten beziehungsweise wiederum nicht aufgetreten ist, in welcher Situation das passierte, was dem unmittelbar vorausging, was ihm nachfolgte, wie er sich fühlte und was ihm durch den Kopf ging.

Soweit diese inneren und äußeren Situationsaspekte in einer funktionalen Beziehung zu dem interessierenden Problemverhalten stehen, also die Auftretensform des Verhaltens (seine Häufigkeit, Intensität oder Dauer) oder die Erscheinungsform in dieser Situation beeinflussen, können sie als **Zustandsbedingungen** bezeichnet werden. Liegt ein Mangel des Problemverhaltens vor, so sind Zustandsbedingungen solche Aspekte einer Verhaltensepisode, die das Problemverhalten behindern beziehungsweise das Auftreten eines Alternativverhaltens fördern, oder Bedingungen, die das Auftreten des erwünschten Verhaltens fördern würden, die gegenwärtig jedoch fehlen oder zu schwach ausgeprägt sind.

Bei der **Analyse überdauernder Kontextbedingungen** geht es um den Einfluß von Sachverhalten oder Zuständen, die auch schon vor und auch nach den Verhaltensepisoden existieren, z. B. häuslicher Dauerstreß, eine körperliche Krankheit, ein äußerst starres Normensystem, Arbeitslosigkeit, eine fordernde Familie oder bestimmte überdauernde Personmerkmale – je nach Gegenstandsbereich der Pathologietheorie. Solche überdauernden Bedingungen können als distale, dem Problem vorausgehende Bedingungen das Problem beeinflussen und außerdem (als Folgen) durch das Problem verändert beziehungsweise gegen Veränderungen geschützt werden.

Auch überdauernde Bedingungen und deren Veränderung (oder Verhinderung einer Veränderung) beeinflussen die Auftretenswahrscheinlichkeit oder Intensität des Problemverhaltens. Dumas (1989) spricht vom Kontext oder kontextuellen Rahmen, in den die unmittelbaren Verhalten-Bedingungs-Kontingenzen (die Bedingungsrelationen der Verhaltensepisoden) eingebettet sind, so wie eine Figur in einen Hintergrund. Kontextbedingungen – etwa ein starres Normensystem – existieren in der gleichen Weise nicht nur innerhalb des Zeitfensters der Verhaltensepisoden, sondern schon längere Zeit vor dem aktuellen Auftreten des interessierenden Verhaltens, während und nach dessen Auftreten. Doch möglicherweise existieren Verhaltensepisoden mit diesem auffälligen Verhalten überhaupt erst in dieser krassen Form, seit die Person solche starren Normen hat.

Es kann sein, daß überdauernde Bedingungen dadurch indirekt Einfluß auf das Auftreten der Verhaltensauffälligkeiten nehmen, daß sie kritische Zustandsvariablen vermehren (z. B.: Nach einem Schulwechsel – eine neue überdauernde Bedingung – kommt es für einen Schüler häufiger zu bedrohlichen Leistungssituationen beziehungsweise Überforderungen – Zustandsbedingungen – und damit zu Angstreaktionen). Überdauernde Bedingungen, wie ein besonderes Interesse oder ein besonderer Lebensumstand, können auch dazu führen, daß sich der Patient selbst häufiger in Situationen manövriert oder begibt, die verhaltenssteuernde Stimuli enthalten (z. B. Aufsuchen einer Kneipe durch ei-

140

nen Alkoholiker). Andere Pathologietheorien nehmen an, daß durch überdauernde Bedingungen, z. B. durch bestimmte kognitive Schemata der Informationsverarbeitung, die Schwelle für Reaktionen auf bestimmte Zustandsbedingungen gesenkt wird oder daß bestimmte Umstände „in einem anderen Licht" gesehen werden oder anderen Verstärkungswert erhalten. Problemverhalten kann außerdem Veränderungen allgemeiner Lebensumstände oder überdauernder Personmerkmale zur Folge haben oder aber – wichtiger noch – solche Veränderungen verhindern; dies kann wichtigen Motiven der Person entsprechen.

Die überdauernden Kontextbedingungen sind dafür verantwortlich, daß Verhaltensmerkmale situationsübergreifend festzustellen sind und daß bei einer Person verschiedene Verhaltensweisen überzufällig häufig gemeinsam auftreten.

In der Verhaltenstherapie sind beide Formen von Bedingungsvariablen von Bedeutung. Die Lerntheorie hat vor allem die Funktion von Stimuli als aktuelle Zustandsbedingungen des Verhaltens untersucht. Folglich ist die Verhaltensanalyse eine Episoden- und Zustandsanalyse. Bei den kognitiven Weiterentwicklungen der Verhaltenstherapie sind Kognitionen sowohl als Zustandsbedingungen (vor allem von Meichenbaum, 1979) als auch als überdauernde Bedingungen (vor allem von Ellis, 1977, und von Beck, 1979) konzipiert worden. Folglich wird die Kognitionsanalyse sowohl als Episoden- und Zustandsanalyse als auch als Analyse überdauernder Kontextbedingungen durchgeführt.

Die Verhaltensanalyse und der erste Teil der Kognitionsanalyse – also die Episoden- und Zustandsanalysen – sind nacheinander und für jedes der bei der Problemformulierung (vorläufig) unterschiedenen Teilprobleme getrennt durchzuführen, die überdauernden kognitiven Bedingungen können für alle Teilprobleme gemeinsam analysiert werden.

11.3 (III) Verhaltensanalyse

Auch die lernpsychologische Grundlagenforschung hat sich in den letzten Jahren weiterentwickelt und vermehrt biologische oder kognitive Variablen berücksichtigt. Wenn trotzdem im folgenden auch weiterhin die klassische Verhaltensanalyse als eine Form der Bedingungsanalyse empfohlen wird, so hat das vor allem zwei Gründe. Zum einen veranlaßt diese Sichtweise den Therapeuten zu einer Betrachtung der Probleme, die sich wesentlich von allen anderen theoretischen Perspektiven unterscheidet. Sie zwingt ihn, nicht auf die Person und ihr „Innenleben" zu schauen, sondern auf die äußere Umgebung, wie sie auf das Verhalten der Person reagiert oder sich verändert. Dies läßt nicht nur Rückschlüsse auf „Ursachen" zu, sondern auch Rückschlüsse auf Zusammenhänge mit anderen Problemen oder auf relevante Lebensbedingungen.

Der zweite Grund, auch weiterhin die klassische Verhaltensanalyse durchzuführen, ist in zumindest einigen der klassischen Therapiemethoden der Verhaltenstherapie zu sehen. Während die Wirkungsweise einiger Verfahren, etwa der systematischen Desensibilisierung, heute nicht mehr rein lerntheoretisch begründet und erklärt wird, sind andere Methoden, vor allem operante Verfahren, nach wie vor als „angewandte Lernprinzipien" anzusehen. Um sie rational begründet einsetzen zu können, ist eine funktionale Verhaltensanalyse erforderlich.

Die Verhaltensanalyse und ihre theoretischen Grundlagen sind relativ komplex. Die nachfolgenden theoretischen Ausführungen sind lediglich zur Rekapitulation lerntheoretischer Grundkenntnisse gedacht. Fehlen diese, so ist zunächst die Lektüre entsprechender Lehrbücher zu empfehlen (Hinweise am Ende dieses Kapitels). Obwohl die lerntheoretischen Grundannahmen vergleichsweise einfach sind, ist ihre Anwendung schwierig.

11.3.1 Theoretische Grundlagen

Als relevante Zustandsbedingungen werden bei der Verhaltensanalyse in erster Linie die physikalisch beschreibbaren Gegebenheiten einer Situation angenommen, also alle Merkmale der Umwelt, einschließlich der sozialen Umwelt, d.h. des Verhaltens anderer Personen. Diese werden als **Stimuli** (S) bezeichnet. Auch das Verhalten (R) (Verhalten im engeren Sinn) der Person selbst kann ein Stimulus sein. Denn wie andere Stimuli ist auch das eigene Verhalten von dritten Personen und von der Person selbst prinzipiell wahrnehmbar.

Von diesen **äußeren (wahrnehmbaren) Stimuli** sind die **inneren Stimuli** zu unterscheiden, die nur von der betroffenen Person selbst wahrgenommen werden können, nämlich ihr eigenes Verhalten im weiteren Sinn:
- manche ihrer physiologischen Reaktionen, die durch das autonome Nervensystem gesteuert werden, z.B. Herzjagen, oder bestimmte körperliche Zustände, z.B. Blasendruck. Um verhaltenssteuernd wirksam zu werden, ist es nicht unbedingt notwendig, daß die Person den inneren Zustand bewußt wahrnimmt;
- eigene emotionale Reaktionen (wahrnehmbar nicht nur über die körperlichen Begleitumstände, sondern auch als unmittelbares emotionales Erleben) und
- Vorstellungen von oder Gedanken an Situationen (Kognitionen).

Kognitionen werden demnach auch bei der Verhaltensanalyse berücksichtigt, aber nur bezüglich ihrer Abbildfunktion im Sinne kognitiver Repräsentation (gedachter oder vorgestellter) äußerer Stimuli. Als Ergebnis dieser Vorstellung oder dieses Gedankens ist eine Situation *in sensu* gegeben, und solche vorgestellten Stimuli können nahezu gleiche verhaltenssteuernde Funktionen haben wie physikalisch reale Stimuli: als Emotionen auslösende konditionierte Stimuli, als förderliche beziehungsweise hinderliche Stimuli für operantes Verhalten oder als nachfolgende, verstärkende Stimuli. Die Kognitionen sind gewissermaßen nur ein Ersatz für die reale Situation; darauf hatte bereits Skinner (1969) hingewiesen. Die Vorstellung oder der Gedanke an einen Hund ist für einen Hundephobiker in seiner verhaltenssteuernden Qualität weitgehend identisch mit einem physikalisch präsenten Hund. Wolpe (1969) greift mit seiner Systematischen Desensibilisierung *in sensu* auf das gleiche Konzept zurück: Kognitionen als Ersatz oder Repräsentation der externen Realität. Eine weitergehende Analyse von Kognitionen erfolgt im Rahmen der anschließenden Kognitionsanalyse.

Äußere und innere Stimuli können auf verschiedene Weise Einfluß auf das Verhalten nehmen, je nachdem ob sie dem interessierenden Verhalten vorausgehen oder nachfolgen. Dementsprechend wird das analysierte Verhalten als respondentes Verhalten (Rr) oder als operantes Verhalten (Ro) bezeichnet. Nach der Theorie Skinners gibt es nur diese beiden Verhaltensklassen. Daher ist bei der Analyse mittels dieser theoretischen „Brille", bei der funktionalen Verhaltensanalyse, die zentrale Aufgabe des Therapeuten zu unterscheiden, ob das interessierende Problemverhalten als ein operantes oder als ein respondentes Verhalten anzusehen ist.

Respondentes Verhalten (Rr) tritt reflexhaft auf. Es wird durch dem Verhalten unmittelbar vorausgehende Stimuli ausgelöst. Die **auslösenden Stimuli** haben diese Funktion entweder von Natur aus (unkonditionierte Stimuli) oder erst bei diesem speziellen Individuum durch einen Lernvorgang, das klassische Konditionieren, erworben. Beim klassischen Konditionieren wird nicht ein neues Verhalten gelernt, sondern Stimuli erhalten eine neue Funktion, nämlich bestimmte Verhaltensweisen reflexhaft auslösen zu können.

Nicht alle Verhaltensweisen können reflexhaft durch konditionierte Stimuli ausgelöst werden, sondern nur solche, die überhaupt reflexhaft auftreten, also auch „von Natur aus" durch einen **un**konditionierten Reiz ausgelöst werden können. Beim Menschen sind das vor allem verschiedene Körperfunktionen, die durch das autonome Nervensystem gesteuert werden. Außerdem betrifft das die emotionalen Reaktionen und bestimmte Muskelreaktionen der glatten, unwillkürlichen Muskulatur. Komplexe motorische und verbale Verhaltensweisen wie etwa der Gang in einen Raum oder ein Gespräch mit einem Partner können grundsätzlich nicht ein respondentes Verhalten sein, müssen folglich – aus Sicht dieser Theorie betrachtet – operantes Verhalten sein.

Operantes Verhalten (Ro) wird primär durch Stimuli gesteuert, die dem Verhalten zeitlich unmittelbar (reaktionskontingent) nachfolgen. Skinner unterscheidet zwei Arten des operanten Verhaltens, operantes **Annäherungsverhalten** und operantes **Flucht-** beziehungsweise **Vermeidungsverhalten**. Der Unterschied ergibt sich aus der Art der nachfolgenden Stimuli, der **Verstärker**

(erste Dimension in Tabelle 11.1), und deren Relation zu dem Verhalten (zweite Dimension).

	reaktionskontingente Darbietung	reaktionskontingente Entfernung/Abschwächung
positiver Verstärker C^+	positive Verstärkung $R_o - C^+$	Strafe (Typ 2) $R_o - \cancel{C}^+$
negativer Verstärker C^-	Strafe (Typ 1) $R_o - C^-$	negative Verstärkung $R_o - \cancel{C}^-$

Abb. 11.1: Systematik der Verstärkung und Bestrafung

Stimuli lassen sich – funktional gesehen – einer von drei Klassen zuordnen: Sie sind für ein Individuum (nicht notwendigerweise für eine andere Person) **positive Verstärker** (C+), **negative Verstärker** (C–) oder neutrale Stimuli, die für diese Person keinen Verstärkungswert haben (s. unten). Für die Unterscheidung der Verhaltenskategorien Annäherung- versus Flucht-/Vermeidungsverhalten ist maßgeblich, ob zeitlich unmittelbar nach dem Verhalten (reaktionskontingent) ein solcher Verstärker auftritt oder reduziert beziehungsweise entfernt wird.

Die reaktionskontingente **Darbietung** eines **positiven Verstärkers** (Ro – C+) heißt **positive Verstärkung**, das so verstärkte Verhalten heißt **Annäherungsverhalten**. Durch (gelegentliche) positive Verstärkung wird die Reaktionsrate des Annäherungsverhaltens gesteigert oder aufrecht erhalten, d. h. eine Löschung wird verhindert.

Die reaktionskontingente **Entfernung** oder Reduktion eines **positiven Verstärkers** (Ro – $\cancel{C}$+) heißt **Strafe (Typ 2)**; sie hat eine Reduktion der Auftretenswahrscheinlichkeit des bestraften Verhaltens zur Folge.

Die reaktionskontingente **Darbietung** eines **negativen Verstärkers** (Ro – C–) heißt **Strafe (Typ 1)**; sie hat – wie Strafe vom Typ 2 – eine Reduktion der Auftretenswahrscheinlichkeit zur Folge.

Die reaktionskontingente **Entfernung** oder Reduktion eines **negativen Verstärkers** (Ro – $\cancel{C}$–) heißt **negative Verstärkung**; das so verstärkte Verhalten heißt Flucht- oder Vermeidungsverhalten. Negative Verstärkung hat – wie positive Verstärkung – eine Steigerung der Auftretenswahrscheinlichkeit des Flucht- oder Vermeidungsverhaltens zur Folge.

144

Die jeweils aktuelle „Verstärkungsqualität" eines Verstärkers hängt vom Grad der **Sättigung** beziehungsweise der **Deprivation** der Person bezüglich dieses Verstärkers ab. Wird ein Verstärker zur Zeit oft dargeboten, so kommt es zur Sättigung, und seine Wirksamkeit ist reduziert; das Umgekehrte passiert im Fall der Deprivation, der Vorenthaltung von Verstärkern.

Beim operanten Verhalten haben auch die dem Verhalten **vorausgehenden Stimuli** eine verhaltenssteuernde Funktion. Sie lösen allerdings nicht – wie beim respondenten Verhalten – die Reaktion reflexhaft aus, sondern sie kündigen an, daß ein bestimmtes Verhalten unter diesen Stimulusbedingungen verstärkt oder gerade nicht verstärkt oder bestraft werden wird. Dadurch beeinflussen sie indirekt die Auftretenswahrscheinlichkeit. Wenn die dem Verhalten unmittelbar vorausgehenden Stimuli eine Verstärkung ankündigen und folglich die Auftretenswahrscheinlichkeit des nachfolgenden Verhaltens erhöhen, werden sie als **förderliche Stimuli** $(S\uparrow)$ bezeichnet, wenn sie hingegen ein Ausbleiben der Verstärkung oder Bestrafung ankündigen und folglich die Auftretenswahrscheinlichkeit des interessierenden Verhaltens in ihrer Gegenwart verringert ist, dann wird von **hinderlichen Stimuli** $(S\downarrow)$ gesprochen. Diese Unterscheidung entspricht dem Skinnerschen Konzept des diskriminativen Stimulus, S^D und $S^\triangle$.

Der einem respondenten Verhalten vorausgehende Stimulus löst das Verhalten „zwangsläufig", also in 100 % der Fälle aus; er wird als **auslösender Stimulus** (unkonditioniert oder konditioniert) bezeichnet.

Nicht nur äußere Reize, Emotionen und Kognition können als vorausgehende Stimuli die Auftretenswahrscheinlichkeit eines bestimmten Verhaltens verändern, sondern auch vorübergehende **körperliche Zustände**. Die Auffälligkeiten treten möglicherweise nur oder aber verstärkt auf, wenn die Person in einem besonderen körperlichen Zustand ist, etwa nach Einnahme bestimmter Medikamente, Drogen oder nach Konsum von Alkohol oder im Zustand völliger Übermüdung nach einer durchwachten Nacht. [Psychische Symptome als Folge eines krankhaften (relativ überdauernden) körperlichen Zustandes wurden bereits im Rahmen der allgemeinen Bedingungsanalysen berücksichtigt.]

Diese vorausgehenden körperlichen Zustände können die Funktion eines auslösenden Stimulus für respondentes Verhalten oder eines diskriminativen Stimulus für operantes Verhalten haben. Sie können aber auch über andere biologische, z.B. endokrinologische Prozesse weitere körperliche Reaktionen auslösen oder beeinflussen. Streng genommen sind solche, nicht primär neuronal ablaufenden verhaltenssteuernden Prozesse nicht mehr als respondente oder operante Lernprozesse beschreibbar. Lindsley (1964) hatte daher zusätzlich die Variable „O" (für Organismus) in die Verhaltensgleichung eingeführt (allerdings auch oder gerade für die Berücksichtigung von krankhaften Zuständen). Für die pragmatischen Zwecke der Bedingungsanalyse reicht jedoch die Zuordnung solcher vorübergehenden, für das Verhalten relevanten körperlichen Zustände zur Kategorie der auslösenden Stimuli (für respondentes Verhalten), wenn sie die nachfolgende körperliche Reaktion in 100 % der Fälle „auslösen", oder – wenn dieser Zusammenhang nicht so eng ist – zur Kategorie der förderlichen oder hinderlichen Stimuli operanten Verhaltens.

Häufig hat die Person selbst durch eigenes Verhalten entsprechende körperliche Zustände herbeigeführt (z. B. nimmt Drogen, schläft nicht ausreichend). In diesem Fall verlagert sich das Problem: Das den Zustand herstellende Verhalten wird zum Verhaltensproblem, und die Bedingungsanalyse muß für dieses Verhalten durchgeführt werden. Ist der vorübergehende körperliche Zustand verhaltensunabhängig und somatisch bedingt, so ist eine medizinische Abklärung erforderlich. Doch auch wenn der körperliche Zustand durch eine Krankheit bedingt ist, sind möglicherweise zusätzlich zu einer medizinischen Behandlung eine stützende Therapie oder das Training von Bewältigungskompetenzen indiziert.

11.3.2 Arbeitsschritte

1. Zusätzliche analysespezifische Informationen:
Um eine Verhaltensanalyse durchzuführen, sollte der Therapeut zunächst nach Beispielen für das Problemverhalten fragen oder solche Beispiele nach Möglichkeit selbst beobachten, um den genauen zeitlichen Ablauf der Ereignisse **innerhalb der Verhaltensepisode** zu registrieren: „Was ging dem interessierenden Verhalten voraus, was folgte darauf, was passierte dann?". Dazu sollte er sich gewissermaßen in die Rolle eines Drehbuchautors versetzen, der anschließend die erfragten oder beobachteten Episoden in einem Drehbuch festhalten soll.

2. Interpretation/Bedingungsmodelle:
Notwendige – aber nicht hinreichende – Bedingung für die Annahme funktionaler Beziehungen zwischen Stimulus und Verhalten im lerntheoretischen Sinn ist ein unmittelbarer zeitlicher Zusammenhang. Zwar ist im Labor auch für zeitlich verzögerte Kontingenzen noch ein verhaltenssteuernder Einfluß nachgewiesen worden, doch solche, im Alltag festzustellende längerfristige Zusammenhänge sollten besser im Rahmen der Motivationsanalyse betrachtet werden.

Um die Voraussetzung „unmittelbare zeitliche Kontingenz" nicht zu übersehen, sollte der Therapeut – zumal der Anfänger – die Interpretation in zwei Schritten vornehmen. Beim ersten Schritt werden die Ereignisse innerhalb der Verhaltensepisode nur in ihrer zeitlichen Abfolge beschrieben. Erst im zweiten Schritt erfolgt dann die funktionale Interpretation der aufeinanderfolgenden Verhaltensweisen und Stimuli.

2a) **Erstellung der Ereignisfolge**: Ausgangspunkt der Ereignisfolge ist das im Rahmen der Problemformulierung definierte Problemverhalten. Der Therapeut folgt also nicht dem vom Patienten in seinen Beispielschilderungen vorgegebenen zeitlichen Verlauf, beginnend mit dem ersten berichteten Ereignis, sondern er beginnt mit dem von ihm selbst definierten Problemverhalten. (Dadurch lassen sich „endlose Verhaltensketten" vermeiden, die mehr verwirren als erklären.)

Im nächsten Schritt wird dasjenige in die Ereignisfolge aufgenommen, was diesem Verhalten in der Regel vorausgeht: ein Stimulus oder eine anderes Verhalten der Person. Dazu betrachtet der Therapeut die verschiedenen Beispiele einschlägiger Verhaltensepisoden und versucht, die **typischen**, in (fast) allen Beispielen wiederkehrenden vorausgehenden Stimuli zu identifizieren und den „gemeinsamen Nenner" herauszuarbeiten. Die Verhaltensanalyse erfolgt also nicht getrennt für jedes der berichteten oder beobachteten Beispiele, sondern durch parallele Bearbeitung aller Beispiele. Entsprechend werden dann die typischen nachfolgenden Ereignisse, Stimuli (S) oder Verhaltensweisen (R), in die Ereignisfolge aufgenommen. Am Ende dieses Auswertungsschritts sind die Ereignisse der Verhaltensepisode als eine typische zeitliche Abfolge bestimmter Stimuli und Verhaltensweisen des Patienten beschrieben.

Besteht die Verhaltensauffälligkeit in einem Mangel des Problemverhaltens, so ist die Analyse entweder für das tatsächlich auftretende alternative Verhalten durchzuführen, oder die Episoden, in denen das erwünschte Verhalten gelegentlich einmal auftritt, sind zu vergleichen mit solchen Episoden, in denen das Verhalten ebenfalls auftreten sollte, tatsächlich jedoch ausbleibt.

2b) **Funktionale Interpretation der Verhaltenskette**: Im nächsten Schritt wird nun eine funktionale Interpretation der aufgelisteten Kontingenzen von Verhalten und Stimuli vorgenommen, wobei nun noch weitere Stimuli oder Verhaltenweisen ergänzt werden können. Entscheidende Frage ist dabei, ob das interessierende Verhalten und eventuell andere Verhaltensweisen der Ereignisfolge als operantes oder als respondentes Verhalten anzusehen sind. Wie bereits erwähnt sind beim Menschen lediglich emotionale und körperliche Reaktionen als respondentes Verhalten möglich – allerdings nicht notwendigerweise. Die folgenden drei heuristischen Regeln können dem Therapeuten bei der Entscheidung helfen:

1. Regel: Handelt es sich bei dem interessierenden Verhalten um eine Reaktion, die (bei allen Menschen) als angeborenes, reflexartiges Verhalten, allerdings auf andere Stimuli, vorkommen kann? Falls nein: Kein respondentes, sondern operantes Verhalten; falls ja, Entscheidung weiter offen.
2. Regel: Erfolgt das interessierende Verhalten in nahezu 100 % der Beobachtungen unmittelbar auf den identifizierten vorausgehenden Stimulus? Falls nein: Respondentes Verhalten unwahrscheinlich, sofern tatsächlich der entscheidende, verhaltenssteuernde Stimulus identifiziert wurde; falls ja, Entscheidung weiter offen.
3. Regel: Sofern die ersten beiden Fragen bejaht werden konnten, entscheidet erst die dritte heuristische Regel: Gibt es Hinweise dafür, daß die

dem Verhalten unmittelbar nachfolgenden Stimuli eine verstärkende Funktion haben? Falls ja, operantes Verhalten; falls nein, repondentes Verhalten.

Voraussetzung für die Annahme einer positiven oder negativen Verstärkung ist zunächst, daß das Auftreten des nachfolgenden verstärkenden Ereignisses nicht als zufällig oder einmalig angesehen werden kann, sondern daß anzunehmen ist, daß dieses Ereignis mehr oder weniger regelmäßig (überzufällig), wenn auch nicht immer, auf das Verhalten folgt.

Hinweise darauf, ob ein reaktionskontingenter Stimulus als positiver Verstärker, negativer Verstärker (aversiver Stimulus) oder neutraler Stimulus anzusehen ist, können zum einen die Bewertungen des Patienten geben. Entscheidend ist jedoch, ob der Patient durch sein Verhalten versucht, einen bestimmten Zustand (Stimulus, Situation) herbeizuführen oder beizubehalten, und nichts tut, um ihn zu beenden – dieser Zustand oder Sachverhalt ist ein positiver Verstärker. Wenn der Patient hingegen nichts tut, um diesen Zustand herbeizuführen, sondern eher versucht, den Zustand zu vermeiden oder abzuschwächen, so ist dieser Zustand oder Stimulus ein negativer Verstärker.

Konkret sollte der Therapeut die Situation vor und nach dem Problemverhalten vergleichen. Von positiver Verstärkung und damit von Annäherungsverhalten kann dann gesprochen werden, wenn die vorausgehende Situation als für den Patienten positiv beurteilt werden kann und durch das Verhalten beibehalten wird, beziehungsweise wenn der vorausgehende Stimulus einen positiven Zustand ankündigt, der durch das Verhalten herbeigeführt wird. Ist die vorausgehende Situation für das Individuum aversiv und führt das Verhalten zu einer Reduktion dieses aversiven Zustandes (negative Verstärkung), so liegt Fluchtverhalten vor. Kündigt der vorausgehende Stimulus lediglich einen aversiven Zustand an, der allerdings aufgrund des Verhaltens dann nicht oder nur abgeschwächt eintritt (ebenfalls negative Verstärkung), so wird dieses Verhalten als Vermeidungsverhalten bezeichnet. (Die Unterscheidung zwischen Flucht und Vermeidung läßt sich oft in der Praxis nur schwer treffen.)

2c) **Überprüfung von Alternativverhalten**: Noch eine weitere Interpretationsmöglichkeit sollte der Therapeut überprüfen. Ein Problemverhalten kann grundsätzlich auch deshalb zu häufig auftreten, weil ein anderes, weniger problematisches Alternativverhalten (R') dem Patienten nicht zur Verfügung steht, also nicht gelernt wurde (**Lerndefizit**), oder aus anderen Gründen nicht auftritt, z. B. nicht verstärkt oder sogar bestraft wird.

Sofern das (im Überschuß auftretende) Problemverhalten als operantes Verhalten diagnostiziert wurde, ist daher ergänzend zu überprüfen, warum der Patient nicht das erwünschte Verhalten oder allgemeiner ein Alternativverhalten zeigt: a) für die entsprechende (vorausgehende) Situation (Warum verhält sich der Patient in dieser Situation nicht anders?) und b) für die Herbeiführung einer entsprechenden positiven oder negativen Verstärkung (Warum bewirkt der Patient diese Verstärkung nicht durch andere, eventuell angemessenere Verhaltensweisen?).

Bei der **Darstellung der Ergebnisse** sind das Bedingungsmodell als lerntheoretisch interpretierte typische Ereignisfolge sowie die Interventionspunkte anzugeben.

3. Problemstrukturierung:

Auf Grundlage der Bedingungsmodelle sollte der Therapeut entscheiden, ob weitere problematische Verhaltensweisen der Episode als zusätzliche, eventuell neu zu analysierende Teilprobleme definiert werden sollten, z. B.
- ein Verhalten, welches das analysierte Problemverhalten (mit-)bedingt (z. B. den förderlichen Stimulus herstellt oder das Problemverhalten verstärkt);
- ein fehlendes Alternativverhalten für die Situation oder für die Verstärkung;
- oder ein weiteres, in der Verhaltensepisode auftretendes problematisches Verhalten, das durch andere Bedingungen aufrecht erhalten wird.

Umgekehrt sollten Problemverhaltensweisen, die auf gleiche Bedingungen zurückzuführen sind, z. B. durch den gleichen Verstärker aufrechterhalten werden – trotz eventuell deutlich unterschiedlicher Erscheinungsform –, zu einem Teilproblem zusammengefaßt werden.

(Verhaltensauffälligkeiten können **gleichen Ursprung** haben oder ein Problem kann sich aus einem anderen entwickelt haben, ohne daß allerdings heute noch ein funktionaler Zusammenhang besteht: Die ,,Symptome'' haben sich verselbständigt. Solche Problembereiche sollten getrennt bleiben.)

4. Therapiemethoden:

Je nach diagnostizierter Bedingung – dem Interventionspunkt – sind unterschiedliche verhaltenstherapeutische Methoden oder Strategien indiziert; die folgende Liste nennt einige Beispiele:
bei respondentem Verhalten: Reizkonfrontationsverfahren zur Schwächung der reaktionsauslösenden Funktion des auslösenden Stimulus beziehungsweise zur Habituation des respondenten Verhaltens;
bei unangemessener positiver Verstärkung des unerwünschten Verhaltens: operante Löschung (prinzipiell auch Strafe I oder II);
bei unangemessener negativer Verstärkung des unerwünschten Verhaltens: Entfernung des negativen Verstärkers oder Reduktion seiner negativ-verstärkenden Funktion (durch Konfrontationsverfahren);
bei unzureichender Verstärkung oder unangemessener Bestrafung des erwünschten Verhaltens: operante Verstärkung (und Entfernung der Strafe);
bei unangemessenem Verstärkungswert von Stimuli: Modifikation des Verhaltens oder der Umstände, die den extremen Verstärkungswert bedingen; sonst konfrontative Methoden (oder prinzipiell auch aversive Methoden), um die emotionalen Reaktionen auf diese Stimuli zu verändern;
bei unangemessener Verhaltensabhängigkeit der Verstärkung (Deprivation/Sättigung): Förderung von Alternativverhalten für den entsprechen-

den Verstärker oder umgekehrt Einengung der Verstärkung auf eine enger definierte Verhaltensklasse (Differentielle Verstärkung);

bei unangemessener Situationsabhängigkeit der Verstärkung: Diskriminationslernen durch entsprechende Veränderung der Verstärkungskontingenzen;

bei Lerndefizit des erwünschten Verhaltens: Modellernen, Verhaltensübungen und operante Verstärkung zum Aufbau des erwünschten Verhaltens.

(Die Aufzählung ist nicht vollständig.)

5. Beziehungsgestaltung:
Die klassische Verhaltenstherapie hat keine spezifischen Beziehungsregeln aufgestellt. Falls allerdings Sozialverhalten des Patienten analysiert wurde (z. B. soziale Ängste) oder die Wirksamkeit sozialer Verstärker in Frage gestellt wurde (z. B. bei einem autistischen Kind), können die Ergebnisse der Bedingungsanalyse auch Schlußfolgerungen für die Beziehungsgestaltung in der Therapie erlauben.

6. Bedingungsmodelle zur Genese:
Gegebenenfalls Erstellung lerntheoretischer Bedingungsmodelle für die Entstehung und wichtige Veränderungen der Verhaltensprobleme.

11.4 (IV) Kognitionsanalyse

11.4.1 Theoretische Grundlagen

Episoden- und Zustandsanalyse der Kognitionen

Gegenstand der Kognitionsanalyse sind zunächst die in der konkreten Verhaltensepisode auftretenden Kognitionen des Patienten, also seine Vorstellungen, Gedanken und Selbstverbalisationen, die vor, während und nach dem interessierenden Verhalten bewußt oder auch nicht bewußt ablaufen. Auch diesen aktuellen Kognitionen wird eine verhaltenssteuernde Qualität zugesprochen.

Die verhaltenssteuernde Funktion kann ungünstig, unerwünscht oder dysfunktional sein, weil sie das Problemverhalten begünstigt. **Dysfunktional** bedeutet nicht, daß eine Kognition grundsätzlich „falsch" oder verwerflich wäre; sie ist nur für diese spezielle Person und nur dann ungünstig, wenn sie ein bestimmtes Therapieziel erreichen möchte. (Z. B. die Aufmerksamkeitsfokussierung auf vermeintlich bedrohliche Aspekte einer Situation ist für einen Phobiker, der seine Angst loswerden möchte, dysfunktional, für einen Alkoholiker, der einen Kneipengang als bedrohlich erleben sollte, hingegen funktional.)

Von der theoretischen Position der Kognitionsanalyse aus gesehen sind aktuelle dysfunktionale Kognitionen aufrechterhaltende Bedingungen für ungünstiges, problematisches Verhalten, vor allem für Emotionen, beziehungsweise behindernde Bedingungen für erwünschtes Verhalten.

Dysfunktionale Gedanken und Vorstellungen stehen nicht immer unter direkter, willkürlicher Kontrolle. Manche Gedanken und Vorstellungen drängen sich dem Patienten in der aktuellen Situation „unwillkürlich" auf; Beck (1979) bezeichnet sie als „automatische Gedanken". Gedanken lassen sich nicht direkt, „gewollt" unterdrücken; sie lassen sich nur dadurch verhindern, daß die Person in der entsprechenden Situation andere, funktionale Gedanken denkt, also gewissermaßen den dysfunktionalen Kognitionen erwünschte entgegensetzt (Methode des Selbstverbalisationstrainings, nähere Angaben in Kapitel 8 von Fliegel et al., 1994).

Die Art der funktionalen Beziehung zwischen aktuellen Kognitionen und Verhalten wird in der Therapieliteratur unterschiedlich behandelt. Eine Funktion von Kognitionen, die sich dysfunktional auswirken kann, wurde auch schon im Rahmen der eben besprochenen Verhaltensanalyse berücksichtigt: Vorstellungen oder Gedanken können als kognitive Repräsentanten äußerer Stimuli betrachtet werden (Abbildfunktion oder denotative Funktion).

Meichenbaum (1979) betont in erster Linie den Aspekt der Selbstinstruktion, der ähnlich wie eine Fremdinstruktion zur Ausführung eines bestimmten Verhaltens motiviert. Nach Bandura (1969) können Selbstinstruktionen neben einer motivationalen Funktion eine Modellfunktion haben: Sie informieren die Person über die Topographie, also den Ablauf eines Verhaltens, ähnlich wie die Beobachtung einer Modellperson, die dieses Verhalten ausführt. Beck (1979) betont, daß für die Auslösung von Emotionen nicht die Situation als solche entscheidend sei, sondern die sich in der Situation einstellenden „automatischen" Gedanken. Damit wird der bewertende Aspekt von Kognitionen, ihre konotative Funktion, in den Mittelpunkt gerückt.

Eine Gruppe von Kognitionen hat für die Verhaltenssteuerung eine besonders wichtige Funktion: Erwartungen. Ihre Bedeutung ist vor allem in der Grundlagenforschung betont worden, im europäischen Raum im Rahmen von Motivationstheorien (Heckhausen, 1980), im anglo-amerikanischen Raum durch die sozialen Lerntheorien (Kirsch, 1990; Rotter, 1954). Verschiedene Arten von Erwartungen werden in der Grundlagenforschung unterschieden. Vier scheinen besonders geeignet zu sein, um das Auftreten von Verhalten und Emotionen oder das Ausbleiben oder das zu seltene Auftreten eines Verhaltens in einer gegebenen Situation zu erklären: die **Situatuationserwartung** („Gleich wird etwas passieren!"), die **Kompetenzerwartung** („Ich kann das nicht!"), die **Ergebniserwartung** („Ich erreiche das nicht!") und die **Folgeerwartung** oder Instrumentalität und damit die Bewertung („Wenn ich das nicht schaffe (Ergebnis), dann hat alles keinen Zweck mehr (Folge)!"). Abbildung 11.2 veranschaulicht die Erwartungsarten.

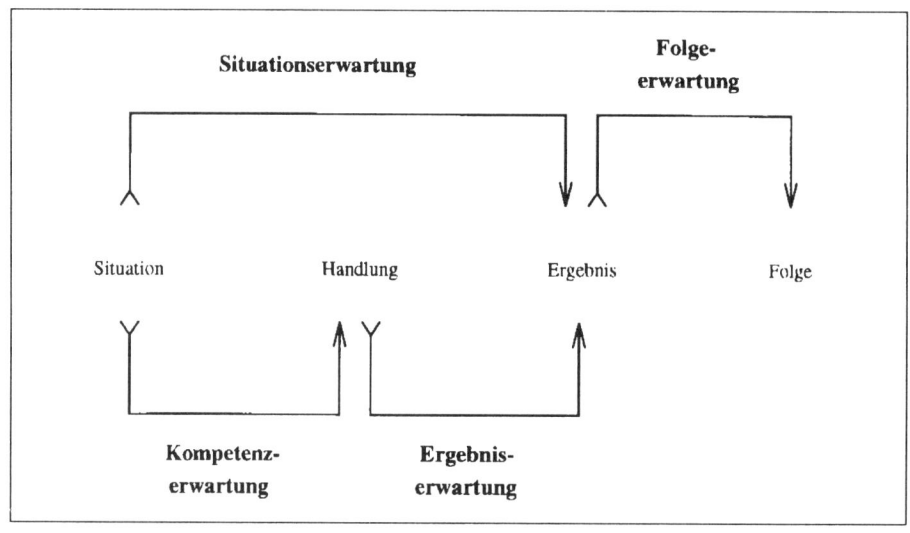

Abb. 11.2:
Verschiedene Arten von Erwartungen (Darstellung in Anlehnung an Heckhausen, 1977)

Je nach Inhalt einer Kognition oder Selbstverbalisation kann demnach ihre Funktion unterschiedlich sein. Sechs Inhaltskategorien werden vorgeschlagen, denen die Selbstverbalisationen eines Patienten zugeordnet werden sollten.

1. Bewertung:

Viele Selbstverbalisationen bewirken (oder verstärken) die Bewertung der gegenwärtigen oder zukünftigen Situation oder des eigenen Handelns. Die Person denkt oder sagt zu sich, daß etwas schlimm oder auch gut oder schön ist. Ellis (1977) hat negative emotionale Ausgestaltungen von Situationen mit dem Begriff „Katastrophisierung" bezeichnet.

Durch die Bewertung werden Emotionen ausgelöst oder verstärkt (konnotative Funktion von Kognitionen). Das hat Folgen: Durch negative Emotionen werden der Handlungsspielraum und die eigene Leistungsfähigkeit in dieser Situation beeinträchtigt und Flucht- und Vermeidungstendenzen gefördert.

Die Bewertung geschieht genaugenommen durch die erwarteten Folgen, die eine eingetretene Situation oder die eigene Handlung (die Handlungsergebnisse) haben werden. Daß ein Prüfling die Fragen nicht beantworten kann, ist nur deshalb schlimm, weil das negative Folgen hat: Der Prüfer bekommt einen schlechten Eindruck, der Prüfling besteht die Prüfung nicht oder mit schlechterer Note sind die Berufschancen geringer. Oft werden solche Folgen aber nicht explizit genannt; die Person nimmt sie gewissermaßen als gegeben und benennt in der Selbstverbalisation lediglich die Bewertung (Beispiel: „Alle schauen mich an – es ist eine Katastrophe!"). Die Kategorie „Bewertung" sollte bereits dann gewählt werden, wenn die Selbstverbalisation explizit einen

152

bewertenden, emotionalen Begriff enthält, z. B. schön, faszinierend, schrecklich, es ist nicht auszuhalten.

Die Kategorie „Bewertung" ist häufig eine Zusatzkategorie. Primär ist anzugeben, worauf sich gegebenenfalls diese Bewertung bezieht. Das geschieht durch die folgenden Kategorien.

2. Situationswahrnehmung/Situationserwartung:

Inhalt dieser Kognitionen ist die reale oder vorgestellte Situation, in der sich der Patient befindet, zunächst die gegenwärtige Situation. Kognitive Prozesse liefern nicht nur ein Abbild, sondern sie interpretieren auch die Situation, indem sie die Situation ausmalen, mit gespeicherten Wissensinhalten assoziieren, die Aufmerksamkeit auf bestimmte Aspekte lenken und damit die Sichtweise der Situation strukturieren. (Beispiel eines Zwangspatienten: „Ich habe Geld angefaßt, das infiziert ist!") Zum zweiten sind Kognitionen gemeint, die ausmalen, was gleich in dieser Situation passieren wird, unabhängig vom eigenen Verhalten (stimulus-stimulus expectancy nach Bolles, 1972, oder Situations-Ergebnis-Erwartung nach Heckhausen, 1980), oder was ich gleich „unwillkürlich" tun oder wie ich reagieren werde. Beispiele wären sich aufdrängende Gedanke von Zwangspatienten: „Ich werde gleich das Messer nehmen und zustechen!".

Sofern die hervorgehobenen Situationsaspekte emotional ausgemalt sind, ist zusätzlich die Kategorie „Bewertung" anzugeben: „Gleich wird man mich fragen, was ich eigentlich hier will (Situationserwartung) – es ist schrecklich (Bewertung)!".

3. Kompetenzerwartung/Reaktionserwartung (und Selbstinstruktionen):

Eine Person führt ein Verhalten nur in dem Umfang aus, in dem sie es sich zutraut. Die von Bandura (1977) beschriebene Erwartung der eigenen Handlungseffizienz (self-efficacy) hat sich als ein sehr guter Prädiktor des Verhaltens erwiesen. Die aktuelle Erwartung „Ich kann das nicht!", „Rechnen habe ich noch nie gekonnt!" hat mit hoher Wahrscheinlichkeit zur Folge, daß die Person tatsächlich das Verhalten nicht oder nur halbherzig ausführt. Patienten mit sozialen Phobien erwarten in erster Linie, sich nicht situationsangemessen verhalten zu können (Stopa & Clark, 1993). Auch diese Kognitionen werden oft mit einer Bewertung verbunden.

Eine Steigerung der Kompetenzerwartung geht nachweislich mit einer Vergrößerung der Reaktionswahrscheinlichkeit beziehungsweise einer Steigerung der Effizienz des Verhaltens einher, auch bei der Behandlung von Verhaltensauffälligkeiten oder der Förderung von Gesundheitsverhalten (Bandura, 1982; O'Leary, 1992; Strecher et al., 1986). Bei einer generalisierten Erwartung dieser Art, etwa „Ich bin ein Versager!", kann es zu einer Beeinträchtigung des Selbstwertes und der Stimmungslage kommen; darauf wird im zweiten Schritt bei der Analyse überdauernder Bedingungen solcher Kognitionen eingegangen.

Die Kompetenzerwartung beinhaltet nach einer Diskussion von Kirsch (1985; vgl. jedoch Palenzuela, 1987) bei einem Verhaltensmangel neben der Erwartung, für die Ausführung eines Verhaltens nicht in dem erforderlichen Maß kompetent zu sein („Ich kann das nicht!"), auch die Erwartung, das Verhalten wegen der damit verbundenen körperlichen oder emotionalen Belastung, etwa aufgrund von Angst, nicht ausführen zu können [„Ich werde völlig zusammenbrechen (und schaff das folglich nicht)!"]. Kirsch, 1990, spricht zur Unterscheidung von **Reaktionserwartung**; sie soll hier als Spezialform der Kompetenzerwartung aufgeführt werden. Erwartet wird das Auftreten eines Verhaltens, das tatsächlich oder vermeintlich nicht unter willentlicher Kontrolle steht. Reaktionserwartungen tendieren nach Kirsch dazu, sich selbst zu verwirklichen: Die Erwartung von Schmerzen macht uns sensibler für Schmerzen, die Erwartung von Freude läßt uns leichter mit Freude reagieren.

Erwartet die Person, ein Verhalten ausführen zu könne, so wird sie sich entsprechende Selbstinstruktionen geben („Ich werde jetzt einfach in den Behandlungsraum des Zahnarztes gehen und mich in den Stuhl setzen!"); erwartet sie das nicht, wird sie sich selbst „instruieren", daß sie das nicht kann oder schafft. Meichenbaum (1979) hat nachgewiesen, daß dysfunktionale Selbstinstruktionen zu ungünstigem, unangemessenem Verhalten und daß ein Training funktionaler, angemessener Selbstinstruktionen zu angemessenem Verhalten beitragen können.

Die Erwartung, ein Verhalten nicht ausführen zu können, ist ein Fall von Kompetenzerwartung; die Erwartung, ein bestimmtes Ergebnis nicht erreichen beziehungsweise einen aversiven Sachverhalt nicht vermeiden zu können – die eigene Hilflosigkeit – impliziert eine Kausalerklärung und wird somit der Kategorie „Attributionen" (s. u.) zugeordnet.

4. Ergebniserwartung:
Die nächste Kategorie betrifft die Erwartung negativer externaler Handlungsergebnisse, z. B. „Ich werden keine einzige Frage des Prüfers beantworten können!", „Das wird sowieso nichts!". Eventuell sind die erwarteten Ergebnisse auch positiv, aber weniger positiv oder lohnend als die Resultate eines Alternativverhaltens.

In der Motivationstheorie (Heckhausen, 1980) wird zwischen Handlungsergebnissen und den weiteren Folgen dieser Ergebnisse getrennt; dies läßt sich in der Praxis nur schwer realisieren und ist auch nicht erforderlich. Sofern die positive oder negative Valenz dieser Ergebnisse oder Folgen betont wird, ist wiederum zusätzlich die Kategorie „Bewertung" zu wählen.

Die Ausmalung negativer Ergebnisse und Folgen wird nicht nur entsprechende Emotionen auslösen, sondern auch eine Demotivierung für aktives, instrumentelles Verhalten zur Folge haben.

5. Attribution/Kontingenzerwartung:
Eine Situation wird von der Person gegebenenfalls erklärt als Folge äußerer

Ereignisse, als Resultat des Verhaltens anderer Personen oder des eigenen Verhaltens. Solche Kausalerklärungen können sich unmittelbar aufdrängen oder Ergebnis eines bewußten Erklärungsprozesses sein. Vor allem die Attribuierung auf das eigene Verhalten (z. B. „Daß hier alles schief läuft, liegt nur an meinem ungeschickten Verhalten!") oder die Unterstellung bestimmter Motive anderer Personen (z. B. „Die haben es nur darauf abgesehen, mir eine Falle zu stellen und mich zu blamieren!") kann insofern dysfunktional sein, als sie unangemessene und ungerechtfertigte Reaktionen nahelegt. Bei Zwangspatienten ist die Betonung der eigenen Verantwortung für schlimme Folgen – z. B. für die Infektion von Familienangehörigen, weil man sie berührt hat – besonders kennzeichnend.

Ein Spezialfall ist die Annahme, daß die Erlangung erwünschter Sachverhalte beziehungsweise die Vermeidung negativer Ereignisse durch eigenes Verhalten **nicht** möglich sind („Da kann ich nichts ,dran ändern!"; externale Attribuierung oder Nichtkontingenz-Erwartung beziehungsweise **Hilflosigkeit** nach Seligman, 1979). Die Verhaltenswahrscheinlichkeit wird reduziert und außerdem eine Angstreaktionen gefördert.

6. Normsetzung (und Selbstinstruktionen):
Während die Kompetenzerwartung Aussagen darüber macht, was ich tun kann oder werde, betrifft die Kategorie „Normsetzung" Aussagen über das, was ich tun **soll** oder **muß**. Die Person setzt sich – implizit oder explizit durch entsprechende Selbstinstruktionen – Standards oder Normen, die unangemessen hoch oder aber unangemessen niedrig sein können, z. B. „Ich muß das diesmal unbedingt schaffen!", „Es kommt sowieso nicht darauf an, was ich mache!". Auch hier kann zusätzlich eine Bewertung hinzukommen ("- sonst wäre es eine Katastrophe!").

Analyse überdauernder kognitiver Bedingungen

In vielen Fällen ist einem Patienten die dysfunktionale Funktion solcher Kognitionen unmittelbar einsichtig zu machen, und er ist motiviert, alternative Kognitionen zu trainieren. In anderen Fällen sind diese aktuellen dysfunktionalen Kognitionen Ausdruck überdauernder „irrationaler" Überzeugungen (Ellis, 1977), „fehlerhafter" Denkschemata (Beck, 1979) oder generalisierter Erwartungen (Rotter, 1954). Vor allem in neuen Situationen und solchen, in denen die Person unsicher ist, werden nicht situationsspezifische Erwartungen das Verhalten steuern, sondern generalisierte, situationsübergreifende, überdauernde Erwartungen (Kirsch, 1990), denen die Person eine allgemeinere Gültigkeit zuspricht. In solchen Fällen wird der Patient nur schwer zu motivieren sein, in der aktuellen Situation alternative Kognitionen zu erproben. Die Therapie sollte dann an den ungünstigen überdauernden Kognitionen ansetzen.

Die überdauernden Überzeugungen sind Beispiele für kognitive Strukturen, für im Gedächtnis gespeicherte Wissens- und Handlungssysteme, die in Wechselwirkung mit aktuellen Situationsbedingungen und aktuellen internen Auslöseprozessen die Handlungsmotivation des Individuums steuern (Pekrun, 1990).

Überdauernde kognitive Strukturen betreffen zunächst die Erwartungs- und Kausalüberzeugungen einschließlich des Selbstkonzeptes. Sie lassen sich nach den gleichen Kategorien einteilen wie die aktuellen Kognitionen: Bewertungen, überdauernde Überzeugungen bezüglich der Situationswahrnehmung und Situationserwartung, der Kompetenzerwartung, der Ergebniserwartung und der Situationserklärung, außerdem überdauernde Normsetzungen.

Die generalisierten Erwartungen oder Überzeugungen (Schemata) sind gegebenenfalls als irrational, unrealistisch oder willkürlich zu bewerten. Nach Beck (1979) ist die Irrationalität dieser Systeme das Resultat von „**Denkfehlern**". Die Person kann willkürliche, durch Fakten nicht gestützte Schlußfolgerungen ziehen, vor allem im Sinne von Übergeneralisierungen, Schwarz-Weiß-Malereien (dichotomes Denken) oder fehlerhaften Attribuierungen von Ereignissen auf die eigene Person. Dazu einige Beispiele:

Bewertung: „Zu Versagen ist eine Katastrophe!" (Schwarz-Weiß-Malerei);

Situationserwartung: „Wenn eines schief geht, dann geht alles schief!" (Übergeneralisierung);

Kompetenzerwartung: Ein Vater verfehlt beim Zuknöpfen des Hemdes seines kleinen Sohnes ein Knopfloch. „Ich kann noch nicht einmal meine Kinder richtig anziehen, ich bin ein schlechter Vater, ich bin ein Versager!" (Magnifizierung). „Wenn ich mich auf das Gespräch einlasse, werde ich in Panik geraten und zusammenbrechen!" (Magnifizierung);

Ergebniserwartung: „Wenn ich mich nur etwas gehen lasse und nicht sofort aufräume, dann tritt das totale Chaos ein!" (Dichotomes Denken);

Attribution: Das grußlose Vorbeigehen eines Freundes wird erklärt als „Er hat absichtlich einen Bogen gemacht, um mich nicht ansprechen zu müssen!" (Personalisierung).

Normsetzungen: Überdauernde Auffälligkeiten der Ziel- und Normsetzung werden weniger von Beck als von Ellis thematisiert. Motive oder Ziele sind zwar angemessen, jedoch für die Person übertrieben wichtig; sie haben ein **zu großes Gewicht** und treten mit einem **übertriebenen Geltungsanspruch** auf. Die Zielerreichung erscheint dem Patienten unbedingt und unter allen Umständen als absolut notwendig. Solche Ziele oder Motive können einseitig weite Bereiche des Verhaltens dominieren, so daß fast alle Tätigkeiten auf dieses Ziel ausgerichtet sind. Eine situationsadäquate Flexibilität ist dann nicht mehr möglich.

Die Bedeutung von Zielen und Werten kommt oftmals in Regeln zum Ausdruck, in denen ihnen allgemeingültig, also ohne Berücksichtigung spezifischer Situationsbedingungen, besondere Priorität zugesprochen wird (z.B. „Vermeiden von Mißerfolg ist wichtiger als Erfolg!"; „Pflicht geht vor Wunsch!"; „Es ist unbedingt notwendig, von allen geliebt zu werden!"). Diese Gewichtungsregeln entsprechen weitgehend den „irrationalen Überzeugungen" von Ellis (1977, 1984).

Ziele werden vor allem dadurch wichtig, daß sie als Unterziele oder Mittel zur Erreichung eines oder mehrerer übergeordneter, allgemeinerer Ziele dienen. Wird eine solche Zuordnung fälschlicherweise vorgenommen, wird also unrealistischerweise ein Zwischenziel als Mittel für ein wichtiges allgemeines Ziel angesehen (**unangemessene Instrumentalität**), können diese besonders leicht zu solchen übermächtigen, rigiden Verhaltenszielen werden. Auch **überdauernde Vorsätze** (Intentionen, Absichten), die nicht realisierbar sind aber auch nicht deaktiviert wurden, können die Motivation und Absichtsbildung beeinträchtigen.

Symptomatische Verhaltensweisen können den Effekt haben, daß solche übermächtigen Zielen in gewisser Weise erreicht werden, oder sie können eine Möglichkeit bieten, das Nicht-Erreichen solcher übermächtiger Ziele zu entschuldigen.

Beispiel:
– Ein erfolgreicher Richter war schon immer der Ansicht, daß ein absolut sicheres, souveränes und dominierendes Auftreten für seinen Beruf unabdingbar sei. Erfolgreiche Kollegen schätzt er gerade wegen dieses Merkmals. Nach einer schweren Krankheit ist er körperlich geschwächt und kann seinem Standard nicht mehr genügen. Eine schwere Agoraphobie verhindert weitgehend berufliche Aktivitäten und öffentliche Auftritte – und damit das Offenkundigwerden seiner „blamablen, schwächlichen" Konstitution. Ein offenes Bekenntnis zu seiner körperlichen Schwäche ist ihm unmöglich; er verweigert die Mitwirkung an Therapiemethoden, bei denen das offenkundig würde.

Solche Überzeugungen werden mittels kognitiver Umstrukturierung bearbeitet und die „Denkfehler" im Rahmen kognitiver Therapien im Sinne Becks hinterfragt. Auch hier kann die Zuordnung der irrationalen Erwartungen und Überzeugungen zu den genannten Kategorien dabei helfen, entsprechende inhaltliche Schwerpunkte bei der therapeutischen Behandlung zu setzen.

11.4.2 Arbeitsschritte

In der Regel sollte der Therapeut zunächst die aktuellen Kognitionen der kritischen Verhaltensepisoden analysieren.

1. Zusätzliche analysespezifische Informationen:
Zunächst sammelt der Therapeut alle Gedanken, Vorstellungen und Selbstinstruktionen, die dem Patienten während der kritischen Verhaltensepisoden

durch den Kopf gehen. Falls es dem Patienten schwerfällt, sich an solche Gedanken zu erinnern, kann er aufgefordert werden, sich eine entsprechende Situation noch einmal vorzustellen oder in den nächsten Tagen beim Auftreten des entsprechenden Problems darauf zu achten und unmittelbar anschließend zu protokollieren, welche Gedanken sich ihm aufgedrängt haben.

Manche, in der Situation durchaus wirksame Kognitionen drängen sich dem Patienten nicht bewußt auf. Das gilt vor allem für einige der Erwartungen. In diesem Fall sollte der Therapeut gezielt nach den Kompetenz- und Ergebniserwartungen fragen. Allerdings ist festzustellen, daß manche Patienten grundsätzlich Schwierigkeiten haben, ihre Kognitionen wahrzunehmen oder zu verbalisieren. Falls vom Patienten keine aktuellen Gedanken und Vorstellungen berichtet wurden, kann der Therapeut direkt nach überdauernden Erwartungen, Werten, Zielen und Überzeugungen suchen; das Vorgehen wird im Rahmen der „Analyse psychologischer Folgen" im folgenden Kapitel beschrieben.

2. Interpretation/Bedingungsmodelle:

– Bewertung der Kognitionen: Im nächsten Schritt ist vom Therapeuten zu bewerten, welche der aktuellen Kognitionen funktional für das Therapieziel und welche dysfunktional sind, also das unerwünschte Verhalten eher fördern und verstärken beziehungsweise das erwünschte behindern. (Es geht nicht um die Frage, ob die Gedanken richtig oder falsch sind. Es kann beispielsweise richtig sein, daß der Prüfling in der anstehenden Prüfung – etwa weil schlecht vorbereitet – die meisten Fragen wird nicht beantworten können, doch der Gedanke daran ist dysfunktional, weil er zu allem Überfluß Prüfungsangst fördern und damit zur Leistungsminderung beitragen kann.)

– Kategorisierung der Kognitionen: Anschließend sind die Kognitionen nach ihrer Funktion einer oder mehreren inhaltlichen Kategorien zuzuordnen:
    1. Bewertung
    2. Situationswahrnehmung und Situationserwartung
    3. Kompetenzerwartung/Reaktionserwartung (und Selbstinstruktionen)
    4. Ergebniserwartung
    5. Attribution/Kontingenzerwartung
    6. Normsetzung (und Selbstinstruktionen).

Die Zuordnung der Kognitionen zu den einzelnen Kategorien ist oft schwierig. Das liegt vor allem daran, daß Äußerungen einen Bedeutungsüberhang haben. Besondere Probleme entstehen, wenn eine Zuordnung aufgrund schriftlichen Materials erfolgen soll, denn die Bedeutung wird oft erst durch paraverbale und nonverbale Aspekte deutlich. Da es jedoch nicht auf die einzelne Äußerung sondern den inhaltlichen Schwerpunkt der Äußerungen ankommt, ist das weniger wichtig.

– Beurteilung der Flexibilität des Patienten: Im nächsten Schritt sollte der Therapeut überprüfen, ob der Patient akzeptieren kann, daß die sich ihm

158

aufdrängenden dysfunktionen Gedanken im Hinblick auf das Therapieziel ungünstig sind, und ob er sich darauf einlassen kann, sie durch funktionale Kognitionen zu ersetzen. Das Bedingungsmodell lautet dann: **dysfunktionale Kognitionen**.

Ist der Patient davon überzeugt, daß diese Kognitionen doch „richtig" sind und daß alternative, für die Zielerreichung angemessene Gedanken „falsch" wären, ist davon auszugehen, daß sie Ausdruck allgemeiner Überzeugungen, allgemeiner Denkgewohnheiten oder generalisierter Erwartungen des Patienten sind. Der Patient wird der Meinung sein, daß seine Einschätzungen, Bewertungen und Erwartungen in dieser Form zutreffend sind und allgemeine Gültigkeit haben.

Damit verlagert sich der Gegenstand der Analyse von den aktuellen Kognitionen auf die Begründungen und „Rechtfertigungen" der Kognitionen durch den Patienten. Die Begründungen sind vom Therapeuten auf ihren Realitätsgehalt und ihre Stimmigkeit zu überprüfen und einer der genannten Inhaltskategorien zuzuordnen. Das Bedingungsmodell lautet in diesem Fall: **irrationale Überzeugungen** oder Denkfehler.

Bei der Darstellung der Ergebnisse ist die zutreffende Bedingungsdiagnose anzugeben:
– „Dysfunktionale Kognitionen", sofern lediglich ungünstige aktuelle Gedanken festzustellen sind, ohne daß sie Ausdruck irrationaler Überzeugungen und Erwartungen sind, die den Patient von ihrer Richtigkeit fest überzeugt sein lassen; anzugeben sind die inhaltlichen Kategorien, auf die die meisten Kognitionen entfallen, zusammen mit einigen Beispielen;
– ansonsten „irrationale Überzeugungen" (oder „Denkfehler"). Die irrationalen Überzeugungen/Denkfehler sollten einzeln, zusammen mit der zugehörigen inhaltlichen Kategorie aufgeführt werden.

3. Strukturierung:
Die „dysfunktionalen Kognitionen" oder „irrationale Überzeugungen" werden zu Interventionspunkten.

4. Therapiemethoden:
Bei der Diagnose „dysfunktionale Kognitionen" ist ein Selbstverbalisationstraining indiziert. Für die Konstruktion der alternativen, funktionalen Selbstverbalisationen kann die inhaltliche Kategorisierung der dysfunktionalen Kognitionen hilfreich sein: Die „positiven" Selbstverbalisationen sollten vornehmlich den inhaltlichen Kategorien entsprechen, die den Schwerpunkt der dysfunktionalen Kognitionen ausmachen.

Bei der Diagnose „irrationale Überzeugungen/Denkfehler" sind Kognitive Therapieverfahren im Sinne von Beck oder Ellis indiziert. Überzeugungen können grundsätzlich auch durch das Erleben gegenteiliger Erfahrungen korrigiert werden (etwa im Rahmen von Konfrontationstherapie in vivo; Foa & Kozak, 1986), bei eingeschliffenen Überzeugungen am ehesten wohl in Kombination mit kognitiven Techniken. Auch suggestive Verfahren können indiziert sein (Kirsch, 1990).

Diagnostik und Therapie sind bei der Analyse der überdauernden Kognitionen kaum zu trennen; das Hinterfragen ist bereits Teil der kognitiven Therapie.

5. Beziehungsgestaltung:

Sofern die irrationalen Überzeugungen inhaltlich soziale Beziehungen und Interaktionen betreffen [etwa die Überzeugung, daß Freundlichkeit eines Gesprächspartners über kurz oder lang ihren Preis hat (Situationserwartung)], können sie für die Gestaltung der therapeutischen Beziehung relevant sein. Der Therapeut muß vermeiden, solche Überzeugungen zu bestätigen, sondern sollte erwartungskonträr versuchen, die grundlegenden Interaktionsmotive des Patienten zu bestätigen (vgl. dazu Analyse des interaktiven Patientenverhaltens, Kapitel 13).

6. Bedingungsmodelle zur Genese:

Über die Genese dysfunktionaler Kognitionen machen die Theorien kaum Aussagen; sie sind zumindest für die Therapieplanung ohne größere Bedeutung, so daß auf die Analyse der Genese aus dieser Perspektive betrachtet in der Regel verzichtet werden kann.

Literaturempfehlung

Lehrbücher zu den Lerntheorien:
Lefrancois, G. R. (1976). *Psychologie des Lernens.* Berlin: Springer.
Scheerer, E. (1983). *Die Verhaltensanalyse.* Berlin: Springer.

Lehrbücher zu Grundlagen und Methoden der Verhaltenstherapie:
Deutsche Gesellschaft für Verhaltenstherapie (Hrsg.) (1986). *Verhaltenstherapie. Theorien und Methoden.* Tübingen: DGVT.
Fliegel, S., Groeger, W. M., Künzel, R., Schulte, D. & Sorgatz, H. (1994, 3. Auflage). *Verhaltenstherapeutische Standardmethoden: Ein Übungsbuch.* München: Psychologie Verlags Union.
Reinecker, H. (1987). *Grundlagen der Verhaltenstherapie.* München: Psychologie Verlags Union.

Kapitel 12

Motivationsanalyse

(Prozeßanalyse Teil 1)

12.1 Grundlagen der Prozeßanalyse

Während im Rahmen der Problemanalyse Verhaltensauffälligkeiten des Patienten analysiert wurden, sind nun vorwiegend solche Teilprobleme Gegenstand der Bedingungsanalyse, die Probleme im therapeutischen Prozeß aufgreifen (Motivationsprobleme oder Beziehungsprobleme). Solche Probleme können sich sofort zu Beginn der Behandlung oder erst im späteren Verlauf herausstellen. Der Therapeut sollte daher den Verlauf und die therapeutische Beziehung fortlaufend überwachen; das wird im Kapitel 15 näher beschrieben.

Ziel der Prozeßanalyse ist es, die Faktoren aufzuspüren, die das Basisverhalten des Patienten und damit den regulären oder optimalen Ablauf der Therapie beeinträchtigen. Diese Faktoren werden als **dysfunktionale Prozeßbedingungen** bezeichnet. Sie sind primär in der therapeutischen Beziehung und – damit zusammenhängend – in der Therapiemotivation des Patienten zu suchen. Solange der Patient motiviert mitarbeitet und keine Hinweise auf Widerstand und Verweigerung vorliegen, ist eine gesonderte Prozeßanalyse nicht erforderlich.

Für die Bedingungsanalyse von Motivationsproblemen und Beziehungsproblemen können grundsätzlich auch die für die Störungsanalyse vorgeschlagenen Bedingungsanalysen benutzt werden – wie bereits erwähnt. Grundlage für die hier vorgeschlagenen speziellen Bedingungsanalysen sind motivationspsychologische Theorien, konkret das duale Modell des therapeutischen Prozesses, das in den Kapiteln 2 und 4 dargestellt wurde. Danach muß der Therapeut gegebenenfalls erst die Voraussetzungen schaffen, um die Verhaltensauffälligkeiten seines Patienten behandeln und die dafür indizierten Therapiemethoden durchführen zu können. Das bedeutet, er muß das Basisverhalten des Patienten fördern und stabilisieren: Therapienachfrage (vs. Abbruch), Mitarbeit (vs. Widerstand), Selbstöffnung (vs. sich Verschließen) und Erproben neuer Verhaltensweisen (vs. Verweigerung). In den meisten Fällen wird zwar der Patient von sich aus motiviert sein, das erforderliche Basisverhalten zu zeigen. Doch das gilt nicht für alle Patienten und vor allem nicht für den gesamten Verlauf der Therapie. Unzureichendes Basisverhalten, das sich in Störungen der Interaktion und Kommunikation von Patient und Therapeut zeigt, ist das Teilproblem, das im Rahmen der Prozeßanalyse auf ihre Bedingungen hin analysiert wird.

Entsprechend den im Kapitel 2 diskutierten Bedingungen der Therapiemotivation kann ein unzureichendes Basisverhalten auf verschiedene Ursachen zurückgeführt werden:

Zum einen können die Motive oder Anlässe, die den Patienten zum Aufsuchen der Therapie motivieren, nur gering ausgeprägt sein. Es gibt beispielsweise Fälle, bei denen der Patient nicht freiwillig und aus eigenem Anlaß zur Therapie kommt, sondern weil er geschickt wird. Der zur Therapie motivierende Leidensdruck ist bei einem solchen Patienten gering. Er kommt lediglich aufgrund sozialen Drucks, ohne selbst seine Verhaltensabweichungen als normabweichend zu erleben. Beeinträchtigungen wird er möglicherweise nicht erkennen oder zumindest nicht auf die eigenen Verhaltensabweichungen attribuieren.

Ein zweiter Grund für eine unzureichende Therapiemotivation des Patienten kann darin liegen, daß die gegen eine Veränderung gerichteten Motive, der Störungsgewinn, zu groß sind. Der Patient kommt zwar aus eigenem Entschluß zur Therapie, aber er will sich letztlich nicht ändern, zeigt also die anderen Basisverhaltensweisen nicht in ausreichendem Maße (Hilfesuchen ohne Änderungsbereitschaft). Vielleicht will er nur bestätigt bekommen, daß er sich auch gar nicht ändern muß oder daß vielmehr andere sich ändern müssen.

Eine unzureichende Therapiemotivation kann außerdem auf falsche oder unangemessene Erwartungen des Patienten hinsichtlich der Maßnahmen und vor allem der Effekte einer Psychotherapie zurückzuführen sein. Erwartungen werden durch Wissen geprägt: durch Faktenwissen, durch Annahmen oder Vorurteile. Für die Therapieerwartung des Patienten ist Wissen über zwei Bereiche relevant: über seine Störungen und ihre Bedingungen und über die therapeutischen Maßnahmen, die in der gewählten Institution durchgeführt werden. Wenn diese beiden Wissensbereiche vereinbar sind und wenn die Therapie zur Störung paßt, dann ist – wie im Kapitel 2 dargestellt – der Patient überzeugt, in dieser Institution und bei diesem Therapeuten richtig aufgehoben zu sein.

Im Rahmen der Motivationsanalyse sollte der Therapeut – falls erforderlich – nach solchen Hemmnissen (dysfunktionales Störungsmodell, unzureichender Leidensdruck oder Störungsgewinn) Ausschau halten und sie gegebenenfalls als Teilprobleme definieren.

Ein letzter, aber besonders wichtiger Grund für die Beeinträchtigung der Therapiemotivation des Patienten und damit des Basisverhaltens kann in der Interaktion von Therapeut und Patient liegen (vgl. Kapitel 4). Entweder ist das Interaktionsverhalten des Therapeuten problematisch, oder das Verhalten des Patienten in der Therapie wird gravierend durch seine allgemeineren sozialen Motive oder „Pläne" geprägt, so daß es zu Interferenzen mit dem erwünschten Basisverhalten kommt; entsprechende Beziehungsanalysen werden im nachfolgenden Kapitel dargestellt.

Tabelle 12.1 faßt die potentiellen Bedingungen für Prozeßprobleme beziehungsweise für Beeinträchtigungen des Basisverhaltens und die ihnen zugeordneten Bedingungsanalysen nochmals zusammen.

Tabelle 12.1: Überblick über die Bedingungsanalysen der Motivationsanalyse und der Beziehungsanalyse mit den jeweiligen Bedingungsdiagnosen

	MOTIVATIONSANALYSEN	
		Bedingungsdiagnosen:
V.	**Analyse des subjektiven Störungsmodells**	* dysfunktionales Störungs- oder Therapiemodell
VI.	**Analyse äußerer Folgen**	* unzureichender Leidensdruck
		* materieller Störungsgewinn
		* sozialer Störungsgewinn
VII.	**Analyse psychologischer Folgen**	* Selbstwertstabilisierung
		* Konfliktvermeidung
	BEZIEHUNGSANALYSEN	
		Bedingungsdiagnosen:
VIII.	**Analyse des interaktiven Therapeutenverhaltens**	* dysfunktionales Therapeutenverhalten
IX.	**Analyse des interaktiven Patientenverhaltens**	* interferierende Interaktionsgewohnheiten

Die Bedingungen, die die Therapiemotivation oder Änderungsmotivation des Patienten und das Basisverhalten beeinträchtigen, können gleichzeitig auch Gründe für die Aufrechterhaltung der Verhaltensauffälligkeiten sein, indem sie beispielsweise bislang ernsthafte Selbstkontrollversuche verhindert haben. Für den Therapeuten kann daher die Behandlung der Prozeßstörungen zu einer zentralen Aufgabe werden, für die verschiedene therapeutische Strategien erarbeitet wurden (z. B. Kanfer, Reinecker & Schmelzer, 1990).

Eine „Analyse des subjektiven Störungsmodells" sollte der Therapeut in jedem Fall vornehmen; weitere Motivationsanalysen sind vor allem dann erforderlich, wenn entweder (1.) bereits zu Beginn der Behandlung die Motivation des Patienten für die Therapie unzureichend ist oder wenn (2.) sich im Verlauf der Therapie das Basisverhalten des Patienten als nicht ausreichend erweist. Im letzteren Fall sollte der Therapeut zunächst eine Beziehungsanalyse (Kapitel 13), erst danach – falls erforderlich – eine Motivationsanalyse durchführen. Dies kann und sollte mit Vorrang, also erforderlichenfalls unmittelbar in der gleichen Therapiesitzung, erfolgen.

Die Arbeitsschritte folgen den allgemeinen, auch bei den Bedingungsanalysen im Rahmen der Störungsanalyse zugrundegelegten Punkten. Falls für die Darstellung der Ergebnisse besondere Hinweise erforderlich sind, werden diese im folgenden aufgeführt; ansonsten wird auf die allgemeinen Regeln in Kapitel 10 verwiesen.

12.2 (V) Analyse des subjektiven Störungsmodells

Der Patient kommt bereits mit einem gewissen Vorwissen oder Vorurteilen zur Behandlung (Bischoff & Zens, 1989; Lohaus, 1992). Schneider (1990) spricht von „Laienätiologie" und Becker (1974; vgl. auch Kanfer, Reinecker & Schmelzer, 1990) vom „Health-Beliefs-Model". Das subjektive Störungsmodell des Patienten umfaßt nach DiMatteo und DiNiccola (1982) nicht nur mehr oder minder elaborierte Annahmen über die Ursachen und Bedingungen der eigenen Schwierigkeiten, sondern auch über die Maßnahmen, die gegebenenfalls eine Heilung oder Besserung erwarten lassen. So sind beispielsweise viele Patienten mit psychosomatischen Erkrankungen überzeugt, daß ihre Auffälligkeiten Symptome einer bislang noch nicht diagnostizierten körperlichen Erkrankung sind und folglich nicht durch eine Psychotherapie, sondern nur durch eine medizinische Behandlung behoben werden können (Köhler, 1989; Miltner, 1986).

Der Patient wird auch mehr oder minder elaborierte Vorstellungen über die Therapiemaßnahmen haben, die in der aufgesuchten Institution durchgeführt werden, und gegebenenfalls ist er von vornherein unsicher oder hat Zweifel, ob seine Wahl richtig war.

Berücksichtigt der Therapeut nicht das Störungsmodell und das Therapiemodell des Patienten, dann kann es gegebenenfalls im Verlauf der Therapie dazu kommen, daß sich der Patient in seinen Erwartungen enttäuscht sieht, sich nicht anstrengt und nicht mitarbeitet oder im Extremfall die Therapie abbricht, da sie nicht seinen Vorstellungen davon, was notwendig ist, entspricht.

Arbeitsschritte:

1. Zusätzliche analysespezifische Informationen:

– **zum Störungsmodell:** Der Therapeut sollte möglichst gleich zu Beginn der Behandlung eruieren, welche Vorstellungen der Patient von seinen Schwierigkeiten hat. Dabei ist weniger wichtig, wie der Patient sich die Entstehung erklärt, sondern vielmehr, wovon seiner Meinung nach seine Probleme gegenwärtig anhängig sind und folglich wer – wenn überhaupt – etwas dagegen tun könnte und was. Die Befragung sollte zunächst weitgehend ohne Erklärungen erfolgen, sondern die Vorstellungen des Patienten akzeptieren.

– **zum Therapiemodell**: Weiterhin sollte erfragt werden, wie der Patient auf die gewählte therapeutische Institution gekommen ist, ob er schon andere Therapierfahrungen hat und mit welchem Erfolg diese Behandlungen abgeschlossen wurden. Das Gespräch über etwaige Vorbehandlungen, auch über eigene Behandlungsversuche und über Ratschläge von Freunden und Angehörigen, kann dazu genutzt werden festzustellen, welche Erwartungen der Patient an die auf ihn zukommende Behandlung hat (z. B. ,,Warum sind Sie nicht wieder zu jenem Therapeuten gegangen, sondern zu uns?").

2. Interpretation/Bedingungsdiagnosen:

Der Therapeut muß für sich beurteilen, ob die Vorstellungen und Erwartungen des Patienten in wesentlichen Punkten den Tatsachen bzw. den Modellvorstellungen des Therapeuten widersprechen und insofern **dysfunktional** sind, da die Gefahr besteht, daß der Patient das spätere Vorgehen des Therapeuten für unangemessen halten könnte. Sie sind damit potentielle Bedingungen für Prozeß- und Beziehungsprobleme.

Im nächsten Schritt sollte der Therapeut abschätzen, ob die dysfunktionalen Erwartungen lediglich auf Wissenslücken zurückzuführen oder ob sie Ausdruck allgemeinerer, irrationaler Überzeugungen (z. B. ,,Solche Probleme sind eine Strafe Gottes!") oder eines bestimmten äußeren oder psychischen Störungsgewinns sind. (Ein Beispiel: Nur im Falle einer ernsthaften körperlichen Erkrankung erhält die Patientin den erwünschten Freiraum von den Ansprüchen ihres Mannes.) Reaktionen des Patienten auf vorsichtigen ,,Widerspruch" des Therapeuten gegen seine Modellvorstellungen können dafür Hinweise liefern. Ist der Patient von seinen Vorstellungen sehr überzeugt, sollte der Therapeut eine Kognitionsanalyse (Kapitel 11) oder eine weitergehende Motivationsanalyse (s. nächster Abschnitt) durchführen.

3. Problemstrukturierung:

Die dysfunktionalen Erwartungen oder die zugrundeliegenden allgemeineren, irrationalen Überzeugungen des Patienten werden gegebenenfalls zum Interventionspunkt.

4. Therapiemethoden:
Maßnahmen zur Modifikation irrationaler Überzeugungen oder eines Störungsgewinns werden im Zusammenhang mit den entsprechenden Analysen (V. Kognitionsanalyse und VII. Analyse äußerer Folgen) besprochen.

Liegen lediglich Wissenslücken zum Therapiemodell vor, so kann die Zuversicht des Patienten, bei diesem Therapeuten (endlich) Hilfe und ein Ende seines Leidens zu finden, durch Informationen über den Status, die Ausbildung
und die Erfahrung des Therapeuten sowie über die Therapie und ihre Erfolgsaussichten, durch die explizite Klärung der Therapieziele, durch Rückmeldungen über Therapiefortschritte oder das Eingehen des Therapeuten auch auf
besondere Stärken und positive Seiten des Patienten gefördert werden (Schindler, 1991; viele praktische Hinweise finden sich in Kanfer, Reinecker &
Schmelzer, 1990).

Bei Wissenslücken zum Störungsmodell reichen oftmals einige Informationen
über die Störung. Dabei muß keinesfalls Ziel der Maßnahmen sein, den Patienten von den „wahren" Sachverhalten zu überzeugen (Claiborn, Ward &
Strong, 1981). Fiegenbaum, Freitag und Frank (1992) nennen vier Kriterien,
denen das vom Therapeuten vorgebrachte Störungsmodell genügen sollte. Die
Erklärung muß zunächst **plausibel**, also logisch sein und weitgehend den allgemeineren Vorstellungen und Vorerfahrungen des Patienten entsprechen. Des
weiteren muß das vom Therapeuten angebotene Modell **kompatibel** zu den
Modellvorstellungen des Patienten sein, kann diese jedoch „weiterentwickeln",
„spezifizieren" oder ähnliches. Zum dritten muß das Modell die **Perspektive
der Veränderbarkeit** enthalten, also die Möglichkeit einer Veränderung durch
die entsprechenden therapeutischen Maßnahmen implizieren, und zum vierten
darf es **nicht falsifizierbar** sein: Es muß so offen oder allgemein sein, daß
es weder durch die vorausgegangenen noch durch zukünftige Erfahrungen des
Patienten zu widerlegen ist. Ob der Patient überzeugt werden konnte, kann
der Therapeut im Gespräch anhand „positiver Quittierungen" der Erklärungen
wie Kopfnicken oder verbaler Bestätigungen („Genauso war das bei mir
auch!") feststellen. Vorbehalte im Sinne eines „ja, aber" sprechen dafür, daß
der Patient von dem Modell nicht überzeugt ist und von daher möglicherweise
auch Vorbehalte gegen die Behandlung entwickeln könnte.

Vor die Wahl gestellt, dem Patienten entweder ein nach dem letzten Stand der
Wissenschaft „richtiges" oder ein für den Therapiefortschritt förderliches Modell zu vermitteln, ist die Entscheidung aufgrund des ethischen Prinzips des
bestmöglichen Nutzens für den Patienten und des Vermeidens von Schaden
eindeutig für die zweite Alternative zu treffen.

5. Beziehungsgestaltung:
Die letzten Ausführungen haben bereits deutlich gemacht, daß der Therapeut
die Vorstellungen des Patienten (und damit den Patienten) nicht als falsch
abwerten, sondern sie als Resultat seiner individuellen Erfahrungen ernstneh-

166

men sollte. Sie sind lediglich aufgrund des Fachwissens des Therapeuten zu ergänzen, zu verallgemeinern oder zu präzisieren.

12.3 (VI) Analyse äußerer Folgen

„Es sind die Folgen von Handlungsergebnissen, die Anreizwerte haben" (Heckhausen, 1980, S. 622). Neben einigen Symptomen wie beispielsweise Ängste, die auch unmittelbar Anreizwert haben, sind die zentralen Anreize oder Anlässe für den Patienten, eine Psychotherapie aufzusuchen, die längerfristigen, oft indirekten Auswirkungen der Symptome oder Verhaltensauffälligkeiten: ihre Folgen. (Diese Folgen sind von den unmittelbaren „Handlungsergebnissen", den „Verstärkern" der Verhaltensanalyse, zu unterscheiden; vgl. Kapitel 2.)

Motivationsanalyse bedeutet demnach im wesentlichen eine Analyse der Folgen: einerseits der Folgen seiner gegenwärtigen Schwierigkeiten und Probleme (**Störungsfolgen**) und andererseits der zu erwartenden **Therapiefolgen** (Ergebnisse und Nebenwirkungen). Dabei ist nicht nur relevant, welche Ereignisse oder Sachverhalte der Patient infolge der Störung eintreten sieht (bzw. durch die Therapie verhindert sieht), sondern auch, welche seiner Meinung nach durch die Störung verhindert werden (bzw. infolge der Therapie eintreten werden); das letztere ist in der Regel sogar wichtiger.

Die Motivation des Patienten ist zumeist nicht eindeutig: Es gibt positive (erhoffte) und negative (befürchtete) Folgen, offenkundige und unerkannte, sozial akzeptierte und unerwünschte, deren man sich eventuell schämt, tatsächliche und vermeintliche, äußere (materielle und soziale) und „innere" (psychologische) Folgen. Das Aufsuchen eines Psychotherapeuten ist etwas Zwiespältiges.

Bei der Motivationsanalyse treten besondere Probleme bei der Überprüfung oder Validierung der diagnostischen Bedingungshypothesen auf. Die angenommenen Bedingungen, also irgendwelche Folgen, variieren nicht kontingent mit dem Auftreten des Problemverhaltens und seinen Variationen. Folgen sind gerade relativ überdauernde Bedingungen. Die in Kapitel 10 diskutierte Validierungsstrategie, Kovariationen zwischen Problemverhalten und Bedingungen zu beobachten oder zu erfragen, ist nicht möglich. Von daher sollte der Therapeut zumindest bei der Feststellung der Folgen bzw. der Erwartungen des Patienten, daß solche Folgen eintreten, besondere Sorgfalt walten lassen.

In Kapitel 2 war darauf hingewiesen worden, daß nicht nur äußere, prinzipiell beobachtbare Folgen die Motivation des Patienten bestimmen, sondern auch innere, psychologische Folgen. Für deren Analyse wird im weiteren Verlauf dieses Kapitels ein Vorschlag gemacht. Hier geht es zunächst um äußere, um materielle und soziale Folgen, die zur Therapie motivieren, und solche, die demotivieren.

167

12.3.1 Erste Bedingungshypothese: unzureichender Leidensdruck

Zunächst zu den motivierenden Folgen, also den unerwünschten, negativen Störungsfolgen beziehungsweise den erwünschten Therapiefolgen. Diese lassen sich unterteilen in **Leidensdruck** (der Patient ist durch sein Leiden selbst zur Therapie motiviert) und **sozialen Druck** (der Patient ist fremdmotiviert). Zum Leidensdruck zählen zunächst die **Beeinträchtigungen**, die der Patient aufgrund seiner Schwierigkeiten im alltäglichen Verhalten erlebt, und die belastende Erfahrung der **Normabweichung**, des ,,anders als die anderen Seins". Hinzu kommt eventuell **soziale Ablehnung** und Diskriminierung aufgrund des störenden oder normabweichenden Verhaltens, die zum subjektiven Leiden des Patienten beitragen können. Manchmal kann es aus der Umgebung des Patienten aber auch zu einem unmittelbaren **sozialen Druck**, eine Behandlung aufzusuchen, kommen – nicht zuletzt dann, wenn die Eigenmotivation, also der Leidensdruck, gering ist.

Ein mögliches Bedingungsmodell zur Erklärung unzureichender Therapiemotivation und damit unzureichenden Basisverhaltens des Patienten ist demnach in unzureichendem Leidensdruck zu sehen; der Patient hat nur geringen Leidensdruck oder kommt nur aufgrund sozialen Drucks zur Therapie.

Geringe Therapiemotivation kann nicht nur die Konsequenz zu schwacher motivierender Folgen, sondern auch zu starker demotivierender Folgen sein. Die demotivierenden Folgen wurden in Kapitel 2 als **Störungsgewinn** bezeichnet: Die Verhaltensauffälligkeiten bewirken einen erwünschten Zustand oder verhindern seine Veränderung: Sie **stabilisieren** den erwünschten *status quo*. Diese positiven Nebenwirkungen der gegenwärtigen Störungen würden bei einer erfolgreichen Therapie entfallen.

12.3.2 Zweite Bedingungshypothese: materieller Störungsgewinn

Sofern materielle Lebenssituationen angesprochen sind, die durch die Verhaltensauffälligkeiten tatsächlich oder vermeintlich stabilisiert werden, kann die Bedingungshypothese ,,materieller Störungsgewinn" aufgestellt werden. Beispiele für solche materiellen Folgen wären die Zahlung einer Arbeitsunfähigkeitsrente, Entlastungen bei häuslichen Pflichten, schonende Arbeitsbedingungen oder die Vermeidung der Arbeit im väterlichen Betrieb durch eine Arbeitsstörung oder Prüfungsangst während des Studiums.

12.3.3 Dritte Bedingungshypothese: sozialer Störungsgewinn

Eine besonders wichtige Gruppe äußerer Folgen betrifft die sozialen Folgen, also die Stabilisierung von Lebensumständen in der Partnerschaft, Familie, in einem engen Freundes- oder Kollegenkreis, im Klassenverband oder der Jugendgruppe. Durch die Verhaltensauffälligkeiten eines Gruppenmitglieds können bestehende Beziehungs- und Machtstrukturen aufrecht erhalten und Veränderungen verhindert werden. Das gilt vor allem dann, wenn die verschiedenen Interessen und Machtansprüche innerhalb einer Gruppe unterschwellig miteinander im Konflikt stehen. Die Verhaltensauffälligkeiten dienen dann einer vordergründigen Konfliktlösung. Im Extremfall kann ein Auseinanderbrechen der Partnerschaft, Familie oder Gruppe drohen, weil die Beziehungen zu sehr belastet sind. Durch die Probleme eines der Gruppenmitglieder werden jedoch andere Rollenzuweisungen erforderlich oder es werden Normen und Ansprüche gesetzt, etwa für das „schwache" Gruppenmitglied Sorge zu tragen, die zumindest ein weiteres Zusammenleben notwendig machen. Eine „erfolgreiche", die Symptomatik reduzierende Therapie käme einer Bedrohung des *status quo* gleich und kann beim Patienten oder anderen Gruppenmitgliedern zu Widerstand führen.

Beispiele:
- Aufgrund der massiven Auffälligkeiten des Kindes lehnen beide Elternteile ab, allein die Sorge für das Kind zu übernehmen, so daß die zerrüttete Ehe bestehen bleibt.
- Die verwitwete, kontaktarme Mutter zweier erwachsener Söhne erschwert durch Depressionen und Alkoholmißbrauch und die daraus resultierenden Anforderungen und Einschränkungen die Selbständigkeit und den Schulabschluß ihrer Söhne, so daß die Teilfamilie bestehen bleibt.
- Eine Frau aus mittleren sozialen Verhältnissen hat den Sohn einer sehr reichen Industriellenfamilie geheiratet. Die Schwiegereltern dominieren die gesamte Großfamilie und bestimmen sogar Einzelheiten der Lebensumstände der Familien der Söhne. Die Auflehnung der Frau gegen diese Verhältnisse führte zu einer ernsthaften Ehekrise, da sich ihr Mann letztlich auf seiten seiner Eltern stellte. Der sich entwickelnden Agoraphobie gegenüber sind die Schwiegereltern hilflos; sie verschafft der Patientin einen gewissen Schonraum und Freiraum gegenüber der übermächtigen Familie. Andererseits verhindert sie eine Trennung, denn die Frau ist offenkundig aufgrund der Agoraphobie nicht in der Lage, allein für sich zu sorgen.

12.3.4 Arbeitsschritte

1. Zusätzliche analysespezifische Informationen:
Der Therapeut sollte zunächst Informationen über die Störungsfolgen erheben. Über die negativen Auswirkungen, die Beeinträchtigungen im Alltag und die negativen Reaktionen der Umwelt kann der Patient in der Regel direkt auf Befragung Auskunft geben. Schwieriger ist die Suche nach potentiellen Vorteilen. Positive Folgen der Störung wird der Patient nicht unbedingt bewußt mit dem Problem in Verbindung bringen. Er gibt eher indirekt Hinweise auf solche positiven Folgen und Funktionen, wenn nicht nach Folgen der Störung, sondern nach den Folgen einer Veränderung oder nach Folgen des Verschwindens des Problems (Therapiefolgen) gefragt wird:

- Wie sähe das Verhalten in der kritischen Situation aus, wenn es keine Probleme gäbe?
- Was wäre ohne Probleme alles anders?
- Was war anders, als es die Probleme noch nicht gab?
- Was würde der Patient sonst noch anders/nicht mehr tun, wenn die Probleme weg wären? (Veränderungen im beruflichen Bereich/Leistungsbereich, in der Familie, in sozialen Beziehungen, im sexuellen Bereich, in Freizeit und Urlaub?)

Auch befürchtete oder erwünschte soziale Konsequenzen sind eher indirekt zu erfragen:
- Wer weiß/weiß nicht von den Problemen? Warum?
- Wer muß Rücksicht nehmen? (Kontrolle über wen?)
- Wer hat Vorteile, wer Nachteile durch die Probleme?

Weitere Hinweise auf versteckte Folgen können Fragen zum Selbstbild und zu Einschränkungen durch die Symptomatik erbringen:
- Als was möchte der Patient (nicht) erscheinen?
- Was muß er (nicht) tun? (Erleichterungen)
- Was kann der Patient nicht „wegen der Probleme"?

Der Therapeut sollte die Liste der Folgen auch um solche ergänzen, die zwar vom Patienten nicht gesehen oder genannt wurden, die jedoch seiner Meinung nach objektiv als Konsequenz der Verhaltensauffälligkeiten aufgetreten sind bzw. als Folgen eines Abklingens der Verhaltensauffälligkeiten erwartet werden können.

2. Interpretation/Bedingungsmodelle:
Die Interpretation erfolgt getrennt für positive und negative Störungsfolgen. Zur Überprüfung der Bedingungshypothese „mangelnder Leidensdruck" sollte der Therapeut die vom Patienten gesehenen **negativen** Störungsfolgen (bzw. positiven Therapiefolgen) gewichten und sich die Frage stellen, ob sie für die Motivierung zur Therapie ausreichend sind:
- Erkennt der Patient die (objektiv gegebenen) Beeinträchtigungen und führt er sie auf seine Probleme zurück?
- Beurteilt der Patient seine Verhaltensauffälligkeiten als normabweichend?
- Erkennt der Patient – gegebenenfalls – den sozialen Rückzug seiner Umgebung?

Falls das nicht der Fall ist oder falls er vorwiegend fremdmotiviert ist, also aufgrund sozialen Drucks kommt, kann der Therapeut die Bedingungshypothese „unzureichender Leidensdruck" aufstellen.

Tragen die Verhaltensauffälligkeiten gegenwärtig zu **positiv** bewerteten materiellen oder sozialen Lebensumständen bei oder sieht der Patient oder der Therapeut diese durch die Therapie bedroht, so können die Bedingungshypothesen „materieller" oder „sozialer Störungsgewinn" aufgestellt werden.

3. Strukturierung:

Unrealistische Wahrnehmungen der Störungsfolgen durch den Patienten bei unzureichendem Leidensdruck oder bei äußerem Störungsgewinn werden gegebenenfalls zu einem Interventionspunkt. Falls jedoch der Verdacht besteht, daß die Fehlattribuierung auf die Störungen bzw. gerade nicht auf die Störungen Ausdruck allgemeinerer, irrationaler Überzeugungen ist, sollte diese zu einem eigenständigen Teilproblem werden (vgl. Kapitel 11: Kognitionsanalyse).

4. Therapiemethoden:

Bei der Bedingungsdiagnose „**unzureichender Leidensdruck**" sollte der Therapeut sich zunächst noch einmal explizit die Frage stellen, ob überhaupt eine Therapie notwendig ist, also die Folgen der Verhaltensauffälligkeiten für den Patienten oder andere jetzt oder später objektiv so gravierend sind, daß eine Veränderung angezeigt ist.

Ist das anzunehmen, so sollte der Therapeut versuchen, dem Patienten die (längerfristigen) Folgen für sich oder andere zu veranschaulichen. Dabei liegt der Schwerpunkt weniger auf der Vermittlung entsprechenden Wissens, sondern der entsprechenden Bewertung, also auf der emotionalen Seite. Der modellhafte Ausdruck eigener Betroffenheit und Sorge kann dazu hilfreich sein. Gegebenenfalls ist es erforderlich, dem Patienten eine grundsätzliche Auseinandersetzung mit seinen Wünschen, Zielen und Motiven zu ermöglichen; eine solche Explikation könnte mittels einer zielorientierten Gesprächspsychotherapie (Sachse & Maus, 1991) versucht werden.

Bei den Bedingungsdiagnosen „**materieller oder sozialer Störungsgewinn**" sind mindestens drei Interventionspunkte möglich:
- Soll auf die materiellen oder sozialen Sachverhalte, die gegenwärtig den Störungsgewinn ausmachen, nicht verzichtet werden, so ist zu prüfen, inwieweit diese Vorteile durch andere Verhaltensweisen oder Maßnahmen erzielt werden können. Falls erforderlich, sollten entsprechendes Verhalten oder die dazu erforderlichen Umstände gefördert werden.
- Sind die Auswirkungen oder Folgen selbst dysfunktional oder zumindest nicht förderungswürdig, so wird die subjektive Bewertung dieser Folgen durch den Patienten und durch andere Gruppenmitglieder zum Interventionspunkt. Dazu sind kognitive Methoden der Umstrukturierung beim Patienten (und/oder den Gruppenmitgliedern) angezeigt. Zusätzlich kann versucht werden, die Wichtigkeit dieser Folgen zu relativieren, indem andere Ziele oder Interessen gefördert werden. Bei dysfunktionalen sozialen Folgen könnte auch die Bindung an die Gruppe in Frage gestellt werden.
- Bei vermeintlichen, letztlich jedoch unrealistischen Folgeerwartungen des Patienten sollte der Therapeut dem Patienten veranschaulichen, daß solche Folgen nicht notwendigerweise zu erwarten sind oder daß er gegen das Eintreten dieser Folgen etwas unternehmen kann. Um das gewissermaßen zu beweisen, kann es hilfreich sein, alternative Verhaltensweisen zu fördern,

etwa gemeinsame Freizeitaktivitäten zur Stärkung der Gruppenbeziehung. Gegebenenfalls sind kognitive Therapiemethoden einzusetzen, um die unterschwellig erwarteten Folgen der Therapie zu hinterfragen.

5. Beziehungsgestaltung:
Die Vermutung, daß die Schwierigkeiten des Patienten diesem auch Vorteile bringen, wird von Patienten in aller Regel als brüskierende Unterstellung erlebt. Motivationale Probleme sollte der Therapeut daher nicht direkt ansprechen. Förderung von Alternativverhalten könnte er beispielsweise als eine bei Störungen dieser Art sinnvolle Maßnahme bezeichnen und durchführen, ohne den Zusammenhang mit dem vermutlichen Störungsgewinn überhaupt explizit anzusprechen. Ansonsten sollte der Therapeut durch indirekte Gesprächsführung (sokratischer Dialog) versuchen, daß der Patient die Folgezustände selbst anspricht, so daß eine „Problematisierung" möglich wird.

12.4 (VII) Analyse psychologischer Folgen

Eine weitere Bedingungshypothese der Motivationsanalyse betrifft einen möglichen **psychologischen Störungsgewinn** (Kapitel 2). Über solche, auch für den Betroffenen nicht offenkundigen („unbewußten") Folgen sind in Psychotherapietheorien, vor allem aus dem tiefenpsychologisch-psychodynamischen Bereich, die unterschiedlichsten Vermutungen aufgestellt worden. Zwei Möglichkeiten eines solchen psychologischen Störungsgewinns sollen hier betrachtet werden. Grundlage für diese Analyse sind wiederum motivationspsychologische Theorien (Heckhausen, 1980) und aus der sozialpsychologischen Forschung resultierende Theorien zu Selbstwert und Selbstaufmerksamkeit (Rustemeyer, 1986).

Die theoretischen Grundlagen und impliziten Annahmen sind allerdings bislang in diesem Zusammenhang noch nicht empirisch überprüft. Da diese Analyse jedoch Aspekte aufgreift, die in der klinischen Praxis besonders relevant sind, soll sie als mögliche Ergänzung der anderen Motivationsanalysen aufgeführt werden. Bereits bei der Analyse äußerer Folgen war darauf hingewiesen worden, daß die Validierung der Bedingungshypothesen der Prozeßanalyse schwieriger ist, da keine unmittelbaren Kovariationen zwischen diesen Bedingungen und dem Problemverhalten anzunehmen sind. Bei der Analyse äußerer Folgen ist zumindest mit relativer Objektivität feststellbar, ob die vermuteten Bedingungen – die sozialen oder materiellen Folgen – tatsächlich vorliegen. Bei der Analyse der inneren, psychologischen Folgen ist selbst dieses schwierig, da sie nicht unmittelbar beobachtbar, sondern nur erschließbar sind. Die Gefahr besteht, daß bei dieser Analyse die „subjektive Gewißheit", daß ein Zusammenhang besteht, für „objektive Wahrheit" genommen wird, zumal gerade diese Analyse „grundlegende" oder „tiefgreifende" Zusammenhänge mit hohem Plausibilitätswert offenzulegen scheint. Doch man kann mit absoluter Gewißheit von absolut Falschem überzeugt sein!

Von daher sollte die Analyse psychologischer Folgen mit Bedacht eingesetzt werden. Der Therapeut sollte sich zumindest ansatzweise um Überprüfungen im Sinne der Falsifikationsstrategie bemühen: Ableitung von nachgeordneten Hypothesen aus der Bedingungshypothese und deren Überprüfung zumindest im Gespräch (s. Kapitel 10). (Es bedarf gezielter Bemühungen der Forschung, um für die Motivationsdiagnostik objektive und in der Praxis handhabbare Strategien oder Instrumente zu entwickeln.)

Wie bei den beiden Formen des äußeren Störungsgewinns geht es auch bei der Analyse des psychologischen Störungsgewinns um die Stabilisierung des *status quo*: (1.) um die Verhinderung von ,,schmerzhaften" Veränderungen des Selbstbildes und damit des Selbstwertes (**Selbstwertstabilisierung**) und (2.) um die Kaschierung von Konflikten (**Konfliktvermeidung**).

12.4.1 Selbstwertstabilisierung

Ausgangspunkt sind irgendwelche Abweichungen der Person von einem erwünschten Zustand. Drei Formen solcher Abweichungen lassen sich unterscheiden:
- Abweichungen von sozialen Normen (,,Ich bin anders als ich sein müßte oder sollte!")
- Abweichungen vom Selbstbild (,,Ich bin gegenwärtig anders als ich an sich bin!")
- Abweichungen vom Idealbild, von Zielen und Werten (,,Ich bin anders als ich sein möchte!").

Solche Abweichungen sind für die Person grundsätzlich unerwünscht; sie reduzieren den eigenen **Selbstwert**, sofern die Person selbst für diese Abweichungen verantwortlich ist. Verhaltensauffälligkeiten können für einen Patienten dadurch von Vorteil sein, daß sie die Abweichungen vom erwünschten Zustand scheinbar erklären – obwohl tatsächlich der erwünschte Zustand ohne die Verhaltensauffälligkeiten auch nicht erreicht würde. Der Patient nimmt also eine **Fehlattribuierung** vor, durch die die diese unerwünschten Abweichungen gewissermaßen **entschuldigt** werden. Würde sich die Person eingestehen, daß diese Sachverhalte tatsächlich auch ohne ,,seine Krankheit" existieren, so müßte sie sie eventuell auf ihre (negativen) Eigenschaften, (Un-)Fähigkeiten oder (negativen) Verhaltensweisen attribuieren. Die Probleme dienen also zur Entschuldigung und Entlastung der eigenen Person oder des Selbst.

In solchen Fällen vermutet der Patient oder demonstriert sogar nach außen, daß bestimmte unerwünschte Gegebenheiten Folge seiner Störung sind. Der Therapeut sollte sich fragen, ob dieser Zusammenhang tatsächlich existiert beziehungsweise relevant ist, oder ob die Nichterreichung des erwünschten

Zustandes tatsächlich – zumindest im wesentlichen – auf mangelnde Kompetenz oder Bereitschaft des Patienten zurückzuführen ist.

Beispiele:
- Ein Student leidet unter Prüfungsangst und sieht sein bisheriges Scheitern als Folge dieser „pathologischen Angst" an. Nach dem Eindruck des Therapeuten handelt es sich zumindest auch um eine begründete Realangst: Das Wissen des Studenten reicht für das Bestehen der Prüfung sicherlich nicht aus – aufgrund mangelnder Begabung oder mangelnder Anstregung.
- Die Frau eines Geschäftsmannes hat immer darunter gelitten, daß ihr Mann abends und am Wochenende Akten mitbrachte und für die Firma arbeitete, so daß sie nur wenig gesellschaftlichen Kontakt hatten und Freizeitaktivitäten zurückgestellt werden mußten. Nachdem ihr Mann nun im Ruhestand ist, erhofft sie sich, das nachzuholen, was sie bislang entbehren mußte. Ihr Mann hatte noch nie viel Spaß an gesellschaftlichen Kontakten. Mit dem Ausscheiden aus dem Berufsleben entwickelt er eine Agoraphobie. Er kann – auch für seine Frau offenkundig – das Haus kaum mehr verlassen und vermeidet Kontakte zu anderen Menschen fast vollständig.

Im ersten Beispiel geht es um eine Abweichung vom Selbstbild, die entschuldigt wird. Bei dem zweiten Beispiel handelt es sich um die Abweichung von einer sozialen Norm, in diesem Fall dem Wunsch einer anderen, wichtigen Person. Der Patient vermeidet einen Selbstwertverlust – er müßte sich eingestehen, seiner Frau gegenüber „unsozial" und wenig entgegenkommend zu sein.[1] Darüber hinaus vermeidet er eventuell auch einen sozialen Konflikt, der die Beziehung gefährden könnte; dies wäre zusätzlich ein äußerer, sozialer Krankheitsgewinn.

Die Entschuldigung, daß eine Störung für die Abweichung von sozialen Normen verantwortlich ist, kann auch eine ganze Gruppe entlasten, nicht nur das Individuum.

Beispiel:
- In einer „chaotische Familie" hält sich niemand an soziale Regeln, auch Vater, Mutter und Großvater nicht. Die Kinder zeigen erhebliche Verhaltensabweichungen – Anlaß für die Therapienachfrage aufgrund des Drucks der Lehrer. Eine therapeutische Veränderung bei den Kindern würde deutlich machen, daß dieses „Familienchaos" andere Gründe hat und damit Änderungsdruck auch in anderen Bereichen erzeugen.

---

1 Man könnte von sozialem Selbstwertverlust in Abgrenzung zum privatem Selbstwertverlust sprechen, analog zur Unterscheidung zwischen privater und sozialer Selbstaufmerksamkeit (Fenigstein, Scheier & Buss, 1975).

12.4.2 Konfliktvermeidung

Ein zweiter binnenpsychischer Vorteil von Störungen kann daraus resultieren, daß sie tatsächlich existierende Konflikte und Widersprüchlichkeiten zwischen verschiedenen subjektiven Zielen und Werten überdecken. Die Ziele oder Werte einer Person sind keineswegs alle miteinander vereinbar. Das gilt vor allem für aktuelle Handlungsziele oder Anliegen – man möchte am Text für das Buch arbeiten, doch andererseits möchte man Freunde besuchen. Konflikte werden um so gewichtiger, je allgemeiner (allgemeingültiger) die beteiligten Ziele oder Werte sind. Symptomatisches, auffälliges Verhalten kann den Nebeneffekt haben, daß einer der erwünschten Zustände offenkundig unerreichbar ist und somit der Konflikt in der Schwebe gehalten oder scheinbar gelöst wird. Eine offene Konfrontation und Auseinandersetzung mit dem Konflikt wird damit vermieden.

Beispiel:
– Ihre agoraphobische Angst beeinträchtigt eine Hausfrau so sehr bei ihrer Hausarbeit, daß sie ihre pflegebedürftige Mutter, von der sie sich bis heute bevormundet sieht, nicht aus dem Altersheim zu sich nehmen kann, obwohl sie meint, daß dies ihre Pflicht als Tochter sei. Solange die Agoraphobie besteht, muß sie sich mit dem Konflikt zwischen „Unabhängigkeit von der Mutter" und „gute Tochter sein" nicht auseinandersetzen.

12.4.3 Arbeitsschritte

1. Zusätzliche analysespezifische Informationen:
Zur Feststellung eines psychologischen Störungsgewinns muß der Therapeut Informationen über relevante soziale Normen, über das Selbstbild des Patienten und über seine Ziele, Wünsche und Werte erheben. Entsprechende Hinweise lassen sich zum einen den berichteten materiellen und sozialen Folgen des jeweiligen Problemverhaltens und deren Bewertung durch den Patienten entnehmen (s. Analyse äußerer Folgen). Darüber hinaus ist ein zweiter, ein störungsunspezifischer Weg der Informationserhebung möglich. Dabei wird nicht von den speziellen Verhaltensauffälligkeiten ausgegangen, sondern es werden allgemein Informationen über Normen, Werte, Ziele (Lebensziele), Vornahmen, Pläne, Regeln, Überzeugungen und Selbstbeschreibungen des Patienten erhoben.

Der Therapeut kann durch indirekte Fragen versuchen, den Patienten zu solchen Ziel- und Wertaussagen zu veranlassen, z.B.:
– Vorstellungen von der Zukunft?
– Von wem möchte er geschätzt/anerkannt werden? Weswegen?
– Was müssen andere tun, um von ihm, dem Patienten, geschätzt zu werden?
– Was findet der Patient gut/was schlecht an sich?
– Was würde er anders machen als seine Eltern/Partner/andere?

– Was sollten andere von ihm denken, was nicht?
– Worauf ist er stolz?

Manchmal ist es leichter, solche Wertaussagen zunächst für die Vergangenheit zu erheben („Was war Ihnen damals wichtig?"), um anschließend Veränderungen gegenüber dem heutigen Zeitpunkt zu besprechen.

2. Interpretation/Bedingungsmodelle:
Für jede der beiden Bedingungsdiagnosen sind unterschiedliche Auswertungen erforderlich. Zur Überprüfung der Bedingungsdiagnose „**Selbstwertstabilisierung**" sind folgende Schritte zu empfehlen:
1. Für die erhobenen Wertaussagen zu Normen, Selbstbild und Idealbild (Wünschen und Zielen) ist zu überprüfen, welche vom Patienten gegenwärtig nicht oder nur unzureichend erfüllt oder erreicht werden.
2. Im zweiten Schritt ist zu beurteilen, ob die Erreichung irgendeines dieser erwünschten Zustände vermeintlich, nach Ansicht des Patienten, durch eine der Verhaltensauffälligkeiten verhindert oder erschwert wird.
3. Im dritten Schritt muß der Therapeut abschätzen, ob die erwünschten Zustände ohne die Verhaltensauffälligkeiten wirklich erreicht würden. Ist das nicht anzunehmen, so kann die Bedingungshypothese „Selbstwertstabilisierung" aufgestellt werden.

Zur Überprüfung der Bedingungsdiagnose „**Konfliktvermeidung**" sollte der Therapeut feststellen, ob ein gegenwärtig nicht erreichter Zustand mit anderen Zielen, Normen oder Werten des Patienten unvereinbar ist. Das gilt jedoch nur, wenn es sich bei den konfligierenden Wertaussagen um relativ abstrakte, allgemeingültige und damit um wichtige Ziele des Patienten handelt. Um das abschätzen zu können, kann das folgende Vorgehen hilfreich sein:
1. Die aufgelisteten Wertaussagen des Patienten werden zunächst a) inhaltlich nach Themenbereichen geordnet. Resultieren bei dieser Sortierung mehr als drei Themenbereiche, so sollte eine weitergehende Abstraktion versucht werden, bis schließlich nur noch zwei oder drei Bereiche übrigbleiben. Innerhalb der Themenbereiche sollte b) **grob** nach dem Allgemeinheitsgrad der Zielaussagen entsprechend der Mittel-Ziel- oder Oberziel-Unterziel-Relationen **des Patienten** sortiert werden.
2. Danach ist zu fragen, ob zwischen dem erwünschten aber nicht realisierten Zustand und einer anderen Gruppe von Handlungszielen ein Widerspruch besteht.

3. Strukturierung:
Bei der Bedingungshypothese „Selbstwertstabilisierung" sollte der Therapeut zusätzlich die Frage stellen, was tatsächlich für das Ausbleiben der erwünschten Zustände bzw. für die Abweichungen von Norm, Selbst- oder Idealbild verantwortlich ist: mangelnde Kompetenz oder mangelnde Bereitschaft (Motivation)? Sowohl die mangelnde Bereitschaft als auch mangelnde Kompetenz sollten als ein neues Teilproblem betrachtet werden, und es ist zu prüfen, ob es Möglichkeiten gibt, die Kompetenz oder die Bereitschaft zu steigern.

4. Therapiemethoden:

Vorrangig sollte – wie gerade besprochen – geprüft werden, ob der erwünschte, aber nicht erreichte Zustand tatsächlich erreicht werden kann. Gelingt dies, so bedarf es nicht weiterhin der Entschuldigung oder der Entlastung durch die Störung.

Ist dies nicht erreichbar, so werden die Kognitionen des Patienten zum Selbstbild sowie zu Normen, Zielen und Werten zum Interventionspunkt; sie können prinzipiell mittels kognitiver Therapieverfahren (RET oder Kognitive Therapie) verändert werden.

Umstrukturierungen und Umbewertungen sind im Verlauf der Therapie, z. B. in Folge erster Fortschritte und der daraus resultierenden neuen Erfahrungen, sowieso zu erwarten. Der Therapeut sollte daher nur dann gezielte Maßnahmen zur Bearbeitung der Motivationshemmnisse ergreifen, wenn es unbedingt erforderlich ist.

5. Beziehungsgestaltung:

Auch psychologischen Störungsgewinn sollte der Therapeut nicht direkt angehen, sondern falls erforderlich durch indirekte Gesprächsführung versuchen, daß der Patient die problematischen Abweichungen von Normen, Selbstbild oder Idealbild selbst anspricht.

Kapitel 13

Beziehungsanalyse

(Prozeßanalyse Teil 2)

In diesem Kapitel sollen zwei weitere Formen der Prozeßanalyse vorgeschlagen werden, bei denen es um Beziehungsprobleme geht, also um die Analyse von Störungen in der Interaktion von Therapeut und Patient (vgl. Tabelle 12.1 in Kapitel 12): Analyse des interaktiven Therapeutenverhaltens und die von Grawe (z. B. 1992) und Caspar (1989) vorgeschlagene Plananalyse, hier als Analyse des interaktiven Patientenverhaltens bezeichnet, zur Analyse überdauernder Interaktionsgewohnheiten des Patienten.

13.1 (VIII) Analyse des interaktiven Therapeutenverhaltens

Neben überdauernden motivationalen Bedingungen ist für das Basisverhalten des Patienten die Beziehung zwischen Therapeut und Patient von besonderer Bedeutung; in ihr werden für den Patienten seine Erwartungen verifiziert oder falsifiziert. Die Beziehung äußert sich in der Interaktion zwischen Patient und Therapeut; sie zeigt sich speziell darin, wie das Verhalten des jeweils anderen hinsichtlich seines Beziehungsaspekts wahrgenommen wird (vgl. Kapitel 4).

Eine dysfunktionale Interaktion kann Folge eines für die Therapie **ungünstigen Therapeutenverhaltens** sein; diese Möglichkeit wird hier analysiert.

Arbeitsschritte:

1. Zusätzliche analysespezifische Informationen und
2. Interpretation/Bedingungsmodelle:
Zu überprüfen ist die Hypothese, daß der Patient den Therapeuten beziehungsweise sein Verhalten nicht im Sinne der für die Therapie wünschenswerten Erwartungen wahrnimmt, also nicht als kompetent, wertschätzend, empathisch, vertrauenswürdig, bestätigend, Autonomie gewährend und um Konsens be-

müht, dabei jedoch stets in der Rolle als Therapeut verbleibend. Der Therapeut muß also versuchen zu erfassen, wie der Patient ihn beziehungsweise den Beziehungsaspekt seines Verhaltens wahrnimmt.

Unmittelbar während einer Therapiesitzung kann der Therapeut dies nur selbst global schätzen. Das ist allerdings ein sehr subjektives Verfahren. Es setzt Rückschlüsse des Therapeuten vom Patientenverhalten auf dessen Wahrnehmung voraus. Als ein erstes Screening läßt sich dieses Vorgehen rechtfertigen; es muß gegebenenfalls durch objektivere Methoden gestützt werden.

Auf sechs Dimensionen sollte der Therapeut ein Rating der Patientenwahrnehmung versuchen:
1. Wertschätzung: Ich bin dem Patienten sympathisch vs. unsympathisch;
2. Kompetenz: Der Patient erachtet mich als kompetent vs. inkompetent;
3. Empathie: Der Patient erachtet mich als verständnisvoll und unterstützend vs. verständnislos;
4. Vertrauen: Der Patient vertraut vs. mißtraut mir;
5. Konsens: Er ist um Konsens mit mir bemüht vs. versucht, sich gegen mich durchzusetzen und
6. Therapeutenrolle: Er behandelt mich als Therapeut vs. er behandelt mich als Freund/Partner.

Schätzt der Therapeut das Patientenverhalten auf einer dieser Dimensionen „negativ" ein, so liegt die Vermutung nahe, daß der Patient den Therapeuten nicht in der erwünschten Art und Weise wahrnimmt. In diesem Fall sollte der Therapeut überprüfen, inwieweit er sich tatsächlich kompetent, wertschätzend, empathisch, bestätigend, vertrauenswürdig, Autonomie gewährend, um Konsens bemühend und rollenkonform verhält beziehungsweise die entsprechenden Beziehungsregeln in der Interaktion mit dem Patienten (vgl. Kapitel 4) realisiert. Dies kann durch Selbstbeobachtung und Rating des eigenen Verhaltens anhand von Tonband- oder Videoaufzeichnungen erfolgen. Da es jedoch um die Wahrnehmung seines Verhaltens durch andere, primär den Patienten geht, wäre eine Beobachtung durch dritte im Rahmen einer Supervision anzuraten.

Findet der Therapeut Hinweise auf unzureichendes, **dysfunktionale Therapeutenverhalten** in einem der angesprochenen Bereiche, so ist dies die Bedingungshypothese zur Erklärung des unzureichenden Basisverhaltens des Patienten.

Eine ausführliche **Darstellung der Ergebnisse** ist nur bei gravierenden Interaktionsproblemen erforderlich. Anzuraten wäre allerdings, die Ratings grundsätzlich nach jeder Sitzung durchzuführen und die Ergebnisse zusammen mit den Stundenprotokollen festzuhalten.

4. Therapiemethoden und
5. Beziehungsgestaltung:
Der Therapeut sollte entsprechend der Beziehungsregeln und möglichst mit Unterstützung eines Supervisors (oder eines Kollegen) vorrangig versuchen,

sein Verhalten zu ändern. Falls bereits erhebliche Vorbehalte seitens des Patienten eingetreten sind, können die Beziehungsprobleme direkt angesprochen werden; eventuell ist nach einem anderen Therapeuten oder einer anderen Therapeutin zu suchen.

13.2 (IX) Analyse des interaktiven Patientenverhaltens

Daß der Patient in der Interaktion mit dem Therapeuten nicht das erwünschte Basisverhalten zeigt, kann auch daran liegen, daß er auch in dieser Interaktion für ihn typische **Interaktionsgewohnheiten** zeigt, die mit dem erwünschten, für die Therapie erforderlichen Verhalten **interferieren** – z.B. ,,Verhalte dich stets kompetent und überlegen!". Auf die Bedeutung solcher interaktioneller Gewohnheiten, Motive, Ziele oder Pläne hat vor allem Grawe (1992) hingewiesen (vgl. Kapitel 4). Der Patient wird in der Therapie um so eher das erforderliche Basisverhalten zeigen können, je weniger er sich um die damit interferierenden Interaktionsziele oder Motive bemühen muß.

Caspar (1989) hat eine ,,Plananalyse" zur Diagnose solcher (sozialer) Pläne vorgestellt. Nicht immer scheint jedoch eine umfassende Analyse der sozialen Motive des Patienten notwendig zu sein; vielfach bringt bereits die Analyse der ersten zehn Minuten einer Therapie wichtige Aufschlüsse. Eine vereinfachte Vorgehensweise wird im folgenden dargestellt.

Arbeitsschritte:

1. Zusätzliche analysespezifische Informationen:
Hinweise auf dysfunktionale interaktionelle Gewohnheiten oder Motive kann der Therapeut dem unmittelbar von ihm in der Therapie zu beobachtenden Sozialverhalten des Patienten entnehmen (Grawe, 1980). Die Beobachtungen konzentrieren sich dabei auf nonverbale und paralinguistische Aspekte des Verhaltens, also auf Mimik, Gestik, Körperhaltung und Besonderheiten der Sprache und Ausdrucksweise. Der Inhalt der Aussage tritt dabei etwas zurück (,,so als sei der Ton leiser gedreht"). Geachtet wird auf alle Besonderheiten und Auffälligkeiten des Interaktionsgeschehens.

2. Interpretation/Bedingungsmodelle:
Aus den beobachteten Besonderheiten wird geschlossen auf mögliche Intentionen oder Ziele dieses Verhaltens. Beides wird parallel notiert, etwa in der Form, wie in Tabelle 13.1 dargestellt.

Für die aus dem Verhalten erschlossenen Ziele werden zentrale interaktionelle Oberziele gesucht. Dies kann nach einem Vorschlag von Grawe dadurch geschehen, daß sich der Therapeut auf Grundlage der erschlossenen Intentionen zwei Fragen stellt:„ Welche Äußerung würde dem Patienten so richtig gut tun?" Und: „Welche Äußerung würde den Patienten sehr treffen?".

Tabelle 13.1:
Beispiel einer Liste von Interaktionsauffälligkeiten und erschlossenen Intentionen

– redet sehr distanziert über seine Probleme	Vermeide,
– sagt „Ich hab's im Griff"	als schwer gestörter
– lacht, als er Symptom beschreibt	Patient dazustehen
– sitzt gelassen	
– spricht gewählt	
– beschreibt präzise	Zeige Dich als
– korrigiert und ergänzt den Therapeuten	gleichwertiger Partner
– zeigt Verständnis für die Wünsche des Therapeuten	

4. Indikationsprüfung und
5. Beziehungsgestaltung:

Sofern Oberziele festzustellen sind, die mit dem erwünschten Basisverhalten interferieren können, entwirft der Therapeut für diese einen Plan für komplementäres Verhalten. Er muß sich so verhalten, daß diese besonders wichtigen interaktiven Ziele erreicht beziehungsweise die sozialen Motive des Patienten bestätigt und befriedigt werden, indem er dem Patienten möglichst oft „Wahrnehmungen im Sinne seiner wichtigsten positiven Ziele" ermöglicht. Der Patient sieht sich dadurch in seiner Eigenart angenommen und verstanden und mit seinem Anliegen aufgehoben und unterstützt (**Bestätigung**). Der Therapeut steht auf seiner Seite und er hilft ihm, so zu werden, wie er selbst gerne sein möchte (Grawe et al., 1994).

Zur Vermittlung dieses Eindrucks nennt Grawe bestimmte Beziehungsregeln. Zunächst sind die therapeutischen Methoden so einzuführen und zu gestalten, daß sie mit den interaktiven Zielen des Patienten in Einklang stehen: „Bei einem Patienten mit einem sehr ausgebautem Autonomieschema wird man etwa darauf achten, ihn über die verschiedenen Möglichkeiten zu informieren, jeden Schritt ausdrücklich mitbestimmen und ihn soweit wie möglich die Regie führen lassen" (Grawe et al., 1994, Manuskript S. 44).

Auch im allgemeinen Interaktionsverhalten muß sich diese Akzeptanz des Patienten zeigen. Bei dem genannten Beispiel soll sich der Therapeut „nicht auf den bagatellisierenden Tonfall des Patienten einlassen, sonder alles so wichtig und ernst nehmen, wie es dem Inhalt des Gesagten entspricht. Oder: Sich den Patienten in der Körperhaltung betont zuwenden, nicht auf Distanz gehen, ihn sehr oft freundlich anblicken und -lächeln, auch oder gerade dann, wenn der Patient von oben herab abwertende Äußerungen macht." (S. 44).

Neben den Beziehungsregeln nennt Grawe auch Methodenregeln bezüglich bestimmter Inhalte, die der Therapeut ansprechen sollte. Im vorhinein sollte sich der Therapeut überlegen, durch welche Aussagen (Worte, Ausdrücke, Sätze, Bilder), die er dann wiederholt in das Gespräch einfließen läßt, er diesen besonders gut in seinen Zielen und Werten bestätigen bzw. seine Motive befriedigen kann. „Was würde dem Patienten im Hinblick auf seine wichtigsten positiven Ziele und Wünsche besonders gut tun, wenn man das zu ihm sagt, was ist mit seinen Zielen und Werten besonders gut vereinbar oder sie bestätigend?" (S. 44)

Aufgrund dieser Maßnahmen werden die Bemühungen oder gar „Kämpfe" des Patienten um seine interaktionellen Ziele überflüssig, so daß sich Therapeut und Patient auf die Durchführung der indizierten Methoden konzentrieren können.

Kapitel 14

Therapieplanung

Die Therapieplanung orientiert sich primär an den vom Therapeuten ausgewählten und analysierten Teilproblemen. Im Rahmen der Problem- und Prozeßanalyse wurden für jedes Teilproblem – manchmal sogar mehrfach, jeweils aus unterschiedlicher Perspektive – entschieden, welche Sachverhalte verändert werden sollten (Interventionspunkte), und welche Methoden prinzipiell dazu in Frage kommen (Indikationsstellung), durchführbar und auch moralisch zu vertreten wären. Der Therapeut hat demnach nunmehr gegebenenfalls verschiedene Teilprobleme, für jedes Teilproblem verschiedene Interventionspunkte und für jeden Interventionspunkt verschiedene Methoden zur Wahl.

Die Entscheidung zwischen diesen unterschiedlich begründeten Methoden wird dadurch erleichtert, daß die meisten therapeutischen Methoden nicht unbedingt als sich ausschließende Alternativen zu sehen sind; unter bestimmten Bedingungen lassen sie sich kombinieren und gleichzeitig oder sukzessiv durchführen.

Die erste Voraussetzung für die **Kombination von Methoden** ist die Beurteilung der **Vereinbarkeit ihrer Effekte** und möglicher Nebenwirkungen. Da über Nebenwirkungen psychotherapeutischer Methoden bislang nur wenige Erkenntnisse vorliegen, ist dieses Kriterium allerdings bei der Entscheidung über die Kombination psychotherapeutischer Verfahren – im Gegensatz zur Kombination von Pharmaka – für die Praxis wenig relevant.

Die zweite Bedingung betrifft die **Durchführbarkeit**. Zunächst muß nach pragmatischen Gesichtspunkten entschieden werden, ob der Therapeut selbst unter den gegebenen Bedingungen die verschiedenen Methoden gleichzeitig oder sukzessiv durchführen könnte. Die Prüfung einer Kombination muß sich jedoch auch auf den Patienten beziehen: Das bei Anwendung einer Methode vom Patienten erwartete oder geförderte Verhalten sowie die dem Patienten vermittelte Zielsetzung dieses Verhaltens (z. B. Handlungsabstinenz in der Psychoanalyse) muß vereinbar sein mit dem durch die zweite Methode nahegelegten Verhalten und dessen Zielsetzung (z. B. Selbstanwendung gelernter Bewältigungsstrategien in der Verhaltenstherapie).

Ablaufplan: Für die grundsätzlich sukzessiv oder simultan kombinierbaren Methoden sollte eine Prioritätenliste erstellt werden, die dann soweit erforderlich „abzuarbeiten" ist.

Zur Festlegung der Prioritätenliste bzw. der Reihenfolge sind zum einen die Teilprobleme und zum anderen die ihnen zugeordneten Methoden zu vergleichen und zu bewerten. Die folgenden Gesichtspunkte sollten dabei berücksichtigt werden:

1. **Wichtigkeit**: Teilprobleme, die für die Erreichung von besonders wichtigen Therapiezielen instrumentell sind, haben Vorrang.
2. **Therapiemotivation**: Teilprobleme, bei denen relativ rasch deutliche Veränderungen erzielbar sind oder Teilprobleme, die einer Förderung von Ressourcen dienen, sollten dann vorgezogen werden, wenn die Motivation des Patienten für die Therapie gestärkt werden sollte.
3. **Basisverhalten**: Förderung des Basisverhaltens des Patienten hat Vorrang vor Veränderung des Problemverhaltens.
4. **Effektivität**: Unter den Methoden, die für ein Teilproblem in Frage kommen, sollte diejenige bevorzugt werden, die nach wissenschaftlichen Überprüfungen mit größter Wahrscheinlichkeit einen Erfolg erwarten läßt (größte Effektstärke).[1]
5. **Wirtschaftlichkeit**: Zusätzlich, jedoch nachgeordnet, ist als Kriterium für die Bewertung prinzipiell indizierter und durchführbarer Methoden das Kriterium der Wirtschaftlichkeit heranzuziehen, vorgegeben z. B. im Sozialgesetzbuch V der Bundesrepublik Deutschland. Damit ist die vergleichende Bewertung der Kosten für die Durchführung angesprochen, die sich im wesentlichen durch den erforderlichen Aufwand an Arbeitszeit quantifizieren lassen.

Konkretisierung: Die ausgewählten Methoden sind im Hinblick auf die Erfordernisse und Gegebenheiten des Einzelfalls zu konkretisieren. Das kann die Inhalte oder Themen des therapeutischen Dialogs betreffen oder die inhaltliche Ausgestaltung von Übungen oder Techniken, etwa welche Situationen im Rahmen einer Reizkonfrontation mit dem Patienten aufgesucht werden oder welche Verhaltensweisen in welchen Schritten in Rollenspielen geübt werden sollten. Dabei sollten die besonderen Ressourcen des Patienten, seine Stärken und Interessen, nach Möglichkeit berücksichtigt werden.

Schriftlich dargestellt werden sollte der Ablaufplan mit der Angabe, wann welche Methoden parallel oder nacheinander und mit welchen Inhalten durchgeführt werden sollten.

---

1 Soweit möglich soll im dritten Teil dieses Buches für die dort aufgeführten Methoden deren Effektivität durch Angabe der „Effektstärke" gekennzeichnet werden (Rosnow & Rosenthal, 1988), so daß ein Vergleich in der Praxis leichter möglich wird.

Kapitel 15

Therapiebegleitende Diagnostik

Diagnostik und therapeutische Intervention sind im Verlauf der Therapie eng verknüpft. Zur Durchführung und konkreten Gestaltung der therapeutischen Maßnahmen benötigt der Therapeut fortlaufend Informationen über deren Verlauf und Auswirkungen. Manchmal gehen die anfallenden Informationen auch darüber hinaus und können zu grundlegenden Veränderungen der Therapie Anlaß geben.

Zu drei Inhalten sollte der Therapeut sich fortlaufend um aktuelle Informationen bemühen:
1. zu den Problemen, ihren Bedingungen und Folgen sowie zu den Zielen des Patienten,
2. zu den Effekten oder Ergebnissen der bislang durchgeführten Maßnahmen (Ergebnisevaluation) und
3. zum Basisverhalten des Patienten und damit zu seiner Therapiemotivation und zur therapeutischen Beziehung (Prozeßevaluation).

Zunächst zu den Informationen über die Probleme. Mit ersten Veränderungen können für den Patienten oder auch für den Therapeuten neue oder zusätzliche Gesichtspunkte der Schwierigkeiten oder neue oder veränderte Therapieziele erkennbar werden. Diese Informationen sind mit den Mitteln der Problemanalyse auf ihre Relevanz für eine Modifikation des therapeutischen Vorgehens hin zu analysieren, wie bereits dargestellt.

15.1 Prozeßevaluation

Mit Beginn der Behandlung muß der Therapeut fortlaufend registrieren, ob die notwendigen Voraussetzungen für die Durchführung der Therapie auf seiten des Patienten gegeben sind, d. h. ob der Patient in ausreichendem Maße das erforderliche Basisverhalten (Therapienachfrage, Mitarbeit, Selbstöffnung, Erproben) zeigt. Sind hier Störungen oder Probleme festzustellen, so rückt vorübergehend die Analyse des Therapieprozesses selbst in den Vordergrund der Tätigkeit des Therapeuten.

Die Beobachtungen des Basisverhaltens sollte der Therapeut parallel zur Bearbeitung der „offiziellen" Inhalte des therapeutischen Gesprächs vornehmen, indem er neben dem Inhaltsaspekt der Kommunikation auch bewußt den Beziehungsaspekt der Patientenäußerungen beachtet. Die parallele Bearbeitung fällt vor allem Berufsanfängern schwer; die Analyse des Basisverhaltens ist dann als gesonderte Aufgabe am Ende einer Sitzung, eventuell anhand von Ton- oder Videoaufzeichnungen der Therapie, vorzunehmen. Außerdem sollte sie regelmäßiger Gegenstand der Supervision sein.

Der Therapeut kann sich die Arbeit erleichtern, indem er nach jeder Sitzung ein Rating der Ausprägung der vier Basisverhaltensweisen des Patienten vornimmt. Die im folgenden angegebenen Fragen können bei diesem Rating hilfreich sein.

Therapienachfrage: Dem Patienten ist es sehr wichtig, zur Therapie zu kommen (+3) vs. er hat die starke Tendenz, die Therapie vorzeitig abzubrechen (–3).
– Sagt der Patient (häufig) von sich aus Therapietermine ab?
– Wie bereitwillig geht der Patient auf Terminverschiebungen ein?
– Verzichtet der Patient wegen der Therapietermine eventuell auf andere Tätigkeiten?
– Kommt er pünktlich zur Therapie?
– Äußert der Patient gelegentlich, daß ihm die Therapie wichtig sei?

Mitarbeit: Der Patient arbeitet engagiert mit (+3) vs. er zeigt wiederholt Anzeichen von Widerstand (–3).
– Bemüht sich der Patient, Fragen des Therapeuten präzise zu beantworten und Vorschlägen oder Aufforderungen nachzukommen?
– Stellt der Therapeut fest, daß der Patient nicht oder nur widerwillig das tut, wozu er ihn gerne veranlassen möchte?
– Stellt der Patient Äußerungen und Fragen des Therapeuten in Frage, äußert er Bedenken oder diskutiert er zunächst ihren Sinn?

Selbstöffnung: Der Patient spricht bereitwillig auch über private Inhalte (+3) vs. er verschießt sich und weicht entsprechenden Themen aus (–3).
– Weicht der Patient bestimmten Fragen aus?
– Antwortet der Patient auf bestimmte Fragen nur sehr knapp und eher oberflächlich?
– Vermeidet er von sich aus Themen, die persönlich oder intim sein könnten?

Erproben: Der Patient ist bereit und bemüht, neue Verhaltensweisen zu erproben (+3) vs. er führt entsprechende Übungen nicht durch (–3).
– Arbeitet der Patient bei Übungen in der Therapie (Rollenspiele, Entspannungstraining, Visualisierungen) – trotz eventueller Ängste – bereitwillig mit?
– Führt der Patient (angemessen dosierte) Hausaufgaben durch?

Die Ratings sollten in den Sitzungsprotokollen festgehalten werden. Dadurch sind Veränderungen von Sitzung zu Sitzung oder schleichende Veränderungen über mehrere Sitzungen hinweg leichter feststellbar.

Falls für ein Basisverhalten kein positives Rating vorgenommen wurde oder deutliche Verschlechterungen gegenüber vorhergehenden Sitzungen festzustellen sind, sollte der Therapeut eine Prozeßanalyse durchführen. Dies kann und sollte erforderlichenfalls unmittelbar in der gleichen Therapiesitzung erfolgen.

15.2 Ergebnisevaluation

Die fortlaufende Registrierung der Effekte der Therapie, also der erzielten Veränderungen des Patienten, sind nicht nur zur Abschätzung des Therapieerfolgs wichtig, sondern auch für die adaptive Therapieplanung. Zeigen sich nach Anwendung der geplanten Methoden nicht nach einiger Zeit erste Veränderungen im Sinne der Erwartungen, kann dies ein Anlaß sein, die Therapieplanung zu überprüfen und gegebenenfalls zu verändern.

Allerdings sollte der Therapeut dabei zurückhaltend sein und Veränderungen erst dann vornehmen, wenn er sicher ist, daß die neue Vorgehensweise erfolgversprechender ist als die bisherige. Sonst kann die eigene Ungeduld *de facto* zum wichtigsten Indikationskriterium werden.

Der Therapeut sollte sich bemühen, Veränderungen des Patienten nicht nur anhand der Patientenberichte und eigener Beobachtungen subjektiv zu schätzen, sondern nach Möglichkeit auch objektive Verfahren einzusetzen. Denn die subjektiven Erfolgsberichte des Patienten können dem Therapeuten gegenüber zu positiv ausfallen und von diesem zu bereitwillig akzeptiert werden. Durch Beurteilung des Therapiefortschritts auf konkreter, operationalisierter Ebene lassen sich solche Verfälschungstendenzen begrenzen.

Ein dafür hilfreiches Verfahren ist die fortlaufende Registrierung der Problemverhaltensweisen und ihrer Bedingungen (vgl. Kapitel 9: Validierung des Problemverhaltens). In einem vom Therapeuten vorbereiteten „**Symptomtagebuch**" sind jedes Auftreten des Problemverhaltens, seine Intensität, Dauer und die jeweiligen Umstände aufzuführen. Eine solche fortlaufende Registrierung kann der Patient oder auch eine Person aus seiner Umgebung vornehmen. Dadurch wird über den Therapieverlauf hinweg eine fortlaufende Dokumentation von Veränderungen möglich.

Der Therapeut sollte darauf achten, das bei dieser Dokumentation durch den Patienten die bereits erzielten Fortschritte herausgestellt werden, also die Abweichungen vom Ausgangspunkt und nicht die noch verbleibende Diskrepanz zum erwünschten Zielzustand. Denn eine solche therapiebegleitende Diagnostik hat nicht nur eine diagnostische, sondern zwangsläufig auch eine therapeutische und eine motivierende Funktion: Sie kann durch eine verbesserte, systematische Selbstbeobachtung Selbstkontrollversuche anregen und unterstützen, und sie kann den Patienten motivieren, auf dem beschrittenen Weg fortzuschreiten – sofern für ihn Fortschritte erkennbar sind.

Einzelne Problemverhaltensweisen lassen sich auch durch Fragebögen oder andere **Methoden der Verhaltensdiagnostik** erfassen und ihre Veränderung gegebenenfalls durch mehrfachen Einsatz dieser Instrumente prüfen. Hinweise auf entsprechende Verfahren werden bei den einzelnen Störungsbereichen in Teil III gegeben.

Ein weiteres Verfahren, mit dem auch unter Praxisbedingungen relativ einfach Therapiefortschritte erfaßt werden können, ist die bereits erwähnte **Zielerreichungsskalierung** (Kiresuk & Sherman, 1968; vgl Kapitel 9). Eine einfache Form kann folgendermaßen aussehen. Zu Beginn der Therapie werden – in der Regel gemeinsam von Patient und Therapeut – mehrere Ziele festgelegt, die durch die Behandlung erreicht werden sollen. Jedes der Ziele wird im nächsten Schritt operationalisiert: Wie genau sähe die Situation oder das Verhalten des Patienten aus, wenn das Ziel vollständig erreicht wäre, und wie sieht – bezogen auf dieses Ziel – die gegenwärtige Lage aus. Diese beiden Schilderungen bilden die Pole einer subjektiven Schätzskala von "–1" (Verschlechterung) über „0" (keine Veränderung), „1" (Ziel zu 25 % erreicht), „2" (Ziel zu 50 % erreicht), „3" (Ziel zu 75 % erreicht), zu „4" (Ziel wie definiert erreicht). Am Ende der Therapie oder auch bereits zwischenzeitlich können Therapeut und Patient, vielleicht auch dritte Personen, unabhängig voneinander auf diesen Skalen einschätzen, wie weit die Ziele bereits erreicht sind. Die Skalenwerte der einzelnen Zielskalen können zu einem Gesamtwert gemittelt werden.

Kapitel 16

Kurzfassung des Schemas
für Problemanalyse und Therapieplanung

Eingangsdiagnostik	
1. Allgemeine Informationen (Kapitel 8)	1.1 Daten zur Person 1.2 Schwierigkeiten und Auffälligkeiten 1.3 Genese und Vorbehandlungen 1.4 Auftreten und Interaktionsverhalten
2. Problemstrukturierung (Kapitel 9)	2.1 Zustandsanalyse: Diagnosen und Ressourcen 2.2 Zielanalyse: Therapieziele 2.3 Beschreibung der Teilprobleme (A bis Z) 2.4 Verhaltensdiagnostik
3. Bedingungsanalysen: **Störungsanalysen** (Kapitel 11)	I. Analyse äußerer Rahmenbedingungen II. Analyse körperlicher Rahmenbedingungen III. Verhaltensanalyse IV. Kognitionsanalyse
Prozeßanalysen I: **Motivationsanalysen** (Kapitel 12)	V. Analyse des subjektiven Störungsmodells VI. Analyse äußerer Folgen VII. Analyse psychologischer Folgen
Prozeßanalysen II: **Beziehungsanalysen** (Kapitel 13)	VIII. Analyse des interaktiven Therapeutenverhaltens IX. Analyse des interaktiven Patientenverhaltens
Für jede Bedingungsanalyse:	3.1 Zusätzliche analysespezifische Informationen 3.2 Interpretation/Bedingungsmodelle 3.3 Strukturierung 3.4 Therapiemethoden 3.5 Beziehungsgestaltung 3.6 Bedingungsmodelle zur Genese
4. Therapieplanung (Kapitel 14)	
Therapieverlauf	
Für jede Sitzung oder für größere Therapieabschnitte:	
5. Therapieablauf	
6. Therapiebegleitende Diagnostik (Kapitel 15)	6.1 Prozeßevaluation 6.2 Ergebnisevaluation
gegebenenfalls: **7. Zusätzliche Störungsanalyse** **oder Prozeßanalyse**	7.1 Beschreibung der Teilprobleme (vgl. 2.3) 7.2 Bedingungsanalyse der Teilprobleme (vgl. 3.) 7.3 Adaptive Therapieplanung (vgl. 4.)

Therapieabschluß	
8. Therapieabschluß	Therapieabschluß
	8.1 Dauer der Behandlung
	8.2 Abschlußdiagnosen
	8.3 Erfolgsbeurteilungen
	8.4 Prognose
	8.5 Kommentar

1. Allgemeine Informationen (Kapitel 8)

1.1 Daten zur Person

Angaben zum Alter, Geschlecht, zu Beruf, Ausbildung, Familienstand, Angaben zu den wichtigsten Bezugspersonen oder Angehörigen und zu den Wohnverhältnissen.

1.2 Schwierigkeiten/Auffälligkeiten (klinischer Befund)

Beschreibung der berichteten und beobachteten aktuellen Schwierigkeiten, Auffälligkeiten und Befunde.

1.3 Genese und Vorbehandlungen

● Beschreibung der Umstände von Problementstehung und Problemveränderungen sowie bisheriger Behandlungsversuche und
● Auflistung der Veränderungen der Probleme zusammen mit wichtigen Lebensereignissen in einer Zeittafel.

1.4 Auftreten und Interaktionsverhalten

● Beschreibung des Erscheinungsbildes des Patienten, seiner Kleidung und seines Auftretens und
● Einschätzung des Basisverhaltens des Patienten in den ersten diagnostischen Sitzungen:
1. Therapienachfrage vs. Abbruch,
2. Mitarbeit vs. Widerstand,
3. Selbstöffnung vs. sich Verschließen und
4. Erproben neuer Verhaltensweisen vs. Verweigerung
(vgl. ausführlicher unter 6.1 Prozeßevaluation).

192

2. Problemstrukturierung (Kapitel 9)

2.1 Zustandsanalyse

● Anzugeben sind zunächst die zutreffenden Diagnosen (auf den Achsen I und II des DSM) entsprechend der Diagnosekategorien der aktuellen Fassung des DSM oder des ICD:
- Kennziffer und Bezeichnung der Diagnose,
- gegebenenfalls Zusatzangaben zu Schweregrad oder bisherigem Verlauf sowie
- Beschreibung der zutreffenden Symptome.
- Bei Darstellungen zu Prüfungszwecken sollten zusätzlich Gründe für den Ausschluß von Alternativdiagnosen angegeben werden.

● Schwierigkeiten oder Problemstellungen, die nicht durch eine der Störungskategorien der Klassifikationssysteme zu beschreiben sind, sollten durch die folgenden Zusatzkategorien gekennzeichnet und zusätzlich beschrieben werden:
- Soziale Abweichungen (angepaßtes Verhalten an extreme soziale Bedingungen),
- Lebensprobleme (V-Kodierungen des DSM),
- Rehabilitationsprobleme (Folgen langwieriger körperlicher oder psychischer Krankheiten),
- Präventionsprobleme (Vorbeugung von Erkrankungen, Copingverhalten zur Rückfallprävention) und
- Bewältigungsprobleme (stützende Psychotherapie zur Krankheitsbewältigung, zur Veränderung des Krankheitsverhaltens und zur Unterstützung medizinischer Behandlungen).
- Nicht kategorisierbare Schwierigkeiten oder Auffälligkeiten werden als „Restprobleme" aufgeführt.

● Neben den Diagnosen sind die Ressourcen, also besondere Stärken, Interessen und Fähigkeiten des Patienten aufzuführen, die eventuell zur Motivierung oder zur Kompensation weiter gefördert werden könnten; eventuell ist ein entsprechendes Teilproblem zu formulieren.

2.2 Zielanalyse

● Die vom Patienten geäußerten Ziele sollte der Therapeut nach den folgenden Gesichtspunkten beurteilen:
- Bewertung (Sind die Ziele akzeptabel?)
- Prüfung auf Realisierbarkeit (Sind die gewünschten Zielzustände für diese Person unter den gegebenen Lebensumständen prinzipiell – eine effektive Therapie unterstellt – erreichbar?)

- Elaboriertheit der Zielsetzungen (Sind die angestrebten Ziele konkret und für den Patienten durchschaubar oder bedürfen sie der Explizierung?)

● Die von Patient und Therapeut gemeinsam erarbeiteten Ziele sollten aufgelistet werden.

Sofern sich aus Sicht des Therapeuten hinsichtlich der ethischen Vertretbarkeit, der Realisierbarkeit oder der Elaboriertheit der vom Patienten gewünschten Ziele Probleme ergeben haben, sind diese bei Falldarstellungen zu Prüfungszwecken aufzuführen. Handelt es sich um gravierendere Probleme, so sind sie als potentielle Teilprobleme aufzuführen und im nächsten Abschnitt genauer zu beschreiben.

● Nach Möglichkeit sollte für jedes Ziel eine Zielerreichungsskalierung vorbereitet werden, indem der erwünschte Zielzustand und der gegenwärtige Ausgangszustand möglichst verhaltensnah beschrieben werden.

● Außerdem sollte der Patient die Wichtigkeit der einzelnen Ziele einschätzen.

2.3 Beschreibung der Teilprobleme

● Unterscheidung voneinander unabhängiger Teilprobleme bezüglich a) der Störungen und Therapieziele (störungsbezogene Teilprobleme) und b) bezüglich etwaiger Motivations- und Beziehungsprobleme (prozeßbezogene Teilprobleme). Auflistung dieser Teilprobleme (von A bis Z).

● **Beschreibung eines jeden Teilproblems (Nr. A bis Z) durch:**
  - Benennung des Teilproblems;
  - Beschreibung einer oder mehrerer Problemverhaltensweisen des Patienten oder einer anderen Person (Verhalten im weiteren Sinn: beobachtbares Verhalten, Kognitionen, emotionale und körperliche Reaktionen) zur Kennzeichnung des Ist- und/oder Sollzustandes.
  - Kennzeichnung des Problemverhaltens hinsichtlich seiner (erwünschten bzw. unerwünschten) Erscheinungsform (Topographie des Verhaltens und sein unmittelbares Ergebnis) und hinsichtlich seiner (erwünschten bzw. unerwünschten) Auftretensform (Verhaltensmangel: Verhaltensweisen fehlen, sind zu selten, zu „schwach", zeitlich zu kurz oder treten nicht im „richtigen" Moment auf; Verhaltensüberschuß: Verhaltensweisen sind grundsätzlich unerwünscht beziehungsweise treten zu häufig, zu intensiv, zu lange – zumindest bezogen auf die jeweilige Situation – auf).

● Bei Berichten zu Prüfungszwecken sollte zusätzlich angegeben werden, welche Teilprobleme aus welchen Gründen im Verlauf der Therapie aufgegeben und welche ergänzt wurden.

194

2.4 Verhaltensdiagnostik

Nach Möglichkeit ist das Vorliegen des abweichenden Problemverhaltens, durch das ein Teilproblem gekennzeichnet ist, durch Messungen mittels Fragebögen, Verhaltensbeobachtung (Symptomtagebücher) oder anderer diagnostischer Methoden zu validieren. Diese Verfahren sind im weiteren Verlauf für die Ergebnisevaluation zu nutzen. Anzugeben sind die Methoden, die zum Einsatz kommen sollen. Gegebenenfalls sind die ersten Testwerte mitzuteilen.

3. Bedingungsanalysen

Suche nach Bedingungen, die gegenwärtig zur Aufrechterhaltung des Teilproblems beitragen, sekundär Suche nach Entstehungsbedingungen. Je nach gestellten Diagnosen Wahl zutreffender störungsspezifischer oder aber störungsübergreifender, methodenspezifischer Bedingungsanalysen. Die Analysen I, II und V sollten in jedem Fall durchgeführt werden.

Störungsanalysen

I. Analyse äußerer Rahmenbedingungen
(Kapitel 11)

1. Zusätzliche analysespezifische Informationen:
Suche nach besonders belastenden äußeren und sozialen Lebensbedingungen (Stressoren).

2. Interpretation/Bedingungsmodelle:
Gegebenenfalls sind die **belastenden Umweltbedingungen** als hypothetische Bedingungsdiagnose aufzuführen, selbst wenn eine spezielle funktionale Beziehung zu den jeweiligen Verhaltensauffälligkeiten nicht angegeben werden kann.

3. Strukturierung:
Trägt die Person durch eigenes Verhalten zum Vorliegen der Stressoren bei, so ist dieses Verhalten als zusätzliches oder alternatives Teilproblem zu definieren; im anderen Fall ist der Streß potentieller Interventionspunkt.

4. Therapiemethoden:
Indiziert sind Maßnahmen zur Reduktion der belastenden Umstände oder – sekundär – Trainings zur Verbesserung von Copingstrategien.

195

II. Analyse körperlicher Rahmenbedingungen
(Kapitel 11)

1. Zusätzliche analysespezifische Informationen:
Erhebung von Informationen über körperliche Krankheiten, Behinderungen und Auffälligkeiten und – sofern noch nicht geschehen – ärztliche Untersuchung.

2. Interpretation/Bedingungsmodelle:
Die körperlichen Bedingungen sind gegebenenfalls als Bedingungsdiagnosen aufzuführen.

3. Strukturierung:
Sind körperliche Besonderheiten, die medizinisch nicht behandelbar sind, indirekt relevant, kann die Förderung des Umgehens mit den körperlichen Besonderheiten zu einem (zusätzlichen) Teilproblem werden.

4. Therapiemethoden:
Gegebenenfalls ergänzend zur Psychotherapie eine somatische Behandlung der körperlichen Bedingungen, auch dann, wenn diese Behandlung nicht primär medizinisch indiziert ist (etwa bei Schönheitsoperationen).

III. Verhaltensanalyse
(Kapitel 11)

1. Zusätzliche analysespezifische Informationen:
Suche nach **Episoden**, in denen das Problemverhalten auftritt (bzw. erwartungswidrig nicht auftritt) und Registrierung des typischen Geschehensablaufs, verglichen mit ähnlichen Episoden ohne Problemverhalten.

2. Interpretation/Bedingungsmodelle:
● Abstraktion der typischen (!) Ereignisfolge, beginnend mit dem Problemverhalten und den unmittelbar vorausgehenden und unmittelbar nachfolgenden (bei Verhaltensmangel: eventuell fehlenden) Stimuli sowie gegebenenfalls weiteren nachfolgenden oder vorausgehenden Verhaltensweisen und Stimuli.
● Verhaltenstheoretische Interpretation der S-R-Verbindungen und damit der Verhaltensweisen als respondentes Verhalten oder als operantes Annäherungs-, operantes Flucht- oder operantes Vermeidungsverhalten. [Regel: Wenn das Verhalten 1. grundsätzlich bei Menschen als ein Reflex, jedoch auf andere Stimuli, auftreten könnte, wenn es 2. bei dieser Person in 100 % der Fälle durch einen vorausgehenden Stimulus ausgelöst wird und wenn 3. keine nachfolgende positive oder negative Verstärkung vorliegt, ist von

196

einem respondenten Verhalten (Rr) auszugehen, in den anderen Fällen von operantem Verhalten (Ro)].

● Überprüfung von Alternativverhalten (R') (a) für die vorausgehende Situation und (b) für die Erlangung der positiven bzw. negativen Verstärkung.

Bei der **Darstellung der Ergebnisse** sind das Bedingungsmodell als lerntheoretisch interpretierte typische Ereignisfolge sowie die Interventionspunkte anzugeben.

3. Strukturierung:
Ein dysfunktionales Verhalten, welches das Problemverhalten bedingt (z.B. den förderlichen Stimulus herstellt), und/oder ein fehlendes Alternativverhalten für die Situation oder für die Verstärkung und/oder ein zusätzliches Problemverhalten der Verhaltensepisode können zu einem zusätzlichen Teilproblem werden. Zunächst unterschiedene Teilprobleme, die auf gleiche Bedingungen zurückzuführen sind, können zu einem Teilproblem zusammengefaßt werden.

4. Therapiemethoden:
Angabe der für die jeweilige Bedingungsdiagnose prinzipiell indizierten Methoden, z.B.:

bei respondentem Verhalten: Reizkonfrontationsverfahren zur Reduktion der reaktionsauslösenden Funktion des auslösenden Stimulus;

bei unangemessener positiver Verstärkung des unerwünschten Verhaltens: operante Löschung (prinzipiell auch Strafe I oder II);

bei unangemessener negativer Verstärkung des unerwünschten Verhaltens: Entfernung des negativen Verstärkers oder Reduktion seiner negativ-verstärkenden Funktion (durch Konfrontationsverfahren);

bei unzureichender Verstärkung oder unangemessener Bestrafung des erwünschten Verhaltens: operante Verstärkung (und Entfernung der Strafe);

bei unangemessenem Verstärkungswert von Stimuli: Modifikation des Verhaltens oder der Umstände, die den extremen Verstärkungswert bedingen; sonst konfrontative Methoden (oder prinzipiell auch aversive Methoden), um die emotionalen Reaktionen auf diese Stimuli zu verändern;

bei unangemessener Verhaltensabhängigkeit der Verstärkung (Deprivation/Sättigung): Förderung von Alternativverhalten für den entsprechenden Verstärker oder umgekehrt Einengung der Verstärkung auf eine enger definierte Verhaltensklasse (differentielle Verstärkung);

bei unangemessener Situationsabhängigkeit der Verstärkung: Diskriminationslernen durch entsprechende Veränderung der Verstärkungskontingenzen;

bei Lerndefizit des erwünschten Verhaltens: Modellernen, Verhaltensübungen und operante Verstärkung zum Aufbau des erwünschten Verhaltens.

6. Bedingungsmodelle zur Genese:
Gegebenenfalls Erstellung lerntheoretischer Bedingungsmodelle für die Entstehung und wichtige Veränderungen der Verhaltensprobleme.

IV. Kognitionsanalyse
(Kapitel 11)

1. Zusätzliche analysespezifische Informationen:
Sammeln von spontanen Gedanken, Vorstellungen oder Selbstverbalisationen und Erfragung von Erwartungen, die während der Verhaltensepisoden auftreten. Zusätzlich Suche nach überdauernden Erwartungen, Werten, Zielen und Überzeugungen.

2. Interpretation/Bedingungsmodelle:
- Bewertung der Funktionalität (Angemessenheit) dieser Kognitionen.
- Zuordnung der einzelnen Kognitionen zu einer oder mehreren inhaltlichen Kategorien:
  1. Bewertung (oft als Zusatzkategorie)
  2. Situationswahrnehmung/Situationserwartung
  3. Kompetenzerwartung/Reaktionserwartung (und Selbstinstruktionen)
  4. Ergebniserwartung
  5. Attribution/Kontingenzerwartung
  6. Normsetzung (und Selbstinstruktionen).
- Überprüfung, ob die Kognitionen Ausdruck überdauernder Überzeugungen oder Denkgewohnheiten und von daher nur schwer korrigierbar sind. Dazu werden erforderlichenfalls die Begründungen der aktuellen Kognitionen und gegebenenfalls weitere allgemeine Überzeugungen im Dialog hinterfragt und auf ihren Realitätsgehalt und ihre Stimmigkeit überprüft.

Bei der Darstellung der Ergebnisse ist die zutreffende Bedingungsdiagnose anzugeben:
- „**Dysfunktionale Kognitionen**", sofern lediglich ungünstige aktuelle Gedanken festzustellen sind, ohne daß sie Ausdruck irrationaler Überzeugungen und Erwartungen sind, die den Patienten von ihrer Richtigkeit fest überzeugt sein lassen;
- ansonsten „**irrationale Überzeugungen**" (oder „Denkfehler").

Ergänzend sollte der Therapeut die inhaltlichen Kategorien, denen **mehrere** dysfunktionale Kognitionen bzw. mehrere irrationale Überzeugungen zugeordnet wurden, zusammen mit einigen Beispielen, angeben.

3. Strukturierung:
Die „dysfunktionalen Kognitionen" oder „irrationale Überzeugungen" werden zu Interventionspunkten.

4. Therapiemethoden:
Bei der Diagnose „dysfunktionale Kognitionen" sind ein Selbstverbalisationstraining mit entsprechendem inhaltlichen Schwerpunkt indiziert, bei der Diagnose „irrationale Überzeugungen" kognitive Therapieverfahren. Überzeugungen können grundsätzlich auch durch das Erleben gegenteiliger Erfahrungen korrigiert werden.

5. Beziehungsgestaltung:
Betreffen irrationale Überzeugungen soziale Beziehungen und Interaktionen, sollte der Therapeut vermeiden, solche Überzeugungen (z. B. „Alle verachten mich!") zu bestätigen, sondern erwartungskonträr versuchen, die grundlegenden Interaktionsmotive des Patienten (im Beispiel: „Ich möchte geachtet werden!") zu bestätigen (vgl. dazu IX. Analyse des interaktiven Patientenverhaltens).

Prozeßanalysen I: Motivationsanalysen

V. Analyse des subjektiven Störungsmodells
(Kapitel 12)

1. Zusätzliche analysespezifische Informationen:
Erhebung von Informationen zum subjektiven Störungsmodell und Therapiemodell (Erwartungen zur Therapie in der aufgesuchten Institution).

2. Interpretation/Bedingungsmodelle:
● Widersprechen die subjektiven Modelle derart den Modellvorstellungen des Therapeuten, daß sie dem geplanten therapeutischen Vorgehen entgegenstehen und insofern **dysfunktional** sind?
● Sind die dysfunktionalen Erwartungen und Annahmen Resultat von Wissenslücken oder aber allgemeinerer, **irrationaler Überzeugungen**? (Wie reagiert der Patient auf vorsichtigen Widerspruch?)

3. Strukturierung:
Die dysfunktionalen Annahmen oder die irrationalen Überzeugungen des Patienten werden zu Interventionspunkten.

4. Therapiemethoden:
Bei Wissenslücken Aufklärung über die Störung beziehungsweise die angebotene Therapie, die Institution oder den Therapeuten. Die Informationen müssen in erster Linie förderlich für die durchzuführende Therapie sein. (Maßnahmen zur Modifikation irrationaler Überzeugungen siehe „V. Kognitionsanalyse".)

5. Beziehungsgestaltung:
Der Therapeut sollte an den Vorstellungen des Patienten ansetzen und sie lediglich aufgrund seines Fachwissens ergänzen, verallgemeinern oder präzisieren.

VI. Analyse äußerer Folgen
(Kapitel 12)

1. Zusätzliche analysespezifische Informationen:
Suche nach – tatsächlichen oder vermeintlichen – indirekten und längerfristigen materiellen und sozialen Auswirkungen der gegenwärtigen Störung (Störungsfolgen) und der Therapie (Therapiefolgen).

2. Interpretation/Bedingungsmodelle:
- „**Mangelnder Leidensdruck**": Der Patient erkennt nicht in ausreichendem Maße seine Beeinträchtigungen oder den sozialen Rückzug seiner Umgebung als negative Störungsfolgen oder beurteilt seine Verhaltensauffälligkeiten nicht als normabweichend.
- „**Materieller Störungsgewinn**" oder „**Sozialer Störungsgewinn**": Die Verhaltensauffälligkeiten tragen dazu bei, die gegenwärtigen (relativ erwünschten) materiellen oder sozialen Lebensumstände zu stabilisieren.

3. Strukturierung:
Die unrealistischen Wahrnehmungen der Störungs- oder Therapiefolgen oder die allgemeineren irrationalen Überzeugungen werden zum Interventionspunkt.

4. Therapiemethoden:
- Bei „unzureichendem Leidensdruck" sind kognitive Strategien zur Explizierung der Folgen angezeigt, erforderlichenfalls auch eine zielorientierte Gesprächspsychotherapie.
- Bei „materiellem oder sozialem Störungsgewinn" kommen in Frage:
  a) Förderung von alternativem Verhalten zur Beibehaltung des **erwünschten** gegenwärtigen materiellen oder sozialen Zustandes,
  b) kognitive Methoden zur Umbewertung **nicht förderungswürdiger** gegenwärtiger Umstände, gegebenenfalls auch Förderung von Alternativen oder Lockerung der Gruppenbindung und
  c) kognitive Methoden zur Umstrukturierung der Erwartungen **vermeintlicher** Folgen sowie Maßnahmen zur Veranschaulichung tatsächlicher Zusammenhänge.

5. Beziehungsgestaltung:
Motivationale Probleme sollte der Therapeut in der Regel nicht direkt ansprechen, sondern entweder durch indirekte Gesprächsführung (sokratischen Dialog) den Patienten veranlassen, die Folgezustände selbst aufzugreifen oder aber die erforderlichen Maßnahmen mit indirekten Begründungen durchführen.

VII. Analyse psychologischer Folgen
(Kapitel 12)

1. Zusätzliche analysespezifische Informationen:

Zur Feststellung eines **psychologischen Störungsgewinns** muß der Therapeut Informationen über relevante soziale Normen, über das Selbstbild des Patienten und über seine Ziele, Wünsche und Werte erheben. Entsprechende Hinweise lassen sich zum einen den berichteten materiellen und sozialen Folgen des jeweiligen Problemverhaltens und deren Bewertung durch den Patienten entnehmen (VI. Analyse äußerer Folgen). Darüber hinaus ist ein störungsunspezifischer Weg der Informationserhebung möglich, bei dem allgemein Informationen über Normen, Werte, Ziele (Lebensziele), Vornahmen, Pläne, Regeln, Überzeugungen und Selbstbeschreibungen des Patienten erhoben werden.

2. Interpretation/Bedingungsmodelle:

Zur Überprüfung der Bedingungsdiagnose „**Selbstwertstabilisierung**" sind folgende Schritte zu empfehlen:

- Für die erhobenen Wertaussagen zu Normen, Selbstbild und Idealbild (Wünschen und Zielen) ist zu überprüfen, welche vom Patienten gegenwärtig nicht oder nur unzureichend erfüllt oder erreicht werden.
- Im zweiten Schritt ist zu beurteilen, ob die Erreichung irgendeines dieser erwünschten Zustände vermeintlich, nach Ansicht des Patienten, durch eine der Verhaltensauffälligkeiten verhindert oder erschwert wird.
- Im dritten Schritt muß der Therapeut abschätzen, ob die erwünschten Zustände ohne die Verhaltensauffälligkeiten wirklich erreicht würden. Ist das nicht anzunehmen, so kann die Bedingungshypothese „Selbstwertstabilisierung" aufgestellt werden.

Zur Überprüfung der Bedingungsdiagnose „**Konfliktvermeidung**" sollte der Therapeut feststellen, ob ein gegenwärtig nicht erreichter Zustand mit anderen Zielen, Normen oder Werten des Patienten unvereinbar ist. Das gilt jedoch nur, wenn es sich bei den konfligierenden Wertaussagen um relativ abstrakte, allgemeingültige und damit um wichtige Ziele des Patienten handelt. Um das abschätzen zu können, kann das folgende Vorgehen hilfreich sein:

- Die aufgelisteten Wertaussagen des Patienten werden zunächst a) inhaltlich nach Themenbereichen geordnet. Resultieren bei dieser Sortierung mehr als drei Themenbereiche, so sollte eine weitergehende Abstraktion versucht werden, bis schließlich nur noch zwei oder drei Bereiche übrigbleiben. Innerhalb der Themenbereiche sollte b) **grob** nach dem Allgemeinheitsgrad der Zielaussagen entsprechend der Mittel-Ziel- oder Oberziel-Unterziel-Relationen **des Patienten** sortiert werden.
- Danach ist zu fragen, ob zwischen dem erwünschten aber nicht realisierten Zustand und einer anderen Gruppe von Handlungszielen ein Widerspruch besteht.

3. Strukturierung:

Bei der Bedingungshypothese „Selbstwertstabilisierung" sollte der Therapeut zusätzlich die Frage stellen, was tatsächlich für das Ausbleiben der erwünschten Zustände bzw. für die Abweichungen von Norm, Selbst- oder Idealbild verantwortlich ist: mangelnde Kompetenz oder mangelnde Bereitschaft (Motivation)? Sowohl die mangelnde Bereitschaft als auch mangelnde Kompetenz sollten als ein neues Teilproblem betrachtet werden, und es ist zu prüfen, ob es Möglichkeiten gibt, die Kompetenz oder die Bereitschaft zu steigern.

4. Therapiemethoden:

Gelingt es, den erwünschten Zustand, der angeblich durch die Probleme verhindert wird, zu erreichen, so bedarf es nicht weiterhin der Entschuldigung oder der Entlastung durch die Störung; daher sind entsprechende Maßnahmen vorrangig anzuwenden.

Ist dies nicht erreichbar, so werden die Kognitionen des Patienten zum Selbstbild sowie zu Normen, Zielen und Werten zum Interventionspunkt; sie können prinzipiell mittels kognitiver Therapieverfahren (RET oder Kognitive Therapie) verändert werden.

Umstrukturierungen und Umbewertungen sind im Verlauf der Therapie, z. B. in Folge erster Fortschritte und der daraus resultierenden neuen Erfahrungen, sowieso zu erwarten. **Der Therapeut sollte daher nur dann gezielte Maßnahmen zur Bearbeitung der Motivationshemmnisse ergreifen, wenn es unbedingt erforderlich ist.**

5. Beziehungsgestaltung:

Auch psychologischen Störungsgewinn sollte der Therapeut in der Regel mittels indirekter Gesprächsführung ansprechen.

Prozeßanalysen II: Beziehungsanalysen

VIII. Analyse des interaktiven Therapeutenverhaltens
(Kapitel 13)

1. Zusätzliche analysespezifische Informationen und 2. Interpretation:

Der Therapeut sollte versuchen zu erfassen, ob der Patient ihn beziehungsweise den Beziehungsaspekt seines Verhaltens in unerwünschter Form wahrnimmt; dazu können die folgenden Ratings hilfreich sein:
● Wertschätzung: Ich bin dem Patienten sympathisch vs. unsympathisch;
● Kompetenz: Der Patient erachtet mich als kompetent vs. inkompetent;
● Empathie: Der Patient erachtet mich als verständnisvoll und unterstützend vs. verständnislos;
● Vertrauen: Der Patient vertraut vs. mißtraut mir;

202

- Konsens: Er ist um Konsens mit mir bemüht vs. versucht, sich gegen mich durchzusetzen und
- Therapeutenrolle: Er behandelt mich als Therapeut vs. er behandelt mich als Freund/Partner.

Eine ausführliche **Darstellung der Ergebnisse** ist nur bei gravierenden Interaktionsproblemen erforderlich. Anzuraten wäre, die Ratings grundsätzlich nach jeder Sitzung durchzuführen und die Ergebnisse zusammen mit den Stundenprotokollen festzuhalten.

3. Strukturierung:
Eine erforderliche Modifikation der therapeutischen Beziehung hat Vorrang vor der Problembearbeitung.

4. Therapiemethoden und 5. Beziehungsgestaltung:
Falls sich der Therapeut tatsächlich nicht kompetent, wertschätzend, empathisch, bestätigend, vertrauenswürdig, Autonomie gewährend, um Konsens bemühend und rollenkonform verhält beziehungsweise nicht die entsprechenden Beziehungsregeln in der Interaktion mit dem Patienten realisiert, sollte er – mit Hilfe eines Supervisors – versuchen, sein Verhalten zu verändern. Falls bereits erhebliche Vorbehalte seitens des Patienten eingetreten sind, können die Beziehungsprobleme direkt angesprochen werden; eventuell ist nach einem anderen Therapeuten zu suchen.

IX. Analyse des interaktiven Patientenverhaltens
(Kapitel 13)

1. Zusätzliche analysespezifische Informationen:
Wenn der Patient in der Interaktion mit dem Therapeuten nicht das erwünschte Basisverhalten zeigt, kann das an für ihn typischen Interaktionsgewohnheiten liegen, die mit dem erwünschten, für die Therapie erforderlichen Verhalten interferieren. Hinweise auf dysfunktionale interaktionelle Gewohnheiten oder Motive kann der Therapeut dem unmittelbar von ihm in der Therapie zu beobachtenden Sozialverhalten des Patienten entnehmen. Die Beobachtungen konzentrieren sich dabei auf nonverbale und paralinguistische Aspekte des Verhaltens. Geachtet wird auf alle Besonderheiten und Auffälligkeiten des Interaktionsgeschehens.

2. Interpretation/Bedingungsmodelle:
Aus den beobachteten Besonderheiten wird geschlossen auf mögliche Intentionen oder Ziele dieses Verhaltens. Verhaltensauffälligkeiten und erschlossene Intentionen werden parallel notiert. Für die aus dem Verhalten erschlossenen Ziele werden interaktionelle Oberziele gesucht.

4. Therapiemethoden und 5. Beziehungsgestaltung:
Sofern interferierende Oberziele festzustellen sind, versucht der Therapeut sich so zu verhalten, daß diese besonders wichtigen interaktiven Ziele erreicht beziehungsweise die sozialen Motive des Patienten bestätigt und befriedigt werden, indem er dem Patienten möglichst oft „Wahrnehmungen im Sinne seiner wichtigsten positiven Ziele" ermöglicht (**Bestätigung**). Aufgrund dieser Maßnahmen werden die Bemühungen des Patienten um seine interaktionellen Ziele überflüssig.

4. Therapieplanung
(Kapitel 14)

Der Therapeut hat am Ende der Bedingungsanalysen verschiedene Teilprobleme, für jedes Teilproblem verschiedene Interventionspunkte und für jeden Interventionspunkt verschiedene Methoden zur Wahl. Die Methoden sollten in eine Rangreihe gebracht werden. Dabei sollten die folgenden Gesichtspunkte berücksichtigt werden:
- **Wichtigkeit**: Teilprobleme, die für die Erreichung von besonders wichtigen Therapiezielen instrumentell sind, haben Vorrang.
- **Therapiemotivation**: Teilprobleme, bei denen relativ rasch deutliche Veränderungen erzielbar sind oder Teilprobleme, die einer Förderung von Ressourcen dienen, sollten dann vorgezogen werden, wenn die Motivation des Patienten für die Therapie gestärkt werden sollte.
- **Basisverhalten**: Förderung des Basisverhaltens des Patienten hat Vorrang vor Veränderung des Problemverhaltens.
- **Effektivität**: Unter den Methoden, die für ein Teilproblem in Frage kommen, sollten diejenigen mit der größten Effektstärke bevorzugt werden.
- **Wirtschaftlichkeit**: Bei Methoden gleicher Effektstärke sollte zusätzlich der zu erwartende Aufwand (Kosten) berücksichtigt werden.

Die ausgewählten Methoden sind im Hinblick auf die Erfordernisse und Gegebenheiten des Einzelfalls zu konkretisieren. Dabei sollten die besonderen Ressourcen des Patienten, seine Stärken und Interessen, nach Möglichkeit berücksichtigt werden.

Schriftlich dargestellt werden sollte der Ablaufplan mit der Angabe, wann welche Methoden parallel oder nacheinander und mit welchen Inhalten durchgeführt werden sollten.

5. Therapieverlauf

In Therapiestundenprotokollen sollte der Therapeut festhalten:
- den Bericht des Patienten über die Zeit seit der letzten Sitzung;
- die in der Sitzung besprochenen Themen und durchgeführten Methoden, die Intentionen des Therapeuten sowie das Verhalten des Patienten;
- gegebenenfalls vereinbarte Hausaufgaben.

Hinzu kommen die Ergebnisse der therapiebegleitenden Diagnostik (s. u.).

Für Falldarstellungen werden diese Protokolle in der Regel zu größeren Therapieabschnitten zusammengefaßt.

6. Therapiebegleitende Diagnostik

6.1 Prozeßevaluation

(Kapitel 15)

Mittels eines Ratings schätzt der Therapeut in oder nach jeder Therapiesitzung ein, inwieweit der Patient das erforderliche Basisverhalten zeigt:
1. Therapienachfrage vs. Abbruch,
2. Mitarbeit vs. Widerstand,
3. Selbstöffnung vs. sich Verschließen und
4. Erproben neuer Verhaltensweisen vs. Verweigerung.

Die Ratings sollten in den Sitzungsprotokollen festgehalten werden, um Veränderungen leichter feststellen zu können.

Falls für ein Basisverhalten kein positives Rating vorgenommen wurde oder deutliche Verschlechterungen gegenüber vorhergehenden Sitzungen festzustellen sind, sollte der Therapeut eine Prozeßanalyse durchführen. Dies kann und sollte erforderlichenfalls unmittelbar in der gleichen Therapiesitzung erfolgen.

6.2 Ergebnisevaluation

(Kapitel 15)

Der Therapiefortschritt sollte nicht nur global geschätzt, sondern auch mittels kontrollierter Verfahren (Symptomtagebuch, Zielerreichungsskalierung, spezifische Verfahren der Verhaltensdiagnostik) erfaßt werden (vgl. 2.4 Verhaltensdiagnostik).

7. Zusätzliche Störungsanalyse oder Prozeßanalyse

Falls der Therapeut im Verlauf der Therapie aufgrund zusätzlicher Informationen über die Schwierigkeiten des Patienten oder aufgrund von Motivations- oder Beziehungsproblemen neue Teilprobleme definiert, sind diese entsprechend der oben (Abschnitte 3 und 4) angegebenen Regeln aufzuführen, zu analysieren und die Schlußfolgerungen für einen veränderten Therapieplan anzugeben.

8. Therapieabschluß

In Fallberichten ist im Abschlußprotokoll anzugeben:
1. **Dauer der Behandlung:** Zeitraum, Anzahl der Therapiesitzungen und gegebenenfalls bei mehrstündigen Sitzungen die aufsummierte Gesamtzeit der Therapiesitzungen.
2. **Abschlußdiagnosen:** Die unter 2.1 aufgestellten Diagnosen sind noch einmal zu überprüfen und gegebenenfalls zu korrigieren.
3. **Erfolgsbeurteilung:** Anzugeben ist eine subjektive Erfolgsbeurteilung durch den Therapeuten, eine Einschätzung, wie der Patient das erzielte Ergebnis beurteilt und welche Werte in den Verfahren der Ergebnisevaluation am Ende erzielt wurden.
4. **Prognose:** Einschätzung des Therapeuten, wie sich die Schwierigkeiten des Patienten nach Beendigung der Therapie weiter entwickeln werden.
5. **Kommentar:** Rückblickende Bewertung des Vorgehens und des Verlaufs der Therapie durch den Therapeuten. Bei vorzeitigem Therapieabbruch sollten die Gründe dafür angegeben werden.

Teil 3

Problemanalyse und Therapieplanung bei Angststörungen

Kapitel 17

Agoraphobie

A. Beschreibung

ICD-10-Bezeichnung: F40.00 Agoraphobie ohne Panikstörung
F40.01 Agoraphobie mit Panikstörung
DSM-Bezeichnung: 300.21 Panikstörung mit Agoraphobie;
300.22 Agoraphobie ohne Panikstörung
in der Vorgeschichte
(Panic Disorder With Agoraphobia;
Agoraphobia Without History of Panic Disorder)

Andere Bezeichnungen:
Früher gebräuchliche Bezeichnungen für Agoraphobien mit Panikanfällen sind Herzneurose, Neurasthenie, Hyperventilationssyndrom, nervöses Erschöpfungssyndrom, Da-Costa Syndrom.

Definition (nach DSM)

Agoraphobie ist die Angst, daß in einer bestimmten Situation 1. eine Panik auftreten könnte oder aber bestimmte beeinträchtigende und peinliche Körpersymptome (Einzelsymptome der Panik), die Person jedoch 2. nur schwer aus der Situation fliehen könnte und 3. auch niemand da wäre, der ihr helfen könne. Hilfe wird in der Regel nur von bestimmten Personen aus der Umgebung des Patienten erwartet (Kriterium A).

Die entsprechenden Situationen werden entweder nur unter intensiver Angst durchgestanden oder aber es hat sich ein umfassendes Vermeidungsverhalten entwickelt (Kriterium B). Der Patient kann die phobischen Situationen überhaupt nicht oder nur in Begleitung einer Vertrauensperson aufsuchen, Reisen ist eingeschränkt oder unmöglich, und im Extremfall kann die Person alleine die Wohnung nicht mehr verlassen. Typische phobische Situationen sind: alleine außerhalb der eigenen Wohnung zu sein, Menschenmengen, in einer Schlange zu stehen, sich auf einer Brücke zu befinden oder in einem öffentlichen Verkehrsmittel oder Auto zu fahren.

Die Person befürchtet, daß in solchen Situationen ein Panikanfall oder einzelne körperliche Symptome eines Panikanfalls auftreten könnten: Ihr könnte schwindelig werden und sie würde stürzen, sie könnte die Kontrolle über Blase oder Darm verlieren, es könnte zu Erbrechen oder Herzbeschwerden oder auch zu Erlebnissen von Depersonalisation und Derealisation kommen.

In den meisten Fällen hat der Patient in der Vorgeschichte zunächst eine oder mehrere „spontane" Panikattacken erlebt oder zumindest einzelne ihrer Symptome. Seitdem lebt die Person in der Angst, diese Symptome könnten erneut auftreten, und sie befürchtet, daß sie dadurch hilflos und die Situation äußerst peinlich wird.

Der Schweregrad der Agoraphobie wird im DSM nach dem Ausmaß des Vermeidungsverhaltens bestimmt. Bei einer leichten Agoraphobie liegt nur in geringem Ausmaß Vermeidungsverhalten vor, so daß die normale Lebensführung noch einigermaßen gewährleistet ist. Bei einer schweren Agoraphobie ist die Person weitgehend an ihre Wohnung gefesselt.

Sofern neben den Kriterien der Agoraphobie auch die Kriterien einer Panikstörung erfüllt sind (vgl. Kapitel 20 Panikstörung), was für etwa 3/4 der Patienten zu erwarten ist (Goisman et al., 1994; nach Sanderson et al., 1990, sogar für 98 %), so wird (nach der ICD) die Diagnose „F40.01 Agoraphobie mit Panikstörung" vergeben, ansonsten die Diagnose „F40.00 Agoraphobie ohne Panikstörung". Nur bei etwa 20 % der agoraphobischen Patienten findet sich gegenwärtig oder in der Vorgeschichte kein Angstanfall (Öst, 1987).

Im DSM III-R ist – anders als in der ICD-10 – die Panikstörung die primäre Diagnose. Sofern zur Panikstörung auch agoraphobische Angst und Vermeidung hinzukommen, wird die DSM-Diagnose „300.21 Panikstörung mit Agoraphobie" gestellt.

Differentialdiagnose

Im Gegensatz zur spezifischen Phobie wird nicht befürchtet, daß in der kritischen Situation etwas tatsächlich Gefährliches eintritt, etwa ein Unfall. Entscheidend ist vielmehr die Erwartung, daß ein Angstanfall oder eine andere unangenehme Körpersensation eintreten könnte, über die man keine Kontrolle hat, und daß keine Hilfe da ist und man nicht fliehen kann.

Die Angst, sich zu blamieren, kann sowohl bei der Agoraphobie als auch bei der sozialen Phobie auftreten. Bei der sozialen Phobie befürchtet jedoch der Patient in der Regel, sich durch sein eigenes Verhalten zu blamieren, während bei der Agoraphobie das Auftreten unwillkürlicher Angstsymptome beziehungsweise körperlicher Ausfälle als peinlich und demütigend erlebt wird.

Zu exzessivem Vermeidungsverhalten kann es auch bei schweren Depressionen kommen. In diesem Fall befürchtet der Patient jedoch eher, in der kritischen Situation überfordert zu werden, nicht sich zu blamieren.

Nach den Richtlinien der ICD-10 ist die Diagnose „Agoraphobie" bei Vorliegen der entsprechenden Kriterien auch bei Kindern zu stellen. Sie ist abzugrenzen von der Diagnose „**F93.0 Emotionale Störung mit Trennungsangst des Kindesalters**", bei der die Trennung von wichtigen Menschen den Fokus der Angst darstellt, und zwar in einem Ausmaß, das über die normalerweise im Säuglings- und Vorschulalter zu erwartende Trennungsangst hinausgeht.

Epidemiologische Daten

Zwischen 3,4 % und 9 % der Bevölkerung entwickeln im Laufe ihres Lebens eine Agoraphobie (Lebenszeitprävalenz; die Sechsmonatsprävalenz liegt zwischen 2,7 % und 5,8 %). Jährlich erkranken 2,5 % (Inzidenzrate). Die Agoraphobie ist bei Frauen etwa zwei- bis dreimal häufiger als bei Männern.

Verlauf/Prognose

Anders als andere Phobien entstehen Agoraphobien und Panikstörungen meist erst im Alter zwischen zwanzig und dreißig Jahren.

Wie bei Panikstörungen sind auch bei der Agoraphobie Spontanremissionen sehr selten. Der Verlauf ist chronisch. Die durchschnittliche Dauer der Agoraphobie betrug in der Erhebung von Wittchen (1988) etwa zehn Jahre. Die langfristige Prognose ohne Behandlung ist schlechter als für schwere Depressionen (Coryell et al., 1983).

Komorbidität

Bei den meisten Patienten mit Agoraphobie (wie auch mit anderen Angststörungen) sind mehr als eine Diagnose der Achse I zu stellen (bei 69 % nach Sanderson et al., 1990, und 59 % nach de Ruiter et al, 1989). Neben einer Agoraphobie kann es häufig noch zu spezifischen Phobien (bei 40 % nach Sanderson et al., 1990, beziehungsweise 20 % bis 26 % bei Goisman et al., 1994) oder sozialen Phobien (22 % beziehungsweise 17 % bis 20 %) kommen.

Viele Patienten mit Agoraphobie zeigen auch gleichzeitig eine Depression [23 % (bei Agoraphobie mit Panik) bis 34 % (Agoraphobie ohne Panik) eine major depression, zusätzlich 17 % bis 20 % leichtere Formen der Depression;

Goisman et al., 1994]. Fast drei Viertel aller Angstpatienten hatten bereits vor der Angststörung mindestens eine depressive Episode, und ein Drittel entwikkeln sekundär depressive Episoden (Häfner & Veiel, 1986). Sofern die entsprechenden Diagnosekriterien erfüllt sind, sind sowohl die Angststörung als auch die Depression zu diagnostizieren. Sind sowohl die Angstsymptomatik als auch die Depressionssymptomatik zu schwach ausgeprägt, so daß beide Einzeldiagnosen nicht gestellt werden können, ist im ICD-10 die Diagnose „**F41.2 Angst und depressive Störung, gemischt**" vorgesehen.

In der Regel als Folge einer unbehandelten Agoraphobie – vermehrt bei Männern – tritt Alkoholismus auf (Bibb & Chambless, 1986). Einundzwanzig Prozent zeigen zumindest Werte oberhalb des kritischen Schwellenwertes in einem Alkoholismusfragebogen (MAST), und bei etwa 10 %, nach Goisman et al. (1994) sogar bei etwa 27 %, sind sogar die Diagnosekriterien für Mißbrauch beziehungsweise Abhängigkeit erfüllt. Vierzig Prozent gaben an, daß sie Alkohol trinken, um erwarteten Angstanfällen vorzubeugen – obwohl der pharmakologische Effekt des Alkohols sogar angstverstärkend ist. Bei etwa 15 % liegt außerdem ein Mißbrauch oder eine Abhängigkeit bezüglich psychotroper Substanzen, vor allem von Medikamenten, vor (Goisman et al., 1994).

Besondere Probleme in der Partnerschaft wurden nicht beobachtet; die Zufriedenheit in der Partnerschaft wird als durchschnittlich angegeben (Emmelkamp, Bouman & Scholing, 1993).

Methoden der Verhaltensmessung

Der Patient sollte angehalten werden, ein Angsttagebuch zu führen, in dem für jeden Tag eingetragen wird, ob es zu einer oder mehreren Angstsituationen – einem Angsterlebnis und/oder zu einer Vermeidung einer Angstsituation – gekommen ist, wie intensiv gegebenenfalls die Angst war, wie genau die äußeren Umstände aussahen (Zeit, Ort, andere Personen, momentane Tätigkeit) und welche Gedanken oder Vorstellungen der Person durch den Kopf gingen. Der Therapeut sollte dem Patienten entsprechend vorbereitete Diagrammblätter mitgeben.

Die Notizen des Patienten dienen zum einen als Material für die Besprechungen in den Therapiesitzungen. Außerdem ist die Häufigkeit der Angstsituationen beziehungsweise der Vermeidungsverhaltensweisen ein wichtiger Hinweis auf den Verlauf der Therapie.

Um festzustellen, inwieweit aufgrund des Vermeidungsverhaltens die Mobilität des Patienten durch die Agoraphobie eingeschränkt ist, kann das Mobilitätsinventar (MI; Ehlers, Margraf und Chambless, 1993; englisches Original: Mobility Inventory for Agoraphobia; Chambless, 1985) verwendet werden. Es erfaßt getrennt die Mobilität allein und in Begleitung von Vertrauenspersonen.

In der Forschung werden standardisierte Verhaltenstests angewendet: Die Patienten werden aufgefordert, die Klinik oder ihr eigenes Haus zu verlassen, und es wird registriert, wie lange und wie weit sie sich von dem sicheren Ort entfernen können.

Instrumente zur Messung von Panikattacken werden im Kapitel 20 genannt.

B. Störungstheorien

Zwei Problemverhaltensweisen sind für die Agoraphobie kennzeichnend: Die Angstreaktion und das Vermeidungsverhalten. Das intensive Vermeidungsverhalten kann zur Folge haben, daß eigentliche Angstattacken kaum mehr auftreten. Lediglich in der abgeschwächten Form einer Erwartungsangst tritt dann die Angstreaktion noch auf, und zwar in Situationen, die das Aufsuchen der kritischen Situation nahelegen oder ermöglichen.

Die meisten Patienten berichten, daß sie zu Beginn ihrer Störung plötzlich Angst bekamen, meist ohne jeden erkennbaren Grund. Es ist anzunehmen, daß bei etwa 80 % der Patienten zu Beginn der Entwicklung der Agoraphobie ein solcher spontaner Angstanfall stand (s. Kapitel 20 Panikstörung). Für diese „spontanen" Angstanfälle können Hyperventilation oder andere Formen körperlicher Belastung verantwortlich gewesen sein, deren körperliche Symptome die Person in Angst und Schrecken versetzt haben. In Folge dieses Erlebnisses entwickeln die Personen nun Angst vor oder in der Situation, in der der erste Angstanfall auftrat. Entscheidend ist die Befürchtung, die Kontrolle über sich oder seinen Körper zu verlieren. Eventuell können auch andere Anlässe als ein spontaner Angstanfall Anlaß für die Befürchtung sein, nicht mehr Herr über sich und seinen Körper zu sein. Die Ausdehnung dieser Befürchtung auf zunehmend mehr Situationen kann als Generalisierung verstanden werden.

Die Ausbildung der bislang neutralen Situationen als angstauslösende Reize ist im Sinne der Zwei-Faktoren-Theorie von Mowrer (1939; vgl. Eysenck & Rachman, 1967) als Ergebnis eines klassischen Konditionierens beschrieben worden: Bislang neutrale Reize wie Plätze, Menschenansammlungen oder Verkehrsmittel werden zu konditionierten, angstauslösenden Stimuli.

Anders als bei spezifischen Phobien ist die Angemessenheit der Zwei-Faktoren-Theorie beziehungsweise die Annahme eines Konditionierungsvorgangs bei der Agoraphobie häufig in Frage gestellt worden. Kognitive Erklärungsansätze sind differenzierter. Sie tragen dem Phänomen Rechnung, daß der Agoraphobiker in der Regel nicht – wie der Patient mit einer spezifischen Phobie – die Situation per se und die vermeintlich von ihr ausgehende Gefährdung fürchtet – *danger expectancy* nach Reiss und McNally (1985), eine „**Situationserwartung**" nach der in Kapitel 11 vorgeschlagenen Kategorisierung; er befürchtet vielmehr, daß es in dieser Situation zu Angst und deren Konsequenzen kommen könne: Angst vor der Angst. (Die Annahme eines klassischen Konditionierens und die Ausbildung einer Erwartung schließen sich allerdings nicht grundsätzlich aus; klassisches Konditionieren wird auch in der Grundlagenforschung vielfach als ein kognitiver Prozeß der Erwartungsausbildung verstanden; Bouton, 1988.)

Die Erwartung, daß es zu einer Angstreaktion kommen könnte (*anxiety expectancy* nach Reiss & McNally, 1985), ist im Sinne von Kirsch (1990) eine **Reaktionserwartung**, ein Spezialfall der **Kompetenzerwartung**. Sie scheint für die Agoraphobie (wie auch für die Panikstörung) zentral zu sein.

Die Reaktionserwartung der Angst geht einher mit der Erwartung von Kontrollverlust, die nach Untersuchungen von Telch et al. (1989; vgl. auch Willutzki, 1990) für die Agoraphobie von besonderer Bedeutung ist: Der Patient erwartet, die Kontrolle über sein Verhalten zu verlieren.

Als weitere relevante kognitive Variable ist die **Angstsensibilität** (Reiss & McNally, 1985) zu nennen. Gemeint sind damit die gelernten Überzeugungen bezüglich negativer Konsequenzen oder Folgen der Angstsymptomatik, etwa daß Angst das Herz zu sehr belasten und einen Herzinfarkt zur Folge haben könnte. Durch diese „Ergebnis-Folge-Erwartungen" beziehungsweise Instrumentalitätsannahmen im Sinne überdauernder Überzeugungen wird im wesentlichen der negative **Wert** der erwarteten Angstreaktion beeinflußt (**Ergebniserwartung**).

Das zweite Problemverhalten der Agoraphobie ist das **Vermeidungsverhalten**. Nach der Zwei-Faktoren-Theorie der Angst ist Flucht beziehungsweise Vermeidung eine Folge der konditionierten Angst. Die Angst ist sekundärer Trieb (drive im Sinne von Hull), und das Flucht- beziehungsweise Vermeidungsverhalten wird durch Reduktion der Angst verstärkt. Auch in den Theorien von Klein (1980) (vgl. auch Klerman, 1986) ist die Vermeidung unmittelbares Resultat der Panik beziehungsweise der Erwartungsangst: Die Agoraphobie mit dem zentralen Symptom der Vermeidung ist nur eine gravierendere Form der Panikstörung.

Tatsächlich ist die Beziehung zwischen Angst und Vermeidung jedoch nicht so eng, wie diese Theorien das nahelegen (zusammenfassend Craske & Barlow, 1988). Verschiedene empirische Befunde zeigen, daß Vermeidung nicht zwangsläufig auf die Angst folgt und die Frequenz und das Ausmaß der Angst nicht entscheidend dafür sind, ob eine Person viel oder wenig Vermeidungsverhalten zeigt.

Maßgeblich für das Ausmaß der Vermeidung sind vielmehr die erwähnte Reaktions**erwartung** (Angsterwartung) und deren **Wert** (Angstsensibilität). Andere Faktoren können hinzukommen: In Einzelfällen kann das Vermeidungsverhalten zu zusätzlichen Verstärkungen führen, etwa zu unmittelbarer sozialer Zuwendung oder zur Vermeidung von Anstrengung. Rachman (1984) hat außerdem gezeigt, daß das Flucht- beziehungsweise Vermeidungsverhalten nicht nur als Entfernung oder Fernbleiben von der Angstsituation zu verstehen ist, sondern auch als Aufsuchen eines Sicherheitsbereichs (Sicherheitssignal-Theorie). Auch dies beeinflußt das Vermeidungsverhalten: Die positive Verstärkung, sich an einem sicheren Ort zu befinden, kann bestehen bleiben, selbst wenn die Angstsituation tatsächlich nicht länger angstauslösend ist.

Das Ausmaß, in dem Personen die gefürchteten Situationen tatsächlich vermeiden, ist außerdem von sozialen Ansprüchen und Normen abhängig (Barlow, 1988). Bei großem sozialen Erwartungsdruck wird die kritische Situation trotz Angst eher aufgesucht, als wenn das Vermeiden einer solchen Situation sozial eher akzeptiert wird. Dies kann möglicherweise erklären, weswegen Frauen häufiger „zu Hause bleiben" und exzessives Vermeidungsverhalten ausbilden, während Männer des öfteren alternative Copingreaktionen entwickeln, etwa Alkohol oder Medikamente zur vermeintlichen „Vorbereitung" auf eine Paniksituation zu sich zu nehmen.

Demnach ist festzustellen, daß die Angst „lediglich" als **ein** motivierender Faktor für das Vermeidungsverhalten anzusehen ist, aber nicht als der einzige. Vermeidung sowie das Alternativverhalten, Aufsuchen der Angstsituation, können auch noch anders motiviert sein beziehungsweise andere Konsequenzen haben: soziale Konsequenzen oder den beruhigenden Aufenthalt an einem sicheren Ort. Andererseits ist in gewissem Ausmaß sozialer Druck in Kauf zu nehmen.

Neben diesen motivationalen Variablen können noch weitere, volitionale Variablen hinzukommen, die dafür verantwortlich sind, daß das Verhalten, für das eine entsprechend hohe Motivation besteht, tatsächlich auch durchgeführt und gegen alternative Intentionen abgeschirmt wird (Kuhl, 1987). Personen, die bei dem Versuch, die Situation aufzusuchen, stärker in einem Zustand der Lageorientierung verharren und sich gedanklich mit der gefährlichen Situation und dem drohenden Mißerfolg beschäftigen, zeigen in größerem Ausmaß agoraphobisches Verhalten als Personen, die stärker handlungsorientiert sind, d. h. ihre Aufmerksamkeit stärker auf die tatsächliche Ausführung eines erwünschten Verhaltens ausrichten (Hartung, 1990). Eine verhaltenstherapeutische Behandlung agoraphobischer Patienten hat sich als um so erfolgreicher erwiesen, je besser es gelingt, die Handlungsorientierung der Patienten im Therapieverlauf zu fördern (Schulte, Hartung & Wilke, im Druck).

C. Diagnostik und Indikation

Bei Vorliegen einer Agoraphobie ist grundsätzlich die Methode der Reizkonfrontation indiziert. Spezifische Reaktionsmuster, etwa ob sich die Angst eher verhaltensmäßig oder physiologisch oder kognitiv zeigt, haben keinen Einfluß auf die Effektivität der Reizkonfrontation und sind daher auch nicht als zusätzliche Indikationskriterien heranzuziehen (Mackay & Liddell, 1986; Öst et al., 1984).

Die Angst ist im Sinne der Verhaltensanalyse als eine respondente Reaktion zu verstehen, deren Bindung an den auslösenden Stimulus durch die Reizkonfrontation gelöscht wird. In der Exploration sind die Situationen zu identifizieren, die die Angst auslösen beziehungsweise die vermieden werden.

Für das Flucht- beziehungsweise Vermeidungsverhalten ist zu prüfen, ob gegebenenfalls außer ,,Angstrückgang" als negative Verstärkung noch eine andere, vornehmlich soziale Verstärkung anzunehmen ist. (Dies kommt allerdings äußerst selten vor.) Sofern zusätzliche positive oder negative Verstärker identifiziert wurden, sind zusätzliche therapeutische Maßnahmen erforderlich (siehe Kapitel 11.3).

Im Sinne der Kognitionsanalyse sind ,,dysfunktionale Kognitionen" mit folgenden Inhalten zu erwarten:
- **Situationserwartungen** mit **Bewertungen**: Bei Ankündigung der oder Annäherung an die kritischen Situationen kommt es zu katastrophisierenden Gedanken und Vorstellungen, die besonders ,,bedrohliche" Aspekte der Situation ausmalen, zum Beispiel ,,Ich kann da nicht raus!", ,,Es wird furchtbar voll sein und all die Leute, die mich anschauen!";
- dysfunktionale **Kompetenzerwartung/Reaktionserwartung**: Im Vordergrund stehen Gedanken an die zu erwartende Angst (Angst vor der Angst), zum Beispiel ,,Ich werde einen Angstanfall bekommen!", ,,Ich werde bestimmt ohnmächtig werden und zusammenbrechen!". In der Regel erwartet der Patient, aufgrund der Angst das erwünschte, situationsangemessene Verhalten nicht ausführen zu können (,,Ich schaffe das nie!");
- aktuelle dysfunktionale **Ergebniserwartungen** (z.B. ,,Alle werden mich anstarren und auslachen!") und vor allem **überdauernde**, irrationale Ergebniserwartungen, daß Angstanfälle äußerst gefährlich sind, der Gesundheit schaden, zum Beispiel einen Herzinfarkt begünstigen oder ähnliches.

Entsprechende Hinweise sind in der Exploration oder mittels des ,,Fragebogen zu angstbezogenen Kognitionen" (ACQ; deutsche Fassung von Ehlers und Margraf, 1993) zu erheben.

Das Training funktionaler Gedanken (Selbstverbalisationstraining) neben der Reizkonfrontation bringt keinen zusätzlichen Therapiegewinn, kann jedoch im Einzelfall dem Patienten die Bewältigung der Angstsituationen erleichtern. Sofern dysfunktionale **überdauernde** Überzeugungen über die Schädlichkeit von Angstattacken (Ergebniserwartungen) im Vordergrund stehen, können diese die Bereitschaft des Patienten zur Reizkonfrontation einschränken, da er jedesmal befürchtet, daß ihm die Methode selbst letztlich schaden wird. In einem solchen Fall sollte mittels kognitiver Verfahren zunächst versucht werden, diese Überzeugungen zu hinterfragen. Sokratischer Dialog und Methoden wie Testen

216

der Realitätsangemessenheit und der Funktionalität solcher Überzeugungen sind dazu angemessene Verfahren (nähere Ausführungen bei Beck & Emery, 1981).

D. Therapiemethoden

Die am besten überprüfte und nach den vorliegenden Ergebnissen effektivste Behandlungsmethode bei Agoraphobien ist die *in-vivo* Reizkonfrontation (Exposition). Ausführliche Beschreibungen des Therapieprogramms finden sich bei Bartling, Fiegenbaum und Krause (1980), bei Emmelkamp, Bouman und Scholing (1993) oder bei Fliegel et al. (1994).

Die Methode besteht im Kern darin, daß sich der Patient – in der Regel zunächst zusammen mit dem Therapeuten – den angstauslösenden Situationen tatsächlich aussetzt. Entgegen seinem gewohnten Verhalten, so schnell wie möglich aus der Angstsituation wieder zu fliehen, soll der Patient nun jedoch in der Situation solange verharren, bis die Angst zumindest teilweise zurückgeht. Dies geschieht zwangsläufig, da massive körperliche Angstreaktionen nur über eine gewisse Zeit andauern können und danach im Rahmen allgemeiner Erschöpfung beziehungsweise aufgrund von Habituation (Gewöhnung) zurückgehen.

Das ist die Voraussetzung für vielfältige Lernprozesse des Patienten. Die Verbindung zwischen angstauslösendem Stimulus und Angstreaktion wird gelokkert (Löschung der konditionierten Angstreaktion). Außerdem wird nicht mehr die Flucht aus der Angstsituation durch Angstrückgang verstärkt, sondern vielmehr das Verharren in der Situation. Schließlich kommt es zu einer Reihe kognitiver Lernprozesse und Umstrukturierungen. Der Patient macht eine Reihe neuer Erfahrungen, vor allem die, daß er entgegen seiner bisherigen Überzeugung die Situation und seine eigene Angst durchaus bewältigen kann. Diese neuen Erfahrungen werden nach der Theorie von Birbaumer (1977) und Foa und Kozak (1986) in das kognitive Angstschema integriert, so daß es zu einer entsprechenden Veränderung der mit der Angstsituation verbundenen Kognitionen, emotionalen Bedeutungen und Reaktionstendenzen kommt. Dazu gehört auch eine Veränderung der Erwartungen, vor allen Dingen der Kompetenzerwartung, die Situation nicht meistern zu können, und der Reaktionserwartung bezüglich der Unkontrollierbarkeit der eigenen Angst.

Die Reizkonfrontation läßt sich in verschiedenen Varianten durchführen, die inzwischen mehrfach hinsichtlich ihrer Effektivität verglichen wurden. Die wichtigsten Ergebnisse lassen sich im Anschluß an Emmelkamp, Bouman & Scholing (1993) folgendermaßen zusammenfassen:
– Die Reizkonfrontation *in vivo* ist effektiver als eine Reizkonfrontation *in sensu* (auf Vorstellungsebene). Nur wenn es tatsächlich unmöglich ist, die

realen Angstsituationen aufzusuchen oder herzustellen, sollte auf eine in sensu-Exposition, manchmal auch als *flooding* bezeichnet, ausgewichen werden.

– Eine massierte Angstkonfrontation ist effektiver als eine graduierte (Fiegenbaum, 1988). Der Patient sollte von vornherein Situationen aufsuchen, die deutliche und starke Angst auslösen, wenn auch nicht notwendigerweise die maximal belastende Situation. Eine graduierte, hierarchische Annäherung, bei der zunächst nur gering belastende und dann immer stärker angstauslösende Situationen aufgesucht werden, hat sich längerfristig als weniger effektiv erwiesen.

– Eine schnell durchgeführte Expositionsbehandlung mit mehreren Sitzungen pro Woche ist effektiver als eine langsam durchgeführte Therapie mit Sitzungen in größeren Abständen (Yuksel et al., 1984; Foa et al., 1980).

Drei Phasen der Reizkonfrontationstherapie können unterschieden werden:
a) Vorbereitungsphase,
b) Durchführung der Konfrontationsübungen mit dem Therapeuten zusammen und
c) Selbstanwendungen des Patienten.

Vorbereitungsphase: Für den Patienten stellt die Reizkonfrontation einen massiven Schritt und eine große Herausforderung dar. Er soll genau das tun, was er bislang seit Jahren vermieden hat und wovor er große Angst hat, nämlich die Angstsituation aufsuchen. Von daher kommt der Vorbereitung des Patienten auf diese Maßnahme eine besondere Bedeutung zu. Der Patient wird sich nur dann dieser für ihn belastenden Methode unterziehen, wenn er von ihrem Erfolg überzeugt ist und dem Therapeuten voll vertraut.

Voraussetzung dafür ist zunächst die Vermittlung eines Erklärungsmodells der Agoraphobie, das für den Patienten einsichtig und überzeugend ist. Es muß außerdem die Reizkonfrontation als ein angemessenes Behandlungsverfahren erscheinen lassen, und die Wirkungsweise der Methode muß entsprechend erläutert werden (vgl. „Analyse des subjektiven Störungsmodells" in Kapitel 12).

Einen besonderen Stellenwert in dem Erklärungsmodell sollte der Aspekt haben, daß die Bemühungen des Patienten, gegen die Angst anzukämpfen und entsprechende Situationen möglichst von vornherein zu vermeiden, genau den gegenteiligen Effekt haben: Sie verstärken die Angst und verhindern, daß der Patient die Erfahrung macht, daß er in Wirklichkeit die Situation meistern kann. Dadurch ist in der Vergangenheit die Angst immer wieder aufrechterhalten und verstärkt worden. Im Zentrum der Therapie muß daher umgekehrt das Bemühen stehen, sich nunmehr der Angstsituation auszusetzen, ohne zu fliehen oder sie gar zu vermeiden.

Die Erläuterung der Methode sollte auch deutlich machen, daß vom Patienten eine aktive Mitarbeit erwartet wird und der Therapeut dem Patienten lediglich helfen kann, die entscheidenden Schritte selbständig zu tun. Dabei wird der Therapeut ihm jedoch stets zur Seite stehen.

Entscheidend ist schließlich, daß der Patient sich selbst für die Durchführung dieser Methode entscheidet. Der Therapeut sollte ihm die objektiven Erfolgsaussichten des Verfahrens, seine Erfahrungen mit dieser Methode und das genaue Vorgehen erläutern und die Zuversicht des Patienten stärken. Doch entscheiden muß der Patient selbst. Gegebenenfalls ist ihm eine Bedenkzeit einzuräumen. Eventuell können auch zusätzliche Gespräche mit Angehörigen geführt werden, um auch diesen das Rationale der Methode zu erläutern, um so Unterstützung für den Entscheidungsprozeß des Patienten zu erhalten.

Die selbständige Entscheidung des Patienten für die Methode ist nicht zuletzt deshalb wichtig, weil sie eine „Selbstverpflichtung" des Patienten bedeutet, nunmehr tatsächlich aktiv gegen die Angst anzugehen und die bislang vermiedenen Situationen aufzusuchen. Dies ist ein wichtiger Schritt, um aus einer stärker lageorientierten Auseinandersetzung mit der mißlichen Angstsituation und den fortlaufenden Mißerfolgen herauszukommen und zu einer handlungsorientierten, auf die Durchführung von Bewältigung und Annäherung an die Angstsituation ausgerichteten Orientierung zu gelangen. Nach Forschungsergebnissen von Schulte, Hartung und Wilke (im Druck) ist der Erfolg der eigentlichen Reizkonfrontation tatsächlich zu einem großen Teil davon abhängig, inwieweit es in der Vorbereitungsphase gelingt, beim Patienten die Lageorientierung zu reduzieren und die Handlungsorientierung zu stärken. Die Methode der Reizkonfrontation wirkt also bereits dadurch, daß der Patient systematisch auf diese Methode und damit auf das von ihm bislang vermiedene Bewältigungsverhalten vorbereitet wird.

Eine weitere Aufgabe in der Vorbereitungsphase ist die technische Vorbereitung der Reizkonfrontation. Dazu müssen konkrete Informationen über die angstauslösenden Situationen gesammelt werden. Dies geschieht am besten dadurch, daß der Patient gebeten wird, konkrete Beispiele für Angstanfälle beziehungsweise für Vermeidungsverhalten zu schildern. Die Situationen sind nach dem Grad ihrer Belastung zu ordnen.

Im nächsten Schritt ist auszuwählen, welche Situationen in welcher Reihenfolge aufgesucht werden sollen. Dabei sollte es sich grundsätzlich um Situationen handeln, in denen starke Angst auftritt. Es muß gewährleistet sein, daß jede der verschiedenen angstauslösenden Situationen berücksichtigt wird, z. B. die verschiedenen Verkehrsmittel, Menschenansammlungen in Kaufhäusern oder Theatern, die selbständige Entfernung von Zuhause ohne Begleitung, eingeengte Situationen usw. Da die Konfrontationstherapie über einen längeren Zeitraum massiert außerhalb der Behandlungsinstitution stattfindet, sind entsprechende organisatorische Fragen wie Zeitdauer der Abwesenheit, Kostenübernahme von Fahrkarten und Eintrittsgebühren durch den Patienten und/oder die Krankenversicherung zu klären. Einige Konfrontationssituationen müssen speziell organisiert werden.

Durchführung der Konfrontationsübung mit dem Therapeuten: Der Therapeut sucht nun mit dem Patienten zusammen die erste Angstsituation auf. Dabei wird dem Patienten wiederholt deutlich gemacht, daß es für eine erfolgreiche Behandlung wichtig ist, daß es tatsächlich zur Angst kommt und daß jede Vermeidung der Angst schädlich ist. Das Ausmaß der in der Situation auftretenden Angst kann durch Schätzungen anhand des Angstthermometers (Ein-Item-Schätzung von 0 bis 100) erfaßt werden.

Fluchtversuche sind bei entsprechend gründlicher Vorbereitung sehr selten; etwaige Versuche in dieser Richtung muß der Therapeut – den Absprachen entsprechend – verhindern. Der Patient sollte außerdem seine Aufmerksamkeit auf die zentralen, angstauslösenden Aspekte der Situation richten.

Erst wenn die Angst deutlich, auch für den Patienten erkennbar, zurückgegangen ist, darf die Situation verlassen werden. Sowohl Patient als auch Therapeut müssen also ausreichend Zeit (eventuell mehrere Stunden) für eine solche Expositionssitzung einplanen.

Nach den ersten Konfrontationssitzungen kann es zu euphorischen Reaktionen des Patienten kommen, da er erstmals seit eventuell vielen Jahren kritische Situationen durchgestanden und am Ende vielleicht auch ohne jegliche Angst erlebt hat. Der Erwartung des Patienten, daß nunmehr die Angst überwunden sei, muß vom Therapeuten entgegengetreten werden, um nicht Enttäuschungen und Demotivierungen des Patienten Vorschub zu leisten.

Die Konfrontationssitzungen sollten möglichst kurz hintereinander liegen, mehrere mehrstündige Sitzungen innerhalb einer Woche.

Selbstanwendung: So früh wie möglich soll der Patient selbständig, ohne Begleitung durch den Therapeuten, Konfrontationsübungen durchführen. (Nach einigen Untersuchungsergebnissen ist eine von vornherein selbständig, zusammen mit dem Partner oder Freunden durchgeführte Reizkonfrontation, also ohne die Phase 2, durchaus ebenso erfolgreich, wie eine therapeutenbegleitete Konfrontationstherapie; s. dazu unten) Während der Therapiesitzungen werden die Erfahrungen des Patienten genau besprochen, sofern nötig erneut das Rational der Methode erklärt und die nächsten Aufgaben sehr genau in allen einzelnen Schritten festgelegt. Der Patient sollte das selbständige Aufsuchen kritischer Situationen über einige Wochen hinweg fortsetzen, bis keine Ängste mehr auftreten.

Liegt eine **Agoraphobie mit Panikstörung** vor, ist parallel die in dem Kapitel zur Panikstörung (Kapitel 20) beschriebene kognitive Therapie durchzuführen. Bei der Konfrontation sind auch die entsprechenden körperlichen Angstauslöser zu berücksichtigen.

Sofern die Befürchtungen des Patienten, sich durch seine Symptome in der Öffentlichkeit zu blamieren, stark ausgeprägt sind, kann zusätzlich ein Selbstsicherheitstraining durchgeführt werden (s. Kapitel 18 zur Sozialen Phobie).

Wenn – wie bei Agoraphobien mit hoher Wahrscheinlichkeit zu erwarten – weitere Angststörungen oder andere Störungen vorliegen, sind diese parallel oder sukzessiv ebenfalls zu behandeln. Die Reihenfolge sollte nach den primären Behandlungswünschen des Patienten und den Gesichtspunkten praktischer Machbarkeit entschieden werden.

Eine zusätzliche Partnertherapie hat sich nicht als notwendig erwiesen. Eventuell können jedoch die Partner mit in die Therapie einbezogen werden. Sie können den Patienten motivational und technisch bei der Durchführung der selbständigen Konfrontationsübungen unterstützen.

Effektivität

In den meisten empirischen Studien werden Patienten behandelt, die sowohl die Kriterien für eine Agoraphobie als auch die einer Panikstörung erfüllen, also Patienten mit einer „Panikstörung mit Agoraphobie" (im Sinne des DSM). Erst neuere Arbeiten erlauben einige differenzierende Aussagen über die spezifischen Behandlungseffekte für Panik und für Agoraphobie.

Clum, Clum und Surls (1993) haben in einer Metaanalyse 29 Therapiestudien analysiert, die zwischen 1964 und 1990 veröffentlicht wurden und in denen jeweils neben der Behandlungsgruppe mindestens eine Kontrollgruppe untersucht wurde. Als Effektstärke wurde der zusätzliche Effekt der Experimentalgruppe gegenüber einer Kontrollgruppe berechnet (Differenz der mittleren Postwerte von Experimentalgruppe und Kontrollgruppe, geteilt durch die Standardabweichung der Kontrollgruppe). Dieses Maß ist abhängig von der Art der Kontrollgruppe. Die im folgenden genannten Daten beziehen sich daher lediglich auf Placebo-Kontrollgruppen (Placebo-Medikament oder Placebo-Therapie).

Die mittlere Effektstärke betrug
- für Training von Coping (u. a. Kognitive Verfahren): 1.41
- für Reizkonfrontation: 1.36
- für eine kombinierte psychologisch-pharmakologische Therapie: 1.09
- für Antidepressiva: .82
- für hochpotente Benzodiazepine: .29
- und für sonstige Pharmaka (z. B. Beta-Blocker, Tranquilizer): .44.

Die Überlegenheit der verhaltenstherapeutischen Methoden gegenüber einer pharmakologischen Behandlung zeigt sich auch in den Ergebnissen der Metaanalyse von Cox, Endler, Lee und Swinson (1992). In diese Studie wurden nur Untersuchungen aufgenommen, die nach 1980 (bis 1990) durchgeführt wurden, so daß die Diagnosekriterien des DSM III berücksichtigt wurden. Vierunddreißig Studien wurden ausgewählt, die ausschließlich Patienten mit einer Panikstörung mit Agoraphobie, also beiden Störungskomponenten, behandelt hatten. In diesem Fall wurde die Effektstärke nicht im Gruppenvergleich sondern durch den Prä-Post-Vergleich berechnet. Für das Antidepressivum Imipramin beträgt die mittlere Effektstärke 1.28, für Alprazolam (ein Benzodiazepin) 1.46 und für Reizkonfrontation 2.23. Für Maße zur agoraphobischen Angst und zum Vermeidungsverhalten sind die Effekte der Reizkonfrontation signifikant, für Häufigkeit und Schweregrad der Panik jedoch nicht signifikant und geringer. Das spricht dafür, daß Reizkonfrontation in erster Linie die Agoraphobie reduziert, weniger die Panikstörung. Dies wurde inzwischen in einer Studie von van den Hout, Arntz und Hoekstra (1994) bestätigt. Kognitive Therapie (RET) ist im Vergleich zur Reizkonfrontation weniger effektiv (Emmelkamp et al., 1986) – in der Reduktion der agoraphobischen Symptomatik, doch das gilt nicht für die Panikanfälle (s. Kapitel 20).

Die Behandlungserfolge sind beständig; selbst bei Nachuntersuchungen fünf bis neun Jahre nach Ende der Behandlung sind die Effekte stabil (Munby & Johnston, 1980).

Varianten der Methode und Kombinationen

Die Konfrontationstherapie kann auch als Selbsthilfeprogramm durchgeführt werden, wobei in der Regel der Partner mit einbezogen ist. Ein entsprechendes Manual mit einer Fassung für Patienten und für Therapeuten wurde von Mathews, Gelder und Johnston (deutsche Fassung 1988 a, 1988 b) vorgelegt. Bei diesem Programm führt der Patient von vornherein (zusammen mit seinem Partner) die Konfrontationsübungen selbständig, ohne Begleitung des Therapeuten durch. Unter diesen Umständen ist eine schrittweise, graduelle Annäherung an die gefürchteten Situationen angemessener.

Eine weitere Variante der Konfrontationstherapie ist die Reizkonfrontation in sensu (flooding). In diesem Falle werden die angstauslösenden Situationen nicht aufgesucht, sondern der Patient wird angehalten, sich die entsprechenden Situationen möglichst anschaulich vorzustellen und trotz Angst bei diesem Vorstellungsbild zu verharren. Voraussetzung dafür ist, daß in der Vorbereitungsphase eine genaue Kennzeichnung der Situation erfolgt und der Therapeut sich einen entsprechenden Instruktionstext vorbereitet, in dem die unterschiedlichen Details der Situation aufgeführt sind. Das betrifft auch und gerade Anweisungen, die sich auf das vorzustellende Verhalten des Patienten beziehen; dies fördert die Lebendigkeit der Vorstellung. Nähere Angaben zu dieser Methode finden sich bei Fliegel et al, (1994).

E. Literaturempfehlung

Emmelkamp, P. M. G., Bouman, T. K. & Scholing, A. (1993). *Angst, Phobien und Zwang.* Göttingen: Verlag für Angewandte Psychologie.

Fliegel, S., Groeger, W. M., Künzel, R., Schulte, D. & Sorgatz, H. (1994, 3. Auflage). *Verhaltenstherapeutische Standardmethoden: Ein Übungsbuch.* Weinheim: Psychologie Verlags Union.

Reinecker, H. (1993). *Phobien.* Göttingen: Hogrefe.

Kapitel 18

Soziale Phobien

A. Beschreibung

ICD-10-Bezeichnung: F40.1 Soziale Phobie (social phobia)
DSM-Bezeichnung: 300.23 Soziale Phobie (Social Phobia)
Andere Bezeichnungen: Anthrophobie.

Definition (nach DSM)

Die soziale Phobie ist gekennzeichnet durch eine anhaltende Angst vor sozialen Situationen (oder Leistungssituationen laut DSM IV), „in denen die Person im Mittelpunkt der Aufmerksamkeit anderer steht und befürchtet, etwas zu tun, was demütigend oder peinlich sein könnte".

Die Ängste betreffen am häufigsten öffentliches Sprechen (81 %), informelles Reden, z. B. Party-Gespräche (76 %), Essen in der Öffentlichkeit (33 %), Trinken in der Öffentlichkeit (19 %) und Testangst (10 %). Weitere Beispiele sind die Angst, beim Schreiben vor anderen zu zittern (Schreibkrampf) oder in einer öffentlichen Toilette zu urinieren.

Die phobische Situation muß unmittelbar eine Angstreaktion auslösen und entweder vermieden oder nur unter großer Angst ertragen werden.

Die Diagnose wird nur gestellt, wenn es aufgrund der Störung zu Beeinträchtigungen der beruflichen Leistung, der sozialen Aktivitäten oder sozialer Beziehungen kommt oder wenn ausgeprägtes Leiden verursacht wird.

Außerdem muß die Person erkennen, daß ihre Angst übertrieben und unvernünftig ist.

Falls Angst vor mehreren sozialen Situationen besteht, ist der Zusatz „**generalisierter Typ**" zu vergeben.

Im DSM IV werden noch genauere Kriterien für die Diagnosestellung bei Kindern angegeben: Die Kinder müssen über die Fähigkeit für altersgemäßes Sozialverhalten verfügen, und die Angst muß gegenüber Gleichaltrigen, nicht nur gegenüber Erwachsenen auftreten und mindestens sechs Monate andauern.

Differentialdiagnose

Anlaß für das befürchtete Auffallen darf nicht die Symptomatik einer anderen Achse I-Störung sein, z. B. durch Stottern oder durch einen Panikanfall aufzufallen.

Es besteht eine weitgehende Überschneidung mit der selbstunsicheren Persönlichkeitsstörung (DSM-III-R 301.82; entspricht in etwa ICD F60.6), zumal mehrere Diagnosekriterien des DSM-III-R identisch sind. Personen mit einer selbstunsicheren Persönlichkeitsstörung haben wohl immer auch eine soziale Phobie, doch nicht alle Sozialphobiker müssen diese Persönlichkeitsstörung haben (Turner & Beidel, 1989). Patienten mit einer (zusätzlichen) selbstunsicheren Persönlichkeitsstörung sind ängstlicher, vermeiden häufiger und zeigen vor allem eher Defizite in ihren sozialen Verhaltensfertigkeiten, während Patienten nur mit der Diagnose soziale Phobie in der Regel über eine recht gute soziale Kompetenz zu verfügen scheinen (Turner et al., 1986). Holt, Heimberg und Hope (1992) nehmen von daher eine Rangreihe zunehmenden Schweregrades der Symptomatik an: Sozialphobiker mit spezifischen Ängsten ohne selbstunsichere Persönlichkeitsstörung, Sozialphobiker mit generalisierten Ängsten, ebenfalls ohne selbstunsichere Persönlichkeitsstörung und schließlich Sozialphobiker mit generalisierten Ängsten mit selbstunsicherer Persönlichkeitsstörung.

Die Erektionsstörung beim Mann (F52.2 Versagen genitaler Reaktionen) ist in vielen Fällen begleitet und vermutlich eine Folge der Angst vor Versagen und Blamage und überschneidet sich insofern mit der sozialen Phobie (Heimberg & Barlow, 1991). Weiterhin gibt es Überschneidungen mit der körperdysmorphen Störung (Dysmorphophobie; DSM II R: 300.70), bei der die übertriebene Beschäftigung mit einem eingebildeten körperlichen Mangel im Vordergrund steht (ICD-10: F45.2 hypochondrische Störung).

Epidemiologische Daten

Etwa 40 % der Bevölkerung können als scheu bezeichnet werden (Zimbardo, 1977), etwa 23 % zeigen die Symptome einer sozialen Phobie, allerdings ohne daß sie dadurch beeinträchtigt sein müssen (Pollard & Henderson, 1988). Bei Berücksichtigung des Kriteriums der Beeinträchtigung liegt die Prävalenzrate für soziale Phobien bei 1,7 % (Weissman & Merikangas, 1986) bis 2,8 % (Pollard & Henderson, 1988). Die Auftretenshäufigkeit ist bei Frauen und Männern etwa gleich hoch. Bei Männern scheint deutlich häufiger zusätzlich die Diagnose „selbstunsichere Persönlichkeitsstörung" gestellt werden zu können (Turner & Beidel, 1989).

Nur 10 % haben Angst vor nur einer Situation, 43 % vor zwei, 39 % vor drei und 10 % vor vier Situationen. Fünfundachtzig bis über 90 % der Sozialphobiker werden durch ihre Ängste im beruflichen oder im Ausbildungsbereich beeinträchtigt, 70 % in ihren sozialen Beziehungen (Turner, Beidel, Dancu & Keys, 1986).

Verlauf/Prognose

Soziale Phobien entstehen überwiegend im Alter von 15 bis 20 Jahren (Beidel & Turner, 1991). Der Verlauf ist in der Regel – wie bei den anderen Phobien – chronisch, Spontanremissionen sind selten (Turner et al., 1986).

Komorbidität

Patienten mit der primären Diagnose „soziale Phobie" haben zu über 50 % mindestens eine weitere Achse I-Diagnose. Die genaueren Verteilungen schwanken von Untersuchung zu Untersuchung: eine zusätzliche spezifische Phobie bei 59 % bis 11 %, generalisierte Angststörung bei 42 % bis 33 %, Agoraphobie bei 45 % bis 31 %, Panikstörung bei 23 % bis 5 %, eine depressive Störung bei 33 % bis 8 %, Alkoholmißbrauch bei 19 % und Drogenmißbrauch bei 13 % (Rapee, Sanderson & Barlow, 1988; Sanderson et al., 1990; Turner et al., 1986). Nach einer Studie von Amies et al. (1983) trinken etwa 20 % der sozialen Phobiker übermäßig Alkohol. Über 50 % trinken Alkohol, um – vermeintlich – ihre Angst zu erleichtern (Turner et al., 1986). In den allermeisten Fällen geht die soziale Phobie den anderen Störungen zeitlich voraus.

Auf der Achse II des DSM-III-R wird außer der bereits erwähnten selbstunsicheren Persönlichkeitsstörung noch relativ häufig eine zwanghafte Persönlichkeitsstörung (13 %) diagnostiziert (Turner et al., 1991).

Methoden der Verhaltensmessung

Im anglo-amerikanischen Sprachraum werden vor allem die Social Avoidance and Distress Scale (SAD) und die Fear of Negative Evaluation Skale (FNE; Watson & Friend, 1969) eingesetzt. Sie sind von Vormbrock und Neuser

(1983) für den deutschen Sprachraum adaptiert und unter den Namen „Skala zur Vermeidung sozialer Situationen (SVSS)" und „Skala zur Angst vor negativer Bewertung (SANB)" veröffentlicht worden.

Im deutschen Sprachraum hat sich außerdem der Unsicherheitsfragebogen von Ullrich de Mynck und Ullrich (1976; Ullrich & Ullrich de Mynck, 1978; Kühn, 1986) bewährt. Er umfaßt 6 Teilskalen mit insgesamt 65 Items:
1. Fehlschlag- und Kritikangst,
2. Kontaktangst,
3. Nicht-nein-sagen-können,
4. Fordern können,
5. Schuldgefühle,
6. Anständigkeit.

Ein Überblick über weitere englische Verfahren sowie über Beobachtungsmethoden findet sich bei Glass und Arnkoff (1989).

B. Störungstheorien

In der psychologischen Literatur werden vor allem drei Theorien zur sozialen Phobie diskutiert und untersucht: Theorie der sozialen Angst, Theorie sozialer Defizite und kognitive Theorien (Lucock & Salkovskis, 1988).

Die **Theorie der sozialen Angst** geht auf Wolpe (1969) zurück. Er sah als zentrales Problemverhalten eine klassisch konditionierte, respondente Angst. In der Therapie sollte diese Angst durch ein mit Angst unvereinbares Verhalten gehemmt werden. Als eine solche antagonistische Reaktion setzte er für Ängste in sozialen Situationen ein selbstsicheres Auftreten ein. Ein entsprechendes Selbstsicherheitstraining übernahm er von Salter (1949). Wenn sich der Patient in einer phobischen Situation selbstsicher verhält, dann wird dadurch die Angstreaktion gehemmt, und es kommt zu einer Lockerung (nach Wolpe zu einer Hemmung) der S-R-Verbindung.

Nach der Zwei-Faktorentheorie von Mowrer (1939) wird die klassisch konditionierte Angst normalerweise im Alltag nicht gelöscht, weil die Patienten entsprechende soziale Situationen und damit die Möglichkeit zur Löschung vermeiden. (Näheres zur Zwei-Faktorentheorie und ihren Erweiterungen siehe im Kapitel 19 über spezifische Phobien.)

Nach der **Theorie sozialer Defizite** ist das zentrale Problemverhalten nicht die Angstreaktion, sondern das Sozialverhalten der Person. Hier besteht ein Mangel an angemessenen sozialen Fertigkeiten (social skills). Angst ist eher eine sekundäre Folge der aufgrund dieser Defizite erfahrenen Zurückweisungen und Mißerfolge in sozialen Situationen. Das von Wolpe eingeführte Selbstsicherheitstraining ist nach dieser Theorie nicht deshalb wirksam, weil es die

Angst hemmt, sondern weil es dazu beiträgt, die soziale Kompetenz der Person zu fördern. Dementsprechend wurden weitere Trainings sozialer Kompetenz entwickelt, in denen das Erlernen angemessenen Verhaltens im Vordergrund steht (siehe unten).

Beide Theorien und die aus ihnen entwickelten Therapien führen zu Erfolgen. Doch es gibt eine Reihe von einschränkenden Befunden. Nach Öst und Hugdahl (1981) geht nach Angaben von nur 58 % der Patienten ihre soziale Phobie auf eine traumatische Erfahrung zurück. Bei 12 % kann stellvertretende Konditionierung im Sinne des Modell-Lernens verantwortlich gemacht werden (vgl. auch Windheuser, 1977). Die Annahme einer klassisch konditionierten Angst kann demnach zumindest nicht für alle Patienten gelten. Außerdem zeigte sich, daß die systematische Desensibilisierung bei Patienten mit sozialen Phobien weitgehend wirkungslos ist (zusammenfassend Emmelkamp, Boumann & Scholing, 1993).

Auch die Theorie sozialer Defizite kann zumindest nicht für alle Patienten gelten, denn es zeigte sich in verschiedenen Studien, daß die sozialen Phobiker durchaus über gute soziale Fertigkeiten verfügen (zusammenfassend Lucock & Salkovskis, 1988). In den kritischen Situationen sind die Personen jedoch durch ihre Ängste blockiert, so daß ihre sozialen Fertigkeiten nicht zur Geltung kommen können. Auch die Ergebnisse zur Effektivität der „social skill trainings" sind höchst widersprüchlich; vor allem lang andauernde und generalisierte Verbesserungen sind bei klinischen Patienten nur beschränkt festzustellen (zusammenfassend Emmelkamp, Boumann & Scholing, 1993; Lucock & Salkovskis, 1988).

Diese widersprüchlichen Ergebnisse haben dazu geführt, gerade bei sozialen Phobikern die Bedeutung von Kognitionen näher zu untersuchen. Die **kognitiven Theorien** gehen zurück auf Beck (Beck, Emery & Greenberg, 1985). Nach dieser Theorie kommt es bei Sozialphobikern zu Angstreaktionen, weil sie erwarten, sich in der Situation nicht angemessen verhalten zu können und von daher zurückgewiesen und abgelehnt zu werden. Diese dysfunktionalen Kognitionen interferieren mit einem sozial angemessenen Verhalten, was wiederum im Sinne eines Teufelskreises zu Zurückhaltung oder Ablehnung seitens der anderen Personen führt und damit die dysfunktionalen Kognitionen gewissermaßen bestätigt.

In verschiedenen Untersuchungen sind solche dysfunktionalen Überzeugungen bei sozialen Phobikern nachgewiesen worden (Lucock & Salkovskis, 1988). Turner, Beidel und Larkin (1986) konnten das für verschiedene soziale Situationen zeigen, jeweils in leicht unterschiedlichem Ausmaß. In jedem Fall zeigten sozial ängstliche Personen mehr negative Kognitionen und (in dieser Untersuchung) auch weniger positive Kognitionen (und mehr physiologische Angstsymptome) als eine Kontrollgruppe.

Hope et al. (1990) konnte mittels des Stroop-Tests nachweisen, daß soziale Phobiker hypersensibel für spezielle soziale Gefahrensignale sind, während Patienten mit Panikstörungen vor allem auf Begriffe, die physische Bedrohungen bezeichnen, hypersensibel reagieren. Ähnliches gilt für den Inhalt der dysfunktionalen Kognitionen; er ist bei sozialen Phobikern und depressiven Patienten unterschiedlich (Sanz & Avia, 1994).

Stopa und Clark (1993) untersuchten diese Inhalte etwas genauer. Es zeigte sich, daß Sozialphobiker vor allem negative Selbstevaluationen vornahmen, ihr eigenes Sozialverhalten also sehr schlecht bewerteten. Überraschenderweise zeigten sich keine vermehrten Kognitionen über negative Fremdevaluationen (wie z. B. „Er denkt jetzt, daß ich ein Versager bin!").

Ein ähnliches Ergebnis konnten Maddux, Norton und Leary (1988) berichten. Das Ausmaß der eigenen (geringen) Selbsteffizienzerwartung (Kompetenzerwartung) im Sinne von Bandura (1977) korrelierte sehr hoch mit dem Ausmaß sozialer Angst ($r = -.65$), während die Ergebniserwartung, daß ein erwünschtes soziales Ziel (nicht) erreicht wird, „nur" mit $r = -.32$ mit der sozialen Angst korrelierte. Die dysfunktionalen Kognitionen betreffen also im wesentlichen die Kompetenzerwartungen (vgl. Kapitel 11).

In dem Zusammenhang ist ein Hinweis von Emmelkamp, Bouman und Scholing (1993) relevant. Danach zeigte sich, daß Patienten mit der Angst, in Anwesenheit anderer zu erröten, zu zittern oder zu schwitzen und dadurch aufzufallen, mit kognitiven Therapien und Training sozialer Fertigkeiten kaum erfolgreich behandelt werden konnten. Nach der Unterscheidung von Kirsch (1990) liegt bei diesen Patienten keine dysfunktionale Kompetenzerwartung im engeren Sinn vor wie etwa bei Personen, die erwarten, sich nicht sozial angemessen verhalten zu können, sondern eine dysfunktionale Reaktionserwartung: Die Patienten erwarten, daß bestimmte, von ihnen nicht steuerbare körperliche Reaktionen eintreten werden. (Ähnliches gilt vermutlich auch für Patienten mit Schreibkrampf oder Angst vor Urinieren in öffentlichen Toiletten.) Wie bei der Panikstörung (siehe dort) kommt es zu einem Teufelskreis der Angst vor der Angst bzw. in diesem Fall zur Angst vor Erröten, vor Zittern oder anderen unkontrollierbaren Körperreaktionen: Die Erwartung erhöht die Erregung, es kommt tatsächlich zu den entsprechenden Körperreaktionen, diese bestärken wiederum die Kognitionen usw.

C. Diagnostik und Indikation

Die drei genannten Theorien (Theorie der sozialen Angst, Theorie der sozialen Defizite und kognitive Theorie) schließen sich nicht grundsätzlich aus. Sie fokussieren unterschiedliche Aspekte, die bei verschiedenen Patienten mit sozialen Phobien unterschiedlich wichtig sein können. Daraus lassen sich die folgenden diagnostischen Regeln und Indikationsregeln ableiten:

– Zunächst sollte der Therapeut deskriptiv den Inhalt der Befürchtung feststellen: Befürchtet der Patient, ein unzureichendes Sozialverhalten zu zeigen (zu versagen) oder durch unkontrollierbare Körperreaktionen (Zittern, Erröten, Schwitzen, Schreibkrampf, nicht urinieren können) aufzufallen? Bei der Angst, durch unkontrollierbare körperliche Reaktionen aufzufallen, ist nach Emmelkamp, Bouman und Scholing (1993) eine Reizkonfrontation, kombiniert mit kognitiver Umstrukturierung, vermutlich am effektivsten, um den Teufelskreis aufzulösen. Auch der Einsatz paradoxer Intentionen kann hilfreich sein (s. dazu unten unter Varianten der Methode).

– Im Sinne der Verhaltensanalyse (Kapitel 11) sollte überprüft werden, ob tatsächlich eine respondente Angstreaktion auf – spezifische oder generalisierte – soziale Situationen vorliegt. Indiziert wäre in diesem Falle eine Reizkonfrontation, erforderlichenfalls in Kombination mit anderen Maßnahmen (siehe unten). Eine systematische Desensibilisierung hat sich als nicht effektiv herausgestellt.

– Weiterhin sollte im Rahmen der Verhaltensanalyse überprüft werden, ob ein Defizit an sozialen Fertigkeiten vorliegt, ob also generell, auch in anderen sozialen Situationen, der Patient Mängel hinsichtlich eines angemessenen, selbstsicheren Sozialverhaltens zeigt. Die unterschiedlichen Faktoren des Unsicherheitsfragebogens (siehe oben) können dabei behilflich sein. Wie reagiert der Patient auf Kritik? Kann er nein sagen? Kann er Lob akzeptieren? Zeigt er ein angemessenes Gesprächsverhalten für unterschiedliche soziale Situationen (small talk, fachliche Diskussion, flirten usw.)?

Vor allem Patienten mit spezifischen sozialen Phobien scheinen in der Regel über die notwendigen sozialen Fertigkeiten zu verfügen. Mängel im Sozialrepertoire sind eher bei Patienten mit generalisierten sozialen Ängsten (Heimberg et al., 1990) und bei Phobikern mit zusätzlicher selbstunsicherer Persönlichkeitsstörung (Turner et al., 1986) zu finden (Turner & Beidel, 1989).

Sofern spezifische Defizite im Sozialverhalten gefunden wurden, sollte ein entsprechendes Training sozialer Fertigkeiten (zusätzlich) durchgeführt werden.

– Im Rahmen der Kognitionsanalyse (Kapitel 11) sollten die dysfunktionalen Kognitionen des Patienten erhoben werden. Zu erwarten wären vorwiegend dysfunktionale Kognitionen zur eigenen Kompetenz. Bei Vorliegen solcher dysfunktionaler Kognitionen sollten kognitive Therapien durchgeführt werden. Sie haben sich bei verschiedenen Arten von sozialen Ängsten, vor allem bei Testangst, Sprechangst und interpersoneller Angst als effektiv erwiesen (Überblick bei Emmelkamp, Bouman und Scholing, 1993). Allerdings kann nicht angenommen werden, daß Patienten, bei denen die kognitive Seite der Angst im Vordergrund steht, durch kognitive Therapien effektiver behandelt werden als durch Reizkonfrontationsverfahren (Mersch,

Emmelkamp, Bögels & van der Sleen, 1989; Mersch, Emmelkamp & Lips, 1991).

Die hier genannten Indikationsregeln sind in dieser Form nicht direkt überprüft; es gibt in der Literatur nur indirekte Einzelhinweise. Das liegt nicht zuletzt daran, daß die therapeutischen Methoden nicht nur spezifische Effekte haben. Newman et al.(1994) haben beispielsweise zeigen können, daß eine Reizkonfrontationsbehandlung ohne spezielle kognitive Methoden auch zu erheblichen kognitiven Veränderungen führt.

D. Therapiemethoden

1. Training sozialer Kompetenz

Das Training sozialer Kompetenz dient dem Aufbau und der Förderung angemessenen Sozialverhaltens. Nach einer entsprechenden Einführung des Patienten geht es in der ersten Phase um die Sammlung von sozialen Situationen und sozialen Verhaltensweisen, die verbessert werden sollten. Reaktionen auf Kritik sollten in der Regel mit Vorrang berücksichtigt werden, da dies im Zentrum der Befürchtungen des Patienten steht.

Im zweiten Schritt sind kleine Rollenspielszenen zu überlegen, in denen das erwünschte Verhalten geübt werden kann. Dabei kann auf entsprechende Sammlungen von Ullrich und Ullrich de Muynck (1976) oder von Pfingsten (1984) zurückgegriffen werden.

Im dritten Schritt sollte der Therapeut das erwünschte Verhalten vorspielen; der Patient oder bei Gruppentherapien andere Patienten spielen den jeweiligen Gesprächspartner.

Im vierten Schritt präzisiert und wiederholt der Therapeut noch einmal die Aufgabe. Der Patient soll sich ihm bekannte Modellpersonen vorstellen und sich dadurch in die Rolle versetzen, die er nun spielen soll. Danach beginnt er mit der ersten eigenen Übung im Rollenspiel.

Im fünften Schritt wird diese Übung besprochen und der Patient erhält positive Rückmeldungen über erzielte Verbesserungen. Sofern möglich sollten Videoaufzeichnungen oder zumindest Tonaufzeichnungen eingesetzt werden, um Verbesserungen dokumentieren und weitere Übungsziele präzisieren zu können.

Bei der Besprechung der Übungen sollten vier unterschiedliche Aspekte des Verhaltens berücksichtigt werden (Pfingsten, 1994):
– Stimme: Nicht leise und zaghaft, sondern klar und deutlich.

232

- Formulierung: Nicht unklar, vage und kein Gebrauch von „man", sondern eindeutig und Gebrauch von „ich".
- Inhalt: Keine überflüssigen Erklärungen, sondern präzise Begründungen, Ausdruck von Bedürfnissen und Gefühlen.
- Gestik und Mimik: Keine Verkrampfung oder schlaffe Haltung, sondern lebhaftes Sprechen, entspannte Körperhaltung und Blickkontakt.

Die Übungen mit vorwiegend positivem feedback sind mehrfach zu wiederholen, bevor eventuell mit dem Üben einer neuen Situation begonnen werden kann.

Am Ende einer Sitzung bekommt der Patient Hausaufgaben. Er wird gebeten, die geübten Verhaltensweisen nun im Alltag zu erproben. Dazu ist es erforderlich, präzise zu planen, in welchen Situationen das geschehen soll, wie der Patient eventuell diese Situationen aufsuchen oder herstellen und wie er sich verhalten will.

Schwierigkeiten können dadurch auftauchen, daß Patienten sich weigern, bestimmte Übungen durchzuführen, weil sie ihnen für sich als nicht geeignet oder akzeptabel erscheinen, beispielsweise wenn geübt werden soll, eine Schuhverkäuferin das zehnte Paar Schuhe holen zu lassen. Sicherlich sollte der Patient nicht zu einem Verhalten gezwungen werden, das von ihm vollständig abgelehnt wird. Andererseits sind die meisten Verweigerungen Ausdruck der Angst. Dem Patienten sollte deutlich gemacht werden, daß es hier nur um das Erlernen von Verhalten und das Überwinden von Angst geht. Die Entscheidung, welche Verhaltensweisen er dann tatsächlich im Alltag ausführen möchte, bleibe ihm selbstverständlich überlassen. Der Patient solle jedoch zumindest (im Rollenspiel) erproben, ob er in der Lage wäre, ein solches, vermeintlich inakzeptables Verhalten zu zeigen.

In diesem Zusammenhang können sich auch Hinweise auf irrationale Überzeugungen oder dysfunktionale Kognitionen ergeben, die mittels kognitiver Methoden aufgegriffen werden können (siehe unten).

Nähere Angaben zur Durchführung des Trainings sozialer Kompetenz finden sich bei Fliegel et al., 1994.

2. Reizkonfrontation in vivo

Eine Reizkonfrontation in sensu hat sich bei Sozialphobikern nicht als effektiv erwiesen; anders die Reizkonfrontation in vivo. Der Patient soll von ihm gefürchtete soziale Situationen aufsuchen und möglichst in diesen Situationen handeln und verbleiben, bis die Angst zumindest teilweise zurückgeht. Dies sollte zunächst in Begleitung des Therapeuten erfolgen, obwohl auch eine Selbstbehandlung effektiv zu sein scheint (Fava, Grandi & Canestrari, 1989), allerdings offenbar nicht für alle Patienten: Bei 30 % der Patienten kam es zu einem vorzeitigen Therapieabbruch.

Die genaue Durchführung einer Reizkonfrontation in vivo wird im vorausgehenden Kapitel über Agoraphobie näher beschrieben.

Training sozialer Kompetenz und Reizkonfrontation sind ähnlich und überlappen sich. Jede Übung beim Training sozialer Kompetenz, vor allem die Hausaufgaben, stellen auch eine Konfrontationsübung dar. Bei den Reizkonfrontationsübungen geht es jedoch nicht darum, sozial kompetentes Verhalten zu üben, selbst wenn dies zwangsläufig geschieht. Es kann sogar sinnvoll sein, sozial inakzeptables Verhalten ausführen zu lassen, sich z. B. für einen Fehler nicht zu entschuldigen, um so eine deutliche Angstsituation zu provozieren (Emmelkamp, Bouman & Scholing, 1993).

Bei der Reizkonfrontation mit sozialphobischen Patienten kann es zu einer Reihe von Schwierigkeiten kommen, die damit zusammenhängen, daß soziale Situationen sich weniger genau planen lassen; sie sind abhängig vom jeweiligen Verhalten der beteiligten Personen. Vor allem kann es Schwierigkeiten machen, eine belastende soziale Situation solange aufrecht zu erhalten, bis ein Angstrückgang festzustellen ist. In solchen Fällen sollten entsprechende Übungen möglichst unmittelbar nacheinander mehrfach wiederholt werden.

Ein weiteres Problem kann darin bestehen, daß die Patienten nicht die Erfahrung machen, daß das bedrohliche Ereignis tatsächlich ausbleibt. Denn der Patient befürchtet, daß er von den anderen Personen abgelehnt wird, und dies muß von den anderen nicht unbedingt direkt zum Ausdruck gebracht werden. In solchen Fällen ist es ratsam, Situationen aufzusuchen oder herzustellen, in denen es tatsächlich zu einer deutlichen Kritik und Ablehnung des Patienten kommt, er also mit dem kritischen Stimulus offen konfrontiert wird.

3. Kognitive Therapie

Verschiedentlich wurde darauf hingewiesen, daß kognitive Faktoren bei der Entstehung und Aufrechterhaltung sozialer Phobien eine größere Rolle spielen als bei anderen Phobien (Butler, 1985; Emmelkamp, 1982). Zur Modifikation aktueller dysfunktionaler Kognitionen, die in der sozialen Situation die Angst steigern oder aufrechterhalten, ist ein Selbstinstruktionstraining durchzuführen. Zur Überwindung überdauernder irrationaler Überzeugungen, beispielsweise bezüglich der eigenen Unfähigkeiten und der katastrophalen Bedeutung von Kritik und Ablehnung, eignet sich kognitive Therapie im Sinne von Beck oder Rational-Emotive Therapie nach Ellis (nähere Beschreibungen bei Fliegel et al., 1994).

Smith (1973; zitiert nach Emmelkamp, Bouman & Scholing, 1993, S. 153) hat zehn „assertive Grundrechte" formuliert, die für die kognitive Therapie hilfreich sein können:

„1. Das Recht, über eigenes Verhalten, Gedanken und Gefühle selbst zu urteilen.
2. Das Recht, keine Erklärungen oder Entschuldigungen für das eigene Verhalten zu geben.
3. Das Recht, selbst zu bestimmen, ob man für die Probleme eines anderen eine Lösung sucht oder nicht.
4. Das Recht, seine Meinung zu ändern.
5. Das Recht, Fehler zu machen und dafür selbst verantwortlich zu sein.
6. Das Recht zu sagen ‚ich weiß es nicht'.
7. Das Recht, unlogische Entscheidungen zu treffen.
8. Das Recht zu sagen ‚ich verstehe das nicht'.
9. Das Recht zu sagen ‚das ist mir egal'.
10. Es ist nicht nötig, von anderen sympathisch gefunden zu werden, um mit ihnen umzugehen."

Effektivität

Heimberg (1989) faßt die Ergebnisse von siebzehn kontrollierten Therapiestudien mit sozialphobischen Patienten im Sinne des DSM-III (R) zusammen (vgl. auch Emmelkamp, Boumann & Scholing, 1993). Danach haben sich vor allen Dingen die Konfrontationstherapie und die kognitive Therapie als erfolgreich erwiesen.

Nach einer Untersuchung von Mattick, Peters und Clarke (1989) ist die Kombination beider Methoden besonders effektiv. Die integrierte Effektstärke (Prä-Post-Vergleich) über neun Meßinstrumente, einschließlich eines Verhaltenstests, beträgt für die therapeutengeleitete Reizkonfrontation 0,89 (1,10 bei einer drei-Monats-Katamnese), für die Kognitive Therapie (Kombination aus Kognitiver Umstrukturierung und RET) 1,25 (2,01 bei der Katamnese) und für die Kombination beider Behandlungen 1,90 (1,89 bei der Katamnese).

Die Überlegenheit der kombinierten Behandlung zeigt sich vor allem in verschiedenen Fragebögen zur Sozialen Angst: Die über fünf Maße integrierte Effektstärke zu Therapieende beträgt für die Gruppe Reizkonfrontation 0,57, für die Kognitive Therapie 1,17 und für die kombinierte Behandlung 1,58. In den spezifischen Maßen zeigen sich hingegen Überlegenheiten der jeweils entsprechenden Methoden: Zu Therapieende ist die Effektstärke im Verhaltenstest für die Reizkonfrontation größer als für die Kognitive Therapie (3,38 gegenüber 1,67; 5,13 für die kombinierte Therapie) während für die Fragebögen zu dysfunktionalen oder irrationalen Kognitionen das Umgekehrte gilt (im Mittel: 0,57 für die Reizkonfrontation gegenüber 1,17 für die Kognitive Therapie; für die kombinierte Therapie: 1,32). Ähnliche Ergebnisse erbrachte auch eine zweite Untersuchung der Autoren (Mattick & Peters, 1988).

Nach einer Untersuchung von Scholing und Emmelkamp (1993) wurden die größten Effekte (1,67) durch eine vom Patienten selbst durchgeführte Reizkonfrontation (16 Sitzungen in 8 Wochen) erzielt. Eine kürzere Reizkonfrontation aber mit ergänzender Kognitiver Therapie (RET) und eine Kombination von Reizkonfrontation und RET waren in dieser Untersuchung trendmäßig schlechter (1,29 und 1,28, gemittelt über drei Angstfragebögen). Im Vergleich zu den zuvor genannten Studien war die Behandlungszeit kurz. Die Autoren vermuten, daß in den zur Verfügung stehenden vier Wochen möglicherweise die Kognitive Therapie noch nicht ihre Wirksamkeit entfalten konnte.

Die Effektivität von Kompetenztrainings konnte bislang weniger eindeutig nachgewiesen werden, wobei das nicht zuletzt an methodisch wenig zufriedenstellenden Untersuchungsdesigns liegt. Turner und Kollegen (1994) untersuchten die Effektivität einer kombinierten Behandlung, bestehend aus Selbstsicherheitstraining und Reizkonfrontation, ohne Kognitive Therapie. Die erzielten Effektstärken sind relativ niedrig: 0,89, integriert über fünf Angstfragebögen.

Inwieweit der gezielte Einsatz von Reizkonfrontation, Kompetenztraining und Kognitiver Therapie in Abhängigkeit von den vorgeschlagenen Indikationskriterien die Effektivität im Mittel steigern kann, ist bislang nicht untersucht.

Varianten der Methoden und Kombinationen

Es liegt nahe, gerade die Behandlung von sozialängstlichen Patienten in Gruppen durchzuführen. Gruppen bieten zum einen bessere Möglichkeiten für Rollenspiele. Zum anderen sind die Patienten zwangsläufig einer befürchteten Angstsituation ausgesetzt: einer Gruppe. Effektivitätsunterschiede von Einzeltherapie und Gruppentherapie konnten jedoch nicht nachgewiesen werden.

Für die Behandlung von Patienten, die befürchten, durch unkontrollierbare Körperreaktionen aufzufallen (Erröten, Zittern usw.) schlagen Emmelkamp, Bouman und Scholing (1993) eine Kombination von Konfrontationstherapie und kognitiver Umstrukturierung vor. „Einer der wesentlichsten Behandlungsteile ist das Festsetzen realistischer Therapieziele zusammen mit dem Patienten. Dabei wird das Erröten oder das Zittern als individuelle Empfindlichkeit oder sogar als Behinderung benannt, mit der der Patient zu leben lernen muß. Die Behandlung richtet sich dann nicht darauf, das Erröten oder Zittern, sondern die Angst davor verschwinden zu lassen. Üblicherweise nehmen die Symptome übrigens ab, wenn die Angst abnimmt." (S. 160).

236

In dem Zusammenhang kann auch die Methode der paradoxen Intention hilfreich sein, bei der die Patienten aufgefordert werden, aus „diagnostischen Gründen" bewußt die körperlichen Symptome herbeizuführen und zur Schau zu stellen (Katz, 1984; Kuhr, 1986).

Beziehungsgestaltung

Oft ist bereits die therapeutische Situation für einen Sozialphobiker eine belastende Angstsituation. Vor allem Befürchtungen, bewertet zu werden und dabei zu versagen, können das Basisverhalten des Patienten, vor allem Mitarbeit, Selbstöffnung und Erproben, erheblich beeinflussen. Der Therapeut sollte gegebenenfalls entsprechende Beobachtungen als ein Beispiel für soziale Angst ansprechen.

D. Literaturempfehlung

Emmelkamp, P. M. G., Bouman, T. K. & Scholing, A. (1993). *Angst, Phobien und Zwang.* Göttingen: Verlag für Angewandte Psychologie.

Kapitel 19

Spezifische Phobien

A. Beschreibung

ICD-10 Bezeichnung: F40.2 spezifische (isolierte) Phobien
DSM Bezeichnung: DSM III(R): 300.29 einfache Phobie;
                      DSM IV: spezifische Phobie (Specific Phobia).

Andere Bezeichnungen:
Bezeichnungen für Untergruppen, je nach angstauslösendem Reiz, z.B. Tierphobien, Klaustrophobie (Angst vor engen Räumen), Akrophobie (Angst vor Höhen), Prüfungsangst. Tuma und Maser, 1985, nennen lateinische „Fachbezeichnungen" für mehr als 250 Unterformen, doch dem kommt keine praktische Bedeutung zu. Im DSM IV werden folgende Untergruppen genannt: Phobien vom Typus Tiere, Naturereignisse, Blut-Spritze-Verletzung, Situationen und andere.

Definition (nach DSM)

Kennzeichnend für die spezifischen Phobien ist eine anhaltende Angst vor bestimmten Objekten oder Situationen, die an sich ungefährlich sind (Kriterium A). Der Patient weiß auch, daß seine Ängste übertrieben oder unvernünftig sind (Kriterium C nach DSM IV). Bei Konfrontation mit dem Angststimulus kommt es trotzdem sofort zur Angstreaktion (Kriterium B). Die entsprechenden Situationen oder Objekte werden nach Möglichkeit vermieden (Kriterium D). Da dies bei vielen Stimuli ohne größere Einschränkungen möglich ist, sucht ein Großteil der Personen mit spezifischen Phobien keine therapeutische Hilfe. Bei anderen kann es hingegen zu gravierenden Einschränkungen und subjektivem Leiden kommen; nur in solchen Fällen wird die Diagnose gestellt (Kriterium E).

Besonders häufige Formen der spezifischen Phobie sind Tierphobien, Blutphobien, Krankheitsphobien, Behandlungsängste, vor allem Spritzenangst, und situative Phobien wie Höhenangst, Klaustrophobien, Flugphobien oder Ängste vor Naturereignissen wie Gewitter oder Dunkelheit. Grundsätzlich können alle Gegenstände oder Situationen zu phobischen Angstreizen werden.

Die Blutphobie unterscheidet sich von den anderen spezifischen Phobien durch die Art der körperlichen Angstsymptome. Während sich bei anderen Phobien die Angst aufgrund gesteigerter Sympathikus-Aktivität in einem erhöhten Arousal wie gesteigertem Puls äußert, kommt es bei einer Blutphobie nach einem anfänglichen, kurzen Arousalanstieg zu einer parasympathischen Reaktion mit deutlichem Abfall von Puls und Blutdruck, wobei es zu einer Ohnmacht kommen kann. Bei anderen (spezifischen) Phobien ist hingegen eine Ohnmacht höchst selten, obwohl viele Patienten – zu Unrecht – befürchten, ohnmächtig zu werden. Patienten mit einer Blutphobie berichten auch oftmals nicht von Ängsten, sondern von einer beginnenden Übelkeit (Emmelkamp, Bouman & Scholing, 1993).

Wie für andere Phobien sind auch für die spezifische Phobie zwei Problemverhaltensweisen kennzeichnend: die Angstreaktion und das Vermeidungsverhalten.

Angst äußert sich – wie andere Emotionen auch – auf verschiedenen Ebenen, der subjektiv-verbalen, der Verhaltensebene und der somatisch-physiologischen Ebene. Die subjektiv-verbale Ebene ist gekennzeichnet durch die Befürchtung, daß in der kritischen Situation etwas Schlimmes passieren könnte, etwa bei Tierphobien Schmerzen oder Verwundung. Es kann jedoch auch die für die Agoraphobie typische Befürchtung eines Panikanfalls bzw. einer schweren Angstattacke vorkommen. Oftmals ist jedoch dasjenige, was letzten Endes gefährlich und zum Fürchten ist, in Gedanken und Vorstellungen nur unpräzise umrissen. Die Situation wird als schrecklich und fürchterlich bewertet, die diffusen Konsequenzen als katastrophal, und es werden keine Möglichkeiten gesehen, gegen diese Gefährdung anzugehen.

Auf der somatisch-physiologischen Ebene kann es im Prinzip zu den gleichen Körperreaktionen kommen, die auch für die Panikstörung charakteristisch sind (vgl. Kapitel 20). Sie äußern sich im Erleben des Patienten als Schwindel, Herzjagen, Harn- oder Stuhldrang, Zittern, Gefühl eines Kloßes im Hals, Druck in der Magengegend und ähnlichem. Die Anzahl der körperlichen Symptome kann als Grad für die Stärke der Angst gelten.

Auf der Verhaltensebene äußert sich die Angst zum einen in entsprechendem Ausdrucksverhalten und zum anderen in Fluchttendenzen: Die Person versucht, der Situation zu entfliehen oder sie anderweitig abzuschwächen bzw. den kritischen Stimulus zum Verschwinden zu bringen.

Die Verhaltenstendenz, entsprechende Angstsituationen von vornherein zu **vermeiden**, wird inzwischen vermehrt als eigenständiges, zweites Problemverhalten aufgefaßt. Denn zur Vermeidung kommt es auch, ohne daß Angst aufgetreten ist, und das Vermeidungsverhalten wird nicht nur durch den motivationalen Faktor „Angst" beeinflußt (siehe dazu die Ausführungen zur Theorie der Agoraphobie in Kapitel 17).

Differentialdiagnose

Ängste vor der eigenen Angst können auch bei spezifischen Phobien vorkommen, sofern diese Ängste lediglich in einer spezifischen Situation auftreten. Ansonsten werden Ängste vor einem Panikanfall oder hilflosmachenden körperlichen Funktionsstörungen nicht als spezifische Phobien diagnostiziert, sondern als Agoraphobie (F40.0), und Ängste vor sozialen Situationen, in denen man sich blamieren könnte, als soziale Phobien (F40.1). Bei posttraumatischen Belastungsstörungen (F43.1) kann es zur phobischen Vermeidung der traumatischen Situationen kommen, ohne daß deshalb eine Phobie diagnostiziert wird. Das gilt auch für Zwangsstörungen (F42) mit Ängsten vor Schmutz oder Infektionen.

Die Furcht vor einer bestimmten Krankheit ist nach den Kriterien des ICD-10 als hypochondrische Störung (F45.2) zu diagnostizieren, außer wenn befürchtet wird, diese Krankheit in speziellen Situationen zu bekommen. Es gibt (bislang) jedoch keine Hinweise, daß für diese hypochondrischen Krankheitsängste die im folgenden genannten Theorien und Therapievorschläge keine Gültigkeit haben.

Epidemiologische Daten

Unbegründete Ängste vor an sich harmlosen Tieren, ärztlichen und zahnärztlichen Behandlungen oder vor Höhen, Aufzügen oder anderen Verkehrsmitteln sind in der Bevölkerung sehr häufig. Ausgeprägte Ängste, die den Kriterien des DSM entsprechen, finden sich innerhalb eines Zeitraums von sechs Monaten bei 4 bis 7 % der Bevölkerung (Weissman & Merikangas, 1986; Wittchen, 1986), wobei deutlich mehr Frauen betroffen sind.

Verlauf/Prognose

Angst vor bestimmten Tieren sind bei Kindern zwischen dem zweiten und vierten Lebensjahr normal, doch sie verschwinden in der Regel wieder. Nach Angaben der Patienten entstehen viele spezifische Phobien recht früh, klinische Tierphobien bereits im Alter von acht bis zehn Jahren; sie können jedoch auch später entstehen. Der Verlauf ist chronisch, Spontanremissionen sind eher selten (Emmelkamp, Bouman & Scholing, 1993). Die durchschnittliche Dauer der unbehandelten spezifischen Phobien betrug in der Erhebung von Wittchen (1988) 24 Jahre.

Komorbidität

Vierzig Prozent der Patienten mit einer Agoraphobie haben zusätzlich eine spezifische Phobie. Patienten mit der primären Diagnose „spezifische Phobie" haben zu 53 % mindestens eine weitere Achse-I-Diagnose, vorwiegend eine soziale Phobie (29 %) oder eine depressive Störung (18 %) (Sanderson et al., 1990). Auch Alkohol- und Medikamentenmißbrauch kommen gehäuft vor (Kushner et al., 1990).

Methoden der Verhaltensmessung

Ausmaß und Intensität der phobischen Angst lassen sich durch ein „**Angsttagebuch**" quantifizieren: Der Patient hat jeden Tag und möglichst unmittelbar nach einem Angsterleben einzutragen, ob es zu einer Angst oder zu einer Vermeidung einer Angstsituation gekommen ist und wie intensiv die Angst war [Rating auf dem „Angstthermometer" zwischen null (keinerlei Angst) und hundert (maximale Angst)]. Außerdem sollten die Merkmale der Situation und der Rahmenbedingungen gekennzeichnet werden, die sich in der individuellen Problemanalyse als relevant herausgestellt haben.

Die durch solche Tagebucheintragungen erhaltenen Informationen über Änderungen der Frequenz und der Intensität über die Zeit hinweg können für die Therapiekontrolle genutzt werden. Darüber hinaus sind die Eintragungen eine wichtige Basis für die Besprechungen mit den Patienten über die Bedingungen seiner Störung, den Stand der Veränderungen und seine „Hausaufgaben".

Als Fremdrating der Angst durch den Therapeuten ist die **Hamilton Skala Angst** (**HAMA**) von Hamilton (1969; dt. in CIPS, 1986) zu empfehlen.

B. Störungstheorien

Grundlage der Erklärungen der Agoraphobie bildet die Zwei-Faktoren-Theorie von Mowrer (1939). Danach wird die Angst mittels klassischem Konditionieren an bislang neutrale Reize wie Plätze, Menschenansammlungen oder Verkehrsmittel gekoppelt. Der zweite Faktor betrifft die Ausbildung des Vermeidungsverhaltens durch instrumentelles Lernen. Flucht und darauf aufbauend

Vermeidungsverhalten führt zu Angstrückgang, wodurch dieses Flucht- und Vermeidungsverhalten verstärkt wird.

Aus dieser Theorie folgt, daß die Behandlung sich auf die Lösung der S-R-Verbindung, also den Abbau der Angstreaktion auf die entsprechenden konditionierten Stimuli konzentrieren muß. Nach erfolgreichem Angstabbau wird das Vermeidungsverhalten von selbst zurückgehen, da die Verstärkung „Angstrückgang" nicht mehr gegeben ist.

Die Zwei-Faktoren-Theorie ist inzwischen erweitert und modifiziert worden. In einer Studie von McNally und Steketee (1985) erinnerten sich nur 23 % der Patienten mit Tierphobien an ein traumatisches Ereignis zu Beginn der Entstehung der Phobie, und in keinem Fall hatte das Tier bei den Betroffenen Schmerzen verursacht. Solche Feststellung, daß nur sehr wenige Patienten über ein traumatisches Ereignis bei Beginn der Angst berichten können, hat zu der Annahme geführt, daß phobische Ängste auch durch Beobachtungslernen, durch stellvertretende Konditionierung, erworben werden können (Bandura, 1969; Marks, 1987; Mineka & Cook, 1993): Die Beobachtung, wie eine andere Person auf den phobischen Stimulus mit Angst reagiert, führt dazu, daß dieser Stimulus auch für den Beobachter zu einem konditionierten Angststimulus wird. Dies kann erklären, weswegen Kinder häufig phobische Ängste von ihren Eltern lernen (Windheuser, 1977; Schneider, 1992).

Weiterhin ist anzunehmen, daß verschiedene Stimuli unterschiedlich leicht zu konditionierten Angstauslösern werden können. Nach der „preparedness"-Hypothese von Seligman (1971) ist dies bedingt durch die Funktion, die bestimmte Stimuli im Laufe der stammesgeschichtlichen Entwicklung als Gefahrensignale für das Überleben einer Art gewonnen haben.

Die Beobachtung, daß einfache Phobien, vor allem Tierphobien, recht früh (mit acht bis zehn Jahren) entstehen, hat zu der Vermutung geführt, daß in dieser Altersspanne eine besondere Empfindlichkeit für die Entwicklung solcher Ängste bestehen könnte, so daß es nicht zu traumatischen Konditionierungen kommen muß. Dem entspricht die Beobachtung, daß sich Patienten, die erst im späteren Lebensalter eine Tierphobie entwickelten, häufiger an traumatische Erlebnisse zu Beginn ihrer Phobie erinnern können als Patienten mit Störungsbeginn in jüngeren Jahren.

An sich müßte eine klassisch konditionierte Angstreaktion wieder gelöscht werden, wenn der konditionierte Angstreiz nicht zumindest gelegentlich wieder zusammen mit dem unkonditionierten Reiz auftritt. Doch die phobischen Ängste überdauern, obwohl in der Regel solche „Rekonditionierungen" ausbleiben. Erklärungsbedürftig ist weniger, wieso es – nach den Prinzipen des klassischen Konditionierens – zur Konditionierung von Angstreaktionen auf an sich harmlose Stimuli kommt; dies müßte ein alltäglicher, aber aufgrund des Löschungsprinzips nur kurz anhaltender, reversibler Vorgang sein. Erklärungsbedürftig ist vielmehr, weswegen solche konditionierten Angstreaktionen nicht sofort wieder gelöscht werden, sondern sich sogar noch weiter verstärken. Verschiedene Erklärungen sind dafür vorgeschlagen worden:

- Bei manchen Phobikern dominiert das **Vermeidungsverhalten**, so daß es praktisch nicht mehr zu Angstreaktionen kommt. Nach der Zwei-Faktoren-Theorie verhindert das Vermeidungsverhalten die Löschung: Die Person macht aufgrund der Vermeidung der kritischen Angstsituation nicht die Erfahrung, daß der konditionierte Angstreiz (CS) ohne den UCS auftritt. Künstler und Artisten wissen, wie schnell nach einem Mißerfolg oder Unfall Angst entstehen kann. Ihre goldene Regel, nicht zu vermeiden sondern die Übung auf jeden Fall sofort zu wiederholen, kann als sofortige Löschung – oder Reizkonfrontation – verstanden werden, um die aufkeimende Angst sofort wieder zum Verschwinden zu bringen.
- Nach der **Inkubationstheorie** von Eysenck (1976; Malloy & Levis, 1990; Richards & Martin, 1990; Sandin & Chorot, 1989) hat die (konditionierte) Angstreaktion selbst die Qualität eines traumatischen, unkonditionierten Angstreizes: Sie löst selbst wiederum Angst (vor der Angst) aus und verstärkt damit die CS-CR-Verbindung. Voraussetzung ist, daß die Angst selbst als sehr schlimm und bedrohlich erlebt wird, also die Qualität eines (unkonditionierten) traumatischen Stimulus hat.
- Nach **kognitiven Theorien** (Beck & Emery, 1981) wird die Angst durch katastrophisierende Gedanken verstärkt und aufrechterhalten. Vor allem die Erwartung, der Situation hilflos ausgeliefert zu sein und sie nicht meistern zu können, dürfte nach der transaktionalen Streßtheorie von Lazarus (1981) zu einer Verstärkung der Angstreaktion beitragen. Im Vergleich zur Agoraphobie und zur Panikstörung scheint jedoch die Bedeutung von Kognitionen für die Aufrechterhaltung spezifischer Phobien geringer zu sein (Emmelkamp, Bouman & Scholing, 1993).

Noch in einem weiteren Punkt ist die Zwei-Faktoren-Theorie ergänzt worden. Das Vermeidungsverhalten wird nach der Zwei-Faktoren-Theorie durch Angstrückgang bzw. Angstvermeidung verstärkt. Es ist jedoch möglich, daß andere Verstärker oder längerfristige Vorteile hinzukommen, z. B. soziale Zuwendung oder Entlastungen (s. dazu die Ausführungen zum äußeren Störungsgewinn in Kapitel 12). Eine weitere Verstärkung kann darin gesehen werden, daß der Patient an einem sicheren Ort verbleibt (Sicherheitssignal-Theorie, Rachman, 1984; Annäherungs-Rückzugs-Theorie, Delprato & McGlynn, 1984).

C. Diagnostik und Indikation

Entscheidend für das Überdauern phobischer Ängste wären demnach Faktoren, die eine „Löschung" der Angst verhindern: Vermeidungsverhalten (ggf. auch zusätzliche Verstärker für Vermeidungsverhalten), eine sehr intensive Angstreaktion und eventuell zusätzlich dysfunktionale, angstverstärkende Kognitionen in der kritischen Situation. Entsprechend müssen durch die Therapiemaßnahmen Flucht und Vermeidung verhindert und die Angstreaktion abgeschwächt werden. Das geschieht durch die Methode der Reizkonfrontation. (Falls erforderlich sollten zusätzlich dysfunktionale Kognitionen reduziert werden.)

Entscheidendes Indikationskriterium für den Einsatz der Reizkonfrontation ist die Diagnose „spezifische Phobie". Zusätzliche Prognosefaktoren für den Erfolg der Konfrontationsbehandlungen sind (nach Öst, 1989) die folgenden Kriterien:
1. Die Phobie ist die einzige Störung,
2. der phobische, angstauslösende Stimulus ist gut umschrieben und abgrenzbar (monosymptomatische Phobie) und
3. der Patient ist für die Durchführung einer Reizkonfrontation ausreichend motiviert.

Zentrale diagnostische Aufgabe ist die Identifikation der angstauslösenden Stimuli. Dazu sollten in der Exploration möglichst viele unterschiedliche konkrete Beispiele erfragt werden, um die in diesen Beispielen übereinstimmend auftretenden situativen Komponenten abstrahieren zu können. Bei einer Tierphobie ist es beispielsweise wichtig herauszuarbeiten, welche Attribute für die Angst maßgeblich sind: die Größe des Tieres, die Entfernung zum Patienten, Bewegung des Tieres oder ähnliches. In manchen Fällen wissen die Patienten selbst nicht genau über die spezifischen auslösenden Stimuluskomponenten Bescheid. Von daher sollte möglichst auch eine Verhaltensbeobachtung in der kritischen Situation durchgeführt werden.

Hilfreich für die diagnostische Abklärung ist außerdem das bereits oben erwähnte „Angsttagebuch".

Zu überprüfen ist außerdem, ob zeitlich unmittelbar auf das **Vermeidungsverhalten** systematisch noch andere Konsequenzen als Angstvermeidung folgen, die für das Individuum Verstärkungswert haben: etwa zusätzliche negative Verstärkung durch Vermeidung unangenehmer Situationen, Aufgaben oder Leistungsanforderungen oder positive Verstärkung durch zeitlich unmittelbare und vorwiegend nur in diesen Situationen erreichbare soziale Zuwendung oder soziale Kontrolle über andere Personen. Solche zusätzlichen Verstärkungen sind allerdings selten. Gibt es Hinweise darauf, so ist zu überprüfen, ob das Flucht- und Vermeidungsverhalten diese Funktionen zusätzlich erworben hat oder ob mittlerweile der Verstärker „Angstvermeidung" völlig unbedeutend ist und es sich inzwischen um ein von der Angst unabhängiges Problemverhalten handelt. Die Angst wird dann eventuell nur noch zur rationalen Begründung des „Vermeidungsverhaltens" angegeben; zu eigentlichen Angstreaktionen mit körperlicher Symptomatik dürfte es in solchen Fällen nicht mehr kommen.

Vor und gegebenenfalls in der Angstsituation sind dysfunktionale Gedanken, Vorstellungen und Selbstverbalisationen zu erwarten,
– die die entsprechende Situation als bedrohlich ausmalen (**Bewertung**),

– die das Einsetzen massiver Angst, die körperlichen Symptome und den damit einhergehenden Kontrollverlust ankündigen und damit die eigene Kompetenz bezüglich des Aufsuchens und Durchstehens der Situation herabmindern (**Kompetenzerwartungen/Reaktionserwartungen**) und
– die negative, bedrohliche Ereignisse erwarten lassen (**Ergebniserwartungen**).

Überdauernde dysfunktionale Überzeugungen, etwa bezüglich der tatsächlichen Gefährlichkeit der phobischen Situation oder der eigenen Angstreaktion, sind bei einfachen Phobien selten.

D. Therapiemethoden

Das erste verhaltenstherapeutische Verfahren zur Behandlung spezifischer Phobien war die systematische Desensibilisierung; später folgten Angstbewältigungstraining und Reizüberflutung, alles Verfahren, bei denen die Konfrontation mit dem angstauslösenden Stimulus auf Vorstellungsebene erfolgt. In den siebziger Jahren ist in verschiedenen Untersuchungen nachgewiesen worden, daß eine *in vivo*-Reizkonfrontation effektiver ist als *in sensu*-Verfahren (zusammenfassend Emmelkamp, Bouman & Scholing, 1993).

In verschiedenen Studien wurde die *in vivo*-Reizkonfrontation verglichen mit kognitiven Therapiemethoden (Biran & Wilson, 1981; Emmelkamp & Felten, 1985; Fliegel, 1978; Marshall, 1985). In praktisch allen Untersuchungen zeigte sich die Reizkonfrontationsmethode der kognitiven Therapie überlegen. Die zusätzliche Durchführung kognitiver Methoden brachte in der Regel keinen Therapiegewinn, führte jedoch auch nicht zu einer Verschlechterung der Therapieresultate.

Nach dem gegenwärtigen Forschungsstand ist daher die Reizkonfrontation *in vivo* die erfolgversprechendste Methode für die Behandlung spezifischer Phobien. Nur wenn die phobische Situation nicht aufgesucht oder hergestellt werden kann, sollte auf *in sensu*-Verfahren wie Reizüberflutung oder systematische Desensibilisierung ausgewichen werden. (Nähere Beschreibung dieser Methoden in Fliegel et al., 1994).

Die Methode der Reizkonfrontation *in vivo* wurde ausführlich in Kapitel 18 zur Agoraphobie beschrieben. Bei der Durchführung ist darauf zu achten, daß der Patient die Konfrontation mit dem zentralen Angstreiz nicht vermeidet. Es ist jedoch unschädlich und für manche Patienten erleichternd, Copingverhaltensweisen einzusetzen, um die Angstreaktion selbst zumindest etwas zu kontrollieren. Dazu können Selbstinstruktionen oder auch Entspannungsübungen verwendet werden. Der Einsatz von Entspannungsmethoden während der

Konfrontationssitzungen ist vor allem bei solchen Patienten anzuraten, die starke körperliche Angstreaktionen zeigen.

Bei Vorliegen einer Blutphobie scheint es angebracht, das Konfrontationsverfahren mit einem Anspannungsverfahren zu kombinieren (siehe unten unter Varianten der Methode).

Varianten der Methode und Kombinationen

Da spezifische Phobien häufig mit anderen Störungen einhergehen (s. oben zur Komorbidität), sollten diese Störungen ebenfalls behandelt werden. Über die Reihenfolge der Behandlungsschritte gibt es bislang keine gesicherten Daten, so daß eine individuelle Entscheidung nach den allgemeinen Kriterien für die Bestimmung der Reihenfolge von Behandlungsschritten (vgl. Kapitel 14) zu treffen ist.

Eine zusätzliche Partnertherapie hat sich als nicht notwendig erwiesen; Partner können jedoch in die Therapie einbezogen werden.

Zur Methode des *flooding*, der Reizkonfrontation *in sensu*, finden sich entsprechende Hinweise im vorausgehenden Kapitel zur Agoraphobie.

Emmelkamp, Bouman & Scholing (1993) empfehlen bei einer **Blutphobie** ein verändertes Vorgehen. Wie berichtet, kommt es bei Blutphobikern nach einer kurzen Phase der Steigerung zu einer dramatischen Abnahme von Blutdruck und Herzschlag. Das Behandlungsziel bei der Durchführung der Reizkonfrontation sollte daher nicht eine Reduktion des Erregungsniveaus sein, sondern gerade eine Zunahme, bis das normale Niveau erreicht ist. Von daher sind Entspannungsmethoden bei der Behandlung einer Blutphobie nicht zu empfehlen, da damit eine Senkung des Blutdrucks und eventuell das Risiko einer Ohnmacht erhöht würden.

Öst und Sterner (1987; Öst, Sterner & Fellenius, 1989) empfehlen sogar, während der Reizkonfrontation Muskelanspannungen einzusetzen. Dieses als „applied tension" bezeichnete Verfahren hat zum Ziel, daß der Patient bereits erste Hinweise auf eine Blutdruckabnahme erkennt, um darauf mit Muskelanspannung zu reagieren. Durch das Anspannen der Muskeln kommt es zu einer Erhöhung des Blutdrucks. Die Muskelanspannung erfolgt ähnlich wie beim Relaxationstraining nach Jacobson (vgl. Fliegel et al., 1994). Nach einer Erklärung der Methode demonstriert der Therapeut dem Patienten, wie er die Muskeln anspannen soll. Die Anspannung wird etwa 20 Sekunden lang aufrechterhalten. Anschließend führt der Patient die Anspannungsübung unter Anleitung des Therapeuten selbst durch und erhält die Aufgabe, entsprechende Übungen etwa fünfmal täglich mit jeweils fünf Wiederholungen zu Hause durchzuführen.

In der zweiten und dritten Therapiesitzung werden dem Patienten Dias von Verletzungen und Wunden gezeigt. Der Patient soll dabei auf erste Anzeichen einer Bludruckabnahme achten und mit dem erlernten Anspannungstraining dagegen reagieren. In der folgenden Sitzung führt der Patient diese Übungen in realen Konfrontationssituationen durch, etwa beim Besuch einer Blutbank in einem Krankenhaus, der Beobachtung von Operationen und bei der eigenen Blutabnahme. Die Autoren empfehlen außerdem, daß sich der Patient als Blutspender anmeldet, so daß er sich auch nach Abschluß der Therapie regelmäßig mit dem kritischen Stimulus konfrontiert.

D. Literaturempfehlung

Emmelkamp, P. M. G., Bouman, T. K. & Scholing, A. (1993). *Angst, Phobien und Zwang.* Göttingen: Verlag für Angewandte Psychologie.

Fliegel, S., Groeger, W. M., Künzel, R., Schulte, D. & Sorgatz, H. (1994, 3. Auflage). *Verhaltenstherapeutische Standardmethoden: Ein Übungsbuch.* Weinheim: Psychologie Verlags Union.

Kapitel 20

Panikstörung

A. Beschreibung

ICD-10 Bezeichnung: F 41.0 Panikstörung
DSM Bezeichnung: 300.01 Panikstörung ohne Agoraphobie;
300.21 Panikstörung mit Agoraphobie
(Panic Disorder With/Without Agoraphobia).
Andere Bezeichnungen: Panikattacke, episodisch paroxysmale Angst.

Definition (nach DSM)

Die Panikstörung ist charakterisiert durch Angstattacken, die vor allem durch körperliche Symptome gekennzeichnet sind: Atemnot, Benommenheit, Herzklopfen oder beschleunigter Puls, Zittern oder Beben, Schwitzen, Erstickungsgefühle, Übelkeit, Taubheit oder Kribbelgefühle, Hitzewallungen oder Kälteschauer, Schmerzen oder Unwohlsein in der Brust oder es kommt zu Depersonalisationssymptomen oder zur Furcht zu sterben oder verrückt zu werden. Nach dem DSM (ab III-R) müssen mindestens vier dieser Symptome zusammen mit intensiver Angst auftreten (Kriterium A1).

Solche Angstattacken können für den Patienten überraschend, ohne erkennbare Auslöser auftreten. Sofern nach mindestens einer Angstattacke mindestens ein Monat lang Angst vor weiteren Panikanfällen besteht, der Patient sich Sorgen über die Konsequenzen, vor allem mögliche gesundheitliche Schäden macht oder aber sein Verhalten wegen der Angstattacken umstellt, wird nach den Kriterien des DSM-IV Panikstörung (ohne Agoraphobie) diagnostiziert (Kriterium A2).

Häufiger ist der Fall, daß der Patient bereits erwartet, in bestimmten Situationen einen Panikanfall zu bekommen, dann hilflos zu sein und womöglich nicht aus der Situation herauszukönnen. Von daher meidet er diese Situation. In diesem Falle liegt „zusätzlich" eine Agoraphobie vor, und es wird die ICD-10-Diagnose „F40.01 Agoraphobie mit Panikstörung" (bzw. DSM: „300.21

Panikstörung mit Agoraphobie") diagnostiziert (dazu näheres in Kapitel 17 zur Agoraphobie).

Nach einer Untersuchung von Goisman et al. (1994) an 562 Patienten hatten nach den Kriterien des DSM III-R 6,2 % nur eine Agoraphobie, 19,4 % nur eine Panikstörung und 74,4 % eine Panikstörung mit Agoraphobie. Ein Vergleich der Stichproben veranlaßt die Autoren zu dem Schluß, daß Panikstörung und Agoraphobie zwei unterschiedliche Syndrome sind, die allerdings in den meisten Fällen zusammen auftreten. Dementsprechend werden in diesem Kapitel die Panikstörung und im Kapitel 17 die Agoraphobie behandelt; bei Vorliegen beider Syndrome – dem wahrscheinlichsten Fall – sind die Ausführungen in beiden Kapiteln zu berücksichtigen.

Panikattacken, also massive Angstanfälle, die den Kriterien des DSM-III-R genügen, können auch im Zusammenhang mit anderen Phobien auftreten. Sie sind dann eher als ein Hinweis auf eine besonders schwere Angstreaktion zu verstehen, die Diagnose Panikstörung wird nicht gestellt.

Im Zentrum der Definition der Panikstörung steht, daß die Panikattacken für den Patienten – zumindest manchmal – unerwartet, „wie aus heiterem Himmel" kommen. Tatsächlich gibt es jedoch für diese Panikattacken auch „Auslöser", die jedoch von dem Patienten oftmals nicht erkannt werden. Anders als bei den Phobien handelt es sich nicht um externale Auslöser, sondern um internale, um körperliche Reize.

Diffenrentialdiagnose

Die körperlichen Symptome des Paniksyndroms wie Zittern, Schwitzen, Herzklopfen, Benommenheit, Atemnot, Hyperventilation, Brustschmerzen usw. können auch bei einer Vielzahl körperlicher Erkrankungen auftreten. Eine medizinische Untersuchung ist daher erforderlich. In den meisten Fällen haben sich die Patienten allerdings schon wiederholt medizinisch untersuchen lassen, bevor sie zu einem Psychotherapeuten kommen.

Treten bei Phobien Panikanfällen auf, so sollte geklärt werden, ob zusätzlich zu den situativen Auslösern auch Körpersensationen Angstanfälle auslösen können; falls ja, sind die hier beschriebenen Therapiemethoden zusätzlich indiziert.

Epidemiologische Daten

Angaben zur Sechsmonats-Prävalenz für die Panikstörung ohne Agoraphobie schwanken von 0,6 % bis 1 % (Weissman & Merikangas, 1986). Die Lebenszeit-Prävalenz beträgt 1,4 % bis 2,4 %, die jährliche Inzidenzrate beträgt 0,2 % (Margraf & Schneider, 1989).

Bei Frauen tritt das Paniksyndrom etwa doppelt so häufig auf wie bei Männern.

Verlauf/Prognose

Der Verlauf ist ohne Behandlung fluktuierend, oft chronisch und langfristig ungünstig. Bei einer Dauer länger als ein Jahr sind Spontanremissionen sehr selten: Über 90 % der Patienten erfüllten auch nach sieben Jahren noch die Diagnosekriterien der Panikstörung (Wittchen, 1991).

Komorbidität

In den meisten Fällen (etwa 3/4 der Fälle) treten die spontanen Angstanfälle des Paniksyndroms zusammen mit einer Agoraphobie auf, so daß – wie erwähnt – im DSM-III-R die Diagnose „Panikstörung mit Agoraphobie" und im ICD die Diagnose „Agoraphobie mit Panikstörung" gestellt wird. Auch andere Angststörungen können mit der Panikstörung zusammen auftreten.

Bei etwa 18 % der Patienten liegt zusätzlich eine soziale Phobie, bei 20 % eine generalisierte Angststörung und bei 7 % der Patienten mit isolierter Panikstörung, aber bei 20 % der Patienten mit der Diagnose „Panikstörung mit Agoraphobie" zusätzlich eine einfache Phobie vor (Goisman, 1994).

Weiterhin zeigen etwa 45 % der Patienten mit Panikstörungen auch Depressionen, davon über die Hälfte eine *major depression*. Die Depressionen können der Angststörung vorausgehen oder auch ein Folgeproblem unbehandelter Angststörungen sein.

Alkoholismus tritt ebenfalls häufig zusammen mit Angststörungen auf. Besondere Probleme in der Partnerbeziehung sind nicht nachgewiesen (Margraf & Schneider, 1989).

Methoden der Verhaltensmessung

Vom Patienten sollte ein Angsttagebuch geführt werden, in dem die einzelnen Panikanfälle und ihre konkreten Auftretensbedingungen sowie ihr Ablauf festgehalten werden. Die Reduktion der Panikanfälle pro Zeiteinheit ist als ein störungsspezifisches Erfolgsmaß anzusehen.

Die Furcht vor körperlichen Angstsymptomen kann gemessen werden mit dem „Body Sensations Questionnaire" von Chambless et al., 1985; deutsch in Ehlers et al., 1993. Das Ausmaß der „Angst vor der Angst" läßt sich erfassen mit dem „Anxiety Sensitivity Index (ASI)" von Reiss, Peterson, Gursky und McNally, 1986, von dem allerdings keine veröffentlichte deutsche Fassung vorliegt. Die mit dem ASI gemessene „Angstsensibilität" ist unabhängig von allgemeiner Ängstlichkeit (trait anxiety).

B. Störungstheorien

Vor allem in den 80er Jahren sind verschiedene, relativ ähnliche psychologische Theorien zur Panikstörung entwickelt worden, die übereinstimmend die Panik als Folge der „**Angst vor der Angst**" erklären. Diese Theorien machen folgende Grundannahmen:

1. Auslöser oder Anlaß der scheinbar spontanen Angstanfälle sind Körpersensationen, also internale Stimuli und nicht – wie bei Phobien – externale Stimuli.
2. Grundlage für diese Körpersensationen können gesteigerte körperliche Funktionen, vor allem des autonomen Nervensystems, sein. Sie können hervorgerufen sein durch unbemerkte Hyperventilation – dies gilt für einen Großteil der Patienten –, durch gesteigerte Aktivitäten (z. B. erhöhter Pulsschlag nach Treppensteigen), durch emotional getönte Kognitionen oder durch die Angst.
3. Diese Körpersensationen müssen nicht Folge einer verstärkten Körperaktivität sein, sondern können auch aus einer größeren Sensibilität für oder einer Aufmerksamkeitsfokussierung auf „normale" Körperprozesse resultieren.

Die verschiedenen Theorien unterscheiden sich in ihrer Erklärung für die Verbindung zwischen den Körpersensationen (als Stimulus) und der Panikreaktion (zusammenfassend McNally, 1990):

1. Die Körpersensationen können mittels klassischer „**interozeptiver" Konditionierung** zu Auslösern (konditionierten Stimuli) für die konditionierte Reaktion „Panik" geworden sein (Goldstein & Chambless, 1978). Dies entspricht weitgehend der Theorie der Inkubation von Eysenck (1976), nach der die massive körperliche Angstreaktion selbst wieder zu einem Stimulus wird, bei Eysenck allerdings zu einem *un*konditionierten Stimulus für Angst.
2. In **kognitiven Modellen** (Clark, 1986; Margraf & Schneider, 1989) wird eine Katastrophisierung, eine Fehlinterpretation der Körpersensationen als Vermittlungsglied postuliert. Die körperlichen Veränderungen, z. B. Herzjagen oder Atemnot, werden als Hinweis auf einen äußerst gefährlichen, bedrohlichen Körperzustand, z. B. drohenden Herzinfarkt, interpretiert. Diese Assoziation mit Gefahr führt zu Angst und Panik. Die damit verbundenen

autonomen Körperprozesse werden wiederum von der Person wahrgenommen und als eine weitere Bestätigung des gefährlichen Körperzustandes mißinterpretiert. Es kann damit zu einem Aufschaukelungsprozeß kommen (Ehlers, Margraf & Roth, 1988): Durch Stressoren, durch körperliche Betätigung, durch Emotionen oder Kognitionen ausgelöste körperliche Veränderungen werden wahrgenommen und als Gefahrensignale mißinterpretiert (**Situationserwartungen** und **Bewertungen** nach den Kategorien des Kapitels 11), so daß es zur Angst kommt, die wiederum körperliche Veränderungen bewirkt. Dieser Aufschaukelungsprozeß kann an einer beliebigen Stelle starten.

In experimentalpsychologischen Untersuchungen wurde nachgewiesen, daß tatsächlich Panikpatienten bzw. Agoraphobiker vor allem uneindeutige Körpersensationen als gefährlich interpretieren und daß die Gedächtnisstrukturen von Körpersensationen mit kognitiven Repräsentationen von Katastrophen verbunden sind. Panikpatienten reagieren mit größerer Aufmerksamkeit auf Worte mit bedrohlichem Inhalt, und sie scheinen Körpersensationen auch besser wahrzunehmen.

Nach Barlow (1988) ist für das Auftreten der Panik die Überzeugung entscheidend, die Kontrolle über sich oder seinen Körper zu verlieren (reduzierte **Kompetenzerwartung**, verbunden mit **Ergebniserwartungen**). Vier Themen des Kontrollverlustes lassen sich unterscheiden:
a) Angst vor somatischem Kontrollverlust wie Angst vor einem Herzinfarkt, einer Ohnmacht oder daß allgemein der Körper einen im Stich läßt.
b) Angst vor psychischem Kontrollverlust, vor allem die Befürchtung, verrückt zu werden.
c) Angst vor Verlust der Kontrolle über das eigene Verhalten, so daß es zu einer totalen Enthemmung kommen und man anderen oder sich selbst etwas antun oder plötzlich zu kreischen anfangen könnte.
d) Angst vor sozialem Kontrollverlust, vor allem die Angst, daß die eigene Angst und die damit einhergehenden Phänomene von anderen wahrgenommen werden könnten und man sich damit blamiert.

Es wird postuliert, daß die vermittelnden kognitiven Bewertungsprozesse auch unbewußt ablaufen, so daß auch Panikreaktionen während des Schlafens nach diesem Modell erklärt werden.

Strittig ist, ob die katastrophisierenden Fehlinterpretationen tatsächlich eine notwendige Bedingung für die Entstehung von Panikattacken sind. Bei etwa 1/4 der Panikattacken erinnern sich die Patienten nicht an irgendwelche angstvollen Kognitionen (Rachman, Lopatka & Levitt, 1988).

3. Eine dritte Erklärung für den Zusammenhang zwischen Körpersensationen und der Panikreaktion geht von der Beobachtung aus, daß sich Personen in ihrer Neigung unterscheiden, Körpersensationen in einer katastrophisierenden Art und Weise fehlzuinterpretieren. Nach der **Angst-Sensibilitäts-**

hypothese (Reiss & McNally, 1985) hängt diese Bereitschaft oder Tendenz zur Fehlinterpretation von relativ überdauernden Überzeugungen ab, daß die Angstsymptome selbst gefährlich sind und gesundheitsschädliche Konsequenzen haben, daß z. B. Herzjagen einen Schlaganfall bewirken könne (**überdauernde, irrationale Ergebniserwartungen**).

Hohe Angstsensitivität fördert eine Panikstörung. Die entsprechenden Überzeugungen über die Gefährlichkeit von Angstsymptomen können aufgrund von Panikattacken selbst, aber auch durch Fehlinformationen oder Beobachtung anderer Personen mit Herzattacken erworben werden. Angstsensitivität ist demnach ein kognitiver Risikofaktor primär für Panikstörungen, aber auch für einige andere Angststörungen.

Die drei genannten Theorien müssen sich nicht ausschließen. Die Verbindungen zwischen Körpersensationen und Panik kann sowohl durch klassische Konditionierung, durch aktuelle katastrophisierende Fehlinterpretationen und durch eine allgemeine Angst vor Angstsymptomen bewirkt werden.

Eine wesentliche Ergänzung der Theorien der ,,Angst vor der Angst" betrifft die Bedeutung des allgemeinen Erregungsniveaus. Die Wahrscheinlichkeit, auf Körpersensationen mit massiven Angstattacken zu reagieren, ist bei einem erhöhten Erregungsniveau größer als bei einem niedrigen. Dies wird damit erklärt, daß für die Auslösung einer Panikreaktion ein bestimmter Erregungsgrenzwert überschritten werden muß. Ist das Erregungsniveau bereits aufgrund irgendwelcher anderer Stressoren erhöht, bedarf es lediglich einer kleinen Steigerung durch den geschilderten Aufschaukelungsprozeß, um eine Angstattacke auszulösen.

C. Diagnostik und Indikation

Zentrales Problemverhalten ist die Angstreaktion, die **Panikattacke**, mit den zwei Komponenten ,,Erleben der Angst" und ,,körperliche Angstsymptome". (Bei Panikstörung mit Agoraphobie kommt Flucht- und Vermeidungsverhalten hinzu.)

Entscheidender Auslöser für ,,spontan" auftretende Panikreaktionen ist die Wahrnehmung einer Körpersensation wie Herzjagen, Herzpochen, Atemnot und ähnlichem; sie bildet den Auslöser für die respondente Angstreaktion. Verstärker für die Angstattacken sind nicht anzunehmen.

Zentrale diagnostische Aufgabe des Therapeuten ist es, die vorausgehenden, auslösenden Stimuli und außerdem die typischen vorausgehenden Tätigkeiten, die gegebenenfalls zu verstärkten autonomen Reaktionen führen, z. B. Hyperventilation, körperliche Anstrengung, Aufregung, Koffeingenuß, freudige Erwartung und ähnliches, zu identifizieren. Aufgrund des allgemeinen Erregungsniveaus als Moderatorvariable muß nicht jeder Anlaß notwendigerweise zu einer Panikreaktion führen; bei erhöhtem Erregungsniveau sollte jedoch mit größerer Regelmäßigkeit ein entsprechender Auslöser Panik hervorrufen. Die gesteigerte Körperreaktion muß nicht notwendigerweise von der Person bewußt wahrgenommen werden.

Zur Überprüfung der angstauslösenden Funktion entsprechender Körpersensationen sind Verhaltenstests durchzuführen (ausführliche Darstellung in Margraf & Schneider, 1989), in denen durch Hyperventilation, durch Laufen auf der Stelle oder ähnliches die entsprechenden verstärkten und veränderten Körpersensationen hervorgerufen werden. Die Person muß anschließend beurteilen, inwieweit das dadurch bewirkte Erleben einer typischen Angstattacke entspricht. Diese Verhaltenstests haben im Sinne von Konfrontationsverfahren bereits erhebliche therapeutische Auswirkungen (siehe unten).

Eine erhöhte „Angst vor der Angst" kann mit dem Angstsensibilitätsindex (siehe oben Verhaltensmessung) überprüft werden.

Im Sinne der Kognitionsanalyse sind in der kritischen Situation, also unmittelbar vor der Panikreaktion, in erster Linie katastrophisierende, die Wahrnehmung und Interpretation der gegenwärtigen Situation charakterisierende Gedanken, Vorstellungen oder Selbstverbalisationen zu erwarten (Situationserwartungen und Bewertungen). Die Kognitionen können außerdem die Zukunft betreffen, also die Erwartung (Ergebniserwartung) katastrophaler (auch gesundheitlicher) Konsequenzen beinhalten. Zentral ist die Erwartung der Angstattacke, zusammen mit einer reduzierten Kontrolle über die Situation bzw. über den eigenen Körper (Reaktionserwartungen/Kompetenzerwartung).

Von den aktuellen, in der kritischen Situation auftretenden Kognitionen sind die relativ überdauernden Überzeugungen der Person zu unterscheiden, vor allem die Erwartung, daß die mit Angst verbundenen Körpersensationen für die Person gefährlich sein können (irrationale Ergebniserwartungen, z.B. daß Angst selbst schädlich ist, etwa einen Schlaganfall bewirken könne).

Erhöhter Streß durch lebensverändernde Ereignisse oder durch alltägliche Belastungen kann die Wahrscheinlichkeit von Angstattacken erhöhen. Daher sollte das Vorliegen situativer und sozialer Stressoren in der Exploration geklärt werden.

D. Therapiemethoden

Speziell für die Behandlung der Panikstörung und parallel zur Entwicklung der „Angst vor der Angst"-Theorien ist von Clark und Kollegen (1985) eine kognitive Therapie entwickelt worden. Genaugenommen umfaßt diese Methode zwei Komponenten: Eine kognitive Therapie mit dem Ziel, die Fehlinterpretationen der Körpersensationen zu reduzieren und damit den Teufelskreis der sich aufschaukelnden Angstphänomene zu durchbrechen. Die zweite Komponente ist eine Konfrontationstherapie. Konfrontiert wird jedoch nicht mit den externalen, sondern mit den internalen Auslösern, also den Körpersensationen. Von Clark ist diese Komponente der Therapie lediglich als ein Bestandteil der kognitiven Therapie verstanden worden, als ein Verhaltenstest zur Überprüfung der falschen Hypothesen des Patienten. In der Weiterentwicklung des Clarkschen Programms durch Margraf und Schneider (1989) spielen diese ,,konfrontierenden Verhaltenstests" eine bedeutende Rolle. Diese beiden Komponenten der Therapie sollen zunächst beschrieben werden.

Kognitive Therapie der Panikstörung

Zentraler Ansatzpunkt dieser Therapie sind sowohl die aktuellen, während der Verhaltensepisode ablaufenden dysfunktionalen Kognitionen der Katastrophisierung der wahrgenommenen Körpersensationen als auch die relativ überdauernden Überzeugungen über den schädigenden Einfluß der körperlichen Angstsymptome. Unmittelbares Ziel der kognitiven Therapie ist es, dem Patienten eine alternative, realitätsangemessenere Erklärung der Ursachen und der Folgen der Körpersymptome nahezulegen.

Als wesentliche Methode werden dazu ,,Verhaltenstests" eingesetzt, vor allem der Hyperventilationstest. Der Patient wird angehalten zu hyperventilieren. Die bei der Hyperventilation entstehenden Symptome entsprechen weitgehend den Paniksymptomen, so daß von manchen Autoren sogar das Paniksyndrom mit dem Hyperventilationssyndrom gleichgesetzt wird. Der Patient soll – vom Therapeuten angeleitet – entdecken, daß tatsächlich seine Angstanfälle den Phänomenen bei Hyperventilation entsprechen und daß folglich auch seine Angstanfälle nicht durch irgendwelche unerklärlichen, krankhaften Veränderungen hervorgerufen werden, sondern durch von ihm nicht bemerkte Hyperventilation.

Die Hyperventilation wird dem Patienten als Test vorgestellt, ohne daß nähere Angaben über die einzelnen zu erwartenden Symptome gemacht werden. Der Therapeut fordert den Patienten auf, etwa zwei Minuten lang schnell und tief zu atmen, dreißig bis sechzig Atemzüge pro Minute. Die Atmung muß als Brustatmung, nicht als Bauchatmung erfolgen. Die Hyperventilation führt zu einer vermehrten Ausatmung von CO_2. Damit verändert sich der Säuregrad des Blutes in basische Richtung. Als Folge treten die verschiedenen körperlichen Symptome auf. Nach der Hyperventilation, die der Patient gegebenenfalls auch vorzeitig abbrechen kann, wird er zu einer genauen Beschreibung der wahrgenommenen körperlichen Veränderungen veranlaßt. Diese Beschreibung wird mit einer zuvor angefertigten Beschreibung der Symptome seiner Panikanfälle verglichen. Durch entsprechende Fragen (Sokratischer Dialog) wird der Patient dazu gebracht, seine Hypothesen zu revidieren und auch seine Angstanfälle als Folge von Hyperventilation zu erkennen.

Nicht bei allen Patienten werden Panikanfälle durch Hyperventilation hervorgerufen; es können auch anders bedingte Körpersensationen sein. Margraf und Schneider (1989) haben einige weitere Verhaltenstests vorgeschlagen. In jedem Fall muß der Patient eine bestimmte Tätigkeit ausführen, die zu körperlichen Veränderungen vor allem des autonomen Nervensystems führt. Diese „Symptome" werden grundsätzlich – wie geschildert – mit den Symptomen des Paniksyndroms verglichen mit der Zielsetzung, beim Patienten eine Reattribuierung seiner Panikanfälle zu erreichen. Mit Hilfe des Teufelskreismodells wird dem Patienten verdeutlicht, wie die durch die Hyperventilation oder andere Verhaltensweisen bewirkten Körperveränderungen katastrophisierend fehlinterpretiert werden und dadurch die Angst, einschließlich der Körpersymptome, weiter verstärken.

Welche Tests außer dem Hyperventilationstest durchzuführen sind, richtet sich nach der primären Symptomatik des Patienten. Wenn bei dem Angstanfall starkes Herzklopfen und Schwitzen dominieren, läßt der Therapeut Übungen mit körperlicher Belastung durchführen wie eine Minute auf der Stelle laufen, Kniebeugen machen, Treppensteigen usw. Stehen Schwindel und Benommenheit im Zentrum der Symptomatik, so kann durch Drehen oder schnelles Bewegen des Kopfes eine solche Symptomatik künstlich erzeugt werden (etwa für dreißig Sekunden den Kopf hin und her drehen, dem Patienten auf einen Drehstuhl mehrere Male drehen und plötzlich anhalten und ähnliches). Wenn ungewöhnliche visuelle Phänomene wie Farbensehen die Symptomatik bestimmen, wird der Patient mit optischen Täuschungen konfrontiert. Je nach Symptomatik kann der Therapeut verschiedene Tests bzw. Konfrontationsübungen konstruieren. Es sollte auf jeden Fall mit dem Hyperventilationstest begonnen werden, da bei etwa 70 % der Patienten die Symptomatik auf Hyperventilation zurückgeführt werden kann.

Die mittels der Tests provozierten Erfahrungen und Einsichten werden nun an Hand konkreter Beispiele auf alltägliche Panikanfälle übertragen. Aufzeichnungen des Patienten über Panikanfälle im Angsttagebuch können dabei hilfreich sein. Ziel ist auch hier eine Umstrukturierung und Reattribution der Körpersymptome auf natürliche Anlässe und damit ein Abbau der katastrophisierenden Fehlinterpretation. Manchen Patienten fällt es allerdings schwer, die körperlichen Empfindungen, die den Panikanfall auslösen, zu identifizieren. Durch die Konfrontationstests werden sie sensibilisiert, bei nächster Gelegenheit genauer zu beobachten, so daß es ihnen doch gelingt, den Auslöser und dann auch den natürlichen Grund für die Körpersensation wahrzunehmen.

Ergänzend zu diesem spezifischen kognitiven Verfahren der Reattribution von Paniksymptomen setzen Margraf und Schneider in ihrem Programm verschiedene kognitive Techniken ein, die diesen Prozeß der Umstrukturierung unterstützen sollen. Sie benutzen gegebenenfalls das Selbstverbalisationstraining, um die aktuellen, dysfunktionalen, katastrophisierenden Kognitionen durch realitätsangemessene Gedanken oder Selbstverbalisationen zu ersetzen. Überdauernde Überzeugungen über die Schädlichkeit der Angstsymptome werden durch Methoden der kognitiven Therapie von Beck, vor allem mittels der Analyse von Denkfehlern, in Frage gestellt.

Reizkonfrontation

Die zweite Komponente der Behandlung stellen die konfrontativen Verhaltenstests oder Verhaltensexperimente dar. Diese Verhaltensexperimente wie der Hyperventilationstest werden beim ersten Mal ausdrücklich als diagnostische Verfahren eingeführt, werden allerdings anschließend mehrmals in der Therapie wiederholt. Außerdem wird der Patient aufgefordert, diese Tests zu Hause als Hausaufgabe durchzuführen und die neue Interpretation zu überprüfen. Dabei kann die Aufgabe schrittweise erweitert werden, etwa indem die entsprechenden Übungen allmählich auch außerhalb eines Raumes und ohne Anwesenheit des Therapeuten oder anderer Personen durchgeführt werden. Da bei dem größten Teil der Patienten mit Paniksyndrom auch eine Agoraphobie vorliegt, läßt sich die Konfrontation mit den körperlichen Auslösern koppeln mit einer Konfrontation mit den situativen Auslösern (nähere Angaben bei der Therapie der Agoraphobie, Kapitel 17).

Clark hat zusätzlich Übungen zur Förderung und zum Training der Bauchatmung vorgeschlagen: Da die Patienten mit Hyperventilationssyndrom in der Regel eine schnelle Brustatmung durchführen, sollen sie zu einer ruhigen Bauchatmung angehalten werden. Die Patienten sollen acht bis zwölf Atemzüge pro Minute durchführen; die Atmung erfolgt durch die Nase. Die Phasen des Einatmens und des Ausatmens sollen gleich lang sein. Am Anfang kann eine Tonkassette helfen, den Zeitrhythmus vorzugeben. Der Patient legt eine Hand auf den Bauch und die andere Hand auf die Brust. Die Bauchatmung ist dann korrekt, wenn sich nur die Hand bewegt, die auf dem Bauch liegt. Der Patient soll dreimal täglich ungefähr zwanzig Minuten üben.

Margraf und Schneider (1989) haben ein detailliertes Behandlungsmanual für eine fünfzehnstündige Therapie der Panikstörung mit oder ohne Agoraphobie vorgeschlagen. Neben den beiden besprochenen Hauptkomponenten – den Konfrontationsübungen und der kognitiven Therapie – werden noch einige weitere Methoden durchgeführt (vgl.unten unter Kombinationen).

Wichtigstes Indikationskriterium für die Durchführung dieser Methode ist die klinische Diagnose „Panikstörung". Darüber hinaus läßt sich theoretisch vermuten, daß die kognitiven Anteile der Therapie um so entscheidender sind, je wichtiger die kognitiven Anteile bei dem Aufschaukelungsprozeß sind. Es empfiehlt sich jedoch, grundsätzlich beide Komponenten der Therapie durchzuführen.

Für die Durchführung der Therapie sind keine speziellen äußeren Voraussetzungen erforderlich. Die Durchführung der konfrontativen Übungen setzt eine gute Beziehung zum Therapeuten voraus und die Durchführung dieser Übungen als Hausaufgaben außerdem eine hohe Motivation des Patienten. Therapiesitzungen mit Konfrontationsübungen können eventuell länger als eine Stunde dauern.

Effektivität

Effektstärken für die Behandlung von Patienten mit „Panikstörung mit Agoraphobie" wurden im Kapitel 17 berichtet. Für die Behandlung der Agoraphobie hat sich – wie berichtet – die Reizkonfrontation als entscheidende Behandlungskomponente herausgestellt. Eine (kurze) Kognitive Therapie bringt nach den Resultaten der Untersuchung von van der Hout, Arntz und Hoekstra (1994) für die Agoraphobie keinen signifikanten Effekt. Für die Behandlung der Panikstörung waren die Befunde dieser Autoren umgekehrt: hier half die Kognitive Therapie, die Reizkonfrontation jedoch kaum.

Dem entsprechen weitgehend die Befunde von Schneider und Margraf (1994): Nach einer kognitiven Therapie waren 93 % der Patienten angstanfallsfrei, nach einer Reizkonfrontation 77 % und nach einer kombinierten Behandlung 80 %; die Unterschiede sind nicht signifikant. Kognitive Therapie der geschilderten Art hat sich demnach speziell für die Behandlung der Panik als höchst effektiv erwiesen, Reizkonfrontation in erster Linie für die Behandlung der agoraphobischen Angst und Vermeidung.

Varianten der Methode und Kombinationen

Da entsprechend der Theorie die Wahrscheinlichkeit von Angstanfällen durch das allgemeine Erregungsniveau beeinflußt wird, ist zu überprüfen, ob der Patient unter besonders belastenden Bedingungen lebt oder selbst Streßsituationen herbeiführt. Gegebenenfalls muß durch entsprechende Maßnahmen versucht werden, Veränderungen in den Lebensbedingungen herbeizuführen (s. Kapitel 11).

Margraf und Schneider (1989) schlagen außerdem ein Problemlösungstraining vor, das ebenfalls zur Streßreduktion beitragen kann. Außerdem führen sie gegebenenfalls mit den Patienten Rollenspiele zum Training sozialer Kompetenz durch, um sie besser auf belastende soziale Situationen vorzubereiten. (Zu diesen Zusatzmethoden s. Fliegel et al, 1994.)

Von besonderer Bedeutung ist bei einer Panikstörung mit Agoraphobie die Kombination mit einer Reizkonfrontation in vivo zur Behandlung des agoraphobischen Vermeidungsverhaltens (s. Kapitel 17 zur Agoraphobie).

E. Literaturempfehlung

Ehlers, A., Margraf, J. & Chambless, D. (1993). *Diagnostische Batterie für Paniksyndrome und Agoraphobie.* Weinheim: Beltz Testgesellschaft.

Margraf, J. & Schneider, S. (1989). *Panik. Angstanfälle und ihre Behandlung.* Berlin: Springer.

McNally, R. J. (1990). Psychological approaches to panic disorder: a review. *Psychological Bulletin, 108,* 403-419.

Emmelkamp, P. M. G., Bouman, T. K. & Scholing, A. (1993). *Angst, Phobien und Zwang.* Göttingen: Verlag für Angewandte Psychologie.

Kapitel 21

Generalisierte Angststörung

A. Beschreibung

ICD-10 Bezeichnung: F41.1 generalisierte Angststörung
DSM Bezeichnung: 300.02 Generalisierte Angststörung
                      (Generalized Anxiety Disorder)
Andere Bezeichnungen: Frei flottierende Angst, Angstneurose

Definition (nach DSM)

Im Zentrum der Störung steht eine übertriebene und anhaltende Angst und Sorge (Erwartungsangst) bezüglich mindestens zweier (DSM IV: mehrerer) unterschiedlicher Lebensbereiche, z. B. daß Familienangehörige einen Unfall haben könnten oder bei Kindern die Sorge um Schulleistungen. Die Person muß sich mindestens sechs Monate lang überwiegend mit diesen Sorgen beschäftigen (Kriterium A). Im DSM IV ist zusätzlich (als Kriterium B) aufgenommen worden, daß die Person Schwierigkeiten hat, ihre Grübeleien zu kontrollieren. Zu diesen Sorgen kommen körperliche Angstsymptome hinzu (Kriterium C), nach dem DSM III R mindestens 6 von 18 genannten Symptomen, nach dem DSM IV mindestens drei (bei Kindern eins) der folgenden sechs Symptome:
1. Ruhelosigkeit
2. leichte Ermüdbarkeit
3. Konzentrationsschwierigkeiten oder „Blackout" aus Angst
4. Reizbarkeit
5. Muskelspannung
6. Schlafstörungen.

Der Inhalt der angstvollen Sorgen darf nicht Symptome einer anderen Achse I Störung betreffen (Kriterium D), und die Störung muß ausgeprägtes Leiden verursachen oder zu Beeinträchtigungen in beruflichen Leistungen, in sozialen Aktivitäten oder sozialen Beziehungen führen (Kriterium E nach DSM IV). Organische Faktoren müssen ausgeschlossen sein.

Im DSM steht ab der Revision der dritten Fassung das sorgenvolle Grübeln im Vordergrund. Im DSM III wurde hingegen – wie noch immer im ICD-10 – stärker betont, daß es keine eng umgrenzten Auslöser für die Angst gibt. Die Störung war lediglich durch allgemeine Angstsymptome gekennzeichnet. Von daher mag nicht überraschen, daß diese allgemeinen Kriterien einer generalisierten Angststörung von fast allen anderen Angstpatienten ebenfalls erfüllt wurden: Lediglich für Patienten mit spezifischen Phobien gilt das etwas weniger deutlich (Barlow et al., 1986). Unterschiedlich war der Inhalt der Sorgen und Grübeleien (worry) der Patienten: Patienten mit anderen Angstdiagnosen sorgen sich um die nächste Panikattacke oder die Bewältigung der nächsten sozialen Situation. Die Grübeleien der Patienten nur mit generalisierter Angststörung betreffen verschiedene Lebensumstände, die nichts mit anderen Angststörungen zu tun haben. Entsprechend wurden bei der Revision des DSM-III die Diagnosekriterien geändert. Zentrales Kriterium ist nun, daß der Patient sich außergewöhnliche Sorge über mindestens zwei Lebensbereiche macht, z. B. über Verschuldung oder über Unglücksfälle von Angehörigen.

Die Diagnose der generalisierten Angststörung ist bislang – trotz fortlaufender Verbesserung der Diagnosekriterien – weniger reliabel als andere Angststörungen (Rapee, 1991).

Differentialdiagnose

Wie bei Phobien kann es auch bei Patienten mit generalisierter Angststörung zu phobischer Vermeidung kommen – nach Butler et al. (1987) bei 64 % –, ohne daß allerdings ein spezifischer Auslöser festzustellen ist.

Auch bei der Panikstörung tritt eine angstvolle Sorge auf, die allerdings auf das Auftreten eines neuen Angstanfalls gerichtet ist (Barlow et al., 1986). Bei Depressionen ist der Inhalt der Grübeleien nicht angstvoll, sondern eher düster-pessimistisch gefärbt.

Im DSM IV wird zusätzlich angegeben, daß die Grübeleien von den Patienten nur schwer kontrolliert werden können, was an eine Zwangsstörung erinnert, doch Zwangsgedanken beschränken sich nicht auf angstvolle Sorgen, sondern haben in der Regel einen bedrohlichen, angstauslösenden Inhalt.

Epidemiologische Daten

Nach Angaben des DSM IV beträgt die Einjahresprävalenz etwa 3 %, die Lebenszeitprävalenz etwa 5 %. Etwa zwei Drittel der Patienten sind Frauen (Rapee, 1991).

Verlauf/Prognose

Bei den meisten Patienten haben die Ängste bereits in der Kindheit oder Adoleszenz begonnen. Allerdings können nach einer Studie von Rapee (1985) über 80 % der Patienten keine Angaben über den Beginn ihrer Ängste machen. Der Verlauf ist chronisch (Rapee, 1991). In Abhängigkeit von Streß und Belastung kann es zu Verschlimmerungen kommen. Viele Patienten mit generalisierter Angststörung versuchen durch Selbsthilfe und durch medikamentöse Behandlung, vor allem Benzodiazepine, ihre Angst zu überwinden; Psychotherapie wird weniger häufig nachgefragt (Rapee, 1985).

Komorbidität

Nach einer Untersuchung von Sanderson et al. (1990) haben 91 %, also fast alle Patienten mit einer generalisierten Angststörung zusätzlich zumindest eine weitere Achse-I-Diagnose: 59 % eine soziale Phobie, 27 % eine Agoraphobie und 23 % eine spezifische Phobie; 41 % haben zusätzlich eine depressive Störung. Bei Zugrundelegung der schärferen Diagnosekriterien des DSR-III-R oder DSM-IV sollte dieser Prozentsatz allerdings deutlich niedriger sein.

Methoden der Verhaltensmessung

In wissenschaftlichen Untersuchungen werden vor allem zwei Instrumente häufig verwendet:
- State-Trait-Angstinventar, Trait-Fassung (STAI-T) von Spielberger (1983); deutsche Version von Laux et al. (1981); erfaßt mit 20 Items die „Ängstlichkeit" als dispositionelle Variable;
- Hamilton Angst Skala (HAMA); Fremdrating durch Therapeuten von Hamilton (1969; deutsch in CIPS, 1986).

B. Störungstheorien

Im Vergleich zu den meisten anderen Angststörungen ist die generalisierte Angststörung bislang weniger gut untersucht worden. Sie wurde erst 1980 mit Einführung des DSM-III als eigene Störungskategorie definiert. Zuvor gab es Forschung zur sogenannten „frei flottierenden Angst", die von den situationsspezifischen Ängsten, den Phobien, abgegrenzt wurde (Marks & Lader, 1973; Wolpe, 1958, 1987).

Sorge über mögliches Mißgeschick und Gefahren machen sich auch Personen, die allgemein als sehr ängstlich gelten. Entsprechend wird die generalisierte Angststörung häufig als Extremfall allgemeiner Trait-Angst angesehen. Für diese Kontinuitätsannahme spricht der sehr frühe Beginn und der chronische Verlauf der Störung, das breite Spektrum von Situationen, die die Ängstlichkeit provozieren, die Entsprechung der physiologischen Symptome und der Inhalt der sorgenvollen Gedanken. Tatsächlich zeigte eine erste epidemiologische Studie eine Lebenszeit-Prävalenz für generalisierte Angststörungen nach den Symptom-Kriterien des DSM-III von 45 % (Breslau & Davis, 1985). (Wurde allerdings das Kriterium der Dauer mit berücksichtigt, sank die Prävalenzrate auf 9 %). Rapee (1991) sieht lediglich einen Unterschied: Das sorgenvolle Grübeln ist bei der generalisierten Angststörung weniger realistisch und durch die Person weniger kontrollierbar.

Entsprechend hat sich die Theorienbildung auch auf die Kognitionen zentriert. **Lerntheoretische Erklärungen** der generalisierten Angststörung spielten keine große Rolle. Das mag daran liegen, daß lange Zeit davon ausgegangen wurde, daß die Angst bei der generalisierten Angststörung eben nicht eine klar identifizierbare Reaktion auf bestimmte Stimuli ist, sondern ein überdauernder Zustand. Diese Auffassung wird heute allerdings nicht mehr vertreten. Zum einen hat sich gezeigt, daß bei vielen Patienten, die keine Auslöser für ihre Ängste angeben konnten, bei genauerer Analyse doch solche auslösenden Stimuli gefunden werden konnten. Mathews und MacLeod (1986) konnten außerdem zeigen, daß Patienten mit generalisierten Angststörungen bereits unterschwellig auf nicht bewußt wahrgenommene Gefahrenhinweise reagieren. Die Tatsache, daß Patienten über keine Auslöser der Angst berichten können, bedeutet daher nicht, daß nicht doch Auslöser existieren. Doch offenbar reichen in solchen Fällen bereits leichte Hinweise für die typischen Angstreaktionen dieser Patienten.

Wenn demnach auch die Angst von Patienten mit generalisierter Angststörung als durch konkrete Stimuli ausgelöste Angstreaktionen verstanden werden kann, dann läßt sich die Angstreaktion mit ihren körperlichen Angstsymptomen wie bei den Phobien auch nach der Zwei-Faktoren-Theorie der Angst als klassisch konditionierte, respondente Reaktion verstehen.

Im Zentrum der **kognitiven Theorien** stehen die Angstkognitionen, die sorgenvollen Grübeleien. Nach diesen, im wesentlichen auf Beck (Beck, Emery & Greenberg, 1985) zurückgehenden Theorien richtet sich die Aufmerksamkeit der Angstpatienten fortlaufend und sehr gezielt auf mögliche Gefahrensignale. Dadurch werden viele Situationen als bedrohlich wahrgenommen und interpretiert (Clark, 1989). Mathews und MacLeod (1985) haben mittels des Stroop-Tests tatsächlich eine selektive Aufmerksamkeit von Angstpatienten entsprechend ihren persönlichen Gefahrenschemata nachgewiesen. Auch eine Gedächtnis-bias für bedrohliche Informationen (threat informations) konnte mittels impliziter Gedächtnisaufgabe nachgewiesen werden (Eysenck, 1991;

264

McNally, 1990). Dies gilt allerdings wohl nicht spezifisch für Patienten mit generalisierten Angststörungen, sondern allgemein für hochängstliche Personen (Lazarus-Mainka & Rose, 1980).

Für Patienten mit generalisierter Angststörung ist jedoch typisch, daß sie sich lang anhaltend grüblerische Gedanken über mögliche Gefahren in bestimmten Lebensbereichen machen. Eine Funktion solcher Grübeleien könnte sein, daß sie vor intensiv erlebter Angst und Gefahr scheinbar schützen (Borkovec, 1985). Die gedankliche Auseinandersetzung mit einer zukünftigen, vermeintlich kritischen Situation dient dazu, sich gewissermaßen vorzubereiten und zukünftige Katastrophen zu vermeiden – in gewisser Weise mit Erfolg, denn die Katastrophen bleiben aus.

Tatsächlich konnten Gross und Eifert (1990) in einer Analogiestudie zeigen, daß Items über Grübeleien zusammen mit einem Item über Abwehr belastender Gedanken (disapprove of intrusive thoughts) auf einem Faktor laden, während Abwehr von ,,worrying" einen unabhängigen zweiten Faktor bildet. Demnach würden von den Personen Grübeleien tatsächlich als ein Mittel erlebt, belastende Angst zu vermeiden.

Gleichzeitig konnten Gross und Eifert zeigen, daß die Stärke der generalisierten Angst mit ,,Angstsensibilität" (Reiss & McNally, 1985; vgl. letztes Kapitel über Panikstörung) korreliert. Personen mit hoher Angstsensibilität sind überzeugt, daß die Angst selbst sehr gefährlich ist und negative Konsequenzen hat, z. B. zu einem Herzinfarkt führen könnte. Für solche Personen wäre es besonders wichtig, ein Mittel zu haben, um das Erleben starker Angst zu vermeiden.

Borkovec und Inz (1990) haben noch eine zweite Hypothese über ,,worrying" als Mittel zur Angstvermeidung aufgestellt. Sie konnten nachweisen, daß die sorgenvollen Grübeleien im wesentlichen abstrakte Gedanken sind. Selbst in entspannten Situationen sind die Kognitionen von Patienten mit generalisierter Angststörung vergleichsweise häufig abstrakte Gedanken, während bei einer gesunden Kontrollgruppe hier bildliche Vorstellungen überwiegen. Nach der Theorie von Lang (1978) führen jedoch gerade bildliche Vorstellungen zu emotionalen Angstreaktionen, nicht jedoch abstrakte Gedanken. Dies wäre ein weiterer Grund, weswegen Patienten mit generalisiertem Angstsyndrom in grüblerische Gedanken ,,flüchten": Sie vermeiden damit eine bildliche, emotional belastende Auseinandersetzung mit der potentiellen Gefahrensituation. Zu diesen Modellvorstellungen paßt auch, daß sich Patienten mit generalisierter Angststörung nicht Sorgen um größere, traumatische Ereignisse machen, sondern um die vielen kleinen alltäglichen Stressoren (daily hazards; Gross & Eifert, 1990).

C. Diagnostik und Indikation

Eine wesentliche diagnostische Aufgabe des Therapeuten ist es, nach möglichen „versteckten" Auslösern für die Angst zu suchen. Sofern sich äußere Situationen oder körperliche Reaktionen als Auslöser identifizieren lassen, so ist für diese Stimuli eine Konfrontation *in vivo* angezeigt. (Das Verfahren wurde im Zusammenhang mit der Behandlung von Agoraphobien in Kapitel 17 ausführlich beschrieben.)

Wenn die Angst nicht durch erkennbare Stimuli ausgelöst wird, sind Reizkonfrontationsverfahren nicht anwendbar. Stattdessen wurden verschiedene Entspannungsverfahren untersucht, denen ein Prinzip gemeinsam ist: Der Patient soll im Alltag Entspannung als ein Coping-Verfahren einsetzen, wann immer er erste Ansätze von körperlicher oder kognitiver Angst verspürt.

Emmelkamp, Bouman und Scholing (1993) kommen in ihrem Überblick zu dem Ergebnis, daß solche Selbstkontroll-Entspannungsverfahren zur Behandlung der generalisierten Angststörung am erfolgversprechendsten sind. Spätere, gut kontrollierte Untersuchungen haben jedoch eine Überlegenheit kognitiver Therapieverfahren nachgewiesen (Butler et al., 1991; Borkovec & Costello, 1993). Zumindest bringt Kognitive Therapie als zusätzliches Verfahren zu Entspannungsmethoden eine weitere Verbesserung der Erfolgsquote.

Der Unterschied in den Ergebnissen wird zumindest teilweise dadurch verständlich, daß in den früheren Studien die Patienten nach den Kriterien des DSM-III rekrutiert wurden, nach denen eine nicht-stimulusgebundene, vorwiegend körperliche Angstreaktionen das zentrale Kennzeichen war. Die neueren Studien haben hingegen die DSM-III-R-Kriterien berücksichtigt, nach denen in erster Linie solche Patienten die Diagnose „Generalisierte Angststörung" erhalten, für die ängstliche Grübeleien kennzeichnend sind. Die untersuchten Stichproben werden sich daher nur zum Teil überlappen.

Daraus läßt sich eine vorläufige Indikationsregel ableiten. Stehen bei der Symptomatik körperliche Angstreaktionen in vielfältigen Situationen im Vordergrund, sollte in erster Linie angewandte Entspannung eingesetzt werden. Stehen hingegen die Grübeleien im Vordergrund, sollte – zusätzlich – eine kognitive Therapie benutzt werden. (Diese Regel ist allerdings nur aus den Daten erschlossen und bislang nicht direkt empirisch überprüft.) Der Therapeut sollte also beide Symptombereiche – die körperlichen Angstsymptome und die Grübeleien – sorgfältig diagnostizieren.

Aus der Theorie, daß die Grübeleien die Funktion haben, eine Konfrontation mit der bildlichen Angstsituation oder das Eintreten einer „Katastrophe" zu verhindern, ließe sich eine Konfrontationsbehandlung auf Vorstellungsebene (*in sensu*) ableiten: Der Patient sollte mit der bildlichen Vorstellung seiner eigenen Angst bzw. mit etwaigen angstprovozierenden Situationen konfrontiert werden. Butler et al. (1987) und Borkovec und Costello (1993) haben entsprechende Konfrontationsverfahren zusätzlich in ihren Behandlungsplan aufgenommen und einen positiven Effekt nachweisen können.

Von daher ergeben sich drei Behandlungsmethoden: angewandte Entspannung, kognitive Therapie und Konfrontation auf Vorstellungsebene. Vermutlich ist die angewandte Entspannung stärker zu betonen, wenn generalisierte körperliche Angstreaktionen im Vordergrund stehen, kognitive Therapie, wenn das angstvolle Grübeln dominiert.

D. Therapiemethoden

1. Angewandte Entspannung

Verschiedene Entspannungsübungen sind untersucht worden: angewandte Entspannung, ,,cue controlled relaxation" oder Angstbewältigungstraining.

Der Aspekt der ,,angewandten Entspannung" ist all diesen Verfahren gemeinsam: Der Patient lernt, aktiv durch gezielte Entspannung in realen Lebenssituationen aufkommende Angst zu kontrollieren und zu reduzieren. Anders als bei der systematischen Desensibilisierung ist nicht eine äußere Angstsituation, sondern die eigene Angstreaktion der Anlaß, Entspannung einzusetzen. Daher muß der Patient lernen, erste Anzeichen zunehmender Spannung und Erregung möglichst frühzeitig wahrzunehmen, um darauf sofort mit Entspannung zu reagieren.

In einer ersten Phase der Behandlung lernt der Patient die Progressive Muskelrelaxation nach Jacobson (1938, 1974; die genauen Entspannungsinstruktionen finden sich bei Fliegel et al., 1994; vgl. auch Vait & Petermann, 1994). Nachdem der Patient mit Hilfe regelmäßiger häuslicher Übungen das Entspannungsverfahren erlernt hat, werden verschiedene Maßnahmen ergriffen, um eine möglichst schnelle Entspannung zu erreichen. Bei der cue controlled relaxation wird dazu zusätzlich der Atemrhythmus genutzt: Beim Ausatmen sagt sich der Patient jedesmal ,,entspannen"; eventuell kann er sich zusätzlich ein Bild vorstellen (z. B. einen Wasserfall oder ein Verkehrszeichen). Das Ausatmen, das Wort ,,entspannen" und eventuell die zusätzlichen Vorstellungen werden zu Signalen, die nach kurzer Übungszeit dem Patienten eine sehr schnelle Entspannung auch in alltäglichen Situationen erlauben.

Beim Angstbewältigungstraining werden vom Patienten zusätzlich zur Entspannung auch beruhigende Selbstverbalisationen als Copingverfahren zur Angstkontrolle eingesetzt; sie müssen zuvor erarbeitet und trainiert werden (vgl. dazu Kapitel 10).

Parallel zum Erlernen der Copingstrategien wird der Patient trainiert, aufkommende Angst möglichst schnell wahrzunehmen. Dazu wird er vom Therapeuten mit angstauslösenden Stimuli konfrontiert und gebeten, jegliche Veränderungen bei sich genau zu registrieren. Sodann übt er, auf die ersten Anzeichen von Angst mit der gelernten Entspannung, Atemtechnik und den beruhigenden Kognitionen zu reagieren.

Wenn der Patient für die Wahrnehmung von Angstanzeichen sensibilisiert ist und die Copingstrategien, vor allem das schnelle Entspannen, beherrscht, soll er im Alltag bei ersten Angstanzeichen das Aufkommen oder die Eskalation von Angst durch sofortige Entspannung und den Einsatz der anderen Coping-Strategie verhindern.

Borkovec und Costello (1993) verwendeten die Selbstkontroll-Densensibilisierung von Goldfried (1971; Fliegel et al., 1994) zur Behandlung von generalisierter Angststörung. Auch bei diesem Verfahren steht die aktive Bewältigung von ersten Angstanzeichen im Vordergrund, allerdings nicht in der Realität, sondern auf Vorstellungsebene. Wie bei einer systematischen Desensibilisierung wird durch Vorgabe bildlicher Vorstellungen leichte Angst ausgelöst. Anders als bei der klassischen Desensibilisierung nimmt der Patient jedoch die Vorstellung bei Auftreten erster Anzeichen von Angst nicht zurück, sondern versucht vielmehr, die Angst durch Einsetzen seiner Coping-Strategien, also vor allem der Entspannung, zu reduzieren. Erst wenn dies zumindest teilweise gelungen ist, wird die Vorstellung zurückgenommen. Nach kurzer Entspannungsphase wird dann das Verfahren entweder mit der gleichen Situation oder einer neuen, stärker angstauslösenden Situation wiederholt.

2. Kognitive Therapie

Die kognitive Behandlungsstrategie orientiert sich an dem von Beck und Emery (1981) vorgeschlagenen Vorgehen. Danach geht es zunächst darum, automatische Gedanken zu identifizieren, die dem Patienten im Zusammenhang mit Angstreaktionen durch den Kopf gehen. In Anlehnung zur Forschung über Zwangsgedanken sollten nicht die eigentlichen Angstgedanken oder Sorgen im Vordergrund stehen, sondern die automatischen Gedanken, vor allem zu möglichen Folgen dieser Angstgedanken (Ergebniserwartungen) und zu ihrer Bewertung, z.B. ,,Diese andauernden Sorgen sind ein Zeichen, daß ich verrückt bin!" (Nähere Angaben im folgenden Kapitel).

Effektivität

Aus zwei Untersuchungen, die Angewandte Entspannung mit Kognitiver Therapie verglichen haben, können die Effektstärken (Prä-Post-Vergleich) berichtet werden. In der Untersuchung von Butler, Fennell, Robson und Gelder (1991) zeigte sich die Kognitive Therapie nach Beck dem Entspannungsverfahren, ergänzt um Reizkonfrontation, wo das möglich war, überlegen. Die über 16 Maße gemittelte Effektstärke beträgt für die Kognitive Therapie 1,55 und für das Entspannungstraining 0,60. Auch für die Nachuntersuchung sechs Monate nach Therapieende zeigt sich die Überlegenheit der Kognitiven Therapie: 1,39 gegenüber 0,77.

In der Untersuchung von Borkovec und Costello (1993) sind beide Verfahren gleich effektiv. Die über 10 Maße gemittelte Effektstärke beträgt zu Therapieende für die Angewandte Entspannung 2,03 und für die Kognitive Therapie nach Beck, kombiniert mit einer Selbstkontroll-Desensibilisierung nach Goldfried (1971), 1,91. Zwölf Monate nach Therapieende sind die Werte 2,07 für Entspannung und 2,16 für die Kognitive Therapie mit Selbstkontroll-Desensibilisierung.

E. Literaturempfehlung

Emmelkamp, P. M. G., Bouman, T. K. & Scholing, A. (1993). *Angst, Phobien und Zwang.* Göttingen: Verlag für Angewandte Psychologie.

Kapitel 22

Zwangsstörung

A. Beschreibung

ICD-10 Bezeichnung:
Im ICD-10 werden folgende Unterformen der Zwangsstörung unterschieden:
F42.0 vorwiegend Zwangsgedanken
oder Grübelzwang
F42.1 vorwiegend Zwangshandlungen
(Zwangsrituale)
F42.2 Zwangsgedanken und -handlungen, gemischt.
DSM Bezeichnung: 300.30 Zwangsstörung
(Obsessive-Compulsive Disorder).
Andere Bezeichnungen: Zwangsneurose

Definition (nach DSM)

Das Hauptmerkmal der Störung besteht in wiederkehrenden Zwangshandlungen oder Zwangsgedanken.

Zwangsgedanken sind sich wiederholende und anhaltende Gedanken, Ideen oder Vorstellungen, die zumindest am Anfang vom Betroffenen als lästig oder sinnlos empfunden werden und die nicht bloß exzessive Sorgen über reale Lebensprobleme sind. Dabei werden die Gedanken als von ihm selbst kommend und nicht von außen aufgezwungen (wie z. B. bei der Gedankeneingebung) erlebt. Die Person versucht, solche Gedanken zu ignorieren, zu unterdrücken oder sie mit Hilfe anderer Gedanken oder Handlungen auszuschalten (Kriterium A).

Am häufigsten kreisen die Gedanken um eine mögliche Verschmutzung oder Kontamination (45 %, z. B. sich beim Händeschütteln zu infizieren), pathologische Zweifel (42 %, z. B. durch Unaufmerksamkeit einen Schaden für andere oder sich selbst anzurichten), somatische Themen (36 %), Bedürfnis nach Symmetrie (31 %), Gewalttätigkeit (28 % z. B. sein Kind zu töten), oder sexuelle Themen (26 %). Sechzig Prozent haben mehrere Zwangsgedanken (Rasmussen & Eisen, 1992).

Zwangshandlungen sind wiederholte, in stereotyper Form oder nach bestimmten Regeln ausgeführte Verhaltensweisen (z. B. Händewaschen) oder mentale Aktivitäten (z. B. Beten, leises Wiederholen von Worten). Sie dienen dazu, das durch einen Zwangsgedanken erzeugte Unbehagen oder die antizipierten schrecklichen Ereignisse bzw. Situationen unwirksam zu machen oder zu verhindern. Es besteht aber keine realistische Beziehung zwischen der Handlung und dem, was sie bewirken soll, oder die Handlung ist eindeutig übertrieben (Kriterium A). Die häufigsten Zwangshandlungen sind Kontrollieren (63 %, z. B. ob das Gas abgestellt ist), Waschen und Reinigen (50 %), Zählen (36 %), nach Bestätigung zur eigenen Absicherung fragen (31 %), Ordnung und Symmetrie herstellen (28 %) und Horten von Gegenständen (18 %); 48 % haben mehrere Zwangsrituale (Rasmussen & Eisen, 1992).

Auch der Betroffene selbst erlebt sein Verhalten als übertrieben oder unvernünftig und hat den Wunsch (zumindest gelegentlich), dem Impuls zu einer Zwangshandlung zu widerstehen (Kriterium B; gilt nicht für Kinder). Wenn in der gegenwärtigen Episode die meiste Zeit über diese Einsicht nicht gegeben ist, wird der Zusatz „mit geringer Einsicht" vergeben.

Um das Kriterium einer klinischen Diagnose zu erfüllen, müssen die Zwangshandlungen oder Zwangsgedanken so stark ausgeprägt sein, daß sie erhebliches Leid verursachen, zeitraubend sind (mindestens eine Stunde pro Tag) oder den normalen Tagesablauf, die berufliche Leistung oder die üblichen sozialen Aktivitäten oder Beziehungen beeinträchtigen (Kriterium C).

Wenn neben der Zwangsstörung eine andere Achse I-Störung vorliegt, darf der Inhalt der Zwangsgedanken oder Zwangshandlungen nicht ausschließlich auf mit diesen Störungen assoziierte Inhalte beschränkt sein (z. B. Zwangshandlungen das Essen betreffend bei Eßstörungen, Zwangsgedanken bezüglich körperlicher Krankheiten bei Hypochondrie; Kriterium D).

Die Diagnose darf nicht vergeben werden, wenn die Störung ausschließlich durch direkte physiologische Effekte von Medikamenten/Drogen oder auf den allgemeinen medizinischen Zustand zurückzuführen ist (Kriterium E).

Differentialdiagnose

Aktivitäten wie zum Beispiel exzessives Essen, deviantes Sexualverhalten, Glücksspiel oder Alkoholmißbrauch ließen sich auch als zwanghaft bezeichnen. Die Person hat in diesen Fällen aber Vergnügen an den Aktivitäten und versucht, ihnen nur aufgrund der negativen sekundären Folgen zu widerstehen.

272

Auszuschließen sind:
- Phobien, bei denen sich in spezifischen Situationen Flucht- oder Vermeidungsreaktionen aufdrängen; das Verhalten wird aber als unter eigener Kontrolle stehend erlebt;
- generalisierte Angststörung mit überdauerdem Grübeln;
- Hypochondrie mit der sich aufdrängenden Idee, krank zu sein;
- depressive Störungen (Auch hier können persistierende Gedanken auftreten. Diese werden vom Betroffenen zwar als übertrieben, aber im Prinzip sinnvoll angesehen.)
- Schizophrenie (Bei der Schizophrenie werden bizarre Gedanken in der Regel als fremd, als von außen eingegeben erlebt, und der Patient hat keine Einsicht, daß die Gedanken unbegründet sind. Stereotypes Verhalten ist eher auf Wahnphänomene zurückzuführen.)
- Tourette-Störung, bei der motorische und vokale Tics unwillkürlich, „reflektorisch" auftreten; oft ist zusätzlich eine Zwangsstörung zu diagnostizieren.

Zu überprüfen ist außerdem, ob eine zwanghafte Persönlichkeitsstörung vorliegt, für die ein „durchgängiges Muster von Perfektionismus und Starrheit", aber keine umschriebenen Zwangsgedanken oder Zwangshandlungen typisch sind. Gegebenenfalls sind beide Diagnosen zu stellen. Gut 70 % der Zwangspatienten haben auch eine zwanghafte Persönlichkeitsstörung (Black, 1974)

Im DSM III-R gibt es außerdem die Oberkategorie „Störungen der Impulskontrolle, die nicht andernorts klassifiziert sind". Dazu gehören (312.34) intermittierende explosible Störung (unkontrollierte Aggressionsattacken), (312.32) Kleptomanie (impulsives Stehlen), (312.31) pathologisches Spielen, (312.33) Pyromanie (zwanghaftes Feuerlegen) und (312.39) Trichotillomanie (zwanghaftes Haareausreißen). Die Ausführung dieser Verhaltensweisen ist in der Regel mit einer gewissen Befriedigung verbunden.

Epidemiologische Daten

Leichte Formen von Zwang sind relativ häufig. In neueren Gemeindestudien wurde eine Lebenszeitprävalenz der Zwangsstörung von 2 % bis 3 % und eine Einjahresprävalenz von 1,5 % bis 2 % ermittelt (Rasmussen & Eisen, 1990, 1992; Turns, 1985). Das gilt auch für Jugendliche (Rapoport, Swedo & Leonard, 1992). Zwangsstörungen treten bei Männern und Frauen gleich häufig auf.

Verlauf/Prognose

Gewöhnlich beginnt die Störung in der Adoleszenz oder im frühen Erwachsenenalter, kann aber auch schon in der Kindheit beginnen (bei Männern im Alter von 6–15 Jahren, bei Frauen im Alter von 20–29 Jahren; Rasmussen & Eisen, 1990).

Der Verlauf ist meist chronisch mit Zu- und Abnahme der Symptome. In 5 % der Fälle ist ein episodischer Verlauf zu beobachten. Fünfzehn Prozent der Betroffenen zeigen eine progressive Verschlechterung hinsichtlich ihrer beruflichen und sozialen Anpassung.

Komorbidität

Patienten mit der Diagnose „Zwangsstörung" haben in weitaus der meisten Fälle mindestens eine weitere Achse I-Diagnose, vorwiegend eine depressive Störung (66 % bis 78 %), eine spezifische Phobie (etwa 25 %), eine soziale Phobie (etwa 20 %), eine Panikstörung (etwa 14 %), eine Eßstörung (8 bis 17 %) oder eine Tourette Störung (5 % bis 7 %; einfache Tics sind deutlich häufiger zu beobachten). Bei etwa 15 % ist Alkoholmißbrauch oder -abhängigkeit festzustellen (Rasmussen & Eisen, 1992; Sanderson et al., 1990). Hypochondrische Sorgen über den gesundheitlichen Zustand kommen ebenfalls häufig vor.

Bei 85 % der Patienten mit einer zusätzlichen Depression folgt diese der Zwangsstörung, bei den anderen scheinen beide Störungen gleichzeitig aufgetreten zu sein.

Methoden der Verhaltensmessung

Im englischen Sprachraum wird vielfach das Maudsley-Obsessional-Compulsive-Inventory (MOC) von Hodgson und Rachman (1977), in deutscher Übersetzung in Kallinke, Lutz & Ramsay (1979; Wiederabdruck in Reinecker, 1991), eingesetzt. Es erfaßt mit 30 Items vier Subskalen:
1. Kontrollieren,
2. Reinigen,
3. Langsamkeit,
4. Zweifeln.

Im deutschen Sprachraum ist außerdem das Hamburger Zwangsinventar (HZI) von Zaworka, Hand, Jauering und Lüningschloß (1983) gebräuchlich. Die Kurzfassung hat 27 Items. Das HZI hat sechs Subskalen: A. Kontrollieren, Wiederholen, Gedanken nach einer Handlung; B. Waschen und Putzen; C.

Ordnen; D. Berühren, Zählen, Sprechen; E. Gedankenketten, Gedanken einer Handlung, Gedanken an bestimmte Worte, Sätze oder Bilder; F. Gedanken, sich selbst oder anderen ungewollt ein Leid zuzufügen. Außerdem wird das Ausmaß der Beeinträchtigung angegeben.

Als Fremdrating auf Grundlage eines halbstandardisierten Interviews ist die Yale-Brown Obsessive Compulsive Scale (Y-Bocs) von Goodman et al. (deutsche Übesetzung 1991, vgl. Hand & Büttner-Westphal, 1991) zu empfehlen.

Empfehlenswert für die alltägliche Praxis ist außerdem ein Symptomtagebuch, in das der Patient regelmäßig das Auftreten seiner spezifischen Symptome bzw. Problemverhaltensweisen (s. u. Tabelle 22.1), zusammen mit einer Einschätzung seiner jeweiligen Stimmung, einträgt. Dies kann auch in Form einer Graphik, z. B. als Säulendiagramm mit der Gesamtdauer der Zwangssymptome als Ordinate, geschehen. Allerdings ist zu überprüfen, ob der Patient aufgrund seiner Zwangssymtome zur Führung des Tagebuchs imstande ist.

B. Störungstheorien

Über 70 % der Zwangspatienten hatten bereits vor Ausbruch der Störung eine zwanghafte Persönlichkeit. Doch für 30 % gilt das nicht, und außerdem konnte Kringlen (1965) zeigen, daß auch über die Hälfte der Patienten mit anderen psychischen Störungen prämorbid eine zwanghafte Persönlichkeit hatten. Der Zusammenhang zwischen überdauernden zwanghaften Persönlichkeitszügen und der Entwicklung einer Zwangsstörung ist also nicht sehr eng. Auch bestimmte Erziehungsstile haben sich bislang nicht als spezifisch für die Entstehung von Zwangsstörungen, sondern eher als allgemeinere Risikofaktoren für die Entstehung unterschiedlicher psychischer Störungen erwiesen (Emmelkamp, Bouman & Scholing, 1993).

Die gegenwärtig untersuchten Theorien betreffen auch weniger die Frage der Entstehung von Zwangskrankheiten als vielmehr deren Aufrechterhaltung.

Die Aufrechterhaltung von Zwangshandlungen wurde in der Verhaltenstherapie nach der Zwei-Faktoren-Theorie von Mowrer (1939) erklärt (z. B. durch Wolpe, 1969; zur Zwei-Faktoren-Theorie siehe Kapitel 19 über spezifische Phobien). Danach sind die Zwangsrituale ein Fluchtverhalten: Sie dienen der Reduktion von Angst und Erregung und werden immer wieder durch zumindest teilweisen Angstrückgang verstärkt (Herrnstein, 1969). Die Annahme, daß Zwangsrituale zur Angstreduktion führen, ist experimentell bestätigt worden (Rachman & Hodgson, 1980).

Anderes Zwangsverhalten dient hingegen dazu, von vornherein die Konfrontation mit Situationen zu vermeiden, die Angst und in ihrer Folge Fluchtverhalten auslösen könnten: Die Mutter, die beim Anblick von Messern und Scheren befürchtet, ihren Kindern die Augen ausstechen zu können, entfernt alle spitzen Gegenstände aus der Wohnung.

Tabelle 22.1 veranschaulicht die unterschiedlichen Verhaltensweisen, die nach verschiedenen psychologischen Modellen beim typischen Ablauf von Zwangsgedanken und Zwangshandlungen beteiligt sind. Diese Unterteilung ist differenzierter als die deskriptive Unterscheidung zwischen Zwangsgedanken und Zwangshandlungen.

Tabelle 22.1: Problemverhalten bei Zwangsstörungen

1.	**Aktive Vermeidung** von Objekten und Situationen, die Zwangsgedanken oder Zwangshandlungen auslösen können; z. B. Entfernung von Messern oder spitzen Gegenständen; Vermeidung, bestimmte Gegenstände zu berühren; keine Toilette benutzen, die von anderen benutzt worden sein könnte.
2.	**Zwangsgedanken** (Zwangsvorstellungen, Zwangsimpulse)
	2 a) **Aufdringliche Gedanken** (intrusive cognitions) z. B. „Ich könnte jemanden verletzen!"; „Ich könnte mich infizieren!"
	2 b) **Automatische Gedanken** der Interpretation und Bewertung, z. B. „Ich werde durch meine eigene Schuld Krebs bekommen!"; „Ich habe gesündigt und niemand wird mir vergeben können!"; „Andere werden mich als schlechten Menschen ablehnen!"
3.	**Angst**, Unruhe, Erregung
4.	**Neutralisierung** (Flucht, passive Vermeidung) durch offenes Verhalten (Zwangsrituale) wie Waschen, Zählen, Kontrollieren oder durch Kognitionen z. B. etwas Gutes dagegen denken; sich klarmachen, daß es den anderen gut geht und sie nicht verletzt sind; sich klarmachen, daß man gesund ist; nach Erklärungen suchen.

Eine wichtige Erweiterung der Zwei-Faktoren-Theorie wurde dadurch erreicht, daß auch Kognitionen als Verhalten und als Stimuli berücksichtigt wurden (Verhalten im weiteren Sinn; Kapitel 9). Auch Zwangsgedanken können den Charakter von Fluchtverhalten haben und zu einer Reduktion von Angst und Erregung führen. Rachman (1978) bezeichnete das offene wie auch das verdeckte (kognitive) Fluchtverhalten als Neutralisierung (Nr. 4 in Tabelle 22.1). Eine Patientin, die befürchtete, verrückt zu sein (sich aufdrängender Zwangsgedanke, Nr. 2 a) mußte sich beispielsweise immer wieder mit dem Gedanken beruhigen, daß sie doch gesund sei, daß es doch keine Hinweise für eine Psychose gäbe, oder sie mußte nach Erklärungen suchen, weswegen sich dieser Gedanke, verrückt zu sein, bei ihr jetzt eingestellt hat.

Gedanken – nicht nur Objekte und Situationen – können außerdem Angst und Beunruhigung auslösen (Rachman, 1971, 1976, 1978). Auch bei Patienten mit Zwangshandlungen kommt es in der Regel in den kritischen Situationen zunächst zu Zwangsgedanken oder Zwangsimpulsen, die Angst auslösen.

Eine entscheidende Frage ist, weswegen die Zwangsgedanken und Zwangshandlungen eigentlich persistieren und sich immer wieder und jeweils über längere Zeiträume aufdrängen. Mit angstauslösenden Stimuli wird die Person immer wieder konfrontiert. Aber warum kommt es nicht zu einer Löschung der konditionierten Angstreaktion auf diese Stimuli, wo doch die „Katastrophe" ausbleibt oder anders gefragt: Weswegen kommt es nicht zu einer Habituation der Angtsreaktion? Nach der Zwei-Faktoren-Theorie behalten die äußeren oder inneren Stimuli ihre angstauslösende Funktion, weil das nachfolgende Fluchtverhalten (die Neutralisierung) eine Löschung verhindert. Der Patient verbleibt nicht lang genug in der kritischen Situation – der wesentliche Grund für die Indikation von Reizkonfrontationsverfahren, bei denen genau das bewirkt wird.

Damit wäre jedoch höchstens erklärt, weswegen die Zwangsstörung nicht von alleine verschwindet. Doch warum werden Zwangsgedanken und Zwangshandlungen, wenn sie auftreten, über längere Zeit immer wieder ausgeführt, bis die Person eventuell erschöpft ist? Der wesentliche Grund wird – scheinbar paradox – in den Neutralisierungsbemühungen gesehen:

Daß sich „verrückte" Gedanken aufdrängen und auch einige Zeit persistieren können, ist ein alltägliches Phänomen. Der Gedanke, jemanden beim Autofahren verletzen oder sich beim Besuch einer öffentlichen Toilette infizieren zu können, kann gelegentlich bei jedem Menschen auftreten, allerdings ohne daß ihn das notwendigerweise weiter berührt und er Gegenmaßnahmen ergreifen muß. Horowitz (1975) hat in verschiedenen Untersuchungen zeigen können, daß sich solche aufdringlichen Gedanken um so eher einstellen, wenn die Person Streß ausgesetzt ist oder wenn sie sich im Zustand einer intensiven negativen Stimmung, etwa Angst und Traurigkeit, befindet.

Genau dies ist bei den typischen Zwangsgedanken gegeben: Wenn aufdringliche Gedanken Angst auslösen, werden dadurch emotionale Bedingungen geschaffen, die ein weiteres Persistieren der aufdringlichen Gedanken wahrscheinlich machen. Ein Persistieren ist also vor allem bei Gedanken zu erwarten, die zu negativen Emotionen führen.

Hinzu kommt, daß auch die Bemühungen zur Neutralisierung, also die Zwangsrituale oder die gedanklichen Neutralisierungsbemühungen, paradoxerweise dazu beitragen, daß sich die Zwangsgedanken weiter aufdrängen. Das liegt daran, daß das Bemühen, einen bestimmten Gedanken nicht zu denken („Denke *nicht* an einen Eisbären!") genau diesen Gedanken provoziert (Wegner et al., 1987). Damit bleibt auch der dadurch ausgelöste unangenehme emotionale Zustand, in der Regel die Angst, weiter bestehen; er wird sogar stabilisiert (Salkovskis, Westbrook, Davis, Jeavons & Gledhill, 1989, zitiert nach Salkovskis, 1989).

Es wird demnach ein Zirkelprozeß angenommen: Bestimmte aufdringliche Gedanken (2 a) führen zu Angst (3.). Dadurch wird die Auftretenswahrscheinlichkeit aufdringlicher Gedanken wiederum erhöht, zum einen unmittelbar durch den emotionalen Zustand selbst, zum anderen mittelbar durch die „ineffektiven" Neutralisierungsbemühungen (4.), die gerade wieder an den Zwangsgedanken erinnern.

Entscheidend ist demnach, daß die aufdringlichen Gedanken Angst (oder andere negative Emotionen) auslösen. Bei Personen, die etwa der sich aufdrängende Gedanke „Ich könnte jetzt einen Unfall provozieren!" relativ gleichgültig läßt, wird der unheilvolle Aufschaukelungsprozeß nicht in Gang kommen. Weshalb also bei manchen Menschen diese Angstreaktion?

In der Zwei-Faktoren-Theorie wird ein Konditionierungprozeß angenommen, durch den die Angst zu einer konditionierten emotionalen Reaktion auf den (konditionierten) Stimulus geworden ist. Doch dieser Teil der Zwei-Faktoren-Theorie ist weniger bestätigt (s. auch in den Kapiteln zur Agoraphobie und zur spezifischen Phobie). Alternative Erklärungsansätze für diese Frage kommen vor allem aus kognitiven Theorien, nach denen das Auftreten von Emotionen wesentlich durch Kognitionen bestimmt wird.

Carr (1974) betont in ihrer Theorie, daß Zwangspatienten Gefahren stärker erleben, da sie die Gefährlichkeit der Folgen und vor allem deren Auftretenswahrscheinlichkeit (Kognitionen der Ergebniserwartung) überschätzen. Ähnlich betonen McFall und Wollersheim (1979) im Anschluß an die Streßtheorie von Lazarus (1974), daß Zwangspatienten aufgrund irrationaler Überzeugungen die Situation als bedrohlicher einschätzen (primary appraisal). Außerdem gibt es jedoch nach McFall und Wollersheim auch Überzeugungen, die die sekundäre Einschätzung, was der Patient selbst tun könne, um diese Bedrohung zu bewältigen, beeinträchtigen.

Salkovskis (1985, 1989) orientiert sich in seiner kognitiven Theorie an der kognitiven Angsttheorie von Beck (1979; Beck, Emery & Greenberg, 1985). Zentrale Annahme der kognitiven Angsttheorie ist, daß erst durch die sich in einer Situation aufdrängenden „automatischen Gedanken" diese in einer bestimmten Art und Weise wahrgenommen wird, so daß aversive, bedrohliche Aspekte in den Vordergrund treten. Die aktuell sich aufdrängenden automatischen Gedanken sind selbst zurückzuführen auf überdauernde, irrationale Denkschemata (vgl. Kapitel 11).

Salkovskis sieht diesen Mechanismus auch für die Angstauslösung durch aufdringliche Gedanken als verantwortlich an. Der aufdringliche Gedanke ist der Stimulus, die Situation (2a in Tabelle 22.1); erst wenn zu dieser Situation (dem aufdringlichen Gedanken) bestimmte automatische Gedanken der Interpretation und Bewertung (2b) hinzukommen, resultiert Angst.

Wichtig ist die Unterscheidung zwischen aufdringlichen und automatischen Gedanken vor allem deshalb, weil sich eine Hinterfragung im Rahmen einer kognitiven Therapie nur auf die automatischen Gedanken richten darf, nicht hingegen auf die sich aufdrängenden Gedanken; die hinterfragt der Patient selbst bereits ständig und versucht, auch andere zu Stellungnahmen zu bewegen.

Salkovskis (1985) unterscheidet die beiden Typen von Gedanken – aufdringliche Gedanken und automatische Gedanken – anhand formaler Merkmale: Der aufdringliche Gedanke ist für die Person leicht zugänglich, also sofort erkennbar, und wird als aufdringlich, als irrational und vor allem als inakzeptabel im Hinblick auf das eigene Überzeugungssystem (egodystonisch) erlebt. Demgegenüber sind automatische Gedanken oft für die Patienten nur schwer zugänglich und erkennbar; sie stellen sich oftmals ein, ohne daß dies unmittelbar bewußt ist. Von daher werden sie auch nicht als aufdringlich erlebt. Sie erscheinen der Person als rational (obwohl sie das objektiv gesehen in der Regel nicht sind) und als konsistent zum eigenen Überzeugungssystem (egosystonisch).

Neben diesen formalen Unterschieden lassen sich auch inhaltliche Unterschiede feststellen, die mit Hilfe der in Kapitel 11 unterschiedenen Kategorien veranschaulicht werden können. Bei den aufdringlichen Gedanken handelt es sich um **Situationsbeschreibungen**: Irgend etwas ist passiert (z. B. Dinge stehen nicht an ihrem Platz, ,,Ich habe eine bestimmte Krankheit!") oder ich habe irgend etwas getan (z. B. ich habe jemanden infiziert, ich habe vergessen, das Gas abzudrehen) bzw. es handelt sich um **Situationserwartungen**, daß in Kürze irgend etwas passieren wird oder ich in Kürze ungewollt irgend etwas tun werde, z. B. meine Kinder verletzen.

Die automatischen Gedanken betreffen hingegen zumeist die **Ergebniserwartungen**: Der Patient malt sich aus, daß das eingetretene oder unmittelbar bevorstehende Ereignis äußerst negative Konsequenzen haben wird: einen Schaden für sich und andere, Verlust oder Schuld. Hinzu kommt eine zweite inhaltliche Kategorie: Die **Attribuierung** dieser Folgen auf die eigene Person, auf das eigene Verhalten: Daß diese Verletzungen, Schädigungen, Verluste und ähnliches eintreten werden, liegt an mir, an meinem Verhalten, liegt daran, daß ich dies jetzt getan oder auch nur gedacht habe. Diesen Aspekt hat Salkovskis besonders betont: die Überzeugung, selbst verantwortlich zu sein und folglich etwas gegen die Gefahr unternehmen zu müssen – eben das Neutralisierungsverhalten.

Daß diese automatischen Gedanken aktuell auftreten, liegt wiederum an bestimmten **überdauernden** irrationalen Überzeugungen, für die Salkovskis (1985, S. 579) folgende Beispiele nennt:
,,1. An ein Verhalten zu denken ist das gleiche, wie es zu tun;
  2. Nicht verhindern können (oder dies nicht versucht haben), sich selbst oder andere zu schädigen, ist das gleiche, als ob man jemanden geschädigt hat;
  3. Es gibt nichts, was Verantwortung verringern könnte;
  4. Einen Zwangsgedanken nicht zu neutralisieren ist das gleiche, als wenn man den entsprechenden Schaden herstellen will;
  5. Man sollte (und kann) seine eigenen Gedanken kontrollieren."

Der Zirkelprozeß, der zu persistierenden Gedanken und Ritualen führt, ist durch diese Theorie um eine Komponente erweitert und insofern differenziert worden: Spontan oder – nach einiger Zeit zunehmend – in bestimmten Situationen treten Zwangsgedanken (Zwangsvorstellungen, Zwangsimpulse) im Sinne aufdringlicher Gedanken auf. Aufgrund überdauernder irrationaler Überzeugungen führen diese aufdringlichen Gedanken zu interpretierenden und bewertenden automatischen Gedanken (dies ist der Beitrag der kognitiven Theorie), so daß es zu Angst oder anderen aversiven Emotionen kommt. Dies ruft offene oder verdeckte Neutralisierungsbemühungen auf den Plan, die jedoch ineffektiv sind, sogar die aufdringlichen Gedanken immer wieder „anstoßen". Manchmal ist in die Neutralisierungsbemühungen ein „Stoppbefehl" eingebaut, z. B. die Rituale in einer festgelegten Häufigkeit durchzuführen. Doch oft können Patienten diesen Zirkelprozeß erst dann abbrechen, wenn sie vor lauter Erschöpfung die Neutralisierungen nicht weiter durchführen können.

C. Diagnostik und Indikation

Vordringliche diagnostische Aufgabe des Therapeuten ist es, die auffälligen Verhaltensweisen des Patienten den vier bzw. fünf Verhaltenskategorien von Problemverhalten entsprechend Tabelle 22.1 zuzuordnen bzw. für diese Kategorien im Einzelfall Beispiele und Belege zu finden.

Im Sinne der **Verhaltensanalyse** ist von der Hypothese auszugehen, daß die Neutralisierungen (Nr. 4) Fluchtverhalten sind, das zu Angstrückgang oder zur Abschwächung anderer aversiver Emotionen führt, und daß die aktive Vermeidung (Nr. 1) von vornherein das Auftreten emotionsauslösender Stimuli (Situationen, Gegenstände, Gedanken) unwahrscheinlicher macht oder ihre Wirkung abschwächt.

Die aufdringlichen Zwangsgedanken (Nr. 2a) sind in der Regel der Kategorie „Situationswahrnehmung und Situationserwartung" der **Kognitionsanalyse** zuzuordnen, die automatischen Gedanken den Kategorien „Ergebniserwartung" und vor allem „Kompetenzerwartung/Reaktionserwartung".

Als effektive Therapieverfahren haben sich in vielen Untersuchungen die Reizkonfrontation, verbunden mit Reaktionsverhinderung, erwiesen. Erste Untersuchungen von Emmelkamp, Visser und Hoekstra (1988) und Emmelkamp und Beens (1991) haben auch für eine kognitive Therapie im Sinne der Rational-Emotiven Therapie ähnliche Erfolgsquoten erbracht.

Die verschiedenen Verfahren setzen an unterschiedlichen Interventionspunkten an; daraus lassen sich Grundsätze für die Indikation ableiten:
– Reizkonfrontation bezüglich der angstauslösenden Stimuli; das gilt auch für die angstauslösenden Zwangsgedanken (Nr. 2 in Tabelle 22.1);

- Reaktionsverhinderung von Vermeidungsverhalten (Nr. 1) und von Neutralisierungsversuchen (Nr. 4): sowohl der offenen Zwangsverhaltensweisen als auch der gedanklichen Neutralisierungsbemühungen;
- Kognitive Therapie bezüglich der automatischen Gedanken und der zugrundeliegenden überdauernden Überzeugungen (Nr. 2 b), nicht jedoch bezüglich der sich aufdrängenden Gedanken (2 a).

Wie geschildert, hat die Stimmungslage Einfluß auf das Auftreten von Zwangsgedanken. Als Prognosevariable für eine weniger erfolgreiche Behandlung gilt nach Ergebnissen von Foa (1979) das Ausmaß der Depression des Patienten, doch die Ergebnisse nachfolgender Untersuchungen sind widersprüchlich (zusammenfassend Keijsers, Hoogduin & Schaap, 1994). Die Intensität und Häufigkeit von Zwängen ist höher, wenn der Patient sich in einer depressiven Stimmungslage befindet. Daher sollte bei einem Patienten, bei dem zusätzlich eine Depression diagnostiziert wurde, nach Möglichkeit zunächst diese behandelt werden.

Bei Zwangspatienten, die depressiv sind, scheint auch eine anfängliche unterstützende Behandlung mit trizyklischen Antidepressiva angezeigt. Nach einer Verbesserung der Stimmungslage sind die Patienten eher bereit, Konfrontationsübungen durchzuführen (Marks et al., 1980).

Nach Ergebnissen von Minichiello, Baer und Jenike (1987) ist die verhaltenstherapeutische Behandlung bei Patienten mit einer zusätzlichen schizotypischen Persönlichkeitsstörung (DSM III R: 301.22) signifikant weniger erfolgreich.

D. Therapiemethoden

Reizkonfrontation und Reaktionsverhinderung zur Behandlung von Zwangsverhalten

Die erfolgreichste Methode zur Behandlung von Patienten mit Zwangshandlungen ist die *in vivo*-Reizkonfrontation, verbunden mit Reaktionsverhinderung, die auf die Arbeiten von Meyer zurückgeht (Meyer, Levy & Schnurer, 1974). Reizkonfrontation bezieht sich auf die angstauslösenden Situationen und Stimuli. Dazu zählen auch Zwangsgedanken (s. unten).

Um die in diesen Situationen ausgelöste Angst aufrechtzuerhalten, sind alle Bemühungen zur Neutralisierung, also die Zwangsrituale, vollständig zu verhindern. Das gilt auch für verdeckte, kognitive Neutralisierungsversuche.

Aufgrund der Forschungsergebnisse lassen sich in Anlehnung an Emmelkamp, Bouman und Scholing (1993) folgende Regeln für die Durchführung dieser Behandlung aufstellen:

1. Die Behandlung sollte sowohl Konfrontation mit den angstauslösenden Stimuli als auch die Reaktionsverhinderung des Zwangsverhaltens beinhalten; jede Methode für sich alleine ist weniger wirksam.

2. Graduierte *in vivo*-Konfrontation in Stufen zunehmender Schwierigkeit ist – anders als bei der Agoraphobie – ebenso effektiv wie sofortige massierte Konfrontation mit der am meisten Angst auslösenden Situation. Da eine graduierte Durchführung für den Patienten weniger belastend ist, sollte sie vorgezogen werden. Zu diesem Zweck sollten zu Beginn der Behandlung Patient und Therapeut eine umfassende Sammlung aller Situationen und Gegenstände vornehmen, in deren Gegenwart es zu Angst und zur Ausführung von Zwangsritualen kommt. Der Therapeut konstruiert dann *in vivo* Aufgaben, die möglichst sowohl die Konfrontation mit der beunruhigenden oder belastenden Situation als auch das Element der Reaktionsverhinderung umfassen. Diese Übungsaufgaben – gegebenenfalls auf jeweils einem Kärtchen notiert – werden nun vom Patienten mit Hilfe des Angstthermometers beurteilt, wobei 0 keine Angst bedeutet und 100 extreme Panik. Falls nicht Angst, sondern Unruhe, Verunsicherung oder andere aversive Emotionen beteiligt sind, ist die Skalierung entsprechend für diese Emotionen vorzunehmen.

Aufgrund dieser Ergebnisse wird nun eine Hierarchie der Aufgaben erstellt. Die Behandlung beginnt mit den Übungsaufgaben, die vergleichsweise wenig belastend sind.

3. Vor Beginn der eigentlichen Übungen muß sichergestellt sein, daß der Patient die Wirkungsweise der Methode vollkommen verstanden hat, vor allem, daß er durch sein Vermeidungsverhalten und sein neutralisierendes Zwangsverhalten die Ängste und damit sein Problem aufrechterhält. Nach Untersuchungen von Emmelkamp (Emmelkamp & Kraanen, 1977; Emmelkamp et al., 1988) ist es besser, wenn der Patient die Übungen selbständig in seiner natürlichen Umgebung durchführt, ohne Anwesenheit des Therapeuten. Vor allem bei Nachuntersuchungen scheinen die Ergebnisse besser zu sein als wenn die Übungen grundsätzlich zusammen mit dem Therapeuten oder auch mit anderen Personen, z. B. Angehörigen, durchgeführt werden.

Das gilt im besonderen für Patienten mit Kontrollzwängen. Die Anwesenheit des Therapeuten oder einer dritten Person kann den Effekt haben, daß die Verantwortlichkeit, ob nun tatsächlich hinreichend kontrolliert wurde, an diese Person abgetreten wird. (Overholser, 1991, schlägt eine Sprechfunkverbindung zwischen Therapeut und Patient vor.)

4. Vor allem zu Beginn können jedoch Sitzungen zusammen mit dem Therapeuten durchgeführt werden. Durch Modellvorgaben kann der Therapeut dem Patienten genauer demonstrieren, wie die Konfrontation mit dem

Angststimulus aussehen sollte (z. B. selbst in einen Mülleimer fassen). Dies scheint jedoch nicht notwendig zu sein; Modellernen hat keinen zusätzlichen therapeutischen Effekt (anders als ursprünglich vermutet).

5. Die Konfrontation mit der belastenden Situation muß längere Zeit andauern (etwa zwei Stunden), bis sich die Angst reduziert bzw. die Stimmung des Patienten verbessert und der Druck zur Ausübung der Rituale zumindest teilweise nachgelassen hat. Mehrmalige kurze Expositionen von etwa 10 Minuten Dauer haben sich eindeutig als weniger effektiv erwiesen als eine längere kontinuierliche Exposition (Rabavilas et al., 1976).

Entscheidend ist, daß während der gesamten Dauer die Person gehindert wird, die Rituale oder andere neutralisierende Verhaltensweisen auszuführen, denn es ist wichtig, daß tatsächlich Angst entsteht (Kozak, Foa & Steketee, 1988). Bei Reinigungszwang muß sich der Patient dem von ihm erlebten Schmutz und den verseuchten oder infizierten Gegenständen aussetzen, sie ausführlich mit den Händen oder anderen Körperteilen berühren, ohne daß er sich waschen oder reinigen darf. Später muß dann eine weitere Übung hinzukommen, wie er ohne rituelle Übungen sich wäscht oder andere Gegenstände reinigt, z. B. nur einmaliges gründliches Einseifen der Hände.

Beim Kontrollzwang darf der Patient nur einmal kontrollieren (z. B. ob die Tür verschlossen ist) und muß dann über längere Zeit hinweg ohne weitere Kontrollversuche in der entsprechenden Situation verweilen, z. B. sich von seiner Wohnung entfernen.

Beim zwanghaften Sammeln muß der Patient alle überflüssigen Gegenstände wegwerfen. Bei zwanghafter Ordnungsliebe soll der Patient die entsprechenden Gegenstände seiner Umgebung in Unordnung bringen, z. B. Bilder schief hängen oder Möbel verrücken und dies über eine längere Zeit, etwa bis zur nächsten Behandlungssitzung, nicht korrigieren. Bei zwanghaftem Zweifel sind Entscheidungssituationen herbeizuführen, der Patient darf jedoch die einmal getroffene Entscheidung nicht mehr zurücknehmen.

6. Sofern der Therapeut oder andere Personen anwesend sind, dürfen sie auf keinen Fall den Patienten beruhigen oder ihm vergewissern, daß sein Verhalten richtig oder ausreichend sei. Es muß vorher genau festgelegt sein, welche Verhaltensweisen der Patient ausführen muß und welche er gerade nicht ausführen darf. Die Suche nach Entlastung und Beruhigung ist in der Regel ein neutralisierendes Verhalten, das durch entsprechendes Entgegenkommen des Therapeuten verstärkt würde.

7. Auch eine Reizkonfrontation auf Vorstellungsebene hat sich bei der Behandlung von Zwangspatienten als etwa gleich gut herausgestellt. Das gilt vor allem für Patienten mit Kontrollzwängen (Foa et al., 1980, 1985).

8. Eine Häufung von mehreren Konfrontationssitzungen pro Woche ist nicht effektiver als etwa zwei wöchentliche Konfrontationssitzungen (Emmelkamp, Bouman & Scholing 1993). Es reicht daher, mit dem Patienten zu vereinbaren, daß er etwa zweimal pro Woche die vereinbarten Übungen für

anderthalb oder zwei Stunden ununterbrochen durchführt. Entsprechend ist auch eine ambulante Behandlung in der Regel genauso effektiv wie eine stationäre Behandlung.

Behandlung von Zwangsgedanken

Auch für die knapp 20 % Patienten mit Zwangsstörungen, bei denen kein Zwangsverhalten, sondern „nur" Zwangsgedanken, Zwangsvorstellungen oder Zwangsimpulse auftreten, ist die Behandlung im Prinzip gleich. Der aversive Stimulus, mit dem der Patient konfrontiert werden muß, ist in solchen Fällen der Zwangsgedanke selbst (Nr. 2 a in Tabelle 22.1). Die Kognitionen, die gegebenenfalls zur Neutralisierung eingesetzt werden, müssen hingegen vermieden werden.

Besondere Probleme stellen sich insofern ein, als Kognitionen weniger gut gesteuert und kontrolliert werden können wie äußere Stimuli oder beobachtbare Verhaltensweisen. Um eine kontinuierliche, längere Zeit anhaltende Konfrontation mit dem angstauslösenden Gedanken zu gewährleisten, haben Emmelkamp und Kwee (1977) eine Methode vorgeschlagen, bei der – wie beim flooding in sensu – der Therapeut die Vorstellungen des Patienten durch kontinuierliche Instruktionen auf die entscheidenden Aspekte lenkt und ablenkende Neutralisierungen verhindert. Dazu sammelt der Therapeut die entsprechenden Informationen über die Zwangsgedanken und trägt dann, nachdem der Patient über das Verfahren ausführlich informiert worden ist, die Gedanken mit sachlicher Stimme vor. Der Patient soll sich nur auf die vorgetragene Szene konzentrieren und nicht auf neutralisierende Gedanken ausweichen. Gewählt wird – anders als bei der Konfrontation in vivo – von vornherein ein massiver Zwangsgedanke. Die Instruktionen durch den Therapeuten werden solange fortgeführt, bis eine Habituation der Angst und Erregung festzustellen ist. Dies kann längere Zeit dauern. Eine in sensu-Konfrontation über anderthalb Stunden hinaus ist jedoch für den Patienten (und sicherlich auch für den Therapeuten) nicht möglich.

Während der Konfrontation kann der Therapeut, nachdem ein erster Angstrückgang festzustellen ist, gewisse Variationen vornehmen und auch den Patienten selbst die Zwangsgedanken laut formulieren lassen. Es ist jedoch darauf zu achten, daß nach jeder Variation noch ausreichend Zeit für die Habituation bleibt.

Um den Verlauf der Angst festzustellen, wird der Patient alle paar Minuten gebeten, die Angst auf dem Angstthermometer einzuschätzen. Ansonsten sind Unterbrechungen der imaginären Konfrontation nicht erlaubt.

Salkovskis und Kirk (1989) schlagen eine andere Variante vor: Der Patient muß entweder die gesammelten Zwangsgedanken laut formulieren, wiederholt aufschreiben oder auf Tonband sprechen und sich immer wieder dieses Band in einer Endlosschleife anhören. (Tonkassetten mit Endlosschleifen sind im Handel erhältlich.)

Die Präsentation eines einzelnen Zwangsgedanken soll etwa 30 Sekunden dauern. Zu Beginn soll sich der Patient etwa zehnmal diesen Gedanken vom Tonband anhören. Danach wird besprochen, ob es zu irgendwelchen neutralisierenden Gedanken gekommen ist, um gegebenenfalls den Text etwas zu verändern. Nach dieser Probephase erfolgt die Konfrontation über längere Zeiträume, wobei ebenfalls jeweils nach einigen Minuten der Patient gebeten wird, die Angst einzuschätzen. Zu Hause soll der Patient diese Übungen möglichst zweimal täglich für jeweils etwa eine Stunde wiederholen, mindestens so lange, bis die Angst auf etwa die Hälfte abgesunken ist. Entscheidend ist, daß jegliche Neutralisierungsversuche ausbleiben.

Wenn der Patient ein Band ohne nennenswerte Angst anhören kann, wird das Verfahren mit einem zweiten Zwangsgedanken wiederholt. Danach kommt es meistens zu Generalisierungen auch auf andere Zwangsgedanken.

Emmelkamp, Bouman und Scholing (1993) raten von der Verwendung von Tonbändern ab, doch einen empirischen Vergleich dieser beiden Vorgehensweisen gibt es bislang nicht.

Gedankenstopp

Die erste, von Wolpe (1958) vorgeschlagene Methode zur Behandlung von Zwangsgedanken ist das Gedankenstoppen. Nach einer Übersicht von Emmelkamp (1987) hat sich dieses Verfahren allerdings bislang als nur wenig erfolgreich erwiesen. Von daher sollte es nur angewendet werden, wenn das konfrontative Verfahren nicht möglich oder nicht erfolgreich ist.

Beim Gedankenstopp soll der Patient lernen, Kontrolle über seine Zwangsgedanken zu bekommen. Nachdem die Methode erklärt ist, wird der Patient gebeten, sich seinen typischen Zwangsgedanken vorzustellen und laut zu äußern. Sobald der Patient den Gedanken klar formuliert hat, ruft der Therapeut laut „stopp!", schlägt mit der Hand auf den Tisch oder macht mit anderen Hilfsmitteln ein sehr lautes Geräusch. Der Patient wird auf Befragen erklären, daß der Gedanke unmittelbar danach verschwunden war. Der Therapeut erklärt dem Patienten daraufhin, daß er lernen könne, nach diesem Prinzip selbst seine Gedanken zu stoppen. Dazu solle er auf die Dauer nicht mehr laut „stopp" sagen, sondern nur noch leise, später sogar nur noch das Wort „stopp" denken oder sich zum Beispiel ein Stoppschild vorstellen. Allerdings ist es dazu notwendig, daß der Patient diese Methode übt. Sobald der Zwangsgedanke deutlich präsent ist, ruft der Patient zunächst selbst laut stopp und denkt unmittelbar anschließend einen eher angenehmen Alternativgedanken, der zuvor ab-

gesprochen wurde. Nach mehreren Übungen soll sich der Patient den Stoppbefehl nur noch leise geben, anschließend nur noch in Gedanken. Die Übungen
sollen regelmäßig zu Hause weitergeführt werden.

Kognitive Therapie

Emmelkamp, Visser und Hoekstra (1988) und Emmelkamp und Beens (1991)
haben erfolgreich Rational-Emotive Therapie nach Ellis (1977) eingesetzt. Salkovskis (1985) und van Oppen und Arntz (1994) empfehlen eine kognitive
Therapie im Sinne von Beck, wobei die automatischen Gedanken (Nr. 2b in
Tabelle 22.1) und die ihnen zugrundeliegenden Überzeugungen sowohl zur
Katastrophisierung als auch zur Überschätzung der eigenen Verantwortlichkeit
zu hinterfragen sind. Van Oppen und Arntz (1994) zitieren eine bislang unveröffentlichte Arbeit von van Oppen und anderen, nach deren vorläufigen
Daten auch die kognitive Therapie im Sinne Becks zu gleich guten Ergebnis-
sen führt wie die Konfrontationsbehandlung mit Reaktionsverhinderung.

Varianten der Methoden und Kombinationen

1. Nicht immer führen die Zwangsrituale oder die zwanghaften Neutralisie-
   rungsgedanken zu einer Reduktion von Angst vor einer tatsächlichen oder
   vermeintlichen Bedrohung. Emmelkamp (1982) beschreibt Fälle, in denen
   soziale Ängste und Selbstunsicherheit eine Rolle spielen und die Zwänge
   dazu dienen, sich aus sozialen Situationen zurückzuziehen. Hier ist also
   nicht oder nicht nur Angstreduktion der Verstärker, sondern es gibt auch
   andere (negative) Verstärker. Bei solchen Patienten scheint die Durchführung eines Selbstsicherheitstrainings bzw. die vorrangige Behandlung der
   sozialen Angst indiziert zu sein.
2. Auch Patienten mit Zwangsgedanken, sich selbst oder anderen Verletzungen
   zuzufügen oder sich oder andere umzubringen, sollten eventuell mit einem
   Selbstsicherheitstraining behandelt werden. Nach einer Hypothese von Emmelkamp und van der Heyden (1980) kommt es zu solchen Zwangsgedanken durch Zurückdrängen aggressiver Tendenzen und damit einhergehender
   Schuldgefühle. Durch ein Selbstsicherheitstraining soll der angemessene
   Umgang mit Kritik und Frustration bzw. mit eigenen Aggressionen trainiert
   werden. (Dieses Vorgehen war zumindest ebenso effektiv wie Gedankenstopp.)
3. Nicht Anxiolytika, sondern Antidepressiva haben sich für die medikamentöse Behandlung von Zwangsstörungen als zumindest kurzfristig effektiv
   erwiesen. Nähere Angaben zur medikamentösen Behandlung finden sich in
   Süllwold, Herrlich & Volk (1994).

Effektivität

Bis zur Entwicklung verhaltenstherapeutischer Verfahren galt die Zwangsstörung als psychotherapeutisch nicht behandelbar. Die Erfolgsrate der Reizkonfrontation mit Reaktionsverhinderung liegt bei etwa 75 % der Patienten, die die Behandlung beenden (Perse, 1988). Bei Patienten nur mit Zwangsgedanken, ohne Zwangshandlungen, sind die Erfolgsaussichten geringer.

Christensen und andere (1987) haben eine Metaanalyse der zwischen 1961 und 1984 veröffentlichten Behandlungsstudien vorgenommen. Einundsiebzig Untersuchungen konnten berücksichtigt werden, davon allerdings nur 27 Studien mit Voher-Nachher-Messungen. Für Reizkonfrontation *in vivo* mit Reaktionsverhinderung (allerdings nur eine Studie) wurde bezüglich der Zwangssymptomatik eine Effektstärke (Prä-Post-Vergleich) von 2.34 berechnet, für andere Studien, in denen Reizkonfrontation mit anderen Methoden kombiniert wurde (N = 12), eine Effektstärke von 1,25 und für Gedankenstopp (N = 2) eine recht geringe Effektstärke von 0,46. Die Behandlung mit trizyklischen Antidepressiva (N = 10) erbrachte eine mittlere Effektstärke von 1.41. Für die Konfrontationstherapien war die Effektstärke auch bei Katamnesen nach durchschnittlich 82 Wochen in etwa gleich geblieben. Für pharmakologische Studien war dieser Effekt nicht zu berechnen, weil es keine einzige Arbeit zum Langzeiteffekt gab. Bei den Konfrontationsbehandlungen brachen durchschnittlich 4,8 % der Patienten die Therapie vorzeitig ab, bei der medikamentösen Behandlung 12,2 %.

Cox et al. (1993) sammelten 25 neuere Studien, die zwischen 1975 und 1991 veröffentlicht wurden. Die von ihnen berichteten mittleren Effektstärken (Prä-Post-Vergleich) bezüglich der Zwangssymptomatik sind für Reizkonfrontation in etwa gleich (2,56), liegen jedoch für Clomipramin, ein Serotonin-Wiederaufnahme-Hemmer aus der Gruppe der trizyklischen Antidepressiva, mit 3,24 deutlich höher. Ein etwa gleich hoher Wert (3,45) wurde für Fluoxetine, ein strukturchemisch unterschiedliches bizyklisches Antidepressivum, das ebenfalls die Wiederaufnahme von Serotonin hemmt, gefunden. Auch hier sind allerdings die Abbruchraten bei der pharmakologischen Behandlung 2 bis 2,6fach so hoch wie bei der Konfrontationsbehandlung.

Auf längere Sicht verschwindet die Wirkung von Antidepressiva wieder. Eine Kombination von Konfrontationstherapie mit Clomipramin bewirkte nach einer Untersuchung von Marks und O'Sullivan (1988) eine Effektivitätssteigerung, die allerdings nur acht Wochen lang anhielt. Entsprechend haben O'Sullivan et al. (1991) zeigen können, daß der Erfolg einer Konfrontationsbehandlung auch sechs Jahre nach Beendigung der Therapie anhält und mit dem Übungsumfang der damaligen Konfrontation korreliert, während eine zusätzliche medikamentöse Behandlung keinen nachweisbaren Effekt hat.

Zur Effektivität der kognitiven Therapie im Sinne der Theorie von Salkovskis und Beck liegt eine erste Untersuchung von van Oppen und Kollegen (1995) vor: Sowohl Reizkonfrontation *in vivo* als auch kognitive Therapie erwiesen sich bei der Behandlung von Patienten mit Zwangsgedanken und Zwangshandlungen als effektiv, doch die Erfolge der kognitiven Therapie waren sogar noch etwas besser. Die mittlere Effektstärke (Prä-Post-Vergleich) für Reizkonfrontation betrug 1,14, für die kognitive Therapie 1,41.

Emmelkamp, Visser und Hoekstra (1988) hatten Reizkonfrontation mit Rational-Emotiver-Therapie nach Ellis verglichen und keinen Unterschied gefunden. In beiden Untersuchungen wurde als zentrales Meßinstrument die „Anxiety Discomfort Scale" verwendet, auf der für fünf zentrale Zwangsthemen das Ausmaß der Angst eingeschätzt wird. Die Effektstärke bezüglich dieses Maßes ist für Reizkonfrontation in beiden Studien fast identisch: 1.63 bzw. 1.76. Für die RET ist die Effektstärke in der Studie von Emmelkamp et al. mit 1.75 gleich hoch. Für die kognitive Therapie nach Beck/Salkovskis ist die Effektstärke in der Studie von van Oppen et al. mit 1.90 etwas höher.

Beziehungsgestaltung

Nach den Ergebnissen von Keijsers, Hoogduin und Schaap (1994) sind die Therapiemotivation des Patienten und die therapeutische Beziehung signifikante Prognosevariablen für eine erfolgreiche Therapie.

Manche Patienten schämen sich ihrer Zwangsgedanken und Impulse so sehr, daß sie auch dem Therapeuten gegenüber manches verschweigen. Das gleiche kann für das Ausmaß der Zwangshandlungen, z. B. des Sammelzwangs, gelten. Der Therapeut sollte geduldig und ohne Drängen den Patienten ermutigen, Auskunft zu geben. Beispielsweise kann er ansprechen, welch „schreckliche" Gedanken bei anderen Patienten mit Zwangsstörungen vorkommen und daß das für solche Störungen normal sei. Zwangsverhalten sollte sich der Therapeut nach Möglichkeit selbst ansehen und dazu gegebenenfalls auch den Patienten in seiner Wohnung aufsuchen.

E. Literaturempfehlung

Emmelkamp, P. M. G., Bouman, T. K. & Scholing, A. (1993). *Angst, Phobien und Zwang.* Göttingen: Verlag für Angewandte Psychologie.

Reinecker, H. S. (1991). *Zwänge. Diagnose, Theorien und Behandlungen.* Bern: Huber.

Salkovskis, P. M. & Kirk, J. (1989). Obsessional disorders. In K. Hawton, P. M. Salkovskis, J. Kirk, D. M. Clark (Eds.), *Cognitive-behavioural treatment for psychiatric disorders: A practical guide.* Oxford: Oxford University Press.

Kapitel 23

Posttraumatische Belastungsstörung

A. Beschreibung

ICD-10 Bezeichnung: F43.1 posttraumatische Belastungsstörung
DSM Bezeichnung: 309.89 (DSM IV: 309.81)
posttraumatische Belastungsstörung
(Posttraumatic Stress Disorder; siehe auch
zusätzlich im DSM IV: 308.3 Akute Streßstörung)
Andere Bezeichnungen: Traumatische Neurose, Streßreaktion,
posttraumatische Belastungsreaktion (DSM III)

Definition (nach DSM)

Entscheidendes Kriterium (Kriterium A) für die Diagnosestellung ist das Erleben oder Beobachten eines traumatischen Ereignisses, „das außerhalb der üblichen menschlichen Erfahrung" liegt und Tod oder eine ernsthafte Bedrohung des Lebens beinhaltet (z. B. Naturkatastrophen, schwere Autounfälle, Gewaltverbrechen, Unfall eines nahen Verwandten) oder die physische Unversehrtheit der Person oder anderer Personen bedroht (z. B. Entführungen, Vergewaltigung, bei Kindern aber auch sexueller Mißbrauch ohne Gewaltanwendung).

Im DSM IV ist eine zusätzliche Bedingung eingeführt worden: Der Betroffene erlebt in der Situation starke Angst, Hilflosigkeit oder Schrecken. Bei Kindern kann sich die Belastung auch in desorganisiertem oder agitiertem Verhalten äußern.

Das zentrale Symptom ist das beständige Wiedererleben des traumatischen Ereignisses in mindestens einer der folgenden Formen (Kriterium B):
1. wiederholt sich aufdrängende Erinnerungen an das Ereignis;
2. wiederkehrende, stark belastende Träume;
3. plötzliche Handlungen oder Gefühle, als ob das traumatische Ereignis wiedergekehrt wäre;
4. intensives Leiden (mit psychischen und

5. physiologischen Reaktionen) nach Konfrontation mit internen oder externen Reizen, die einem Aspekt des traumatischen Ereignisses ähneln, es symbolisieren oder an es erinnern.

Hinzu kommt ein anhaltendes Vermeiden von Reizen, die mit dem Trauma assoziiert sind, oder eine Einschränkung der allgemeinen Aktivitäten im Vergleich zur Zeit vor dem Trauma (Kriterium C); mindestens 3 der folgenden Symptome müssen zu beobachten sein:
1. Vermeidung entsprechender Gedanken, Gefühle oder Gespräche;
2. Vermeidung entsprechender Aktivitäten, Orte oder Personen;
3. Amnesie bezüglich wichtiger Aspekte des traumatischen Ereignisses;
4. vermindertes Interesse oder verminderte Beteiligung an wichtigen Aktivitäten (bei Kindern Entwicklungsrückschritte);
5. Gefühl der Distanziertheit und Entfremdung gegenüber anderen;
6. eingeschränkte Affektivität (z. B. Unfähigkeit, Liebe zu empfinden);
7. Gefühl einer düsteren Zukunftsperspektive, z. B. keine Hoffnung, Karriere machen, heiraten, Kinder haben oder lange leben zu können.

Kriterium D: Anhaltende Symptome erhöhter Erregung, die vor dem Trauma nicht bestanden haben (mindestens zwei der folgenden Symptome): (1) Ein- und Durchschlafstörungen; (2) Reizbarkeit oder Wutausbrüche; (3) Konzentrationsschwierigkeiten; (4) Hypervigilanz; (5) übertriebene Schreckreaktionen.

Das DSM-IV unterscheidet eine **akute** Form der Störung (Symptome dauern weniger als drei Monate an) von einer **chronischen** Form (Symptome dauern mehr als drei Monate an). Darüber hinaus kann die Störung **mit einem verzögerten Beginn** erst sechs oder mehr Monate nach dem Trauma auftreten.

Differentialdiagnose

Infolge eines Traumas können auch andere Störungen wie andere Angststörungen, Depressionen oder als Folge einer Verletzung organisch bedingte psychische Störungen auftreten. Sie sind gegebenenfalls zusätzlich zu diagnostizieren. Auszuschließen ist eine Anpassungsstörung, bei der definitionsgemäß ein weniger belastender Stressor vorliegt, der auch nicht außerhalb der normalen menschlichen Erfahrungen liegt. Außerdem fehlt bei der Anpassungsstörung das typische Wiedererleben des Traumas.

Epidemiologische Daten

Die Abhängigkeit der Störung von Ereignissen wie Naturkatastrophen oder Kriegen führt zu schwankenden Schätzungen der Auftretenshäufigkeit. Im

DSM IV wird die Lebenszeitprävalenz mit 1 % bis 14 % angegeben. In Risikopopulationen, z. B. bei Kriegsveteranen oder Opfern von Gewaltverbrechen, beträgt die Prävalenz 3 % bis 58 % (McGuire, 1990).

Verlauf/Prognose

Die Störung kann unabhängig vom Alter der Betroffenen auftreten. Üblicherweise bilden sich die Symptome unmittelbar oder mit kurzer zeitlicher Verzögerung nach dem belastenden Ereignis heraus (in der Regel innerhalb von 3 Monaten). Es ist jedoch auch möglich, daß sich erst Jahre später, etwa nach Beendigung der Berufstätigkeit, die Symptome, vor allem das Wiedererleben des Traumas, einstellen. Während der Latenzzeit war aber in der Regel Vermeidungsverhalten zu beobachten.

Die Art der Symptome und die relative Dominanz von Übererregung, Vermeidung und Wiedererleben des Traumas können im Störungsverlauf variieren.

Auch die Dauer der Symptome ist interindividuell variabel. Bei der Hälfte der Betroffenen bilden sich die Symptome innerhalb von drei Monaten vollständig zurück, bei anderen persistieren sie über einen Zeitraum von 12 Monaten oder länger.

Komorbidität

Das Risiko für folgende Störungen kann erhöht sein: Panikstörungen, Agoraphobie, Soziale Phobie, Spezifische Phobien, Major Depression, Somatisierungsstörungen und Störungen in Verbindung mit Medikamenten-, Drogen-, Alkoholmißbrauch oder -abhängigkeit. Vielfach sind solche Störungen bereits vor Beginn der posttraumatischen Belastungsstörung vorhanden. Auch Persönlichkeitsstörungen sind bei einem Großteil der Patienten festzustellen, vor allem Borderline, zwanghafte, selbstunsichere und paranoide Persönlichkeitsstörungen (Southwick, Yehuda & Giller, 1993).

Methoden der Verhaltensmessung

Bislang liegen im deutschsprachigen Raum noch keine gängigen Instrumente vor. In Forschungsprojekten des englischsprachigen Raums werden häufig die „Impact of Event Scale (IES)" von Horowitz, Wilner und Alvarez (1979) oder die „PTSD Symptom Scale (PSS)" von Foa, Riggs, Dancu und Rothbaum (1993) zur Messung der Symptomatik verwendet.

B. Störungstheorien

Bereits seit dem 19. Jahrhundert gibt es in der Fachliteratur Berichte, daß sich bei manchen Menschen nach dem Erleben von Kriegsereignissen oder Naturkatastrophen erhebliche psychische Störungen einstellen können (Ramsay, 1990). In der ersten Fassung des DSM von 1952 – die Zeit des Koreakrieges – wurde bereits die Kategorie „gross stress reaction" eingeführt, die im DSM-II von 1968 wieder aufgegeben wurde. Erst im DSM-III wurde aufgrund der Erfahrungen mit Veteranen aus dem Vietnamkrieg die Kategorie „Posttraumatische Belastungsreaktion" bzw. mit dem DSM-III-R die „posttraumatische Belastungsstörung" eingeführt. Damit begann eine intensivere Erforschung dieser Störung.

Am Anfang dominierten vor allem Untersuchungen an Vietnamveteranen, während inzwischen in größerem Umfang auch Untersuchungen an Opfern von Verkehrsunfällen, Verbrechen, Vergewaltigungen, Attentaten oder Naturkatastrophen vorliegen. Trotz einer äußerst intensiven Forschungstätigkeit sind die vorliegenden Erkenntnisse und Theorien bislang empirisch weniger fundiert als die zu anderen Angststörungen. Dies sollte bei den folgenden Ausführungen mitbedacht werden.

Eine Besonderheit der posttraumatischen Belastungsstörung ist darin zu sehen, daß sie – anders als fast alle anderen psychischen Störungen – bereits durch ihre zentrale Ursache, ein Trauma, definiert ist. Doch durch das Erleben eines Traumas ist die Entstehung und Aufrechterhaltung dieser Störung noch keinesfalls hinreichend erklärt. Scott und Strandling (1994) stellen sogar in Frage, ob das Erleben eines außergewöhnlichen Traumas überhaupt eine notwendige Bedingung ist. Sie verweisen auf eine Reihe von Einzelfällen, in denen die typische Symptomatik einer posttraumatischen Belastungsstörung auftritt, ohne daß zu Beginn ein einmaliges, außergewöhnliches Ereignis stattgefunden hat. Die Patienten waren vielmehr eine gewisse Zeit massiver Streßbelastung (z. B. am Arbeitsplatz), die jedoch nicht außerhalb der „üblichen menschlichen Erfahrung" liegt, ausgesetzt.

Daß das Erleben eines Traumas (oder auch vielleicht das Erleben länger andauernden Streßes) zu Veränderungen bei der betroffenen Person führt, ist nicht verwunderlich. Solche Veränderung können grundsätzlich als Lernen beschrieben werden, und in diesem Falle ist vor allem das klassische Konditionieren als der zentrale Lernprozeß anzusehen (Keane, Zimering & Caddell, 1985). Grundlage für die meisten Theorien auch dieser Angststörung ist demnach die Zwei-Faktoren-Theorie von Mowrer (1939).

Zwei (zusammenhängende) Fragen bleiben jedoch durch diese Theorie unbeantwortet:

1. Weswegen bilden nicht alle Personen eine posttraumatische Belastungsstörung aus, selbst wenn sie genau das gleiche Trauma erlebt haben, und

2. weswegen kommt es zu einem andauernden Wiedererleben des Traumas?

Als eine erste Variable, die Unterschiede im Auftreten der Belastungsstörung erklären kann, ist die Intensität und Dauer der traumatischen Situation selbst zu nennen. Bei Vietnamveteranen hat sich als eine differenzierende Variable herausgestellt, wie lange ein Soldat Gefechten ausgesetzt war und wie intensiv diese waren (Frye & Stockton, 1982).

Neben dieser externalen Variable sind jedoch auch personbedingte Unterschiede festgestellt worden. Personen, in deren Familie psychische Störungen vorgekommen sind oder deren Kindheit belastet war, entwickeln mit deutlich größerer Wahrscheinlichkeit nach Konfrontation mit einem Trauma eine posttraumatische Belastungsstörung (Foy et al., 1987; zusammenfassend Ramsay, 1990; Jones und Barlow, 1990). Jones und Barlow (1990) nehmen daher eine besondere Vulnerabilität nicht nur für die posttraumatische Belastungsstörung, sondern überhaupt für Angststörungen an (Barlow, 1988). Zum einen vermuten sie eine biologische, vermutlich vererbte Vulnerabilität im Sinne einer Hypersensibilität für Streß: Bestimmte Personen haben ein chronisch erhöhtes autonomes Erregungsniveau bzw. weisen eine noradrinerge Labilität auf. Neben dieser biologischen Prädisposition postulieren Jones und Barlow auch einen psychologischen Vulnerabilitätsfaktor: Vor allem solche Personen sind gefährdet, die dazu tendieren, aversive Ereignisse als unvorhersehbar und unkontrollierbar anzusehen.

Zu ähnlichen Ergebnissen kommen Untersuchungen, in denen weniger der differentialpsychologische Aspekt betont wird, sondern die Prozeßparameter, die an der Ausbildung oder dem Erlernen einer posttraumatischen Belastungsreaktion beteiligt sind. Ehlers und Steil (1995) nennen in ihrem Überblick verschiedene kognitive Faktoren, darunter zunächst ebenfalls die Unvorhersagbarkeit und Unkontrollierbarkeit. Dabei ist entscheidend, daß die Person das Ereignis als nicht kontrollierbar und nicht vorhersehbar **erlebt** (Foa, Zimbarg & Rothbaum, 1992). Solche Personen tendieren auch dazu, die Ursachen für das Trauma external zu attribuieren und selbst keine Bewältigungsmöglichkeiten zu sehen.

Eine zweite wichtige kognitive Variable ist das Ausmaß der wahrgenommenen Bedrohung. Nicht so sehr die tatsächliche Gefahr, als vielmehr die subjektiv wahrgenommene Bedrohung ist für die Entwicklung der Symptomatik entscheidend (Foa, Zimbarg & Rothbaum, 1992). Diese kognitive Variable hängt vermutlich mit dem erhöhten Erregungsniveau, dem biologisch begründeten Vulnerabilitätsfaktor nach Barlow (1988), zusammen.

Die vorläufige Antwort auf die Frage, weswegen nicht alle Personen auf traumatische Ereignisse mit den Symptomen der posttraumatischen Belastungsstörung reagieren, läßt sich demnach auf diese interindividuellen Verarbeitungsunterschiede zurückführen, die im übrigen durchaus im Einklang stehen mit den in biologischen Modellen formulierten Bedingungsvariablen (Jones & Barlow, 1990).

Bei genauerer Betrachtung des Verlaufs der posttraumatischen Belastungsstörung zeigt sich jedoch ein Phänomen, das damit noch nicht erklärt ist. In den ersten Wochen nach dem Erleben des Traumas zeigt die Mehrheit der Opfer von Verbrechen alle Anzeichen einer posttraumatischen Belastungsstörung (Kilpatrick & Resick, 1993; Rothbaum & Foa, 1993). Bei einer Mehrheit wiederum dieser Personen klingen die Symptome im ersten Jahr ab; nur ein gewisser Teil zeigt weiterhin die Symptome einer posttraumatischen Belastungsstörung. Es ist daher nicht nur zu erklären, wieso es bei manchen Menschen zur Entstehung oder Konditionierung entsprechender Belastungsreaktionen kommt, sondern es ist darüber hinaus zu klären, weswegen diese Symptome nicht wieder verschwinden, sondern bestehen bleiben.

Dieser Frage sind Ehlers und Steil (1995) in ihrem kognitiven Erklärungsversuch nachgegangen. Eine zentrale Rolle scheint das Wiedererleben des traumatischen Ereignisses zu spielen, das besonders herausstechende Symptom der posttraumatischen Belastungsstörung. Das Wiedererleben von belastenden Situationen wird allgemein als ein wesentliches Merkmal der emotionalen Verarbeitung (emotional processing) angesehen (Rachman, 1980; Horowitz, 1976; Foa et al., 1989). Nach kognitiven Theorien wird durch dieses Wiedererleben das Trauma in die verschiedenen kognitiven Schemata eingebunden, oder es werden neue Schemata in bezug auf das traumatische Erleben gebildet (Horowitz, 1976). Auf der Basis des Netzwerkmodells der Emotionen von Lang (1978) haben Foa und Kozak (1986) vermutet, daß für eine Veränderung der kognitiven Schemata von Emotionen dieses Schema voll aktiviert sein muß, einschließlich seiner emotionalen Komponente. Wiedererleben wäre demnach eine notwendige Bedingung für die kognitive Bearbeitung oder das Umstrukturieren von belastenden Situationen.

Bei den meisten Menschen führt das Wiedererleben zu der erwünschten Verarbeitung der Emotion, zur Integration neuer Informationen und damit zu einem allmählichen Abklingen der Symptomatik; bei manchen Patienten jedoch offenbar nicht, sondern ganz im Gegenteil: Das Wiedererleben persistiert, nimmt sogar zu, und damit persistieren auch die anderen Symptome, die erhöhte Erregung und die Vermeidungstendenz.

Tatsächlich hat sich die Häufigkeit des unwillkürlichen Wiedererlebens als Prädiktor für einen ungünstigen, chronischen Verlauf erwiesen – ein paradoxes Ergebnis, wenn doch das Wiedererleben die emotionale Verarbeitung und damit das Abklingen der Störung fördern soll. Die Erklärung ist, daß das Wiedererleben in einer Art geschieht, die genau dies verhindert: Das Schema wird nur unvollständig aktiviert, so daß es nicht zu Umstrukturierungen kommen kann (Foa & Kozak, 1986).

Der Grund dafür sind Vermeidungstendenzen des Patienten. Er versucht, das Wiedererleben zu verhindern, zu vermeiden oder abzuschwächen – ein weiterer Symptombereich der Störung. Beispiele für solche (meist unbewußten) Strategien sind das Vermeiden von Gesprächen oder von Situationen, die an das Trauma erinnern könnten, Konsum von Alkohol oder Drogen, um zu vergessen, der Versuch, Gedanken zu unterdrücken oder besonders belastende bildliche Vorstellungen durch gedankliches Sich-Sorgen-machen zu ersetzen, wie bei der generalisierten Angststörung. Hinzu kommen Dissoziationen, also Abspaltungen des eigenen Erlebens vom Körper, so daß es zu Gefühlen der Distanziertheit und Entfremdung oder auch zu einer weitgehend eingeschränkten Emotionalität kommt oder das Erleben anderer Emotionen wie Wut oder Ärger, die vermutlich ebenfalls die volle Aktivierung des Angstschemas verhindern.

Diese Bemühungen führen – ähnlich wie bei der generalisierten Angststörung oder bei der Zwangsstörung – nur zu einem vordergründigen Erfolg: Sie reduzieren zwar die momentane emotionale Belastung, doch sie verhindern – wie gezeigt – das „emotional processing". Außerdem können – ähnlich wie bei Zwangsgedanken – die Kontrollbemühungen den Patienten fortlaufend an Aspekte der traumatischen Situation erinnern, so daß das Wiedererleben erneut ausgelöst wird.

Warum versuchen manche Patienten, das Wiedererleben zu verhindern oder abzuschwächen anstatt es zuzulassen? Weil es in besonderem Maße belastet! Das Ausmaß der Belastung bestimmt, wie sehr sich der Patient bemüht, das sich aufdrängende Wiedererleben und damit die Belastung zu kontrollieren und zu verhindern (zusammenfassend Ehlers & Steil, 1995).

Die Frage ist fortzuführen: Weswegen ist für manche Menschen das Wiedererleben so belastend? In Anlehnung an die Theorie von Salkovskis (1985, 1989) zur Erklärung der Belastung durch Zwangsgedanken nehmen Ehlers und Steil (1995) an, daß auch die Belastung durch das Wiedererleben traumatischer Situationen in erster Linie auf automatische Gedanken im Sinne von Beck (1979) zurückzuführen ist – wenn auch nicht ausschließlich: Konditionierte emotionale Reaktionen tragen ebenfalls dazu bei. Diese automatischen Gedanken betreffen genaugenommen nicht das Trauma selbst, sondern die Tatsache ihrer stetigen Wiederholung. Diese Wiederholungen werden interpretiert als Zeichen dafür, daß man verrückt geworden ist, daß man bei dem Verkehrsunfall wohl doch eine Hirnverletzung erlitten hat, daß man aufgrund der Vergewaltigung nie mehr in der Lage sein wird, eine enge Beziehung einzugehen, oder daß man sein Leben lang unter den Folgen wird leiden müssen. Diese aktuellen automatischen Gedanken spiegeln entsprechende überdauernde Überzeugungen wider, die möglicherweise die Person schon vor dem Erleben des Traumas gehabt hat. In verschiedenen Untersuchungen konnte Ehlers einen engen Zusammenhang zwischen diesen katastrophisierenden Interpretationen und der durch das Wiedererleben ausgelösten Belastung, dem

Ausmaß der erlebten Unkontrollierbarkeit, der offenen oder verdeckten Vermeidung sowie dem Schweregrad der posttraumatischen Belastungsstörung nachweisen (Ehlers & Steil, 1995).

Grund für a) die Entstehung wie b) für die Aufrechterhaltung wäre demnach das Ausmaß der erlebten Belastung – durch das Trauma oder durch seine stetige Wiederholung – , und diese ist auf dysfunktionale Kognitionen (der Kategorien Attribution und Ergebniserwartung) zurückzuführen. Der sich aufschaukelnde Zirkelprozeß hat demnach zusammengefaßt folgende Stufen:
- Beim **Wiedererleben** des Traumas kommt es aufgrund
- **überdauernder Überzeugungen** und Einstellungen zu
- **automatischen Gedanken,** die die
- erlebte **Belastung** steigern, die wiederum Anlaß zu
- **Flucht- und Vermeidungstendenzen** ist, die ein
- vollständiges Wiedererleben, eine vollständige **Aktivierung des Schemas verhindern,** so daß es
- **nicht zu einer Umstrukturierung** und Habituation kommt, sondern sogar wieder **an das Trauma erinnert** wird und gleichzeitig **die irrationalen Überzeugungen bestätigt** werden,
- so daß es zu **erneutem Wiedererleben** kommt und der Prozeß von neuem beginnt.

C. Diagnostik und Indikation

Aus den Theorien zur posttraumatischen Belastungsstörung lassen sich einige Indikationsregeln ableiten. Es ist allerdings festzustellen, daß bislang erst wenige Therapiestudien größeren Umfangs vorliegen. Ein zusammenfassender Überblick findet sich bei Foa und Rothbaum (1992).

Aufgrund der Annahme, daß zu Beginn der Entstehung der posttraumatischen Belastungsstörung eine klassische Konditionierung stattfindet, sind auch für diese Angststörung konfrontative Therapiemethoden grundsätzlich indiziert: Sie bewirken eine Löschung der klassisch konditionierten Angstreaktion bzw. eine Habituation der konditionierten Angst und Erregung und damit ein Abklingen des Vermeidungsverhaltens. Tatsächlich sind in mehreren Studien, davon allerdings viele Einzelfallstudien, konfrontative Verfahren eingesetzt worden, jedoch überwiegend die Methode der systematischen Desensibilisierung und kaum *in vivo*-Reizkonfrontationsverfahren.

Über Gründe dafür kann nur spekuliert werden. Möglicherweise erscheinen vorstellungsorientierte Verfahren praktikabler, da die traumatischen Situationen, wie etwa ein Gefecht oder eine Vergewaltigung, nicht in der Realität hergestellt werden können.

Bei der posttraumatischen Belastungsstörung gilt es jedoch, eine Besonderheit gegenüber den anderen Angststörungen zu berücksichtigen: Der unkonditionierte Stimulus (UCS), das traumatische Ereignis, ist bekannt und steht sogar ganz im Vordergrund des Störungsbildes. Bei anderen Angststörungen liegen in der Regel keine Informationen über den UCS vor, lediglich über konditionierte Reize (CS). Die Löschung oder Habituation bezieht sich auf die konditionierte Reaktion bzw. den konditionierten Stimulus, nicht auf den unkoditionierten Stimulus. Entsprechend müssen bzw. dürfen bei konfrontativen Verfahren zur Behandlung der posttraumatischen Belastungsstörung nicht die traumatische Situation mit dem höchst bedrohlichen zentralen Stimulus (dem UCS) dargeboten werden, sondern die konditionierten Stimuli. Das sind die Situationen, die der Patient offen oder verdeckt zu vermeiden versucht. Für diese Situationen ist in der Regel auch die Durchführung einer *in vivo*-Reizkonfrontation möglich; sie wird auch von den meisten Autoren empfohlen (Emmelkamp, Bouman & Scholing, 1993; Foa & Rothbaum, 1992).

Um entscheiden zu können, welcher Aspekt der traumatischen Situation den unkonditionierten bedrohlichen Stimulus ausmacht, sind Ergebnisse einer Untersuchung von Fontana, Rosenheck und Brett (1992) hilfreich. Sie untersuchten bei Kriegsveteranen, in welcher Rolle sich die Soldaten während der traumatischen Gefechte nach ihrem eigenen Erleben befanden: in der Rolle einer Zielscheibe, eines Beobachters, eines Handelnden oder eines Versagers. Die Ergebnisse zeigten, daß in erster Linie solche Patienten Symptome einer posttraumatischen Belastungsstörung ausbildeten, die sich selbst in der Rolle einer Zielscheibe für Tötungs- oder Verletzungsversuche anderer erlebt haben.

Eine wichtige diagnostische Aufgabe des Therapeuten ist es, die konditionierten Stimuli zu identifizieren und die Konfrontation – *in vivo* oder *in sensu* – nur auf diese auszurichten. Die Kritik von Kilpatrick und Best (1984), daß sich die Opfer von Vergewaltigungen durch die Verwendung von Reizkonfrontation *in sensu* an solche Vergewaltigungssituationen gewöhnen könnten, ist insofern unbegründet; die Gewöhnung oder Habituation bezieht sich auf die konditionierten Stimuli, etwa bestimmte Lokalitäten, Kleidung, Gerüche, Dunkelheit oder Männer eines bestimmten Alters oder Typs.

Nach einer Indikationsempfehlung von Foa und Rothbaum (1992) ist die Behandlung durch Konfrontationsverfahren in erster Linie geeignet, Symptome des Wiedererlebens des Traumas und des Vermeidungsverhaltens zu reduzieren. Wenn es jedoch um die Reduktion der erhöhten Erregung geht, die nicht nur in spezifischen Situationen ausgelöst wird, sondern im Extremfall fortwährend besteht, ist hingegen ein Angstbewältigungstraining indiziert.

Aus der kognitiven Theorie von Ehlers lassen sich Ansatzpunkte für eine kognitive Therapie im Sinne von Beck formulieren, bei der die katastrophisierenden automatischen Gedanken und die ihnen zugrundeliegenden irrationalen Überzeugungen im Vordergrund stehen.

D. Therapiemethoden

Konfrontationsverfahren

Die systematische Desensibilisierung hat sich als eine relativ erfolgreiche Methode erwiesen (Foa & Rothbaum, 1992). Ob Konfrontationsverfahren mit länger dauernder Konfrontation – *in vivo* oder *in sensu* – effektiver sind, läßt sich bislang empirisch nicht entscheiden, nicht zuletzt deshalb, weil die systematische Desensibilisierung oftmals mit selbstinitiierten Expositionsübungen kombiniert wird. Kipper (1977) berichtet über die erfolgreiche Behandlung von Kriegsveteranen mit einer Reizkonfrontation *in vivo*, bei der die Patienten mit Stimuli konfrontiert wurden, die mit dem traumatischen Kriegsgeschehen in Verbindung standen, wie Verwundete, Kriegsfilme oder typische Geräusche.

Wie bereits erwähnt, sollte vor allem bei der Durchführung einer Konfrontation *in sensu* (systematische Desensibilisierung oder flooding) besonderer Wert auf die Auswahl der Stimuli gelegt werden. Der Kern des Traumas, die eigentliche Bedrohung – der UCS – darf nicht Gegenstand der Konfrontation sein; seine Berücksichtigung würde vermutlich zu einem Mißerfolg führen.

Patienten mit einer posttraumatischen Belastungsstörung scheuen davor zurück, das Trauma noch einmal zu erleben; dies ist ein Teil ihrer Symptomatik. Der Therapeut muß daher in der Vorbereitung konfrontativer Verfahren besonders sorgfältig und behutsam sein. Der Hinweis, daß keine Konfrontation mit dem Trauma selbst, sondern nur mit Hinweisen auf dieses Trauma erfolgen soll, kann hilfreich sein. Außerdem ist ein graduiertes Vorgehen, beginnend mit Stimuli, die noch relativ wenig Angst auslösen, angezeigt.

Ansonsten unterscheidet sich das Vorgehen nicht von der klassischen Reizkonfrontation, wie sie im Kapitel 17 beschrieben wurde (vgl. auch Fliegel et al., 1994).

Angstbewältigungstraining

Wenn im Vordergrund der Symptomatik eine allgemein erhöhte Spannung und Erregung steht oder diese gezielt Gegenstand der Behandlung sein soll, ist ein Angstbewältigungstraining oder eine angewandte Entspannung angezeigt, wie sie im Kapitel 21 zur Behandlung der generalisierten Angststörung beschrieben wurden (vgl. ebenfalls Fliegel et al., 1994; Vaitl & Petermann, 1994). Der Patient erlernt in diesem Falle Entspannungsverfahren oder kognitive Strategien der Angstbewältigung, um im Alltag in besonders belastenden Situationen eine gewisse Beruhigung und Senkung des Erregungsniveaus herbeiführen zu können. Der Aspekt, dadurch zu einem gewissen Teil wieder Kontrolle über sich selbst und über die Situation zu bekommen, sollte dabei herausgestellt werden.

Kognitive Therapie

Über die Durchführung einer kognitiven Therapie im Sinne von Beck (Beck & Emery, 1981) bei Opfern von Vergewaltigungen berichten Frank et al. (1988). Sie erwies sich genauso erfolgreich wie eine systematische Desensibilisierung. Allerdings wurden beide Verfahren mit Reizkonfrontation *in vivo* kombiniert, so daß eine genauere Zuordnung der Effekte zu einzelnen Methoden nicht möglich ist.

Ähnlich wie in Kapitel 22 zur Behandlung von Zwangsgedanken mittels kognitiver Verfahren diskutiert, sollte der Therapeut sorgfältig die verschiedenen Arten von Kognitionen unterscheiden: zum einen die sich aufdrängenden, belastenden Kognitionen des Wiedererlebens der traumatischen Situation und zum anderen die automatischen Gedanken, die dieses Wiedererleben zu etwas Gefährlichem und Katastrophalem machen. Die kognitive Therapie sollte sich auf die katastrophisierenden automatischen Gedanken und die ihnen zugrunde liegenden irrationalen Überzeugungen konzentrieren.

Literaturverzeichnis

Acierno, R., Hersen, M., van Hasselt, V. B. & Ammerman, R. T. (1994). Remedying the achilles heel of behavior research and therapy: Perspective matching of intervention and psychopathology. *Journal of Behavior Therapy and Experimental Psychiatry, 25*, 179–188.

Ajzen, I. & Fishbein, M. (1980). *Understanding attitudes and predicting social behavior.* Englewood-Cliffs, N. J.: Prentice-Hall.

American Psychiatric Association (1980). *Diagnostic and Statistical Manual of Mental Disorders*, Third Edition. (dt.: Diagnostisches und statistisches Manual psychischer Störungen: DSM-III. Weinheim: Beltz, 1984). Washington D. C.: APA.

American Psychiatric Association (Hrsg.) (1989). *Diagnostisches und statistisches Manual Psychischer Störungen*. DSM-III-R. (Dt. Bearbeitung von H.-U. Wittchen, H. Saß, M. Zaudig & K. Koehler). Weinheim: Beltz.

Amies, P. L., Gelder, M. G. & Shaw, P. M. (1983). Social Phobia: a comparative clinical study. *British Journal of Psychiatry, 142*, 174–179.

Auerbach, A. H. & Childress, A. R. (1987). The value of DSM-III for psychotherapy. A feasibility study. *The Journal of Nervous and Mental Disease, 175*, 138–142.

Baekeland, F. & Lundwall, L. (1975). Dropping out of treatment: A critical review. *Psychological Bulletin, 82*, 738–783.

Bandura, A. (1969). *Principles of behavior modification.* New York.

Bandura, A. (1977). Self-efficacy: Toward a unifying theory of behavioral change. *Psychological Review, 84*, 191–215.

Bandura, A. (1982). Self-efficacy mechanism in human agency. *American Psychologist, 37*, 122–147.

Barker, S. L., Funk, S. C. & Houston, B. K. (1988). Psychological treatment versus non-specific factors: A meta-analysis of conditions that engender comparable expectations for improvement. *Clinical Psychology Review, 8*, 579–594.

Barlow, D. H. (1988). *Anxiety and its disorders.* New York: Guilford.

Barlow, D. H., Blanchard, E. B., Vermilyea, J. A., Vermilyea, B. B. & DiNardo, P. A. (1986). Generalized anxiety and generalized anxiety disorder: Description and reconceptualization. *American Journal of Psychiatry, 143*, 40–44.

Bartling, G., Echelmeyer, L., Engberding, M. & Krause, R. (1980, 1992 (3. Auflage)). *Problemanalyse im therapeutischen Prozeß.* Stuttgart: Kohlhammer.

Bartling, G., Fiegenbaum, W. & Krause, R. (1980). *Reizüberflutung. Theorie und Praxis.* Stuttgart: Kohlhammer.

Basler, H.-D. (1985). Compliance – Die Kooperation in der Therapie. In H.-D. Basler; I. Florin (Hrsg.), *Klinische Psychologie und körperliche Krankheit* (90–105). Stuttgart: Kohlhammer.

Basler, H.-D. & Florin, I. (Hrsg.) (1985). *Klinische Psychologie und körperliche Krankheit.* Stuttgart: Kohlhammer.

Bastine, R. (1981). Adaptive Indikationen in der zielorientierten Psychotherapie. In U. Baumann (Hrsg.), *Indikation zur Psychotherapie* (158–168). München.

Bastine, R. (1992). Psychotherapie. In R. Bastine (Hrsg.), *Klinische Psychologie.* Bd. 2 (179–301). Stuttgart: Kohlhammer.

Baumann, U. & Wedel, B. v. (1981). Stellenwert der Indikationsfrage im Psychotherapie-bereich. In U. Baumann (Hrsg.), *Indikation zur Psychotherapie* (1–36). München: Urban & Schwarzenberg.

Beck, A. T. (1979). *Wahrnehmung der Wirklichkeit und Neurose. Kognitive Psychotherapie emotionaler Störungen*. München: Pfeiffer.

Beck, A. T. & Emery, G. (1981). *Kognitive Verhaltenstherapie bei Angst und Phobien. Eine Anleitung für Therapeuten*. Tübingen.

Beck, A. T., Emery, G. & Greenberg, R. L. (1985). *Anxiety disorders and phobias. A cognitive perspective*. New York: Basic Books.

Beck, A. T. & Freeman, A. (1990). *Cognitive therapy of personality disorders*. New York: Guilford.

Beck, A. T., Rush, A. J., Shaw, B. F. & Emery, G. (1981). *Kognitive Therapie der Depression*. (Orig.: Cognitive therapy of depression. New York: Guilford Press, 1979). München: Urban & Schwarzenberg.

Becker, M. H. (1974). The health belief model and sick role behavior. *Health Education Monographs, 2*, 409–419.

Beidel, D. C. & Turner, S. M. (1991). Anxiety disorders. In M. Hersen; S. M. Turner (Eds.), *Adult psychopathology and diagnosis*. New York: Wiley.

Bellack, A. S. & Schwartz, J. S. (1976). Assessment for self-control programs. In M. Hersen & A. S. Bellack (Eds.), *Behavioral assessment: A practical handbook* (111–142). Oxford: Pergamon Press.

Beutler, L. E. & Clarkin, J. F. (1990). *Systematic treatment selection*. New York: Brunner/Mazel.

Bibb, J. L. & Chambless, D. L. (1986). Alcohol use and abuse among diagnosed agoraphobics. *Behaviour Research and Therapy, 24*, 49–58.

Bierhoff, H. W. (1992). Trust and trustworthiness. In L. Montada; S. H. Fillip; M. J. L, *Life crisis and experiences of loss in adulthood* (411–433). Hillsdale, N. J.: Lawrence Erlbaum.

Biran, M. & Wilson, G. T. (1981). Treatment of phobic disorders using cognitive and exposure methods. *Journal of Consulting and Clinical Psychology, 49*, 886–889.

Birbaumer, N. (1977). Angst als Forschungsgegenstand der experimentellen Psychologie. In N. Birbaumer (Hrsg.), *Psychophysiologie der Angst* (1–14). München: Urban & Schwarzenberg.

Bischoff, C. & Zens, H. (1989). *Patientenkonzepte von Körper und Krankheit*. Bern: Huber.

Black, A. (1974). The natural history of obsessional neurosis. In H. R. Beech (Ed.), *Obsessional states* (19–54). London: Methuen.

Bolles, R. C. (1972). Reinforcement, expectancy, and learning. *Psychological Review, 79*, 394–409.

Bommert, H., Henning, T. & Wälte, D. (1990). *Indikation zur Familientherapie*. Stuttgart: Kohlhammer.

Bordin, E. S. (1980). *Of human bonds that bind or free* (Paper, presented at the annual meeting of the Society of Psychotherapy Research, Pacific Grove, CA).

Borkovec, T. D. (1985). The role of cognitive and somatic cues in anxiety and anxiety disorders: Worry and relaxation-induced anxiety. In A. H. Tuma; J. D. Maser (Eds.), *Anxiety and the anxiety disorders*. Hillsdale: Erlbaum.

Borkovec, T. D. & Costello, E. (1993). Efficacy of applied relaxation and cognitive-behavioral therapy in the treatment of generalized anxiety disorder. *Journal of Consulting and Clinical Psychology, 61*, 611–619.

Borkovec, T.D. & Inz, J. (1990). The nature of worry in generalized anxiety disorder: a predominance of thought activity. *Behaviour Research and Therapy, 28,* 153–158.

Bouton, M.E. (1988). Context and ambiguity in the extinction of emotional learning: Implications for exposure therapy. *Behaviour Research and Therapy, 26,* 137–149.

Bowers, T.G. & Clum, G.A. (1988). Relative contribution of specific and nonspecific treatment effects: Meta-analysis of placebo-controlled behavior therapy research. *Psychological Bulletin, 103,* 315–323.

Brandtstädter, J. & Eye, A. von (1982). *Psychologische Prävention.* Bern.

Braun, U. & Grawe, K. (1993). *Differences in interaction patterns in three modes of therapy* (Paper, presented at the 1993 Annual International Meeting of the Society of Psychotherapy Research, Pittsburgh).

Breslau, N. & Davis, G.C. (1985). DSM-III generalized anxiety disorder: An empirical investigation of more stringent criteria. *Psychiatry Research, 14,* 231–238.

Brody, E.B. (1981). Can mother-infant interaction produce vulnerability to schizophrenia? *Journal of Nervous and Mental Diseases, 169,* 72–81.

Butler, G. (1985). Exposure as a treatment for social phobia: Some instructive difficulties. *Behaviour Research and Therapy, 23,* 651–657.

Butler, G., Cullington, A., Hibbert, G., Klimes, I. & Gelder, M. (1987). Anxiety management for persistent generalised anxiety. *Britisch Journal of Psychiatry, 151,* 535–542.

Butler, G., Fennell, M., Robson, P. & Gelder, M. (1991). Comparison of behavior therapy and cognitive behavior therapy in the treatment of generalized anxiety disorder. *Journal of Consulting and Clinical Psychology, 59,* 167–175.

Butler, G., Gelder, M., Hibbert, G., Cullington, A. & Klimes, I. (1987). Anxiety management: Developing effective strategies. *Behaviour Research & Therapy, 25,* 517–522.

Butler, S.F. & Strupp, H.H. (1986). Specific and nonspecific factors in psychotherapy: A problematic paradigm for psychotherapy research. *Psychotherapy: Theory, Research, and Practice, 23,* 30–40.

Bühler, K. (1934). *Sprachtheorie.* Jena, Stuttgart: Fischer.

CIPS: Collegium Internationale Psychiatriae Scalarum (1986). *Internationale Skalen für Psychiatrie.* Weinheim: Beltz.

Carr, A.T. (1974). Compulsive neurosis: A review of the literature. *Psychological Bulletin, 81,* 311–318.

Caspar, F. (1989). *Beziehungen und Probleme verstehen. Eine Einführung in die psychotherapeutische Plananalyse.* Bern: Huber.

Caspar, F. & Grawe, K. (1994). Was spricht für, was gegen individuelle Fallkonzeptionen? Überlegungen zu einem alten Problem aus einer neuen Perspektive. *Verhaltenstherapie, 4,* 186–196.

Cautela, J.R. & Upper, D. (1975). The process of individual behavior therapy. In M. Hersen, R.M. Eisler & P.M. Miller (Eds.), *Progress in behavior modification.* Vol. I. (276–305). New York: Academic Press.

Chambless, D.L. (1985). The relationship of severity of agoraphobia to associated psychopathology. *Behaviour Research and Therapy, 23,* 305–310.

Christensen, H., Hadzi-Pavlovic, D., Andrews, G. & Mattick, R. (1987). Behavior therapy and tricyclic medication in the treatment of obsessive-compulsive disorder: A quantitative review. *Journal of Consulting and Clinical Psychology, 55,* 701–711.

Ciminero, A.R., Calhoun, K.S. & Adams, H.E. (Eds.) (1977). *Handbook of behavioral assessment.* New York: Wiley.

Claiborn, C. D., Ward, S. R. & Strong, S. R. (1981). Effects of congruence between counselor interpretations and client beliefs. *Journal of Counseling Psychology, 28*, 101–109.

Clark, D. M. (1986). A cognitive approach to panic. *Behaviour Research and Therapy, 24*, 461–470.

Clark, D. M. (1989). Anxiety states – Panic and generalized anxiety. In K. Hawtom; K. J. Salkovskis; D. M. Clark (Eds.), *Cognitive behaviour therapy for psychiatric problems* (52–96). Oxford: Oxford Press.

Clark, D. M., Salkovskis, P. M. & Chalkley, A. J. (1985). Respiratory control as a treatment for panic attacks. *Journal of Behavior Therapy and Experimental Psychiatry, 16*, 23–30.

Clum, G. A., Clum, G. A. & Surls, R. (1993). A meta-analysis of treatment for panic disorder. *Journal of Consulting and Clinical Psychology, 61*, 317–326.

Cone, J. D. & Hawkins, R. P. (Eds.) (1977). *Behavioral assessment.* New York: Brunner/Mazel.

Corrigan, J. D., Dell, D. M., Lewis, K. N. & Schmidt, L. D. (1980). Counseling as a social influence process: A Review. *Journal of Counseling Psychology, 27*, 395–441.

Coryell, W., Noyes, R. & Clancy, J. (1983). Panic disorder and primary unipolar depression. *Journal of Affective Disorders, 5*, 311–317.

Cox, B. J., Endler, N. S., Lee, P. S. & Swinson, R. P. (1992). A meta-analysis of treatment for panic disorder with agoraphobia: Imipramine, alprazolam, and in vivo exposure. *Journal of Behavior Therapy and Experimental Psychiatry, 23*, 175–182.

Cox, B. J., Swinson, R. P., Morrison, B. & Lee, P. S. (1993). Clomipramine, Fluoxetine, and behavior therapy in the treatment of obsessive-compulsive disorder: A meta-analysis. *Journal of Behavior Therapy and Experimental Psychiatry, 24*, 149–153.

Craske, M. G. & Barlow, D. H. (1988). A review of the relationship between panic and avoidance. *Clinical Psychology Review, 8*, 667–685.

Cronbach, L. J. & Snow, R. E. (1977). *Aptitudes and instructional methods.* New York: Irvington.

Cytrynbaum, S., Ginath, Y., Birdwell, J. & Brandt, L. (1979). Goal attainment scaling: A critical review. *Evaluation Quaterly, 3*, 5–40.

DePaulo, B. M. (1982). Social-psychological processes in informal help seeking. In T. A. Wills (Ed.), *Basic processes in helping relationships* (255–279). New York: Academic Press.

Delprato, D. J. & McGlynn, F. D. (1984). Behavioral theories of anxiety disorders. In S. M. Turner (Ed.), *Behavioral theories and treatment of anxiety* (1–49). New York: Plenum.

Deutsche Gesellschaft für Verhaltenstherapie (Hrsg.) (1986). *Verhaltenstherapie. Theorien und Methoden.* Tübingen.

Deutscher Bundestag (1975). *Bericht über die Lage der Psychiatrie in der BRD.* Bonn.

DiMatteo, M. R. & DiNiccola, D. D. (1982). *Achieving patient compliance.* New York: Pergamon.

Dilling, H., Mombour, W. & Schmidt, M. H. (Hrsg.) (1991). *Internationale Klassifikation psychischer Störungen. ICD–10 Kapitel V (F). Klinisch-diagnostische Leitlinien.* Bern: Huber.

Donabedian, A. (1966). Evaluating the quality of medical care. *Milbank Meminger Fundation Quaterly, 44*, 166–203.

Dreikurs, R. (1969). *Grundbegriffe der Individualpsychologie.* Stuttgart: Klett.

Dumas, J. E. (1989). Let's not forget the context in behavioral assessment. *Behavioral Assessment, 11*, 231–247.

Duncan, B.L., Parks, M.B. & Rusk, G.S. (1990). Strategic eclecticism: A technical alternative for eclectic psychotherapy. *Psychotherapy, 27,* 568–577.

Dörner, D. (1988). Wissen und Verhaltensregulation. Versuch einer Integration. In H. Mandl & H. Spada (Hrsg.), *Wissenspsychologie* (264–279). München: Psychologie Verlags-Union.

Ehlers, A., Margraf, J. & Chambless, D.L. (1993). *Fragebögen zu körperbezogenen Ängsten, Kognitionen und Vermeidung.* Weinheim: Beltz.

Ehlers, A., Margraf, J. & Roth, W.T. (1988). Selective information processing, interoception, and panic attacks (2). In I. Hand & H.-U. Wittchen (Eds.), *Panic and Phobias* (129–148). Berlin: Springer.

Ehlers, A. & Steil, R. (1995 (in press)). Maintenance of intrusive memories in Posttraumatic Stress Disorder: A cognitive approach. *Behavioral and Cognitive Psychotherapy,*

Eifert, G.H. & Evans, I.M. (Eds.) (1990). *Unifying behavior Therapy. Contributions of paradigmatic behaviorism.* New York: Springer.

Eifert, G.H., Evans, I.M. & McKendrick, V.G. (1990). Matching treatments to client problems not diagnostic labels: A case for paradigmatic behavior therapy. *Journal of Behavior Therapy and Experimental Psychiatry, 21,* 163–172.

Elliott, R. (1979). How clients perceive helper behaviors. *Journal of Counseling Psychology, 26,* 285–294.

Ellis, A. (1977). *Die Rational-emotive Therapie.* München: Pfeifer.

Ellis, A. (1984). The essence of RET – 1984. *Journal of Rational Emotive Therapy, 2,* 19–25.

Emmelkamp, P.M.G. (1982). *Phobic and obsessive-compulsive disorders: Theory, research and practice.* New York: Plenum Press.

Emmelkamp, P.M.G. (1987). Obsessive-compulsive disorders. In L. Michelson; L.M. Ascher (Eds.), *Anxiety and Stress Disorders* (310–331). New York: Guilford.

Emmelkamp, P.M.G., Brilman, E., Kuiper, H. & Mersch, P.P.A. (1986). The treatment of agoraphobia. A comparison of self-instructional training, rational emotive therapy, and exposure in vivo. *Behavior Modification, 10,* 37–53.

Emmelkamp, P.M.G. & Beens, H. (1991). Cognitive therapy with obsessive-compulsive disorder: A comparative evaluation. *Behaviour Research and Therapy, 29,* 293–300.

Emmelkamp, P.M.G., Bouman, T.K. & Blaauw, E. (1994). Individualized versus standardized therapy: A comparative evaluation with obsessive-compulsive patients. *Clinical Psychology and Psychotherapy, 1,* 95–100.

Emmelkamp, P.M.G., Bouman, T.K. & Scholing, A. (1993). *Angst, Phobien und Zwang.* Göttingen: Verlag für Angewandte Psychologie.

Emmelkamp, P.M.G. & Felten, M. (1985). The process of exposure in vivo: Cognitive and physiological changes during treatment of acrophobia. *Behaviour Research and Therapy, 23,* 219–223.

Emmelkamp, P.M.G. & Heyden, H. van der (1980). Treatment of harming obsessions. *Behavioural Analysis and Modification, 4,* 28–35.

Emmelkamp, P.M.G. & Kraanen, J. (1977). Therapist controlled exposure in vivo versus self controlled exposure in vivo: A comparison with obsessive-compulsive patients. *Behaviour Research and Therapy, 15,* 491–495.

Emmelkamp, P.M.G. & Kwee, G.K. (1977). Obsessional ruminations: A comparison between thought-stopping and prolonged exposure in imagination. *Behaviour Research and Therapy, 15,* 441–444.

Emmelkamp, P. M. G., Visser, S. & Hoekstra, R. (1988). Cognitive therapy versus exposure in vivo in the treatment of obsessive-compulsives. *Cognitive Therapy and Research, 12*, 103–114.

Evans, I. M. (1985). Building systems models as a strategy for target behavior selection in clinical assessment. *Behavioral Assessment, 7*, 21–32.

Evans, I. M. & Wilson, F. E. (1983). Behavioral assessment as decision making: A theoretical analysis. In M. Rosenbaum, C. M. Franks & Y. Yaffe (Eds.), *Perspectives in Behavior Therapy in the Eighties*, 35–53. New York.

Eysenck, H.-J. (1976). The learning theory model of neurosis – a new approach. *Behavior Research and Therapy, 14*, 251–267.

Eysenck, H.-J. & Rachman, S. (1967). *Neurosen – Ursachen und Heilmethoden.* (Orig.: The causes and cures of neurosis. London: Routledge and Kegan Paul, 1965). Berlin: VEB Dt. Verl. d. Wissenschaften.

Eysenck, M. W. (1991). Anxiety and attention. In R. Schwarzer & R. A. Wicklund (Eds.), *Anxiety and self-focused attention* (125–131). London: Harwood.

Fava, G. A., Grandi, S. & Canestriari, R. (1989). Treatment of social phobia by homework exposure. *Psychotherapy and Psychosomatics, 52*, 209–213.

Fenigstein, A., Scheier, M. F. & Buss, A. H. (1975). Public and private self-consciousness: Assessment and theory. *Journal of Consulting and Clinical Psychology, 43*, 522–527.

Fensterheim, H. (1983). Introduction to behavioral psychotherapy. In H. Fensterheim & H. I. Glazer (Eds.), *Behavioral psychotherapy* (5–21). New York: Brunner/Mazel.

Fernandez-Ballesteros, R. & Staats, A. W. (1992). Paradigmatic behavioral assessment, treatment, and evaluation: Answering the crisis in behavioral assessment. *Advances in Behaviour Research and Therapy, 14*, 1–27.

Ferster, C. B. (1967). Classification of behavioral pathology. In L. Krasner; L. P. Ullmann (Eds.), *Research in behavior modification* (7–26). New York: Holt, Rinehart & Winston.

Fiedler, P. (1979). Diagnostische und therapeutische Verwertbarkeit kognitiver Verhaltensanteile. In N. Hoffmann (Hrsg.), *Grundlagen kognitiver Therapie* (205–251). Bern: Huber.

Fiedler, P. (1994 a). *Persönlichkeitsstörungen.* Weinheim: Psyhologie Verlags Union.

Fiedler, P. (1994 b). Störungsspezifische und differentielle Indikation: Gemeinsame Herausforderung der Psychotherapieschulen. *Psychotherapieforum, 2* (1).

Fiegenbaum, W. (1988). Long-term efficacy of ungraded vesus graded exposure in agoraphobia (2). In I. Hand & H.-U. Wittchen (Eds.), *Panic and phobias* (83–88). Berlin: Springer.

Fiegenbaum, W., Freitag, M. & Frank, B. (1992). Kognitive Vorbereitung auf Reizkonfrontationstherapien. In J. Margraf & J. C. Brengelmann (Hrsg.), *Die Therapeut-Patient-Beziehung in der Verhaltenstherapie* (89–108). München: Röttger-Verlag.

Fischer, E. H. & Cohen, S. L. (1972). Demographic correlates of attitude toward seeking professional psychological help. *Journal of Consulting and Clinical Psychology, 39*, 70–74.

Fliegel, S. (1978). *Zur Wirksamkeit von Selbstverbalisation bei der Verhaltenstherapie phobischer Ängste.* Bochum: Unveröffentlichte Dissertation.

Fliegel, S., Groeger, W. M., Künzel, R., Schulte, D. & Sorgatz, H. (1994, 3. Auflage). *Verhaltenstherapeutische Standardmethoden: Ein Übungsbuch.* Weinheim: Psychologie Verlags Union.

Foa, E. B. (1979). Failure in treating obsessive-compulsives. *Behaviour Research and Therapy, 17*, 169–176.

Foa, E. B., Jameson, J. R., Turner, R. M. & Payne, L. L. (1980). Massed versus spaced exposure sessions in the treatment of agoraphobia. *Behaviour Research an Therapy, 18*, 333–338.

Foa, E. B. & Kozak, M. J. (1986). Emotional processing of fear: Exposure to corrective information. *Psychological Bulletin, 99*, 20–35.

Foa, E. B., Riggs, D. S., Dancu, C. V. & Rothbaum, B. O. (1993). Reliability and validity of a brief instrument for assessing post-traumatic stress disorder. *Journal of Traumatic Stress, 6*, 459–473.

Foa, E. B. & Rothbaum, B. O. (1992). Kognitiv-verhaltenstherapeutische Behandlung posttraumatischer Belastungsreaktionen. In W. Fiegenbaum; J. Margraf; I. Florin; A. Ehlers (Hrsg.), *Zukunftsperspektiven der Klinischen Psychologie* (129–156). Berlin: Springer.

Foa, E. B., Steketee, G. S. & Grayson, J. B. (1985). Imaginal and in vivo exposure: A comparison with obsessive-compulsive checkers. *Behavior Therapy, 16*, 292–302.

Foa, E. B., Steketee, G. S. & Rothbaum, B. O. (1989). Behavioral/cognitive conceptualizations of post traumatic stress disorder. *Behavior Therapy, 20*, 155–176.

Foa, E. B., Steketee, G. S., Turner, R. M. & Fischer, S. C. (1980). Effects of imaginal exposure to feared disasters in obsessive-compulsive checkers. *Behaviour Research and Therapy, 18*, 449–455.

Foa, E. B., Zimbarg, R. & Rothbaum, B. O. (1992). Uncontrollability and unpredictability in post-traumatic stress disorder: An animal model. *Psychological Bulletin, 112*, 218–238.

Fontana, A., Rosenheck, R. & Brett, E. (1992). War zone traumas and posttraumatic stress disorder symptomatology. *Journal of Nervous and Mental Disorders, 180*, 748–755.

Foy, D. W., Resnick, H. S., Sipprelle, R. C. & Carroll, E. M. (1987). Premilitary, military, and postmilitary factors in the development of combat-related stress disorders. *The Behavior Therapist, 10*, 3–9.

Frances, A., Clarkin, J. F. & Perry, S. (1984). DSM-III and family therapy. *American Journal of Psychiatry, 141*, 406–409.

Frank, E., Anderson, B., Stewart, B. D., Dancu, C., Hughes, C. & West, D. (1988). Efficacy of cognitive behavior therapy and systematic desensitization in the treatment of rape trauma. *Behavior Therapy, 19*, 403–420.

Frank, J. D. (1971). Therapeutic factors in psychotherapy. *American Journal of Psychotherapy, 25*, 350–361.

Frank, J. D. (1981). Therapeutic components shared by all psychotherapies. In J. H. Harvey & M. M. Parks (Eds.), *Psychotherapy and Behavior Change. The Master Lecture Series*, Vol. 1. Washington: American Psychological Assoc.

Frankl, V. E. (1978). *Der Wille zum Sinn*. Bern: Huber.

Franz, M., Schiessl, N., Manz, R., Fellhauer, R., Schepank, H. & Tress, W. (1990). Zur Problematik der Psychotherapiemotivation und der Psychotherapieakzeptanz. *Psychotherapie, Psychosomatik und medizinische Psychologie, 401*, 369–374.

Freud, S. (1966, 4. Auflage). *Vorlesung zur Einführung in die Psychoanalyse*. Gesammelte Werke, Band 11. Frankfurt: Fischer.

Freud, S. (1975 (Orig. 1913)). *Zur Einleitung der Behandlung* (Studienausgabe, Ergänzungsband). Frankfurt: Fischer.

Frye, J. S. & Stockton, R. A. (1982). Discriminant analysis of posttraumatic stress disorder among a group of Vietnam veterans. *American Journal of Psychiatry, 139*, 52–56.

Galassi, J. P. & Perot, A. R. (1992). What you should know about behavioral assessment. *Journal of Counseling & Development, 70*, 624–638.

Garb, H. N. (1989). Clinical Judgment, clinical training, and professional experience. *Psychological Bulletin, 105,* 387–396.

Garfield, S. L. (1980). *Psychotherapy: An eclectic approach.* New York: Wiley.

Garfield, S. L. (1994). Research on client variables in psychotherapy. In S. L. Garfield; A. E. Bergin (Eds.), *Handbook of psychotherapy and behavior change; fourth edition* (190–228). New York: Wiley.

Geest, T. van der (1982). Kommunikation in der Verhaltenstherapie. In T. van der Geest; D. Fehlenberg (Hrsg.), *Kommunikationsanalysen in der Verhaltenstherapie* (26–49). Bochum: Brockmeyer.

Glass, C. R. & Arnkoff, D. B. (1989). Behavioral assessment of social anxiety and social phobia. *Clinical Psychology Review, 9,* 75–90.

Goisman, R. M., Warshaw, M. G., Peterson, L. G., Rogers, M. P., Cuneo, P., Hunt, M. F., Tomlin-Albanese, J. M., Kazim, A., Gollan, J. K., Epstein-Kaye, T., Reich, J. H. & Keller, M. B. (1994). Panic, agoraphobia, and panic disorder with agoraphobia. *The Journal of Nervous and Mental Disease, 182,* 72–79.

Goldberg, I. D. & Huxley, P. (1980). *Mental Illness in the Community: The Pathway to Psychiatric Care.* London: Tavistock.

Goldfried, M. R. (1971). Systematic desensitization as training in self-control. *Journal of Consulting and Clinical Psychology, 37,* 228–234.

Goldfried, M. R. & Sprafkin, J. N. (1974). *Behavioral personality assessment.* Morristown, N. J.: General Learning Press.

Goldstein, A. J. & Chambless, D. L. (1978). A reanalysis of agoraphobia. *Behavior Therapy, 9,* 47–59.

Goldstein, A. P. & Stein, N. (1976). Introduction. In A. P. Goldstein; N. Stein (Eds.), *Prescriptive Psychotherapies* (3–24). New York: Pergamon.

Goodman, S. H., Sewell, D. R. & Jampol, R. C. (1984). On Going to the Counselor: Contributions of Life Stress and Social Supports to the Decision to Seek Psychological Counseling. *Journal of Counseling Psychology, 31,* 306–313.

Goodman, W., Rasmussen, S. A., Price, L., Mazure, L., Heninger, G. & Charney, D. (1991). Yale-Brown Obsessive Compulsive Scale (Y-BOCS). *Verhaltenstherapie, 1,* 226–233.

Gourash, N. (1978). Help-seeking: A review of the literature. *American Journal of Community Psychology, 6,* 413–423.

Grawe, K. (1978). Indikation in der Psychotherapie. In L. J. Pongratz (Hrsg.), *Handbuch der Psychologie, Bd. 8. Klinische Psychologie,* 2. Halbband (1849–1883). Göttingen: Hogrefe.

Grawe, K. (1980). Die diagnostisch-therapeutische Funktion der Gruppeninteraktion in verhaltenstherapeutischen Gruppen. In K. Grawe (Hrsg.), *Verhaltenstherapie in Gruppen* (88–223). München: Urban & Schwarzenberg.

Grawe, K. (1992). Komplementäre Beziehungsgestaltung als Mittel zur Herstellung einer guten Therapiebeziehung. In J. Margraf & J. C. Brengelmann (Hrsg.), *Die Therapeut-Patient-Beziehung in der Verhaltenstherapie* (215–244). München: Röttger-Verlag.

Grawe, K., Donati, R. & Bernauer, F. (1994). *Psychotherapie im Wandel. Von der Konfession zur Profession.* Göttingen: Hogrefe.

Grawe, K. & Dziewas, H. (1978). Interaktionelle Verhaltenstherapie. In Deutsche Gesellschaft für Verhaltenstherapie (Hrsg.), *Fortschritte der Verhaltenstherapie. Kongreßbericht Berlin 1977,* Bd. 1 (27–49). Tübingen: DGVT.

Grawe, K., Heiniger, B., Grawe-Gerber, M., Ambühl, H. & Caspar, F. (im Druck). Schematheoretische Fallkonzeption und Therapieplanung. Eine Anleitung für Therapeuten.

In F. Caspar (Hrsg.), *Problemanalyse in der Psychotherapie*. Tübingen: Dt. Ges. f. Verhaltenstherapie.

Greenson, R. R. (1965). The working alliance and the transference neuroses. *Psychoanalysis Quarterly, 34*, 155–181.

Greenson, R. R. (1975). *Technik und Praxis der Psychoanalyse*. Stuttgart: Klett.

Groden, G. (1989). A guide for conducting a comprehensive behavioral analysis of a target behavior. *Journal of Behavior Therapy and Experimental Psychiatry, 20*, 163–169.

Groeben, N. & Westmeyer, H. (1975). *Kriterien psychologischer Forschung*. München: Juventa.

Gross, P. R. & Eifert, G. H. (1990). Components of generalized anxiety: the role of intrusive thoughts vs worry. *Behaviour Research and Therapy, 28*, 421–428.

Haley, J. (1963). *Strategies of psychotherapy*. New York: Grune & Stratton.

Hamilton, M. (1969). Diagnosis and rating of anxiety. In M. H. Lader (Ed.), *Studies on anxiety* (76–79). *British Journal of Psychiatry. Spec. Publ., 3*, 76–79.

Hand, I. & Büttner-Westphal, H. (1991). Die Yale-Brown Obsessive Compulsive Scale (Y-BOCS): Ein halbstrukturiertes Interview zur Beurteilung des Schweregrades von Denk – und Handlungszwängen. *Verhaltenstherapie, 1*, 223–233.

Hartung, J. (1990). *Psychotherapie phobischer Störungen. Zur Handlungs- und Lageorientierung im Psychotherapieprozeß*. Wiesbaden: Dt. Universitäts-Verlag.

Hautzinger, M. (1992). Aspekte der Therapeut-Patient-Beziehung in der kognitiven Verhaltenstherapie bei Depressionen. In J. Margraf & J. C. Brengelmann (Hrsg.), *Die Therapeut-Patient-Beziehung in der Verhaltenstherapie* (135–159). München: Röttger-Verlag.

Hawkins, R. P. (1986). Selection of target behaviors. In R. O. Nelson & S. C. Hayes (Eds.), *Conceptual foundations of behavioral assessment* (331–385). New York London: The Guilford Press.

Hay, W. M., Hay, L. R., Angle, H. V. & Nelson, R. O. (1979). The reliability of problem identification in the behavioral interview. *Behavioral Assessment, 1*, 107–118.

Hayden, D. C. (1987). Counselor and client responses to hypothesis-testing strategies. *Journal of Counseling Psychology, 34*, 149–156.

Hayes, S. C., Nelson, R. O. & Jarret, R. B. (1987). The treatment utility of assessment: A functional approach to evaluating assessment quality. *American Psychologist, 42*, 963–974.

Haynes, S. N. (1978). *Principles of behavioral assessment*. New York: Gardner.

Haynes, S. N. & O'Brian, W. H. (1990). Functional analysis in behavior therapy. *Clinical Psychology Review, 10* (6), 649–668.

Heckhausen, H. (1980). *Motivation und Handeln: Lehrbuch der Motivationspsychologie*. Berlin: Springer.

Heigl, F. U. (1981). Psychotherapeutischer Gesamtbehandlungsplan. In U. Baumann (Hrsg.), *Indikation zur Psychotherapie* (41–51). München: Urban & Schwarzenberg.

Heimberg, R. G. (1989). Cognitive and behavioral treatments for social phobia: A critical analysis. *Clinical Psychology Review, 9*, 107–128.

Heimberg, R. G. & Barlow, D. H. (1991). New developments in cognitive-behavioral therapy for social phobia. *Journal of Clinical Psychiatry, 52*, 21–30. suppl. 11.

Heimberg, R. G., Hope, D. A., Dodge, C. S. & Becker, R. E. (1990). DSM-III-R subtypes of social phobia. Comparison of generalized social phobics and public speaking phobics. *The Journal of Nervous and Mental Disease, 178*, 172–179.

309

Heine, R.W. & Trosman, H. (1960). Initial expectations of the doctor-patient interaction as a factor in continuance in psychotherapy. *Psychiatry, 23*, 275–278.

Helmchen, H. & Linden, M. (1986). Die Differenzierung von Angst und Depression. In H. Helmchen & M. Linden (Hrsg.), *Die Differenzierung von Angst und Depression* (187–196). Berlin: Springer.

Herrmann, T. (1976). *Die Psychologie und ihre Forschungsprogramme.* Göttingen: Hogrefe.

Herrmann, T. (1979). *Psychologie als Problem.* Stuttgart: Klett.

Herrnstein, R.J. (1969). Method and theory in the study of avoidance. *Psychological Review, 76*, 49–69.

Hersen, M. (1988). Behavioral assessment and psychiatric diagnosis. *Behavioral Assessment, 10*, 107–121.

Hersen, M. & Bellack, A.S. (Eds.) (1976). *Behavioral assessment: A practical handbook.* New York: Pergamon Press.

Hodgson, R.J. & Rachman, S. (1977). Obsessional compulsive complaints. *Behavior Research and Therapy, 15*, 389–395.

Hoffmann, N. (1992). Verhaltenstherapie in der Routinepraxis. In J. Margraf & J.C. Brengelmann (Hrsg.), *Die Therapeut-Patient-Beziehung in der Verhaltenstherapie* (39–51). München: Röttger-Verlag.

Hoffmann, S.O. (1986). Zum Beitrag von H.L. Kröber: Gefährdet Psychopathologie die Psychotherapie. Anmerkungen zur Diskussion um das DSM-III. *Psychotherapie, Psychosomatik, Medizinische Psychologie, 36*, 91–93.

Holt, C.S., Heimberg, R.G. & Hope, D.A. (1992). Avoidant personality disorder and the generalized subtype of social phobia. *Journal of Abnormal Psychology, 101*, 318–325.

Hope, D.A., Rapee, R.M., Heimberg, R.G. & Dombeck, M.J. (1990). Representations of the self in social phobia: Vulnerability to social threat. *Cognitive Therapy and Research, 14*, 177–189.

Horowitz, M.J. (1975). Intrusive and repetitive thoughts after experimental stress. *Archives of General Psychiatry, 32*, 1457–1463.

Horowitz, M.J. (1976). *Stress response syndromes.* New York: Aronson.

Horowitz, M.J., Wilner, N. & Alvarez, W. (1979). Impact of Event Scale: A measure of subjective stress. *Psychosomatic Medicine, 41*, 209–218.

Horvath, A.O. & Luborsky, L. (1993). The role of the therapeutic alliance in psychotherapy. *Journal of Consulting and Clinical Psychology, 61*, 561–573.

Horvath, P. (1988). Placebos and common factors in two decades of psychotherapy research. *Psychological Bulletin, 104*, 214–225.

Hout, M. van den, Arntz, A. & Hoekstra, R. (1994). Exposure reduced agoraphobia but not panic, and cognitive therapy reduced panic but not agoraphobia : A review and implications for interdisciplinary treatment. *Behaviour Research and Therapy, 32*, 447–451.

Häfner, H. & Veiel, H. (1986). Epidemiologische Untersuchungen zu Angst und Depression. In H. Helmchen & M. Linden, *Die Differenzierung von Angst und Depression* (Tropon-Symposium I), 65–74.

Ingham, J.G. & Miller, P.McC. (1983). Self-referral: Social and demographic determinants of consulting behavior. *Journal of Psychosomatic Research, 27*, 233–242.

Jackson, J.L. (1982). A behavioral assessment course. *Behavioral Assessment, 4*, 47–51.

Jacobson, E. (1938, 1974, reprint). *Progressive relaxation*. Chicago: University Press (Midway Reprint).

Johnson, M. E. (1988). Influences of gender and sex role orientation on help-seeking attitudes. *The Journal of Psychology, 122*, 237–241.

Jones, J. C. & Barlow, D. H. (1990). The etiology of posttraumatic stress disorder. *Clinical Psychology Review, 10*, 299–328.

Kallinke, D., Lutz, R. & Ramsay, R. W. (Hrsg.) (1979). *Die Behandlung von Zwängen*. München: Urban & Schwarzenberg.

Kaminski, G. (1967). Diskussionsbeitrag zum Symposion „Die Beziehung zwischen psychologischer Diagnostik und Grundlagenforschung. In F. Merz (Hrsg.), *Bericht über den 25. Kongreß der Deutschen Gesellschaft für Psychologie* (122–131). Göttingen: Hogrefe.

Kaminski, G. (1970). *Verhaltenstheorie und Verhaltensmodifikation*. Stuttgart: Klett.

Kanfer, F. H. (1985). Target selection for clinical change programs. *Behavioral Assessment, 7*, 7–20.

Kanfer, F. H. & Goldstein, A. P. (1977). Einführung. In F. H. Kanfer; A. P. Goldstein (Hrsg.), *Möglichkeiten der Verhaltensänderung* (1–16). München: Urban & Schwarzenberg.

Kanfer, F. H. & Grimm, L. G. (1977). Behavioral analysis: Selecting target behaviors in the interview. *Behavior Modification, 1*, 7–28.

Kanfer, F. H. & Grimm, L. G. (1981). Bewerkstellung klinischer Veränderungen: Ein Prozeßmodell der Therapie. *Verhaltensmodifikation, 2*, 125–132.

Kanfer, F. H. & Nay, R. (1982). Behavioral assessment: Toward an integration of epistomological and methodological issues. In C. M. Franks & G. T. Wilson (Eds.), *Behavior therapy and its foundations*. New York: Guilford Press.

Kanfer, F. H., Reinecker, H. & Schmelzer, D. (1990). *Selbstmanagement-Therapie*. Berlin: Springer.

Kanfer, F. H. & Saslow, G. (1965). Behavioral analysis. *Archives of General Psychiatry, 12*, 529–538.

Kanfer, F. H. & Saslow, G. (1969). Behavioral diagnosis. In C. M. Franks (Ed.), *Behavior therapy* (417–444). New York: McGraw-Hill.

Kanfer, F. H. & Saslow, G. (1974). Verhaltenstheoretische Diagnostik. In D. Schulte, *Diagnostik in der Verhaltenstherapie* (24–59). München: Urban und Schwarzenberg.

Karzmark, P., Greenfield, T. & Cross, H. (1983). The relationship between level of adjustment and expectations for therapy. *Clinical Psychology, 39*, 930–932.

Katz, J. (1984). Symptom prescription: A review of the clinical outcome literature. *Clinical Psychology Review, 4* (6), 703–717.

Kazdin, A. E. (1982). Symptom substitution, generalization, and response covariation: Implications for psychotherapy outcome. *Psychological Bulletin, 91*, 349–365.

Kazdin, A. E. (1985). Selection of target behaviors: The relationship of the treatment focus to clinical dysfunction. *Behavioral Assessment, 7*, 33–47.

Keane, T. M., Zimering, R. T. & Cadell, J. M. (1985). A behavioral formulation of posttraumatic stress disorder in Vietnam veterans. *The Behavior Therapist, 8*, 9–12.

Keijsers, G. P. J., Hoogduin, C. A. L. & Schaap, C. P. D. R. (1994). Predictors of treatment outcome in the behavioural treatment of obsessive-compulsive disorders. *British Journal of Psychiatry, 165*, 781–786.

Keupp, H. (1972). Sind psychische Störungen eine Krankheit? Einführung in eine Kontroverse. In H. Keupp (Hrsg.), *Der Krankheitsmythos in der Psychopathologie* (1–43). München: Urban & Schwarzenberg.

Keupp, H. (1976). *Abweichung und Alltagsroutine. Die Labeling-Perspektive in Theorie und Praxis.* Hamburg: Hoffmann und Campe.

Keupp, H. (1979). Einleitung: Die Kontroverse um das richtige Verständnis von psychischer Störung und Normalität. In H. Keupp (Hrsg.), *Normalität und Abweichung* (1–15). München: Urban & Schwarzenberg.

Kiesler, D. J. (1966). Some myths of psychotherapy research and the search for a paradigm. *Psychological Bulletin, 65,* 110–136.

Kiesler, D. J. & Van Denburg, T. F. (1993). Therapeutic impact disclosure: A last taboo in psychoanalytik theory and practice. *Clinical Psychology and Psychotherapy, 1,* 3–13.

Kiesler, D. J. & Watkins, L. M. (1989). Interpersonal complementarity and the thearpeutic alliance: A study of relationship in psychotherapy. *Psychotherapy, 26,* 183–194.

Kilpatrick, D. G. & Best, C. (1984). Some cautionary remarks on treating sexual assault victims with implosion. *Behavior Therapy, 15,* 421–423.

Kilpatrick, D. G. & Resnick, H. S. (1993). Posttraumatic stress disorder associated with exposure to criminal victimization in clinical and community populations. In J. R. T. Davidson; E. B. Foa (Eds.), *Posttraumatic Stress Disorder. DSM-IV and beyond* (113–143). Washington: American Psychiatric Press.

Kipper, D. A. (1977). Behavior therapy for fears brought on by war experiences. *Journal of Consulting and Clinical Psychology, 45,* 216–221.

Kiresuk, T. J. & Sherman, R. E. (1968). Goal attainment scaling: A general method for evaluating comprehensive community mental health programs. *Community Mental Health Journal, 4,* 443–453.

Kirsch, I. (1985). Self-efficacy and expectancy: Old wine with new labels. *Journal of Personality and Social Psychology, 49,* 824–830.

Kirsch, I. (1990). *Changing expectations. A key to effective psychotherapy.* Pacific Grove, Ca.: Brooks/Cole.

Klein, D. F. (1980). Anxiety reconceptualized. *Comprehensive Psychiatry, 21,* 411–427.

Klerman, G. L. (1986). Current trends in clinical research on panic attacks, agoraphobia, and related anxiety disorders. *Journal of Clinical Psychiatry, 47,* 37–39.

Klerman, H. L., Weissman, M. M. & Rounsaville, B. J. (1984). *Interpersonal psychotherapy of depression.* New York: Basic Book.

Kolb, M. & Hoffmann, M. (1987). *Materialien zur Problemanalyse und Dokumentation kognitiv orientierter Therapie der Depression.* Teil I–III. Tübingen: Dt. Ges. für Verhaltenstherapie.

Kozak, M. J., Foa, E. B. & Steketee, G. S. (1988). Process and outcome of exposure treatment with obsessive-compulsives: psychophysiological indicators of emotional processing. *Behavior Therapy, 19,* 157–169.

Krause, M. S. (1966). A cognitive theory of motivation for treatment. *Journal of General Psychology, 75,* 9–19.

Krauß, H. (1993). *Verhaltensmedizin und Verhaltensanalyse.* München: Quintessenz Verlag.

Kringlen, E. (1965). Obsessional neurotics: A long-term follow up. *British Journal of Psychiatry, 111,* 709–722.

Kuhl, J. (1987). Action control: the maintenance of motivational states. In F. Halisch & J. Kuhl (Eds.), *Motivation, intention and volition* (279–291). Berlin: Springer.

Kuhl, J. (1994). *Handlungs- und Lageorientierung* (Forschungsbericht Nr. 96). Osnabrück: Fachbereich Psychologie.

Kuhr, A. (1986). Der Einsatz paradoxer Verfahren in der Verhaltenstherapie. *Psychiatrische Praxis, 13,* 17–23.

Kushner, M. G., Sher, K. J. & Breitman, B. D. (1990). The relation between alcohol problems and the anxiety disorders. *American Journal of Psychiatry, 147*, 685–695.

Köhler, T. (1989 (2. Aufl.)). *Psychosomatische Krankheiten*. Stuttgart.

Kühn, R. (1986). Unsicherheitsfragebogen (UFB). *Diagnostica, 32*, 168–170.

Künsebeck, H. W., Lempa, W. & Freyberger, H. (1984). Häufigkeit psychischer Störungen bei nicht-psychiatrischen Klinikpatienten. *Deutsche medizinische Wochenschrift, 109*, 1438–1442.

Künzel, R. (1979). *Therapiemotivation: Eine psychologische Ergänzung des soziologischen Labeling-Ansatzes*. Bochum. Unveröffentlichte Dissertation.

Lang, P. J. (1978). A bio-informational theory of emotional imagery. *Psychophysiology, 16*, 495–512.

Lanyon, R. I. & Lanyon, B. J. (1976). Behavioural asessment and decision-making: The design of strategies for therapeutic behaviour change. In M. P. Feldman & A. Broadhurst (Eds.), *Theoretical and experimental bases of behavior therapies* (289–329). London: Wiley.

Laux, L., Glanzmann, P., Schaffner, P. & Spielberger, C. D. (1981). *Das State-Trait-Angst-inventar. Theoretische Grundlagen und Handanweisung*. Weinheim: Beltz.

Lazarus, A. A. (1967). In support of technological eclecticism. *Psychological Bulletin, 21*, 415–416.

Lazarus, A. A. (1973). Multimodal behavior therapy: treating the ,,Basic Id". *Journal of Nervous and Mantal Disease, 156*, 404–411.

Lazarus, R. S. (1974). Cognitive and coping processes in emotion. In B. Weiner (Ed.), *Cognitive views of human motivation* (21–32). New York: Academic Press.

Lazarus, R. S. (1981). Streß und Streßbewältigung – Ein Paradigma. In S. H. Filipp (Hrsg.), *Kritische Lebensereignisse* (198–232). München: Urban & Schwarzenberg.

Lazarus-Mainka, G. & Rose, A. (1980). Die Wahrnehmung von Wörtern eines Wortfeldes ,,Angst". *Archiv für Psychologie, 132*, 221–235.

Leary, T. (1957). *Interpersonal diagnosis of personality*. New York: Roland.

Lefrancois, G. R. (1976). *Psychologie des Lernens*. Berlin: Springer.

Leuzinger, M. (1984). *Psychotherapeutische Denkprozesse. Kognitive Prozesse bei der Indikation psychotherapeutischer Verfahren*. Ulm: PSZ-Verlag.

Levine, F. M. & Sandeen, E. (1985). *Conceptualization in psychotherapy: The models approach*. Hillsdale, N. J.: Lawrence Erlbaum.

Lieb, H. (1993). Individualisierung oder Standardisierung der Therapie: Eine fruchtlose Alternative. *Verhaltenstherapie, 3*, 222–230.

Lin, K., Inui, T. S., Kleinman, A. M. & Womack, W. M. (1982). Sociocultural determinants of the help-seeking behavior of patients with mental illness. *The Journal of Nervous and Mental Disease, 170*, 78–85.

Lindsley, D. R. (1964). Direct measurement and prosthesis of retarded behavior. *Journal of Education, 147*, 62–81.

Linn, J. G. & McGranahan, D. A. (1980). Personal disruptions, social integration, subjective well-being, and predisposition toward the use of counseling services. *American Journal of Community Psychology, 8*, 87–100.

Lohaus, A. (1992). Kontrollüberzeugungen zu Gesundheit und Krankheit. *Zeitschrift für Klinische Psychologie, 21*, 76–87.

Lucock, M. P. & Salkovskis, P. M. (1988). Cognitive factors in social anxiety and its treatment. *Behaviour Research and Therapy, 26*, 297–302.

313

Mackay, W. & Liddell, A. (1986). An investigation into the matching of specific agoraphobic anxiety response characteristics with specific types of treatment. *Behaviour Research and Therapy, 24*, 361–364.

Maddux, J. E., Norton, L. W. & Leary, M. R. (1988). Cognitive components of social anxiety: An investigation of the integration of self-presentation theory and self-efficacy theory. *Journal of Social and Clinical Psychology, 6*, 180–190.

Malloy, P. F. & Levis, D. J. (1990). A human laboratory test of Eysenck's theory of incubation: A search for the resolution of the neurotic paradox. *Journal of Psychopathology and Behavioral Assessment, 12*, 309–327.

Margraf, J. & Schneider, S. (1989). *Panik. Angstanfälle und ihre Behandlung*. Berlin: Springer.

Margraf, J. & Schneider, S. (1992). Therapeutische Beziehung und Therapieerfolg bei Angststörungen. In J. Margraf & J. C. Brengelmann (Hrsg.), *Die Therapeut-Patient-Beziehung in der Verhaltenstherapie* (109–133). München: Röttger-Verlag.

Margraf, J., Schneider, S. & Ehlers, A. (Hrsg.) (1991). *DIPS. Diagnostisches Interview bei psychischen Störungen*. Berlin: Springer.

Marks, I. M. (1987). *Fears, phobias, and rituals: panic, anxiety, and their disorders*. New York: Oxford University Press.

Marks, I. M. & Lader, M. (1973). Anxiety states (anxiety neurosis): A review. *The Journal of Nervous and Mental Disease, 156*, 3–16.

Marks, I. M. & O'Sullivan, G. (1988). Drugs and psychological treatments for agoraphobia/panic and obsessive-compulsive disorders: a review. *British Journal of Psychiatry, 153*, 650–658.

Marks, I. M., Stern, R. S., Mawson, D., Cobb, J. & McDonald, R. (1980). Clomipramine and exposure for obsessive-compulsive rituals: I. *British Journal of Psychiatry, 136*, 1–25.

Marshall, W. L. (1985). The effects of variable exposure in flooding therapy. *Behavior Therapy, 16*, 117–135.

Mash, E. J. (1985). Some comments on target selection in behavior therapy. *Behavioral Assessment, 7*, 63–78.

Mash, E. J. & Terdal, L. G. (Eds.) (1976). *Behavior therapy assessment*. New York: Springer.

Mathews, A. & MacLeod, C. (1985). Selective processing of threat cues in anxiety states. *Behaviour Research and Therapy, 23*, 563–569.

Mathews, A. & MacLeod, C. (1986). Discrimination of threat cues without awareness in anxiety states. *Journal of Abnormal Psychology, 95*, 131–138.

Mathews, A., Gelder, M. & Johnston, D. (1988a). *Agoraphobie. Eine Anleitung zur Durchführung einer Exposition in vivo unter Einsatz eines Selbsthilfemanuals*. Berlin: Springer.

Mathews, A., Gelder, M. & Johnston, D. (1988b). *Platzangst. Ein Übungsprogramm für Betroffene und Angehörige*. Berlin: Springer.

Mattick, R. P. & Peters, L. (1988). Treatment of severe social phobia: Effects of guided exposure with and without cognitive restructuring. *Journal of Consulting and Clinical Psychology, 56*, 251–260.

Mattick, R. P., Peters, L. & Clarke, J. C. (1989). Exposure and cognitive restructuring for social phobia: A controlled study. *Behavior Therapy, 20*, 3–23.

McFall, M. E. & Wollersheim, J. P. (1979). Obsessive-compulsive neurosis: A cognitive-behavioral formulation and approach to treatment. *Cognitive Therapy and Research, 3*, 333–348.

McGuire, B. (1990). Post-traumatic stress disorder: a review. *The Irish Journal of Psychology, 11*, 1–23.

McNally, R. J. (1990). Psychological approaches to panic disorder: a review. *Psychological Bulletin, 108*, 403–419.

McNally, R. J. & Steketee, G. S. (1985). The etiology and maintenance of severe animal phobias. *Behaviour Research and Therapy, 23*, 431–435.

Meichenbaum, D. (1976). A cognitive-behavior modification approach to assessment. In M. Hersen & A. S. Bellack (Eds.), *Behavioral assessment: A practical handbook* (143–171). Oxford: Pergamon Press.

Meichenbaum, D. (1979). *Kognitive Verhaltensmodifikation.* (Orig.: Cognitive-behavioral modification. New York: Plenum Press, 1977). München: Urban & Schwarzenberg.

Menninger, K. (1974). *Das Leben als Balance.* München: Piper.

Mersch, P. P. A., Emmelkamp, P. M. G., Bögels, S. M. & Sleen, J. van der (1989). Social phobia: Individual response patterns and the effects of behavioral and cognitive interventions. *Behaviour Research and Therapy, 27*, 421–434.

Mersch, P. P. A., Emmelkamp, P. M. G. & Lips, C. (1991). Social phobia: individual response patterns and the long-term effects of behavioral and cognitive interventions. A follow-up study. *Behaviour Research and Therapy, 29*, 357–362.

Meyer, A.-E., Richter, R., Grawe, K., Graf v. d. Schulenburg, J.-M. & Schulte, B. (1991). *Forschungsgutachten zu Fragen eines Psychotherapeutengesetzes.* Hamburg: Uni-Krankenhaus Eppendorf.

Meyer, L. H. & Evans, I. M. (1989). *Nonaversive intervention for behavior problems. A manual for home and community* (Chapter 4: Assessing priority target behaviors). Baltimore: Brookes.

Meyer, V., Levy, R. & Schnurer, A (1974). The behavioural treatment of obsessive-compulsive disorders. In H. R. Beech (Ed.), *Obsessional states* (233–258). London: Methuen.

Meyer, V. & Turkat, I. D. (1979). Behavioral analysis of clinical cases. *Journal of Behavioral Assessment, 1*, 259–270.

Miltner, W. (1986). Befolgung therapeutischer Maßnahmen. In W. Miltner; N. Birbaumer; W.-D. Gerber (Hrsg.), *Verhaltensmedizin* (477–494). Berlin: Springer.

Miltner, W., Birbaumer, N. & Gerber, W.-D. (Hrsg.) (1986). *Verhaltensmedizin.* Berlin: Springer.

Mineka, S. & Cook, M. (1993). Mechanisms involved in the observational conditioning of fear. *Journal of Experimental Psychology: General, 122*, 23–38.

Minichiello, W. E., Baer, L. & Jenike, M. A. (1987). Schizotypal personality disorder: A poor prognostic indicator for behavior therapy in the treatment of obsessive-compulsive disorder. *Journal of Anxiety Disorders, 1*, 273–276.

Mowrer, O. H. (1939). A stimulus-response analysis of anxiety and its role as a reinforcement agent. *Psychological Review, 46*, 553–556.

Munby, M. & Johnston, D. W. (1980). Agoraphobia: The long-term follow-up of behavioural treatment. *British Journal of Psychiatry, 137*, 418–427.

Nelson, R. O. (1987). DSM-III and behavioral assessment. In C. G. Last & M. Hersen (Eds.), *Issues in Diagnostic Research* (303–327). New York.

Nelson, R. O. (1988). Relationships between assessment and treatment within a behavioral perspective. *Journal of Psychopathology and Behavioral Assessment, 10*, 155–170.

Nelson, R. O. & Hayes, S. C. (1979). Some current dimensions of behavioral assessment. *Behavioral Assessment, 1*, 1–16.

Newman, M. G., Hofmann, S. G., Trabert, W., Roth, W. T. & Taylor, C. B. (1994). Does behavioral treatment of social phobia lead to cognitive changes? *Behavior Therapy, 25*, 503–517.

Norcross, J. C. (1986). *Handbook of eclectic psychotherapy.* New York: Brunner & Mazel.

Nurcombe, B. (1987). Diagnostic reasoning and treatment planning: II. Treatment. *Australian and New Zealand Journal of Psychiatry, 21*, 483–490.

Nurcombe, B. & Fitzhenry-Coor, I. (1987). Diagnostic reasoning and treatment planning: I. Diagnosis. *Australian and New Zealand Journal of Psychiatry, 21*, 477–483.

O'Leary, A. (1992). Self-efficacy and health: behavioral and stress-physiological mediation. *Cognitive Therapy and Research, 16*, 229–245.

O'Sullivan, G., Noshirvani, H., Marks, I. M., Monteiro, W. & Lelliott, P. (1991). Six-year follow-up after exposure and clomipramine therapy for obsessive compulsive disorder. *Journal of Clinical Psychology, 52*, 150–155.

Oppen, P. van & Arntz, A. (1994). Cognitive therapy for obsessive-compulsive disorder. *Behaviour Research and Therapy, 32*, 79–87.

Oppen, P. van, Haan, E. de, Balkom, A. J. L. M. van, Spinhoven, P., Hoogduin, K. & Dyck, R. van (1995). Cognitive therapy and exposure in vivo in the treatment of obsessive compulsive disorder. *Behaviour Research and Therapy, 33*, 379–390.

Orlinsky, D. E., Grawe, K. & Parks, B. K. (1994). Process and outcome in psychotherapy – noch einmal. In A. E. Bergin; S. L. Garfield (Eds.), *Handbook of psychotherapy and behavior change* (4th edition). New York: Wiley.

Orlinsky, D. E. & Howard, K. I. (1986). Process and outcome in psychotherapy. In S. L. Garfield; A. E. Bergin (Eds.), *Handbook of psychotherapy and behavior change* (3rd edition (311–381). New York: Wiley.

Öst, L.-G. (1987). Age of onset in different phobias. *Jornal of Abnormal Psychology, 96*, 223–229.

Öst, L.-G. (1989). One-session treatment for specific phobias. *Behavior Research and Therapy, 27*, 1–7.

Öst, L.-G. & Hugdahl, K. (1981). Acquisition of phobias and anxiety response patterns in clinical patients. *Behaviour Research and Therapy, 19*, 439–447.

Öst, L.-G., Jerremalm, A. & Jansson, L. (1984). Individual response patterns and the effects of different behavioral methods in the treatment of agoraphobia. *Behaviour Research and Therapy, 22*, 697–707.

Öst, L.-G. & Sterner, U. (1987). Applied tension: a specific behavioral method for treatment of blood phobia. *Behaviour Research and Therapy, 25*, 25–29.

Öst, L.-G., Sterner, U. & Fellenius, J. (1989). Applied tension, applied relaxation, and the combination in the treatment of blood phobia. *Behaviour Research and Therapy, 27*, 109–121.

Overholser, J. C. (1992). Prompting and fading in the exposure treatment of compulsive checking. *Journal of Behavior Therapy and Experimental Psychiatry, 22*, 271–279.

Owens, R. G. & Jones, R. S. P. (1992). Extending the role of functional analysis in challenging behaviour. *Behavioural Psychotherapy, 20*, 45–46.

Owens, R. G. & Ashcroft, J. B. (1982). Functional analysis in applied psychology. *British Journal of Clinical Psychology, 21*, 181–189.

Palenzuela, D. L. (1987). The expectancy construct within the social learning theories of Rotter and Bandura: A reply to Kirsch's approach. *Journal of Social Behavior and Personality, 2,* 437–452.

Parsons, T. (1967). Definition von Gesundheit und Krankheit im Lichte der Wertbegriffe und der sozialen Struktur Amerikas. In A. Mitscherlich, T. Brocher, O. v. Mering & K. Horn (Hrsg.), *Der Kranke in der modernen Gesellschaft* (57–87). Köln: Kiepenheuer & Witsch.

Pekrun, R. (1990). Emotion: Ätiologie/Bedingungsanalyse (1). In U. Baumann & M. Perrez (Hrsg.), *Lehrbuch Klinische Psychologie. Grundlagen, Diagnostik, Ätiologie* (219–234). Bern: Huber.

Perrez, M. (1982). Die Wissenschaft soll für die psychotherapeutische Praxis nicht länger tabu bleiben! Eine Antwort auf K. Grawes „Soll psychotherapeutische Praxis für die Wissenschaft tabu bleiben?". *Psychologische Rundschau, 33,* 136–141.

Perrez, M. (1989). Psychotherapeutic knowledge in a prescientific state or founded on an ethico-ontological discourse on human relationship? A reply to Kanfer, Fischer and Bickhard. *New Ideas in Psychology, 7,* 165–171.

Perrez, M. (1991). Prävention, Gesundheits- und Entfaltungsförderung: Systematik und allgemeine Aspekte (2). In M. Perrez & U. Baumann (Hrsg.), *Lehrbuch klinische Psychologie* (80–98). Bern: Huber.

Perse, T. (1988). Obsessive-compulsive disorder: A treatment review. *Journal of Clinical Psychiatry, 49,* 48–55.

Peterson, L. & Sobell, L. C. (1994). Introduction to the state-of-the-art review series: Research contributions to clinical assessment. *Behavior Therapy, 25,* 523–531.

Pfingsten, U. (1984). Soziale Durchsetzung. München: Profil.

Pfingsten, U. (1994). Kognitive Verhaltenstherapie bei sozialen Ängsten, Unsicherheiten und Defiziten. In M. Hautzinger (Hrsg.), *Kognitive Verhaltenstherapie bei psychischen Störungen.* Berlin, München: Quintessenz.

Pollard, C. A. & Henderson, J. G. (1988). Four types of social phobia in a community sample. *The Journal of Nervous and Mental Disease, 176,* 440–445.

Pongratz, L. (1973). *Lehrbuch der Klinischen Psychologie.* Göttingen: Hogrefe.

Pritz, A. & Sonneck, G. (Hrsg.) (1990). *Medizin für Psychologen und nichtärztliche Psychotherapeuten.* Berlin: Springer.

Pschyrembel, W. (1986, 255. Aufl.). *Klinisches Wörterbuch.* Berlin: Walter de Gruyter.

Rabavilas, A. D., Boulougouris, J. C. & Stefanis, C. (1976). Duration of flooding sessions in the treatment of obsessive-compulsive patients. *Behaviour Research and Therapy, 14,* 349–355.

Rachman, S. (1971). Obsessional ruminations. *Behaviour Research and Therapy, 9,* 229–235.

Rachman, S. (1976). The modification of obsessions: a new formulation. *Behaviour Research and Therapy, 14,* 437–443.

Rachman, S. (1978). An anatomy of obsessions. *Behavioral Analysis and Modification, 4,* 253–278.

Rachman, S. (1980). Emotional processing. *Behavior Research and Therapy, 18,* 51–60.

Rachman, S. (1984). Agoraphobia: A safty-signal perspective. *Behaviour Research and Therapy, 22,* 59–70.

Rachman, S., Lopatka, C. & Levitt, K. (1988). Experimental analyses of panic – II. Panic patients. *Behaviour Research and Therapy, 26,* 33–40.

317

Rachman, S. & Hodgson, R. J. (1980). *Obsessions and compulsions.* Englewood Cliffs, N. J.: Prentice-Hall.

Ramsay, R. W. (1990). Post-traumatic stress disorder; a new clinical entity? *Journal of Psychosomatic Research, 34,* 355–365.

Rapee, R. (1985). Distinction between panic disorder and generalised anxiety disorder: Clinical presentation. *Australian and New Zealand Journal of Psychiatry, 19,* 227–232.

Rapee, R. M. (1991). Generalized anxiety disorder: A review of clinical features and theoretical concepts. *Clinical Psychological Review, 11, 419–440.*

Rapee, R. M., Sanderson, W. C. & Barlow, D. H. (1988). Social phobia features across the DSM-III-R anxiety disorders. *Journal of Psychopathology and Behavioral Assessment, 10,* 287–299.

Rapoport, J. L., Swedo, S. E. & Leonard, H. L. (1992). Childhood obsessive compulsive disorder. *Journal of Clinical Psychiatry, 53,* 11–16. suppl. 4.

Rasmussen, S. A. & Eisen, J. L. (1990). Epidemiology of obsessive compulsive disorder. *Journal of Clinical Psychiatry, 51,* 10–13. suppl.

Rasmussen, S. A. & Eisen, J. L. (1992). The epidemiology and differential diagnosis of obsessive compulsive disorder. *Journal of Clinical Psychiatry, 53,* 4–10. suppl. 4.

Regier, D., Goldberg, I. D. & Taube, C. (1978). The de facto U. S. mental health service system. *Archives of General Psychiatry, 35,* 685–693.

Reinecker, H. (1986). Grundlagen verhaltenstherapeutischer Methoden. In Deutsche Gesellschaft für Verhaltenstherapie, *Verhaltenstherapie – Grundlagen und Methoden* (43–63). Tübingen: Dt. Ges. für Verhaltenstherapie.

Reinecker, H. (1987). *Grundlagen der Verhaltenstherapie.* München: Psychologie Verlags Union.

Reinecker, H. (1991). *Zwänge. Diagnose, Theorien und Behandlung.* Bern: Huber.

Reinecker, H. (1993). *Phobien.* Göttingen: Hogrefe.

Reiss, S., Peterson, R. A., Gursky, D. M. & McNally, R. J. (1986). Anxiety sensitivity, anxiety frequency and the prediction of fearfulness. *Behaviour Research and Therapy, 24,* 1–8.

Reiss, S. & McNally, R. J. (1985). Expectancy model of fear. In S. Reiss; R. R. Bootzin (Eds.), *Theoretical issues in behavior therapy* (107–121). San Diego: Academic Press.

Richards, M. & Martin, I. (1990). Eysenck's incubation of fear hypothesis: an experimental test. *Behaviour Research and Therapy, 28,* 373–384.

Roberts, A. H., Kewmann, D. G., Mercier, L. & Hovell, M. (1993). The power of nonspecific effects in healing: Implications for psychosocial and biological treatments. *Clinical Psychology Review, 13,* 375–391.

Rogers, C. R. (1951). *Client-centered therapy* (Dt. Ausgabe: Die klient-bezogene Gesprächstherapie. München: Kindler, 1973). Boston: Houghton Mifflin Company.

Rogers, C. R. (1959). A theory of therapy, personality and interpersonal relationship, as developed in the client-centered framework. In S. Koch (Ed.), *Psychology, a study of science.* Vol. 3 (184–256). New York: McGraw-Hill.

Rosen, A. & Proctor, E. K. (1981). Distinctions between treatment outcomes and their implications for treatment evaluation. *Journal of Consulting and Clinical Psychology, 49,* 418–425.

Rosenthal, R. (1984). *Meta-analytic procedures for social research.* Beverly Hills: Sage Publications.

Rosnow, R. L. & Rosenthal, R. (1988). Focused tests of significance and effect size estimation in counseling psychology. *Journal of Counseling Psychology, 35,* 203–208.

Rothbaum, B.O. & Foa, E.B. (1993). Symptoms of posttraumatic stress disorder and duration of symptoms. In J.R.T. Davidson; E.B. Foa (Eds.), *Posttraumatic Sress Disorder. DSM-IV and beyond* (23–35). Washington: American Psychiatric Press.

Rotter, J.B. (1954). *Social learning theory and clinical psychology.* Englewood Cliffs, N.J.: Prentice-Hall.

Ruiter, C. de, Rijken, H. & Garssen, B. (1989). Comorbidity among the anxiety disorders. *Journal of Anxiety Disorders, 3,* 57–68.

Rustemeyer, R. (1986). (Neue) Aktualität eines (neuen?) Konzepts: das Selbst. *Psychologische Rundschau, 37,* 210–216.

Sachse, R. (1979). *Praxis der Verhaltensanalyse.* Stuttgart: Kohlhammer.

Sachse, R. (1987). Funktion und Gestaltung der therapeutischen Beziehung in der klientenzentrierten Psychotherapie bei interaktionellen Zielen und Interaktionsproblemen des Klienten. *Zeitschrift für Klinische Psychologie, Psychopathologie und Psychotherapie, 35,* 219–230.

Sachse, R. (1992). *Zielorientierte Gesprächspsychotherapie. Eine grundlegende Neukonzeption.* Göttingen: Hogrefe.

Sachse, R. & Maus, C. (1991). *Zielorientiertes Handeln in der Gesprächspsychotherapie.* Stuttgart: Kohlhammer.

Salkovskis, P.M. (1985). Obsessional-compulsive problems: A cognitive-behavioural analysis. *Behaviour Research and Therapy, 23,* 571–583.

Salkovskis, P.M. (1989). Cognitive-behavioral factors and the persistence of intrusive thoughts in obsessional problems. *Behaviour Research and Therapy, 27,* 677–682.

Salkovskis, P.M. & Kirk, J. (1989). Obsessional disorders. In K. Hawton; P.M. Salkovskis; J. Kirk; D.M. Clark (Eds.), *Cognitive-behavioural treatment for psychiatric disorders: A practcal guide* (129–168). Oxford: Oxford University Press.

Salkovskis, P.M., Westbrook, D., Davis, J., Jeavons, A. & Gledhill, A. (1989). *The effects of neutralising on discomfort and persistence of intrusive thoughts: an experiment investigating the etiology of obsessive-compulsive disorder* (Manuscript in preparation).

Salter, A. (1949). *Conditioned reflex therapy.* New York: Capricorn.

Samson, D.M. & McDonnell, A.A. (1990). Functional analysis and challenging behaviours. *Behavioural Psychotherapy, 18,* 259–271.

Sanderson, W.C., DiNardo, P.A., Rapee, R.M. & Barlow, D.H. (1990). Syndrome comorbidity in patients diagnosed with a DSM-III-R anxiety disorder. *Journal of Abnormal Psychology, 99,* 308–312.

Sandin, B. & Chorot, P. (1989). The incubation theory of fear/anxiety: Experimental investigations in a human laboratory model of pavlovian conditioning. *Behaviour Research and Therapy, 27,* 9–18.

Sanz, J. & Avia, M.D. (1994). Cognitive specifity in social anxiety and depression: Self-statements, self-focused attention, and dysfunctional attitudes. *Journal of Social and Clinical Psychology, 13,* 105–137.

Sartre, J.P. (1972). Die Umkehrung oder: Die psychoanalysierte Psychoanalyse. *Kursbuch, 29,* 27–34.

Schach, E., Schwartz, F.W. & Kerek-Bodden, H.E. (1989). *Die EVaS-Studie. Eine Erhebung über die ambulante medizinische Versorgung in der Bundesrepublik Deutschland.* Köln: Deutscher Ärzte-Verlag.

Scheerer, E. (1983). *Die Verhaltensanalyse.* Berlin: Springer.

Schiepek, G. (1986). *Systemische Diagnostik in der Klinischen Psychologie.* Weinheim: Psychologie Verlags Union.

319

Schindler, L. (1991). *Die empirische Analyse der therapeutischen Beziehung. Beiträge zur Prozeßforschung in der Verhaltenstherapie.* Berlin: Springer.

Schmook, C., Bastine, R., Henkel, D., Kopf, C. & Malchow, C. (1974). Verhaltensanalyse. In W. J. Schraml & U. Baumann, *Klinische Psychologie II* (353–375). Bern: Huber.

Schneider, S. (1992). *Psychologische Transmission des Paniksyndroms.* Marburg: unveröffentlichte Dissertation.

Schneider, S. & Margraf, J. (1994). Kognitive Verhaltenstherapie bei Angstanfällen und Agoraphobien. In M. Hautzinger (Hrsg.), *Kognitive Verhaltenstherapie bei psychischen Störungen.* Berlin, München: Quintessenz.

Schneider, W. (1990). *Die Behandlungsmotivation bei Patienten mit psychischen, psychosomatischen und organischen Erkrankungen* (unveröffentlichte Habilitationsschrift). Bochum.

Schneider, W. & Freyberger, H. J. (1990). Diagnostik in der Psychotherapie unter besonderer Berücksichtigung deskriptiver Klassifikationsmodelle. *Forum der Psychoanalyse, 6,* 316–330.

Scholing, A. & Emmelkamp, P. M. G. (1993). Exposure with and without cognitive therapy for generalized social phobia: Effects of individual and group treatment. *Behaviour Research and Therapy, 31,* 667–681.

Schröder, H. & Reschke, K. (Hrsg.) (1992). *Psychosoziale Prävention und Gesundheitsförderung.* Regensburg: Roderer.

Schulte, D. (Hrsg.) (1974 a). *Diagnostik in der Verhaltenstherapie.* München: Urban & Schwazenberg.

Schulte, D. (1974 b). Ein Schema für Diagnose und Therapieplanung in der Verhaltenstherapie. In D. Schulte (Hrsg.), *Diagnostik in der Verhaltenstherapie* (75–104). München: Urban & Schwazenberg.

Schulte, D. (1976). Psychodiagnostik zur Erklärung und Modifikation von Verhalten. In K. Pawlik (Hrsg.), *Diagnose der Diagnostik* (149–176). Stuttgart: Klett.

Schulte, D. (1980). Diagnostik in der klinischen Psychologie: Problemanalyse und Therapieplanung. In W. Schulz & M. Hautzinger (Hrsg.), *Indikation, Diagnostik, Psychotherapieforschung. Klinische Psychologie und Psychotherapie,* Bd. 2 (163–175). Tübingen: Dt. Ges. für Verhaltenstherapie.

Schulte, D. (1981). *Schema für Problemanalyse und Therapieplanung* (Unveröffentlichtes Manuskript). Bochum.

Schulte, D. (1983). Standortbestimmung der diagnostisch-therapeutischen Problemanalyse. In R. v. Quekelberghe; N. v. Eickels (Hrsg.), *Handlungstheorie und psychotherapeutische Problemanalyse* (97–102). Landau: EWH Rheinland-Pfalz.

Schulte, D. (1989). Clinical diagnoses and treatment planning. *Evaluacion Psicologica/Psychological Assessment, 5,* 135–146.

Schulte, D. (1990). Psychische Gesundheit, psychische Krankheit, psychische Störung. In U. Baumann & M. Perrez (Hrsg.), *Lehrbuch Klinische Psychologie, Bd. 1. Grundlagen, Diagnostik, Ätiologie* (28–37). Bern: Huber.

Schulte, D. (1991). *Schema für Problemanalyse und Therapieplanung.* Bochum: Maschinenschrift.

Schulte, D. (1992). Direktivität und Kontrolle therapeutischer Gespräche. In J. Margraf & J. C. Brengelmann (Hrsg.), *Die Therapeut-Patient-Beziehung in der Verhaltenstherapie* (185–214). München: Röttger-Verlag.

Schulte, D. (1993 a). Lohnt sich eine Verhaltensanalyse? *Verhaltenstherapie, 3,* 5–13.

Schulte, D. (1993 b). Wie soll Therapieerfolg gemessen werden? *Zeitschrift für Klinische Psychologie, 22*, 374–393.

Schulte, D., Elke, G., Hartung, J. & Künzel, R. (1994). Systematische Beobachtung. In L. von Rosenstiel, C. M. Hockel & W. Molt (Hrsg.), *Handbuch der Angewandten Psychologie* (III-3:1–19). Landsberg: ecomed.

Schulte, D., Hartung, J. & Wilke, F. (im Druck). *Handlungskontrolle der Angstbewältigung. Was macht Reizkonfrontationsverfahren so effektiv?*

Schulte, D. & Künzel, R. (1989). Methodenzentrierte und verlaufszentrierte Therapienstrategien. *Zeitschrift für Klinische Psychologie, 18*, 35–44.

Schulte, D. & Künzel, R. (1995, in press). Relevance and meaning of therapist's control. *Psychotherapy Research.*

Schulte, D., Künzel, R., Pepping, G. & Schulte-Bahrenberg, T. (1991). Maßgeschneiderte Psychotherapie versus Standardtherapie bei der Behandlung von Phobikern. In D. Schulte (Hrsg.), *Therapeutische Entscheidungen* (15–42). Göttingen: Hogrefe.

Schulte, D., Künzel, R., Pepping, G. & Schulte-Bahrenberg, T. (1992). Tailor-made versus standardized therapy of phobic patients. *Advances in Behaviour Research and Therapy, 14*, 67–92.

Schulte, D. & Wittchen, H.-U. (1988). Wert und Nutzen klassifikatorischer Diagnostik für die Psychotherapie. *Diagnostica, 34*, 85–98.

Schulte-Bahrenberg, T. (1990). *Therapieziele, Therapieprozeß und Therapieerfolg.* Bochum: Centaurus.

Schulte-Bahrenberg, T. & Schulte, D. (1991). Therapiezielveränderungen bei Therapeuten. In D. Schulte (Hrsg.), *Therapeutische Entscheidungen* (43–56). Göttingen: Hogrefe.

Schulte-Bahrenberg, T. & Schulte, D. (1993). Change of psychotherapy goals as a process of resignation. *Psychotherapy Research, 3*, 153–165.

Schuster, D. (1985). Zum Problem der Nosologie bzw. Klassifikation in der Psychiatrie anhand des DSM-III unter besonderer Berücksichtigung der Neurosen und Persönlichkeitsstörungen. *Psychotherapie, Psychosomatik, Medizinische Psychologie, 35*, 75–77.

Scott, M. J. & Stradling, S. G. (1994). Post-traumatic stress disorder without the trauma. *British Journal of Clinical Psychology, 33*, 71–74.

Selbmann, H. K. (1990). Konzeption, Voraussetzung und Durchführung qualitätssichernder Maßnahmen im Krankenhaus. *Das Krankenhaus, 11*, 470–474.

Seligman, M. E. P. (1971). Phobias and preparedness. *Behavior Therapy, 2*, 307–320.

Seligman, M. E. P. (1979). *Erlernte Hilflosigkeit.* München: Urban & Schwarzenberg.

Shepherd, M. & Sartorius, N. (Eds.) (1989). *Non-specific aspects of treatment.* Toronto: Hans Huber Publishers.

Skinner, B. F. (1969). *Contingencies of reinforcement. A theoretical analysis.* New Yok: Appleton-Century-Crofts.

Skov, R. B. & Sherman, S. J. (1986). Information-gathering processes: Diagnosticity, hypothesis-confirmatory strategies, and perceived hypothesis confirmation. *Journal of Experimental Social Psychology, 22*, 93–121.

Smith, A. (1981). Goal attainment scaling: A method for evaluating the outcome of mental health treatment. In Mc Reynolds (Ed.), *Advances in Psychological Assessment*, Vol. 5 (424–459). San Francisco: Jossey-Bass.

Smith, M. (1973). *When I say no, I feel guilty.* New York: The Dial Press.

Snyder, M. (1981). Seek, and ye shall find: Testing hypotheses about other people. In E. T. Higgins, C. P. Herman & M. P. Zanna (Eds.), *Social cognition: The Ontario symposium* (Vol. 1) (277–303). Hillsdale, N. J.: Erlbaum.

Sorenson, R.L., Gorsuch, R.L. & Mintz, J. (1985). Moving targets: Patient's changing complaints during psychotherapy. *Journal of Consulting and Clinical Psychology, 53*, 49–54.

Southwick, S.M., Yehuda, R. & Giller, E.L. (1993). Personality disorders in treatment-seeking combat veterans with posttraumatic stress disorder. *American Journal of Psychiatry, 150*, 1020–1023.

Sowarka, B.H. (1991). *Strategien der Informationsverarbeitung im Beratungsdiskurs.* Weinheim: Deutscher Studien Verlag.

Spielberger, C.D. (1983). *State-trait anxiety inventory.* Palo Alto, CA: Consulting Psychologists Press.

Staats, A.W. (1975). *Social behaviorism.* Homewood, Il.: Dorsey Press.

Stierlin, H., Rücker-Embden, I., Wetzel, N. & Wirsching, M. (1980, 2. Auflage). *Das erste Familiengespräch.* Stuttgart.

Stiles, W.B., Barkham, M., Shapiro, D.A. & Firth-Cozens, J. (1992). Treatment order and thematic continuity between contrasting psychotherapies: Exploring an implication of the assimilation model. *Psychotherapy Research, 2*, 112–124.

Stopa, L. & Clark, D.M. (1993). Cognitive processes in social phobia. *Behaviour Research and Therapy, 31*, 255–267.

Strecher, V.J., DeVellis, B.M., Becker, M.H. & Rosenstock, I.M. (1986). The role of self-efficacy in achieving health behavior change. *Health Education Quaterly, 13*, 73–91.

Strohmer, D.C. & Newman, L.J. (1983). Counselor hypothesis-testing strategy. *Journal of Conseling Psychology, 30*, 557–565.

Strong, S.R. (1968). Counseling: An interpersonal influence process. *Journal of Counseling Psychology, 15*, 215–224.

Strong, S.R. & Claiborn, C.D. (1982). *Change through interaction.* New York: Wiley.

Strong, S.R. & Matross, R.P. (1973). Change processes in counseling and psychotherapy. *Journal of Counseling Psychology, 20*, 25–37.

Strupp, H.H. (1973). On the basic ingredients of psychotherapy. *Journal of Consulting and Clinical Psychology, 41*, 1–8.

Stuart, R.B. (1970). *Trick or treatment: How and when psychotherapy fails.* Champaign, Ill.: Research Press.

Stuhr, U. & Haag, A. (1989). Eine Prävalenzstudie zum Bedarf an psychosomatischer Versorgung in den Allgemeinen Krankenhäusern Hamburgs. *Psychotherapie und medizinische Psychologie, 39*, 273–281.

Süllwold, L., Herrlich, J. & Volk, S. (1994). *Zwangskrankheiten. Psychobiologie, Verhaltenstherapie, Pharmakotherapie.* Stuttgart: Kohlhammer.

Tausch, R. (1960). *Gesprächspsychotherapie.* Göttingen: Hogrefe.

Tausch, R. & Tausch, A.M. (1981). *Gesprächspsychotherapie.* Göttingen: Hogrefe.

Telch, M.J., Brouillard, M., Telch, C.F., Agras, W.S. & Taylor, C.B. (1989). Role of cognitive appraisal in panic-related avoidance. *Behaviour Research and Therapy, 27*, 373–383.

Thomasma, D.C. (1986). Philosophical reflections on a rational treatment plan. *The Journal of Medicine and Philosophy, 11*, 157–165.

Tinsley, H.E.A., Bowman, S.L. & Barich, A.W. (1993). Counseling psychologists' perceptions of the occurrence and effects of unrealistic expectations about counseling and psychotherapy among their clients. *Journal of Counseling Psychology, 40*, 46–52.

Tscheulin, D. (1992). *Wirkfaktoren psychotherapeutischer Intervention*. Göttingen: Hogrefe.

Tschuschke, V. (1990). Spezifische und/oder unspezifische Wirkfaktoren in der Psychotherapie: Ein Problem der Einzelpsychotherapie oder auch der Gruppenpsychotherapie. In V. Tschuschke & D. Czogalik (Hrsg.), *Psychotherapie – Welche Effekte verändern? Zur Frage der Wirkmechanismen therapeutischer Prozesse* (243–271). Berlin: Springer.

Tuma, A. H. & Maser, J. D. (Eds.) (1985). *Anxiety and the anxiety disorders*. Hillsdale, N. J.: Erlbaum.

Turkat, I. D. (1988). Issues in the relationship between assessment and treatment. *Journal of Psychopathology and Behavioral Assessment, 10*, 185–197.

Turkat, I. D. & Meyer, V. (1982). The behavior-analytic approach. In P. L. Wachtel (Ed.), *Resistance: Psychodynamic and behavioral approaches* (157–184). New York: Plenum.

Turner, S. M. & Beidel, D. C. (1989). Social phobia: clinical syndrome, diagnosis, and comorbidity. *Clinical Psychology Review, 9*, 3–18.

Turner, S. M., Beidel, D. C., Borden, J. W., Stanley, M. A. & Jacob, R. G. (1991). Social phobia: Axis I and II correlates. *Journal of Abnormal Psychology, 100*, 102–106.

Turner, S. M., Beidel, D. C., Cooley, M. R., Woody, S. R. & Messer, S. C. (1994). A multicomponent behavioral treatment for social phobia: Social effectiveness therapy. *Behaviour Research and Therapy, 32*, 381–390.

Turner, S. M., Beidel, D. C., Dancu, C. V. & Keys, D. J. (1986). Psychopathology of social phobia and comparison to avoidant personality disorder. *Journal of Abnormal Psychology, 95*, 389–394.

Turner, S. M., Beidel, D. C. & Larkin, K. T. (1986). Situational determinants of social anxiety in clinic and nonclinic samples: Physiological and cognitive correlates. *Journal of Consulting and Clinical Psychology, 54*, 523–527.

Turns, D. M. (1985). Epidemiology of phobic and obsessive-compulsive disorders among adults. *American Journal of Psychotherapy, 39*, 360–370.

Tuschen, B. (1992). *Problem- und Verhaltensanalyse: Plädoyer für störungsspezifische Modelle*. Vortrag, gehalten auf dem DGVT-Kongreß, Berlin.

Ullrich de Muynck, R. & Ullrich, R. (1976). *Das Assertiveness-Training-Programm ATP: Einübung von Selbstvertrauen und sozialer Kompetenz. Teil I. Bedingungen und Formen sozialer Schwierigkeiten*. München: Pfeiffer.

Ullrich, R. & Ullrich de Muynck, R. (Hrsg.) (1978). *Soziale Kompetenz. Experimentelle Ergebnisse zum Assertiveness-Training-Programm ATP. Bd. 1. Meßmittel und Grundlagen*. München: Pfeiffer.

Vaitl, D. & Petermann, F. (Hrsg.) (1994). *Handbuch der Entspannungsverfahren*. Weinheim: Psychologie Verlags Union.

Veith, A. (1995). *Therapiemotivation als Variable im therapeutischen Prozeß*. Bochum: unveröffentlichte Dissertation.

Vogel, G. (1994). *Planung und Improvisation im Therapieprozeß. Eine Analyse mikrotherapeutischer Entscheidungsprozesse* (Dissertation, Universität Bochum). Münster: Waxmann.

Vogel, G. & Schulte, D. (1991). Der Prozeß therapeutischer Entscheidungen. In D. Schulte (Hrsg.), *Therapeutische Entscheidungen* (151–180). Göttingen: Hogrefe.

Vogel, G. & Schulte, D. (1995, im Druck). *Methoden- und verlaufsorientierte Strategien von Psychotherapeuten*.

323

Vollmer, E. (1986). *Erziehungsberatungsstelle oder Arzt – die Analyse einer Wahl* (Unveröffentlichte Diplomarbeit). Bochum.

Vormbrock, F. & Neuser, J. (1983). Konstruktion zweier spezifischer Trait-Fragebogen zur Erfassung von Angst in sozialen Situationen (SANB und SVSS). *Diagnostica, 29*, 165–182.

Walter, J. L. & Peller, J. E. (1994). *Lösungs-orientierte Kurztherapie.* Dortmund: Verlag modernes Lernen.

Watson, D. & Friend, R. (1969). Measurement of social-evaluative anxiety. *Journal of Consulting and Clinical Psychology, 33*, 448–457.

Watzlawick, P., Beavin, J. & Jackson, D. (1969). *Pragmatics of human communication.* New York: Norton.

Weakland, J. H., Fisch, R., Watzlawick, P. & Bodin, A. (1974). Brief therapy: focused problem resolution. *Family Process, 13*, 141–168.

Wegner, D. M., Schneider, D. J., Carter, S. R. & White, T. L. (1987). Paradoxial effects of thought suppressing. *Journal of Personality and Social Psychology, 53*, 5–13.

Weissman, M. M. & Merikangas, K. R. (1986). The epidemiology of anxiety and panic disorders: An update. *Journal of Clinical Psychiatry, 47*, 11–17.

Westmeyer, H. (1984). Diagnostik und therapeutische Entscheidung: Begründungsprobleme. In G. Jüttemann (Hrsg.), *Neue Aspekte klinisch-psychologischer Diagnostik* (77–101). Göttingen: Hogrefe.

Westmeyer, H. (1990). Wissenschaftstheoretische Grundbegriffe für Klassifikation, Ätiologie und Diagnostik (1). In U. Baumann & M. Perrez (Hrsg.), *Lehrbuch Klinische Psychologie. Grundlagen, Diagnostik, Ätiologie* (77–87). Bern: Huber.

Westphalen, S. (1986). *Eltern suchen Rat – Bedingungen des Hilfesuchens.* Bochum. Unveröffentlichte Diplomarbeit.

Wills, T. A. (1982). Nonspecific factors in helping relationships. In T. A. Wills (Ed.), *Basic processes in helping relationships* (381–404). New York: Academic Press.

Willutzki, U. (1990). *Zur kognitiven Seite phobischer Ängste. Ein individuumzentrierter Zugang.* Frankfurt a. M.: P. Lang.

Wilson, F. E. & Evans, I. M. (1983). The reliability of target-behavior selection in behavioral assessment. *Behavioral Assessment, 5*, 15–32.

Windheuser, H. J. (1977). Anxious mothers as models for coping with anxiety. *Behaviour Analysis and Modification, 2*, 39–58.

Winefield, H. R. (1987). Psychotherapy and social support: Parallels and differences in the helping process. *Clinical Psychology Review, 7*, 631–644.

Wittchen, H.-U. (1986). Epidemiology of panic attacks and panic disorders. In I. Hand & H.-U. Wittchen (Eds.), *Panic and Phobias* (Vol. 1) (18–28). Berlin: Springer.

Wittchen, H.-U. (1988). Natural course and spontaneous remission of untreated anxiety disorders. In I. Hand & H.-U. Wittchen (Eds.), *Panic and phobias* (Vol. 2). Berlin: Springer.

Wittchen, H.-U. (1991). Der Langzeitverlauf unbehandelter Angststörungen: Wie häufig sind Spontanremissionen? *Verhaltenstherapie, 1*, 273–282.

Wittchen, H.-U., Semler, G., Schramm, E. & Spengler, P. (1988). Diagnostik psychischer Störungen mit strukturierten und standardisierten Interviews: Konzepte und Vorgehensweisen. *Diagnostica, 34*, 58–84.

Wittchen, H.-U., Schramm, E., Zaudig, M., Spengler, P., Rummler, R. & Mombour, W. (1990). *Strukturiertes Klinisches Interview für DSM-III-R (SKID).* Weinheim: Beltz.

Wolpe, J. (1958). *Psychotherapy by reciprocal inhibition*. Stanford: Stanford University Press.

Wolpe, J. (1969). *The practice of behavior therapy* (deutsch: Praxis der Verhaltenstherapie. Bern: Huber, 1972). New York: Pergamon Press.

Wolpe, J. (1977). Inadequate behavior analysis: The Achilles heel of outcome research in behavior therapy. *Journal of Behavior Therapy and Experimental Psychiatry, 8*, 1–3.

Wolpe, J. (1987). Carbon dioxide inhalation treatments of neurotic anxiety: An overview. *The Journal of Nervous and Mental Disease, 175*, 129–133.

World Health Organization (1947). *Chronicle of the WHO. Preamble to the WHO constitution*. New York: WHO.

Yuksel, S., Marks, I.M., Ramm, E. & Ghosh, A. (1984). Slow versus rapid exposure in vivo of phobics. *Behavioral Psychotherapy, 12*, 249–256.

Zaworka, W., Hand, I., Jauernig, G. & Lünenschloss, K. (1983). *HZI Hamburger Zwangsinventar. Manual*. Weinheim: Beltz Test Gesellschaft.

Zielke, M. (1981). Stellenwert der Diagnostik bei Indikationsfragen. In U. Baumann (Hrsg.), *Indikation zur Psychotherapie* (141–153). München: Urban & Schwarzenberg.

Zimbardo, P.G. (1977). *Shyness: What it is, what to do about it*. Reading, MA: Addison Wesley.

Zimmer, D. & Zimmer, F.T. (1992). Die therapeutische Beziehung in der Verhaltenstherapie: Konzepte und Gestaltungsmöglichkeiten. In J. Margraf & J.C. Brengelmann (Hrsg.), *Die Therapeut-Patient-Beziehung in der Verhaltenstherapie* (11–37). München: Röttger-Verlag.

Autorenverzeichnis

328

331

332

333

Sachverzeichnis

lösungsorientierte Kurztherapie 5, 63

M

Machbarkeit, Prüfung auf 37, 43, 117
Metaanalyse 221, 287
Metaregeln 3–4, 7, 39
Methodenregeln 2–3, 6–7, 37–40, 45,
    48, 52–53, 63, 79, 82, 85, 118, 132,
    182
Methodenwahl 45, 48
Mitarbeit 3, 32–33, 35, 60–61, 63, 105,
    111, 113, 162, 187–188, 192, 205,
    218, 237
Motiv 27–30, 34, 49, 60–62, 67, 141,
    155–156, 162–163, 171, 181–183,
    203–204
–, sekundäres 29, 58, 124
Motivationsanalyse 34, 67, 97, 99, 132,
    135, 146, 161, 163–165, 167, 172
Motivierung, Motivationsförderung 17–
    18, 66, 69, 111–112, 124, 170, 193

N

Netzwerk, soziales 31
Neutralisierung 276–277, 281, 284
Norm 27, 44, 174, 176, 202
Normsetzung 155–156, 158, 198

P

Panikanfall, -attacke 210, 226, 241, 249,
    254, 257, 262
Panikstörung 209–210, 213–214, 220–
    222, 227, 230, 240, 244, 249–252,
    254–256, 258–260, 262, 265, 274
Paradigmen-Anwendung 87
Partnertherapie 221, 247
pathologisches Spielen 273
Patient-Therapeut-Interaktion 61, 63
Persönlichkeitsstörung, Borderline- 291
–, paranoide 291
–, schizotypische 281
–, selbstunsichere 226–227, 231, 291
–, zwanghafte 227, 273, 291
Pharmakologie, pharmakologisch 32, 41,
    212, 221, 287
Phobie, Agora- 157, 169, 174–175, 209–
    215, 217–218, 220–222, 227, 234,
    240–242, 244, 246–247, 249–251,

254, 258–260, 263, 266, 278, 282,
    291
– Akro- 239
– Blut- 239–240, 247
– Flug- 239
– Klaustro- 239
– Krankheits- 239
–, situative 239
–, soziale 153, 210–211, 220, 225–231,
    234, 241–242, 251, 263, 274, 291
–, spezifische 210–211, 213, 227–228,
    239–242, 244–247, 262–263, 274–
    275, 278, 291
Placebo 221
Plananalyse 179, 181
posttraumatische Belastungsstörung 241,
    289, 291–294, 296–298
Prävention 25, 124
Präventionsproblem 120
preparedness 243
Problemanalyse 4, 7–8, 81, 83, 87–88,
    93, 95, 114, 121, 128, 161, 187, 191,
    207, 242
Problemstrukturierung 7, 83, 98–99,
    107, 149, 165, 191, 193
Professionalität 49, 53–55, 59, 69
Prognose 47, 78, 100, 125, 192, 206,
    211, 227, 241, 251, 263, 274, 291
Prozeßanalyse 7, 49, 67, 69, 97, 100,
    123, 161–162, 172, 179, 185, 189,
    191, 205–206
Prozeßbedingungen, dysfunktionale 161
Prozeßevaluation 49, 67, 98, 100, 105,
    187, 191–192, 205
Prozeßforschung 3, 6, 53, 78
Prüfungsangst 158, 168, 174, 239
Psychoanalyse, psychoanalytisch 21, 24,
    29–30, 41, 49, 53, 58, 61, 66–67, 72,
    74, 185
psychotrope Substanzen 110, 212
Pyromanie 273

Q

Qualitätssicherung 90–91

R

Rahmenbedingung 43, 66, 99, 115, 129,
    132, 133–135, 191, 195–196, 242

338